*i*BT TOEFL® ROAD MAP
ACTUAL TEST
READING Book 2

TOEFL ROAD MAP ACTUAL TEST READING 2

초판 발행 First Published	2014년 4월 15일
초판 2쇄 Second Published	2015년 9월 30일
저자 Author	Jay Koo
번역 및 해설 Translator	이지영
펴낸이 Publisher	엄태상
펴낸곳 Publishing Company	랭기지플러스
등록일자 Registration Day	2000년 8월 17일
등록번호 Registration Number	제 1-2718호
주소 Address	서울시 종로구 자하문로 300 시사빌딩
전화 Call to Editorial Dept.	내용 문의 (02)3671-0550
Call to Marketing Dept.	주문 문의 (02)3671-0555
팩스 FAX	(02)747-1945
홈페이지 Homepage	www.langpl.com
이메일 E-mail	sisabooks@naver.com

ISBN 978-89-5518-763-2 13740

*i*BT TOEFL® ROAD MAP
ACTUAL TEST
READING Book 2

iBT TOEFL Road Map
Actual TEST

SISA English Training School previously published the iBT TOEFL ROAD MAP ACTUAL TEST _ Book 1 series, which included the Reading, Listening, Speaking, and Writing sections. In that series, San Francisco Education Consulting has provided vast amounts of TOEFL material for learners.

Simply put, TOEFL tests a student's ability for integrated ability in English, with a goal of overall language competence. To do so, progress in each part of language performance (Reading, Listening, Speaking, and Writing) is needed. To that end, this series has been designed to help you succeed at the TOEFL iBT Reading Section. It is structured in the same manner as the actual TOEFL Reading Test and your performance on this test will give you a good indication about your potential performance in the actual test. It has 6 sets of tests, which enable students to prepare for the actual test environment. Particularly helpful is the authentic TOEFL screen layout, which familiarizes learners with the actual test methodology.

This is the second version of the IBT TOEFL ROAD MAP ACTUAL TEST _ Reading. For students who have already studied Book 1, and need to strengthen their familiarity with the TOEFL test, this book is a useful tool to enhance preparedness for the test.

Truthfully, there is no royal road for language study. However, there are, at least, some efficient tools for conquering this purpose-driven test. TOEFL is a test for the academic environment and so deals with a variety of different subjects. SISA English Training School focuses on material appropriate to help students excel in that type of environment.

SISA English Training School

Contents
TOEFL Road Map
Actual TEST Reading 2

TOEFL Road Map 특징	08
TOEFL Road Map 구성	10
iBT TOEFL 소개	12
How to prepare for the iBT TOEFL	14
TOEFL Road Map 학습 플랜	15
iBT TOEFL Reading 유형 & 전략	16

해설집

Actual TEST 01 정답 & 해설	36
Actual TEST 02 정답 & 해설	68
Actual TEST 03 정답 & 해설	100
Actual TEST 04 정답 & 해설	132
Actual TEST 05 정답 & 해설	164
Actual TEST 06 정답 & 해설	196

문제집

Actual TEST 01 문제   04

Actual TEST 02 문제   20

Actual TEST 03 문제   36

Actual TEST 04 문제   52

Actual TEST 05 문제   68

Actual TEST 06 문제   84

Answers   100

TOEFL Road Map
Actual TEST

01

실제 시험과 동일한 구성

토플을 접해보지 않은 수험자들에게 필요한 것은 영어 실력뿐만 아니라 실전과 동일한 시험 환경이다. 동일한 환경에서의 반복된 연습은 실전에서도 긴장하지 않고 문제를 풀어나갈 수 있게 하기 때문이다. **TOEFL ROAD Map**은 이와 같은 연습이 가능하도록 실제 시험과 동일한 구성으로 총 6회분의 모의고사를 수록하였다.

02

출제경향에 맞추어 엄선된 문제 수록

최신 시험 경향을 완벽히 반영한 지문과 문제로 구성하여, 학습서를 통해서 기본기를 다져온 학습자들에게 시험장으로 가기 바로 직전에 연습해 볼 수 있도록 하였다. 실제 시험처럼 수험자들은 각 문제마다 적절하게 시간을 배분하는 훈련을 쌓아서 고득점에 도전할 수 있도록 하였다.

01 실제 시험과 동일한 구성

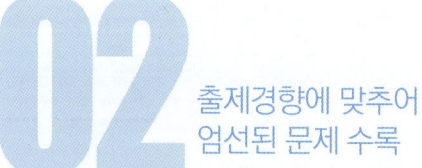

02 출제경향에 맞추어 엄선된 문제 수록

03 iBT토플 Reading 맞춤식 훈련과 전략 제공

03 iBT토플 Reading 맞춤식 훈련과 전략 제공

토플 Reading에서 무조건 문제를 많이 풀어보는 것이 고득점으로 이어지는 것이 아니다. 적절한 학습 방법과 전략이 뒷받침되어야만 고득점을 달성할 수 있기 때문이다. TOEFL ROAD Map에서 제공하는 6회분의 실전 모의고사에서 제공하는 전략을 충분히 소화한 후에 토플 Reading 고득점에 도전해 보자.

04 정확한 해석 및 상세한 해설 제시

각 지문마다 정확한 해석으로 지문에 대한 이해도를 높여주도록 하였다. 또한 문제 유형에 따라 친절하게 쓰여진 해설을 통해서 학습에 도움을 주도록 구성하였다. 각 해설에서는 정답의 단서가 되는 문장을 지문에서 직접 인용함으로써 전체 지문을 다시 읽어보는 번거로움을 줄이도록 하였다.

05 학습 플랜 제공

『6회 실전 모의고사』를 개인의 학습 진도에 맞게 적용하도록 다양한 플랜을 제공하였다. 이는 한정된 시간 안에서 학습자들이 본 교재를 통해 보다 효율적인 시간 관리를 할 수 있도록 도와주는 로드맵이 될 것이다. 토플 독해에서 고득점을 얻기 위해서는 기본적으로 다량의 어휘를 습득하고 있어야 한다.

04 정확한 해석 및 상세한 해설 제시

05 학습 플랜 제공

TOEFL Road Map 구성

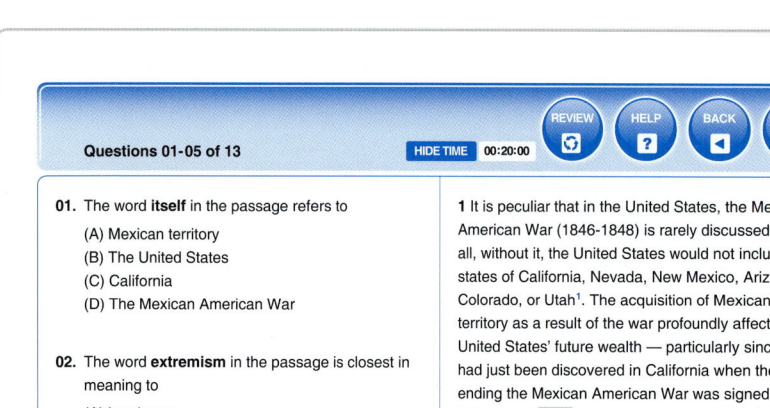

Questions 01-05 of 13

01. The word **itself** in the passage refers to

(A) Mexican territory
(B) The United States
(C) California
(D) The Mexican American War

02. The word **extremism** in the passage is closest in meaning to

(A) harshness
(B) radicalism
(C) ambition
(D) chaos

03. The word **skirmishes** in the passage is closest in meaning to

1 It is peculiar that in the United States, the Mexica...American War (1846-1848) is rarely discussed. Af...all, without it, the United States would not include...states of California, Nevada, New Mexico, Arizona...Colorado, or Utah[1]. The acquisition of Mexican territory as a result of the war profoundly affected...United States' future wealth — particularly since g...had just been discovered in California when the tre...ending the Mexican American War was signed —...its image of **itself** as an expansionist, transcontine...empire.

2 The war also made a deep impact upon Mexico'...development. ■ The country lost a great deal of wealth, water resources and fertile agricultural lan...when it surrendered under the Treaty of Guadalup...Hidalgo. ■ Mexico was thrown into a period of self...

Actual TEST

다년간의 토플 문제 개발로 노하우를 축적해온 미국 현지 개발팀에서 실전에 맞게 6회분의 모의고사를 제공합니다. 실제 iBT 화면과 동일한 구성으로 실전 감각을 높이도록 했습니다.

01

The word **itself** in the passage refers to

(A) Mexican territory
(B) The United States
(C) California
(D) The Mexican American War

지문의 단어 **itself**가 가리키는 것은?

(A) 멕시코 영토
(B) 미국
(C) 캘리포니아
(D) 멕시코 미국 전쟁

Reference 단락 1의 itself는 문장 'The acquisition of Mexican territory ~ profoundly affected **the United States**' future wealth and its image of **itself** ~.' 에서 '멕시코의 영토 획득은 미국의 미래의 부와 **그 국가 자체** 이미지에 상당한 영향을 주었다'라고 말하고 있으므로 문맥상 itself는 the United States를 의미하므로 정답은 (B)미국이다.

iBT TOEFL Reading 유형

문제 유형을 숙지하지 않으면 고득점으로 갈 수 없습니다. 본 교재는 시험에 임하기에 앞서서 학습자들이 다시 한번 TOEFL Reading의 문제 유형을 파악하고, 자주 언급되는 질문을 미리 숙지하도록 하여 실제 시험에 도움이 되도록 하였습니다.

02

The word **extremism** in the passage is closest in meaning to

(A) harshness
(B) radicalism

지문의 단어 **extremism**와 의미상 가장 가까운 것은?

(A) 거침
(B) 급진주의

Actual TEST

상세한 지문 해석 및 해설

상세한 지문 해석과 해설을 제공함으로써
자기 주도 학습이 가능하도록 구성하였습
니다. 각 문제마다 문제 유형을 제시하였
고, 지문에는 문제가 언급된 부분을 표시
하여 학습의 용이성을 높이도록 했습니다.

Passage 1 [0

Mexican American War 멕시코 미국 전쟁

1
Influence of
the Mexican
American War
on the U. S.
(미국에 대한 멕
시코 미국 전쟁
의 영향)

It is peculiar that in the United States, the Mexican American
War (1846-1848) is rarely discussed. After all, without it,
the United States would not include the states of California,
Nevada, New Mexico, Arizona, Colorado, or Utah[1]. [Q11-(A)]
The acquisition of Mexican territory as a result of the war
profoundly affected the United States' future wealth —
particularly since gold had just been discovered in California
when the treaty ending the Mexican American War was
signed — and its image of [Q01]**itself** as an expansionist,
transcontinental empire.

2
Influence of
the Mexican
American War
on Mexico
(멕시코에 대한

The war also made a deep impact upon Mexico's
development. ■ The country lost a great deal of wealth, water
resources and fertile agricultural land when it surrendered
under the Treaty of Guadalupe Hidalgo. ■ Mexico was thrown
into a period of self doubt and political [Q02]extremism, as a

1 미국이 멕시코 미국 전쟁(1846-1848)을
하지 않는 것은 이상하다. 결국, 그 전쟁
지 않았으면 미국은 캘리포니아 주, 네
멕시코 주, 애리조나 주, 콜로라도 주, 유
지 못했을 것이다. [Q11-(A)] 그 전쟁의 결고
영토 획득은 미국의 미래의 부 - 특히 [
을 마치는 조약에 서명했을 때 금이 캘
서 막 발견되었기 때문에 - 와 팽창주의
횡단 제국으로서의 [Q01] 그 국가 자체 이
한 영향을 주었다.

2 멕시코 미국 전쟁은 멕시코의 발전에
을 주었다. ■ 멕시코는 과달루페 이달고
서 항복했을 때 상당한 부와 수자원 그
농지를 잃었다. ■ 멕시코는 전쟁의 결고
와 정치적 [Q02]과격주의에 빠졌다. ■ 멕

iBT TOEFL 소개

About iBT TOEFL

iBT(Internet-based test) TOEFL(Test of English as a Foreign Language)은 종합적인 영어 실력을 평가하는 시험으로 4개의 영역, Listening, Reading, Writing, Speaking을 통합적으로 평가하는 시험이다. iBT 의 총점은 120점으로 시험시간은 약 4시간이며, 『Reading → Listening → Speaking → Writing』영역의 순으로 진행된다. 모든 영역의 시험에서 Note-Taking이 허용된다.

iBT TOEFL 구성 및 특징

구성

영역	점수	시간	문항 수
Reading 읽기	0-30	60~100 분 소요	총 36~70 문항
Listening 듣기	0-30	60~90 분 소요	총 34~51 문항
10분 휴식			
Speaking 말하기	0-30	20 분 소요	6 문항
Writing 쓰기	0-30	50 분 소요	2 문항
TOTAL	0-120	약 4 시간 소요	

Reading Section

구성	• 약 700단어로 구성된 3개의 지문, 각 지문 별로 **12~14개의 질문** • 총 **36~70문항**, 시험시간은 **60~100분** 정도 소요
문제 유형	• 4지선다형, 문장 채워 넣기 4지선다형, 복수 답 선다형 • 요약문을 보여주고 뒷받침할 내용을 보기에서 고르는 문제 • 각각을 잘 설명하고 있는 내용을 보기에서 골라 표를 완성하는 문제
질문 내용	• **기본 이해력**: Vocabulary 어휘 Sentence Simplification 문장 명료화 　　　　　　　　　Factual Information 사실관계 Negative Fact 부정적 관계 • **제시문 이해력**: Main Topic 주제 Category chart 내용분류 • **제시문 분석력**: Inference 추론 Rhetorical Purpose 목적 (의도)
특징	• 지문의 길이가 2배 정도로 길어지고, 수준도 높아지고 다양해짐 • 어휘 보다는 **지문 전체에 대한 이해력과 분석력**에 대한 질문이 강조됨 • 질문의 순서가 지문 내용과 일치하도록 **순차적으로 배열** • **지문이 오른쪽**에, **문제가 왼쪽**에 배치되며, 지문의 제목이 주어지는 것이 특징 • **난이도에 따른 배점 차등화**: 지문 요약 문제는 1점, 정보 분류 문제는 3점 또는 4점 • **Review** 기능: 어떤 문제를 풀었는지 확인이 가능하며, 직접 원하는 문제로 이동 가능 • **Glossary** 기능: 표시되어 있는 어휘를 클릭하면 의미가 제시됨

Listening Section

구성	• 2~3개의 대화문과 4~6개의 강의 내용으로 구성 • 강의는 500~800단어로 구성된 강의와 두 사람의 토론으로 구성 　약 『4~6분 정도 길이』로 각 『강의당 5~6개의 문항』이 출제 • 대화는 듣기 지문 4~6개로 구성, 약 『3~5분 길이』로 구성 　각 『지문당 6문항』 출제

문제 유형	• 4지선다형 • 문장 채워 넣기 • 복수 답 선다형
질문 내용	• **기본 이해력**: Main Topic/ Purpose 주제 Detail 세부사항 • **제시문 이해력**: Function & Attitude 글 쓴 목적, 작가의 태도 • **제시문 분석력**: Rhetorical Purpose/ Connecting Contents 글의 구성 Inference 내용 추론
특징	• 기존의 short conversation 대신 **긴 대화문이 제시** • 강의는 인문 사회과학, 자연과학 전반에 걸친 내용으로 출제 **(Note-Taking 가능)** • 미국 이외의 **영국, 호주 발음도 추가** • 강의와 대화 내용을 이해하고 비교, 분석, 평가하는 문항 추가 • 실제 말하는 것처럼 쉬는 부분, 머뭇거리는 부분, 반복하는 부분이 추가

Speaking Section

구성	• **Independent Task** 독립형 문제 『2 문항』 / **Integrated Task** 통합형 문제 『4 문항』
	• **독립형 문제**: 질문을 듣고 15초간 준비하여 45초 이내에 답변하는 문제
	• **통합형 문제**: 주제와 연관된 제시문을 읽은 후(45초) 제시문에 연관된 두 사람의 토론이
	   나 대화를 듣고 30초간 준비하여 60초 이내에 답하는 형식
	   두 사람의 대화를 듣고 20초간 준비하여 60초 이내에 답하는 형식
	• 총 6문항/ 답변시간 20분

문제 유형	• Reading → Listening → Speaking 유형 • Listening → Speaking 유형
질문 내용	• 개인적 경험, 개인적 선호도 • 읽기 지문과 듣기 지문의 관계 • 대화 또는 강의 내용 요약
특징	• **Note-Taking 가능** • 준비 시간과 응답 시간 중 남은 시간을 초 단위로 화면에 제시

Writing Section

구성	• **Independent Task** 독립형 문제 『1 문항』 / **Integrated Task** 통합형 문제 『1 문항』
	• 독립형 문제: 하나의 주제문에 대한 의견과 구체적인 예를 **300자 정도의 에세이**를 쓰는
	   형식 『30분 소요』
	• 통합형 문제: 제시문을 읽고 제시문과 연관된 강의를 들은 후 150자 ~225단어 정도로
	   제시문의 내용을 요약, 질문에 따라 **강의 내용을 설명**하는 형식 『20분 소요』
	• 총 2문항, 시험 시간 50분

문제 유형	• 에세이 문제 • Reading → Listening → Writing 유형 『Integrated Task』
질문 내용	• 한 가지 주제에 관한 의견 • 대화나 강의 내용 요약
특징	• Integrated Writing은 읽고 들은 내용을 바탕으로 Writing task 작성 • Note-Taking을 이용해 효율적으로 답변 준비 가능

How to prepare for the **iBT TOEFL Reading**

iBT **토플**의 독해 영역은 학문이나 주제를 소개하는 대학 수준의 지문을 사용하여, 학생들이 학문적 자료를 읽고 주어진 시간 안에 얼마나 잘 이해하고 종합할 수 있는지를 평가하는 문항들로 구성되어 있다.

구성

시험은 2개 또는 3개의 파트로 구성되며, 2개 파트로 나뉠 때에는 총 3개의 지문이 출제되고, 3개 파트로 나뉠 때에는 총 5개의 지문이 출제된다. 각각의 경우, 첫 파트에는 1개의 지문이 등장하고 두 번째, 세 번째 파트에는 2개의 지문씩 나온다.

문제 형식

사지 선다형, 지문에 문장 삽입하기, 또는 주요 정보를 분류하여 주어진 표에 넣기 등 3가지 형식의 문제가 출제된다.

문제 유형 분석

문제 형태	해당 문제 유형	유형 분석
Identifying Details 내용에 대한 기본적인 이해	**Sentence Simplification** 문장 재구성	한 문장의 핵심 정보를 가장 간결하게 바꾸어 쓴 것을 선택하는 유형
	Fact & Negative Fact 세부 사항	문제에서 묻는 세부 정보를 지문에서 찾아 가장 정확하게 찾는 유형
	Vocabulary 어휘	주어진 어휘 또는 구의 의미를 파악하여 이와 가장 유사한 의미를 가진 어휘를 선택하는 유형
	Reference 지칭 추론	지시어가 가리키는 지시대상을 지문에서 찾아 선택하는 유형
Making Inference 내용기저에 놓인 실질적인 의미파악	**Rhetorical Purpose** 수사학적 의도	작가가 사용한 특정 표현의 의도를 가장 잘 나타내고 있는 것을 선택하는 유형
	Inference 추론	제시된 정보를 바탕으로 추론 가능한 것을 선택하는 유형
Recognizing Organization 내용을 종합해서 풀어야 하는 문제	**Insertion** 문장 삽입	주어진 한 문장을 지문에 지정되어 있는 4개의 [■]에서 골라 삽입하는 유형
	Summary 요약	6개의 보기 중, 지문의 주요 내용을 언급하고 있는 3개를 골라 지문을 요약하는 유형
	Category Chart 정보 분류	지문에서 비교 대조되고 있는 정보들을 각 범주에 맞게 분류하여 정리하는 유형

TOEFL Road Map 학습 플랜

PLAN A 7일 완성

DAY 1	DAY 2	DAY 3	DAY 4	DAY 5	DAY 6	DAY 7
Road Map Reading Actual TEST 01	Road Map Reading Actual TEST 02	Road Map Reading Actual TEST 03	Road Map Reading Actual TEST 04	Road Map Reading Actual TEST 05	Road Map Reading Actual TEST 06	Review Actual TEST 01 - 06

PLAN B 14일 완성

DAY 1	DAY 2	DAY 3	DAY 4	DAY 5	DAY 6	DAY 7
Road Map Reading Actual TEST 01	Road Map Reading Actual TEST 01	Road Map Reading Actual TEST 02	Road Map Reading Actual TEST 02	Road Map Reading Actual TEST 03	Road Map Reading Actual TEST 03	Review Actual TEST 01 – 03
DAY 8	**DAY 9**	**DAY 10**	**DAY 11**	**DAY 12**	**DAY 13**	**DAY 14**
Road Map Reading Actual TEST 04	Road Map Reading Actual TEST 04	Road Map Reading Actual TEST 05	Road Map Reading Actual TEST 05	Road Map Reading Actual TEST 06	Road Map Reading Actual TEST 06	Review Actual TEST 04 – 06

PLAN C 28일 완성

DAY 1	DAY 2	DAY 3	DAY 4	DAY 5	DAY 6	DAY 7
Road Map Reading Actual TEST 01 Passage 1	Road Map Reading Actual TEST 01 Passage 2	Road Map Reading Actual TEST 01 Passage 3	Road Map Reading Actual TEST 02 Passage 1	Road Map Reading Actual TEST 02 Passage 2	Road Map Reading Actual TEST 02 Passage 3	Review Actual TEST 01 & 02
DAY 8	**DAY 9**	**DAY 10**	**DAY 11**	**DAY 12**	**DAY 13**	**DAY 14**
Road Map Reading Actual TEST 03 Passage 1	Road Map Reading Actual TEST 03 Passage 2	Road Map Reading Actual TEST 03 Passage 3	Road Map Reading Actual TEST 04 Passage 1	Road Map Reading Actual TEST 04 Passage 2	Road Map Reading Actual TEST 04 Passage 3	Review Actual TEST 03 & 04
DAY 15	**DAY 16**	**DAY 17**	**DAY 18**	**DAY 19**	**DAY 20**	**DAY 21**
Road Map Reading Actual TEST 05 Passage 1	Road Map Reading Actual TEST 05 Passage 2	Road Map Reading Actual TEST 05 Passage 3	Road Map Reading Actual TEST 06 Passage 1	Road Map Reading Actual TEST 06 Passage 2	Road Map Reading Actual TEST 06 Passage 3	Review Actual TEST 05 & 06
DAY 22	**DAY 23**	**DAY 24**	**DAY 25**	**DAY 26**	**DAY 27**	**DAY 28**
Review Reading Actual TEST 01	Review Reading Actual TEST 02	Review Reading Actual TEST 03	Review Reading Actual TEST 04	Review Reading Actual TEST 05	Review Reading Actual TEST 06	Final Review 01- 06

I. Sentence Simplification

General Explanation

Sentence Simplification 지문에 음영 처리된 한 문장의 핵심 정보를 가장 적절하게 표현하고 있는 문장을 보기에서 선택하는 유형이다. 글을 단순화 할 때에 보통 구조를 바꾸거나 동의어를 사용하여 paraphrasing한 형태가 대부분이기 때문에 이를 기억하여 정답을 고르도록 하자.

Question Type

• Which of the following best expresses the essential information in the highlighted sentence?
  Incorrect answer choices change the meaning in important ways or leave out essential information.

Reading Strategies

▶ 음영 처리된 문장의 핵심 정보를 파악한다.
  가장 중요한 내용이 되는 『Main Idea』를 남겨두고, 중요성이 떨어지는 세부 사항을 가려내어 핵심내용이 그대로 전달되는 paraphrasing된 문장을 선택해야 한다.
▶ 오답의 유형을 미리 기억해서 문제에 접근한다.
  핵심 정보를 빠뜨린 문장, 추가적이거나 세부적인 내용만 포함한 문장 등을 잘 가려낼 수 있어야 한다.

Actual test 2, Part 1 「The Sugar and Stamp Acts」

The tax on newspapers raised considerable opposition among the colonists. On the whole, colonists did not feel they should bear the costs of British military presence in the colonies. They argued that the British garrisons' main purpose was to protect the fur trade, not settlers, and that in the previous European wars that had spilled over into North America, colonial militias, not the British army, had protected coastal towns and other vulnerable areas. The colonial militia had also been assigned to support British military projects in the New World with only limited compensation from the Crown. Furthermore, colonists believed they should only be taxed as determined in their colonial legislatures.

Q. Which of the following best expresses the essential information in the highlighted sentence? **Incorrect** answer choices change the meaning in important ways or leave out essential information.

(A) The British were not actually motivated to protect the settlers.
(B) **Colonists argued that they had defended themselves and that the British were primarily interested in protecting the fur trade.**
(C) Colonists argued that in previous conflicts on North American soil, they had managed to defend themselves without British aid.
(D) The colonists could effectively defend coastal towns and other areas vulnerable to attack.

[해설] 음영으로 표시된 문장은 식민지 주민들이 두 가지 쟁점에 대해 주장하고 있다고 언급했는데, 각각의 쟁점을 기술한 (C)와 (D)의 내용을 모두 포괄하고 있는 (B)가 답이 된다.

II. Factual Information & Negative Fact

General Explanation

Factual Information & Negative Fact iBT TOEFL 독해에서 Vocabulary와 함께 가장 큰 비중을 차지하는 문제의 유형이다. 지문의 세부 정보를 제대로 이해했는지를 묻는 질문에 가장 정확한 보기를 정답으로 골라야 한다. Factual Information 문제의 경우는 지문의 내용과 일치하는 것을 정답으로, Negative Fact 문제의 경우는 지문의 내용과 일치하지 않는 것을 정답으로 고르도록 한다.

Question Type

▶ **Factual Information**
   • According to paragraph #, Which/ Why/ When/ Where/ How~?
   • Based on the information in paragraph #, Which of the following is true of~?

▶ **Negative Fact**
   • Paragraph # focuses on~, all of the following took place **EXCEPT:**
   • The passage suggests all of the following about~ **EXCEPT:**

Reading Strategies

▶ 주어진 지문에서 『Key word』를 찾아서 이것과 일치하거나 동의어로 표현된 문장을 지문 내에서 찾는다.
▶ 원문의 의미는 그대로 유지하면서 문장 구조를 바꾸거나 비슷한 단어나 구를 사용한 보기가 정답이 되므로, 동의어, 유의어에 신경 써서 정답에 접근하도록 한다.

Actual test 1, Part 2 『Use of Chimpanzees for Testing』

The more Jane reported, the more people recognized that chimpanzees are like people: the animals are highly intelligent and very social; they have a social hierarchy and live in small tribes similar to those of humans; and they have a sophisticated communication system, using body language, gestures, vocalizations and facial expressions. They even show evidence of human-like altruism or devotion to youth: in 1987, Goodall's team observed an adolescent chimp "adopt" a three-year-old orphan, even though the youngster was not a close relative. Another of Jane's surprising insights was the discovery that chimpanzees engage in negative behaviors similar to those of humans. She was the first to record long-term intergroup aggression in nonhuman primates when, in 1974, she witnessed what became a four-year "war" among chimp tribes. Jane also charted courtship patterns in which males forced females into temporary monogamous relationships for days or even months.

Q. According to the passage, Jane Goodall's work led to:

(A) A better understanding of chimp DNA
(B) A better understanding of African wildlife
(C) The longest study of any animal species
(D) The recognition that chimpanzees are similar to humans in many ways

[해설] 문제의 키워드 Jane Goodall가 언급된 첫 번째 문장 'The more Jane reported, the more people recognized that chimpanzees are like people: ~(Jane이 연구조사를 더 보고할 수록, 사람들은 점점 더 침팬지들이 인간들과 같다고 인식하게 되었다: ~)'에서 주지하고 있듯이, 사람들은 인간과 침팬지간의 유사성에 대해 인식하게 되었다. 따라서 정답은 (D)이다.

III. Reference

General Explanation

Reference 지문 속 음영 처리된 지시어(대명사)가 가리키는 대상이 무엇인지를 선택하는 유형이다. 지문당 1문제 정도 출제 되며, 지문을 읽으면서 문제에서 묻고 있는 대상이 언급된 앞 또는 뒤의 부분에서 지시 대상을 찾도록 한다.

Question Type

- The word _____in the passage refers to
- The phrase _____ in the passage refers to

Reading Strategies

▶ 지시어가 가리키는 지시 대상을 찾는다.
  지시하는 단어가 포함된 문장 또는 그 앞의 문장부터 정확히 해석하면 지시 대상을 쉽게 찾을 수 있다. 또한, 수의 일치, 성의 일치 등을 확인 해야 한다.
▶ 음영된 부분에 대입하여 문맥상 자연스러운지 확인한다.

Actual test 2, Part 1 「Marine Algae」

Marine algae are quite different from green plants that grow on land. **They** lack many of the structures associated with land plants such as roots, stems, leaves, and flowers, but one feature common to all is the ability to convert the sun's energy into food via photosynthesis. Both land plants and seaweed contain chlorophyll, a green pigment that enables them to carry out this process. Photosynthesis involves a plant using carbon dioxide – a byproduct of plant and animal respiration – and energy from the sun to produce oxygen and sugars, which it then uses as food. Land plants accomplish photosynthesis with their leaves, but marine algae use different structures. Some types of seaweed have photosynthetic cells distributed over their entire surface.

Q. The word **They** in the passage refers to

(A) marine algae
(B) green plants
(C) structures
(D) land plants

[해설]   지시어 They가 포함된 문장은 해조류와 육상 식물과의 차이점과 유사점을 기술하고 있다. 첫 두
문장인 'Marine algae are quite different from green plants that grow on land. They lack many
of the structures associated with land plants such as roots, stems, leaves, and flowers ~'에서
'They'는 문맥상 둘 간의 차이점을 기술하기 위해, 해조류의 구조상 특징을 육상 식물과 비교하여
구체적으로 언급하고 있다. 따라서, 'They'는 (A) 해조류를 의미한다.

IV. Vocabulary

General Explanation

Vocabulary 지문 속 음영 처리된 단어와 가장 유사한 뜻을 가진 동의어를 선택하는 문형으로 지문당 3~4문제 정도 출제된다.

Question Type

- The word _____ in the passage is closest in meaning to
- The phrase _____ in closest in meaning to

Reading Strategies

▶ 쉬운 어휘는 일반적인 의미보다는 문맥에서 그 의미를 파악한다.
▶ 고급 어휘는 동의어를 찾아야 한다.
▶ 음영 부분에 대입하였을 때 문맥상 자연스러운지 확인한다.

Actual test 5, Part 2 『Voting Methods』

The British American colonists also used secret ballots, but they printed each party's candidate list on separate strips of paper called tickets. This is where the expression "vote a straight party ticket" originated. By 1889, however, New York **adopted** the Australian system of printing all candidates on one paper ballot. The Australian system gradually replaced ticket voting across the United States.

Q. The word **adopted** is closest in meaning to

(A) rejected
(B) implemented
(C) investigated
(D) experimented with

[해설] 보기 중에서 음영 처리된 단어 adopted(채택하다, 받아들이다)와 동의어인 implement(실시하다)를 찾아서 음영 처리된 단어 adopted에 대입해 보면, New York implemented the Australian system of printing all candidates on one paper ballot. (뉴욕은 투표용지 한 장에 모든 후보들의 이름을 적는 호주의 시스템을 실시했다.)라는 내용이 되어 문맥상 자연스럽다. 따라서 정답은 (B)가 된다.

V. Inference

General Explanation

Inference 문제는 지문에 그대로 적혀 있지는 않지만, 논리적인 사고를 가지고 지문의 내용을 근거로 추론이 가능한 답을 선택하는 유형이다. 추론 할 수 있는 근거가 되는 문장이 대부분 지문 안에 포함 되어 있기 때문에 지문을 정확하게 해석하는 능력이 요구 된다.

Question Type

- All of the following can be inferred from the passage **EXCEPT:**
- It can be inferred from the passage that_____
- Which of the following can be inferred from the paragraph # ?
- From reading the passage, it can be inferred that_____
- One can infer from paragraph # that_____

Reading Strategies

▶ 지문에 언급된 사실을 바탕으로 추론해야 한다.
   정답은 지문에 근거를 두고 있으므로, 꼭 지문의 내용을 바탕으로 추론하여 답을 선택해야 한다.
▶ 문제의 키워드가 언급된 부분을 지문에서 찾는다.
   문제의 키워드를 지문에서 빨리 찾아 그 키워드가 포함된 문장 앞 뒤를 정확하게 파악하고, 지문의 내용을 근거로 답을 추론해야 한다.

Actual test 1, Part 1 『The Sugar and Stamp Acts』

The Sugar Act of 1764 and the Stamp Act of 1765 were important milestones on the path toward the American Revolution. In the years immediately following the French and Indian War, which concluded in 1763, the British national debt was nearly double its pre-war level. (중략)

The Sugar Act's main purpose was to curtail the smuggling of sugar and molasses from the French and Dutch West Indies. Colonists were outraged about the stricter regulations placed on shipmasters. (중략)

The Stamp Act established a direct tax on all commercial and legal papers, newspapers, pamphlets, cards, and almanacs; a stamp was required to show that tax had been paid for the printed material. Although the act was the first like it to be imposed on in the colonies, similar taxes were common in England and had already generated more than £100,000 in revenue. The British saw the act as completely fair – destined as it was to pay for the British military presence in the colonies – and were taken utterly aback by the colonial resistance it generated. (중략)

The tax on newspapers raised considerable opposition among the colonists. On the whole, colonists did not feel they should bear the costs of British military presence in the colonies. Consequently, the tax stamps required by the act were widely shunned, and disagreement over the act led to violence.

Q. All of the following can be inferred from the passage **EXCEPT:**

(A) The Sugar and Stamp Acts were among the major causes of the American Revolution.

(B) Many Americans were not pleased with the Sugar and Stamp Acts.

(C) Many American colonists supported the British government.

(D) American colonists reacted very violently and unlawfully to the taxes.

[해설]   (A)는 첫 문장(The Sugar Act of 1764 and the Stamp Act of 1765 were important milestones on the path toward the American Revolution)에서 이미 두 조례가 미국 혁명의 이정표가 되었음을 언급하였고, (B)는 사탕조례에 대해 단락 2(Colonists were outraged about ~)에서, 뒤 이은 인지조례에 대해 식민지 주민들의 저항이 언급되고 있으며, 마지막 단락에서는 (D) 식민지 주민들의 저항이 폭동으로 번지게 된 정황을 묘사하고 있다. (C)는 지문의 내용에서 나타나지 않으므로 정답이 된다.

General Explanation

Rhetorical Purpose 작가의 의도 문제 즉, 글에서 사용한 특정 표현의 의도를 잘 나타낸 답을 선택하는 유형이다. 주로 지문에 쓰인 특정 단어나 구의 문맥적 기능이나 목적을 묻거나 특정 단락의 기능을 묻는 문제가 출제된다.

Question Type

- In paragraph #, the author includes the remark~
- Why does the author mention~?
- In paragraph #, why does the author mention that~?
- Why does the author state in paragraph # that~?

Reading Strategies

▶ 문제에 제시된 표현이 언급된 부분을 지문에서 찾아 그 표현이 지문에서 어떠한 기능을 하는지 파악한다.
▶ 특정 단락의 기능을 묻는 문제일 경우, 지문의 전체 흐름에 비추어 해당 단락이 하는 기능을 판단해야 한다.

Actual test 2, Part 1 『Marine Algae』

Humans also enjoy the benefits of seaweed directly, utilizing its rich nutrients in agricultural fertilizer, food, and vitamin supplements. Seaweed is especially popular in the cuisine of coastal peoples such as the Japanese, Koreans, Peruvians, and British. In Wales, for instance, laver, a type of red algae, is boiled and minced to make laverbread. More common, however, is nori. Nori can be eaten on its own or used as a sushi wrap, and a special form of nori, aonori, is sprinkled as flavoring. In Korea, thin sheets of seaweed called gim are roasted with sesame oil and salt.

Q. Why does the author state in paragraph 5 that laverbread is commonly eaten in Wales and nori is a popular food in Japan?

(A) To show that seaweed has direct benefits to humans
(B) To talk about the different countries where seaweed is farmed
(C) To demonstrate seaweed's uses as a vitamin supplement
(D) To illustrate the use of seaweed as an additive

[해설] 단락의 첫 번째 문장 'Humans also enjoy the benefits of seaweed directly(인간이 해초로부터 그 혜택을 직접적으로 즐기기도 있다),'에서 해초를 즐기는 사람들에 대해 언급하고 있다. 그 예시로, 열거된 몇 나라들에서 즐기는 영양분이 많이 함유되어 있는 김빵과 Nori 등의 요리를 언급하고 있다. 따라서, 정답은 (A)가 된다.

VII. Sentence Insertion

General Explanation

Sentence Insertion 문제는 지문에서 빠져있는 한 문장 즉 삽입 문장을 문제로 제시하고, 이 문장을 지문의 원래 위치에 넣는 문제 유형이다. Insertion 문제에서는 지문에 네 개의 [■]가 표시되어 있어서, 삽입 문장이 들어갈 위치를 직접적으로 명시해 준다. 실제 시험에서 이 중 하나의 [■]를 클릭하면 삽입 문장이 그 위치로 들어가게 된다.

Question Type

- Look at the four squares [■] that indicate where the following sentence could be added to the passage.
- Where would the sentence best fit? Click on a square [■] to add the sentence to the passage.

Reading Strategies

▶ 삽입 문장의 단서를 갖고, [■]표시가 된 부분을 읽으며, 삽입 문장이 들어갈 위치를 찾는다.

▶ 삽입 문장을 대입해보고 문맥의 흐름이 자연스러운지 확인한다.

▶ 지시어, 연결어에 유의한다.

Actual test 1, Part 1 『The Sugar and Stamp Acts』

■ In the years immediately following the French and Indian War, which concluded in 1763, the British national debt was nearly double its pre-war level. At the same time, Britain had acquired New France and therefore had an even greater military responsibility in North America.
■ Opposition initially centered on economic arguments, but before long, colonists were pointing out a constitutional issue: British subjects could not be taxed without their consent. The tax on newspapers raised considerable opposition among the colonists. ■ On the whole, colonists didn't feel they should bear the costs of British military presence in the colonies. They argued that the British garrisons' main purpose was to protect the fur trade, not settlers, and that in the previous European wars that had spilled over into North America, colonial militias, not the British army, had protected coastal towns and other vulnerable areas. Protest organizations such as the Sons of Liberty sprang up throughout the colonies. More importantly, committees of correspondence developed. These groups were organized by the local colonial governments to coordinate written communication outside of the colony. They played a pivotal role in the American Revolution and in the disaffection leading up to it by disseminating the colonial interpretation of British actions between the colonies and to foreign governments. The network of committees laid the foundation for a formal political union among the colonies. ■ British Parliament underestimated the reaction of the American colonies and was surprised by the strong opposition to this new tax.

Q. Look at the four squares [■] that indicate where the following sentence could be added to the passage.

Overall, resistance to the Stamp Act generated an infrastructure for the growing independence movement.

Where would the sentence best fit? Click on a square [■] to add the sentence to the passage.

[해설] 다음의 문장은 두 조례의 배경을 언급하는 첫 번째 [■]와 사탕조례에 대한 저항을 묘사한 두 번째 [■] 위치로의 삽입은 부적절하며, 주둔군 지원을 위한 조세 정당성에 대한 식민지 주민들의 반감을 다룬 세 번째 [■]도 문장을 삽입하기 부적절하다. 통신 연락 위원회의 형성이 미국혁명으로 이끄는 민심의 이반에 중요한 역할을 담당했다는 내용을 다룬 네 번째가 삽입 위치로 가장 적절해 보이므로, 네 번째 [■]가 정답이다.

General Explanation

Summary 전체 지문을 요약하는 문제로서 6개의 보기 중에서 총 3개의 요약문을 선택하여 완성하는 유형이다. 지문 요약을 위한 도입 문장이 제시되며, 어떤 문장은 지문에 언급되지 않은 내용이나 사소한 정보를 담고 있으므로 정답을 고를 때 유의해야 한다. 즉, Main idea를 잘 담고 있는 문장을 선택해야 한다.

Question Type

• **Directions:** An introductory sentence for a brief summary of the passage is provided below. Complete the summary by selecting the THREE answer choices that express the most important ideas in the passage. Some sentences do not belong in the summary because they express ideas that are not presented in the passage or are minor ideas in the passage. **This question is worth 2 points.**

Drag your answer choices to the spaces where they belong. To remove an answer choice, click on it. To review the passage, click on **View Text.**

Introductory Sentence

-
-
-

Answer Choices	
(A)	(D)
(B)	(E)
(C)	(F)

Reading Strategies

▶ 제시된 도입 문장을 참고하여 보기를 읽으면서 중심 내용을 고른다.

▶ 보기 6개를 지문의 내용과 비교하여, main idea가 되는 지 확인한다.

Actual test 1, Part 2 『Homing Pigeons』

Nowadays, homing pigeons are mostly used for sport. However, before modern technology introduced faster modes of communication, many civilizations relied upon homing pigeons or "carrier pigeons" to transport information over long distances. They have thus played pivotal roles in matters of security and military intelligence throughout recorded history. For instance, in 2350 BC, King Sarragon of Akkad of Mesopotamia had each of his messengers carry a homing pigeon. If a messenger was attacked en route, he was to release his pigeon, whose return would warn the king of his intercepted message and imminent danger.

No one knows exactly how pigeons and other birds find their way across strange territory to reach home. Homing pigeons fly great distances in very short periods of time – insufficient time to allow for random searching – so they must somehow know the proper path to take. Some researchers believe these birds have the ability to orient themselves according to the earth's magnetic field, and indeed, they do seem to lose navigational skills when magnetic fields are interrupted. Others say that the birds are guided by the position of the sun, and although the details of this theory are unclear, birds do lose their way in cloudy or foggy weather. Recent research suggests that homing pigeons orient themselves by atmospheric odors or combinations of atmospheric odors, and that different species of homing pigeons seem to respond to different environmental cues. In any case, one thing is clear: all homing pigeons have a highly developed ability to recall visible landmarks, but this alone does not explain their direct return across territory they have never laid eyes on before.

Today, many people enjoy racing homing pigeons and organize races that cover up to 600 miles. In order to train the birds, trainers allow the young pigeons to become familiar with the area near the nest or home loft before releasing them five to ten miles away. Over time, the trainers gradually increase the distance that the bird flies to reach its home loft. The trainer chooses only his very best birds to partici-pate in the race: the birds must be in top physical form and have perfect unbroken feathers in order to perform well in the competition.

A new use for homing pigeons has emerged in this century since they have been retired from most government agencies. All-white homing pigeons called "release doves" are now set loose at many wed-dings, birthdays, funerals, and other events. People witnessing these occasions are led to believe the homing pigeons are white doves being released into the wild, but this is not the case. The pigeon is a descendent of the rock dove, and so it resembles its close relative. After the impressive and symbolic spectacle of releasing the birds at the event, the white homing pigeons directly return to their home lofts. In this way they can be rented out again and again to add a splash of drama to any special event.

Despite our reliance on modern technology, some people have not forgotten the old mode of communi-cation. In 2009, in the midst of heavy internet traffic, a South African call-center company chose to send a message via carrier pigeon. The pigeon arrived before the electronic message.

- **Directions:** An introductory sentence for a brief summary of the passage is provided below. Complete the summary by selecting the THREE answer choices that express the most important ideas in the passage. Some sentences do not belong in the summary because they express ideas that are not presented in the passage or are minor ideas in the passage. **This question is worth 2 points.**

Drag your answer choices to the spaces where they belong. To remove an answer choice, click on it. To review the passage, click on **View Text.**

Homing pigeons have a long history of delivering messages and providing entertainment.
전서구는 메시지를 전달하고 유희를 제공한 긴 역사를 가지고 있다.

- Homing pigeons are used today at weddings, funerals, graduations and other important events.
- Homing pigeons first started delivering messages for humans more than 4,000 years ago.
- Homing pigeons compete in many races for sport.

Answer Choices	
(A) Homing pigeons are trained from a very young age, yet still no one knows how they can find their way over miles of unfamiliar territory. 전서구들은 아주 어릴 적부터 훈련 받지만, 여전히 그들이 어떻게 낯선 지역을 여러 마일 지나는 자신들의 행로를 찾는지 누구도 알지 못한다.	(B) **Homing pigeons are used today at weddings, funerals, graduations and other important events.** 전서구들은 오늘날 결혼식, 장례식, 졸업식 및 기타 중요한 행사에 사용된다.
(C) **Homing pigeons first started delivering messages for humans more than 4,000 years ago.** 전서구들은 4천 년 보다 이전에 처음 메시지 전달하는 것을 시작했다.	(D) **Homing pigeons compete in many races for sport.** 전서구들은 스포츠 용도의 많은 경주에서 경쟁을 벌인다.
(E) Homing pigeons are descendents of the rock dove. 전서구들은 흑 비둘기들의 후손들이다.	(F) Homing pigeons might be guided by the sun. 전서구들은 태양에 의해 길 안내 받는지도 모른다.

[해설] 요약문의 도입 문장에서 알 수 있듯이, 요약문 전체의 키워드는 세기에 걸친 전서구의 메시지 전달과 유희적 역할에 있다. 보기 (C)는 고대부터 메시지 전달용으로써의 전서구 활용 역사를 기술한 단락 1의 내용의 내용과 관련 있고, 보기 (D)는 단락 3 내용인 최근 전서구의 스포츠용 경주 새로써의 활용, 보기 (B)는 단락 4 축제에서 활용되고 있는 전서구의 내용을 요약하고 있다. 따라서 정답은 (B), (C) (D)이다.

IX. Category Chart

General Explanation

Category Chart   제시된 항목에 해당하는 지문의 정보를 분류하여 표를 완성하는 유형이다.

Question Type

Directions: Select the appropriate phrases from the answer choices and match them to the characteristics with which they are associated. TWO of the answer choices will NOT be used. This question is worth 2 points.

Drag your answer choices to the spaces where they belong. To remove an answer choice, click on it. To review the passage, click on **View Text.**

Answer Choices	Category 1
(A)	
(B)	
(C)	
(D)	Category 2
(E)	
(F)	
(G)	

Reading Strategies

▶ 각 보기의 내용을 지문에서 찾아 지문 내용과 일치하는 지를 확인한다.
▶ 지문의 내용이 다른 단어나 구, 다른 문장 구조로 바뀌어서 보기에 나오는 경우가 있으므로, 유의해야 한다.

Actual test 1, Part 2 『Use of Chimpanzees for Testing』

After all, chimpanzees are our closest relatives in terms of physical makeup, and the DNA of these primates is ninety-nine percent equivalent to our own. However, one could argue that the very similarity between humans and chimpanzees ethically warrants that we not subject them to tests and to living conditions that we don't deem fit for ourselves. The more people learn about chimpanzees, the less likely they are to view them as suitable candidates for these experiments. Unlike gorillas and orangutans, chimpanzees are omnivores: they eat fruits, nuts, seeds, blossoms, and leaves, as well as various insects and occasionally the meat of medium-sized mammals.

The more Jane reported, the more people recognized that chimpanzees are like people: the animals are highly intelligent and very social; they have a social hierarchy and live in small tribes similar to those of humans; and they have a sophisticated communication system, using body language, gestures, vocalizations and facial expressions. They even show evidence of human-like altruism or devotion to youth: in 1987, Goodall's team observed an adolescent chimp "adopt" a three-year-old orphan, even though the youngster was not a close relative. Another of Jane's surprising insights was the discovery that chimpanzees engage in negative behaviors similar to those of humans. She was the first to record long-term intergroup aggression in nonhuman primates when, in 1974, she witnessed what became a four-year "war" among chimp tribes. Jane also charted courtship patterns in which males forced females into temporary monogamous relationships for days or even months.

Proponents of animal testing insist that despite these similarities to humans, chimpanzees are still different in important ways. For instance, they lack a vocal tract structure to support complex speech, and this is culturally significant because it means that unlike humans, chimps cannot use spoken word to teach their children about abstract ideas, share knowledge of the past, or plan for the future.

Those who defend chimps from testing, however, also focus on our differences to support an anti-testing stance. They point out that in addition to the ethical quandary that testing puts us in due to chimps' 99% DNA overlap with humans, the 1% difference adds a scientific problem: we cannot always extrapolate our findings from a study with chimps to predict what would happen with people. One example is the fact that chimpanzees infected with hepatitis B will not become sick, whereas humans will often develop symptoms of liver disease.

Directions: Select the appropriate phrases from the answer choices and match them with the characteristics with which they are associated. TWO of the answer choices will NOT be used. **This question is worth 2 points.**

Drag your answer choices to the spaces where they belong. To remove an answer choice, click on it. To review the passage, click on **View Text.**

Answer Choices 보기
(A) Use of tools 　　도구의 사용
(B) Dwelling construction 　　거주지의 구조
(C) Adult weight and height 　　성인 체중과 신장
(D) Reaction to hepatitis B infection 　　B형 감염에 대한 반응
(E) Use of language 　　언어의 사용
(F) Social hierarchy 　　사회적 서열
(G) Omnivorous 　　잡식성

Chimp/Human Similarities
침팬지와 인간의 유사성

• Use of tools

• Social hierarchy

• Omnivorous

Chimp/Human Difference
침팬지와 인간의 차이점

• Reaction to hepatitis B infection

• Use of language

[해설]　보기 (A), (F), (G)는 침팬지와 인간간의 유사한 특성으로 언급된 내용이고, (D) ,(E)는 두 종간 차이점이다. 보기 (B), (C)는 지문에 언급되지 않은 내용이다.

iBT TOEFL Road Map
Reading 2
Test 01

ACTUAL**TEST** 01

정답 & 해설

Topic	Type	Word Count
Mexican American War	Historical	842
Insect Development	Expository	837
Federal Bank	Argumentative	851

1
Influence of the Mexican American War on the U. S.
(미국에 대한 멕시코 미국 전쟁의 영향)

It is peculiar that in the United States, the Mexican American War (1846-1848) is rarely discussed. After all, without it, the United States would not include the states of California, Nevada, New Mexico, Arizona, Colorado, or Utah[1]. Q11-(A) The acquisition of Mexican territory as a result of the war profoundly affected the United States' future wealth — particularly since gold had just been discovered in California when the treaty ending the Mexican-American War was signed — and its image of Q01itself as an expansionist, transcontinental empire.

2
Influence of the Mexican American War on Mexico
(멕시코에 대한 멕시코 미국 전쟁의 영향)

The war also made a deep impact upon Mexico's development. ■ The country lost a great deal of wealth, water resources and fertile agricultural land when it surrendered under the Treaty of Guadalupe Hidalgo. ■ Mexico was thrown into a period of self-doubt and political Q02extremism as a result of the war. ■ This stage of Mexican history affected the United States only indirectly, but the resentment generated against the United States during the war continues to affect U.S.-Mexico relations to this day. ■

3
Explanations of why Americans have forgotten about the war
(왜 미국인들이 멕시코 미국 전쟁에 대해 잊었는가에 대한 설명들)

Q11-(B),(C) One reason why Americans have forgotten about this war is that much of it was fought on what was then Mexican soil, with just a few Q03 skirmishes taking place on land the U.S. had recently annexed. But two other explanations seem more compelling: first, most historians view the war as one of national aggression on the part of the United States, and second, the war was overshadowed by the American Civil War that followed on its heels.

---

1   States comprising the Western United States

1 미국이 멕시코 미국 전쟁(1846-1848)을 거의 논의하지 않는 것은 이상하다. 결국, 그 전쟁이 일어나지 않았다면 미국은 캘리포니아 주, 네바다 주, 뉴멕시코 주, 애리조나 주, 콜로라도 주, 유타 주[1]를 얻지 못했을 것이다. Q11-(A)그 전쟁의 결과, 멕시코의 영토 획득은 미국의 미래의 부 – 특히 멕시코 전쟁을 마치는 조약에 서명했을 때 금이 막 캘리포니아에서 발견되었기 때문에 – 와 팽창주의자이자 대륙횡단 제국으로서의 Q01그 국가 자체 이미지에 상당한 영향을 주었다.

2 멕시코 미국 전쟁은 멕시코의 발전에도 깊은 영향을 주었다. ■ 멕시코는 과달루페 이달고 조약 하에서 항복했을 때 상당한 부와 수자원 그리고 비옥한 농지를 잃었다. ■ 멕시코는 전쟁의 결과 자기 회의와 정치적 Q02과격주의에 빠졌다. ■ 멕시코 역사에서 이 시기는 단지 간접적으로만 미국에 영향을 주었지만 전쟁 중 미국에 반하여 발생한 분개는 미국과 멕시코 관계에 지속적으로 영향을 주었다. ■

3 Q11-(B),(C) 미국인들이 이 전쟁에 대해 잊었던 하나의 이유는 단지 몇몇의 소규모 Q03접전만이 미국이 최근에 합병했던 지역에서 발생했고, 전쟁의 대부분은 멕시코 땅에서 치뤄졌기 때문이다. 하지만 두 가지 다른 설명들, 첫째로, 대부분의 사학자들은 미합중국이 만든 국가의 공격성의 하나로써 그 전쟁을 본다는 견해와 둘째로, 멕시코 미국 전쟁은 그것에 뒤이어 발생한 남북전쟁의 그늘에 가려 무색하게 되었다는 견해가 더 설득력이 있는 것 같다.

Vocabulary

acquisition 획득
profoundly 상당히, 완전히
expansionist 팽창주의자
transcontinental empire 대륙횡단 제국
surrender 항복하다, 투항하다
fertile 비옥한
self-doubt 자기 회의

political extremism 정치적 과격주의
resentment 분개, 분함, 억울함
skirmish 접전
annex 합병하다
compelling 설득력이 있는

4
Conflicting views over territories between the U. S. and Mexico
(미국과 멕시코 사이의 영토에 대한 상반된 견해들)

➡ Q04-(C) One wonders whether Americans have conveniently forgotten the victory because it was not one of the more honorable moments in American history. It was essentially an unjustified land grab, and Q11-(D) Mexicans have long referred to the war as the American Invasion of Mexico. Q07-In 1845, the United States annexed Texas – then a breakaway Mexican state calling itself the Republic of Texas – and claimed its boundary was the Rio Grande². Mexico, meanwhile, had never accepted Texas's independence and claimed that the Texas boundary was the Nueces River, which flows 150 miles north of the Rio Grande. Mexico was Q05 **incensed** enough about the dispute over Texas statehood to sever relations with the United States. U.S. President James Polk then sent Congressman John Slidell on a secret mission to Mexico City with instructions to negotiate the disputed Texas border, settle Americans' claims against the Mexican government, and purchase New Mexico and California — land to which Mexico had legitimate claims — for up to $30,000,000. Q06 When the Mexican president, José Joaquín de Herrera, considered negotiating with Slidell, his Mexican opponents accused him of treason and had him deposed. The military leader General Mariano Paredes y Arrillaga seized power and refused to receive the American representative.

5
Declaration of war by President Polk
(포크 대통령에 의한 전쟁의 선포)

➡ Q08-(B) That was enough to prompt President Polk to begin to prepare for war. He sent troops under General Zachary Taylor to occupy the disputed area between the Nueces River and the Rio Grande. He planned to ask Congress to declare war on the grounds that Mexico was refusing to pay American claims and had refused to negotiate with Slidell. However, Polk then received word that Mexican troops had crossed the Rio Grande into the disputed territory and killed several of Taylor's troops in an incident that became known at the Thornton Affair. Now, Polk could declare in his war message to Congress that Mexico had "invaded our territory and shed American blood on American soil." After just a few hours

---

2 A river that forms the modern-day boundary between Mexico and the United States

4 Q04-(C) 사람들은 멕시코 미국 전쟁이 미국 역사에서 더 영예로운 순간들 중 하나가 아니기 때문에 미국인들이 편하게 그 전쟁을 잊은 것이 아닌지 궁금해한다. 그것은 근본적으로 정당하지 못한 영토 침해였고 Q11-(D) 멕시코인들은 그 전쟁을 멕시코에로의 미국 침략으로써 오랫동안 일컬어왔다. Q07-(C) 1845년 미국은 스스로를 텍사스 공화국이라 불렸던 분리 독립한 멕시코 주인 텍사스를 합병했고, 그것의 경계가 리오그란데 강²이라고 주장했다. 한편, 멕시코는 결코 텍사스의 독립을 받아들이지 않았고, 텍사스 경계선은 리오그란데 강에서 북쪽으로 150마일 떨어져 있는 누에시스 강이라고 주장했다. 멕시코는 텍사스 주의 지위에 대한 분쟁에 충분히 Q05 격분하여 미국과의 관계를 단절하였다. 미국의 대통령 제임스 포크는 그 때 분쟁 중이었던 텍사스 국경을 협상하고, 멕시코 정부에 대한 미국의 요구들을 처리하고, 멕시코가 합법적 권한을 가졌던 지역인, 뉴 멕시코와 캘리포니아를 최대 3천만달러에 구매하고자 하는 지시사항과 함께 밀사로 하원의원 존 슬라이델을 멕시코 시티에 보냈다. 멕시코의 대통령 호세 호아퀸 데 헤레라가 슬라이델과의 협상을 고려했을 때, 그의 멕시코 반대자들은 그를 반역죄로 기소했고 퇴위시켰다. 군 지도자 마리아스 파레데스 장군은 권력을 장악했고 미국의 사절을 받아들이는 것을 거절했다.

5 Q08-(B) 이는 포크 대통령으로 하여금 전쟁에 착수하도록 하기에 충분했다. 그는 재커리 테일러 장군 휘하의 군대를 누에시스 강과 리오그란데 강 사이의 분쟁 지역을 점령하도록 보냈다. 그는 멕시코가 미국의 요구사항을 거절하고 있고 슬라에델과의 협상을 거절했던 지역에 전쟁을 선포하도록 의회에 요청할 것을 계획했다.
하지만, 그 때 포크는 멕시코 군대가 리오그란데 강을 건너 분쟁 지역으로 들어 갔고 손턴 사건으로 알려진 사건으로 테일러 군대의 병사들이 죽었다는 소식을 접했다. 포크는 이제 멕시코가 "우리의 영토를 침범하였고, 미국의 땅에 미국인의 피를 뿌렸다"는 전쟁 메시지를 통해 의회에서 전쟁을 포고할 수 있었다. 단지 몇 시간만의 토의 후에 의회는 북부의 의원들과 휘그당의 반대에도 불구하고 전쟁을 선포하기로 하였다. 포크 대통령은 누에보 멕시코와 알타

---

of discussion, Congress chose to declare war, despite the general opposition of Northern representatives and Whigs[3]. President Polk commanded U.S. troops to occupy the states of Nuevo Mexico and Alta California, as U.S. expansionists were intent on obtaining a Pacific port. Troops were also instructed to launch attacks on Central Mexico. American troops eventually took Mexico City, at which point Mexico was forced to surrender.

캘리포니아를 점령하기 위해 미군을 지휘했고, 미국의 팽창주의자들은 태평양 항구 도시를 얻는데 열중하고 있었다. 군대들도 멕시코 중부의 공격에 착수하도록 지시를 받았다. 미국의 군대는 결국 멕시코 시티를 얻었고, 그곳에서 멕시코는 항복할 것을 강요당했다.

6
Influence of the Mexican War on Slavery in the U. S.
(미국 내 노예제도에 대한 멕시코 미국 전쟁의 영향)

➡ The irony is that this "great victory" pushed the United States closer to civil war. Slavery was deeply controversial in the United States at the time, but its expansion had been relatively settled since 1820. The Missouri Compromise prohibited slavery in much of the Northern section of the former Louisiana Territory. ^{Q09, Q10-(A)} **The Compromise had given the government authority to maintain a balance of slave states and free states, but the addition of the vast Mexican tract of land to U.S. territory reopened the question.** Many Northern abolitionists[4] viewed the war as an attempt by the slave-owners to expand slavery and assure their continued influence in the federal government.

6 아이러니는 이 거대한 승리가 미국을 내전에 더 가까이 다가가게 했다는 것이다. 노예제도는 그 당시 미국에서 상당한 논란이 되었지만 그것의 팽창은 1820년 이래로 상대적으로 안정되었다. 미주리 타협은 이전의 루지애나 북부의 많은 지역들에서 노예제도를 금했다. ^{Q09, Q10-(A)} 그 타협은 노예 주와 자유 주 사이의 균형을 유지하도록 정부에 권한을 주었지만, 미국 영토에의 멕시코의 방대한 토지의 통합은 그 문제를 다시 논의하게 했다. 많은 북부의 노예제도 폐지론자들[4]은 그 전쟁을 노예제도를 확장하고 연방 정부에서 그들의 지속적인 영향력을 보장하기 위한 노예 소유주들의 시도로 보았다.

7
Responses within the U. S. to the expansion of slavery and their result, the Civil War
(노예제도의 팽창에 대한 미국내의 반응들과 그 반응들의 결과, 남북 전쟁)

Indeed, in 1848 the Southern Democrats proposed a new solution to the issue of whether territories would have slavery. Known as popular sovereignty, the proposal allowed voters within a territory to determine for themselves whether or not the practice would be allowed. In 1854, the Kansas-Nebraska Act made popular sovereignty national law. The Missouri Compromise was thus struck down. At this point, sectional tensions ran especially high. Opponents of the expansion of slavery responded by holding political meetings across the North. These led to the formation of the Republican Party. When the Republican, Abraham Lincoln, won the presidential election of 1860, the Civil War was all but underway.

7 실로, 1848년 남부 민주당원들은 지역들이 노예제도를 유지할 지에 대한 새로운 해결책을 제안했다. 국민 주권설로써 알려진 이 제안은 한 지역 내의 투표자들로 하여금 그들 스스로 그 관행을 허용할 것인지 아닌지 결정하도록 했다. 1854년 캔자스 네브라스카 법안은 국민주권설을 국법으로 만들었다. 그러므로 미주리 타협은 폐지되었다. 이 시점에서, 지역간 긴장은 특히 고조되었다. 노예제 확대에 반대하는 사람들은 북부 전역에 걸쳐 정치적 회합을 열었다. 이러한 회합은 공화당의 창당을 이끌었다. 공화당원 아브라함 링컨이 1860년 대통령 선거에서 승리했을 때 남북 전쟁은 거의 진행 중이었다.

---

3 Members of a political party that was formed in opposition to the Democratic party
4 People who actively opposed slavery

Vocabulary

opponent 반대자
treason 반역죄
depose 퇴위시키다, 물러나게 하다
controversial 논란이 많은
abolitionist 노예제 폐지론자
strike down 폐지하다

01

The word **itself** in the passage refers to

(A) Mexican territory
(B) The United States
(C) California
(D) The Mexican-American War

지문의 단어 **itself**가 가리키는 것은?

(A) 멕시코 영토
(B) 미국
(C) 캘리포니아
(D) 멕시코 미국 전쟁

Reference 단락 1의 itself는 문장 'The acquisition of Mexican territory ~ profoundly affected **the United States**' future wealth and its image of **itself** ~.' 에서 '멕시코의 영토 획득은 미국의 미래의 부와 **그 국가 자체** 이미지에 상당한 영향을 주었다'라고 말하고 있으므로 문맥상 itself는 the United States를 의미하므로 정답은 (B)미국이다.

02

The word **extremism** in the passage is closest in meaning to

(A) harshness
(B) radicalism
(C) ambition
(D) chaos

지문의 단어 **extremism**와 의미상 가장 가까운 것은?

(A) 거침
(B) 급진주의
(C) 야망
(D) 혼란

Vocabulary 단락2 지문의 'extremism (과격주의)'는 '급진주의'의 의미로 사용되는 'radicalism'과 의미상 가장 유사하므로 정답은 (B)이다

03

The word **skirmishes** in the passage is closest in meaning to

(A) news reports
(B) deaths
(C) claims
(D) battles

지문의 단어 **skirmishes** 와 의미상 가장 가까운 것은?

(A) 뉴스보도
(B) 죽음
(C) 주장
(D) 전쟁

Vocabulary 단락2 지문의 'skirmishes (접전)'은 '전쟁'의 의미로 사용되는 'battles'와 의미상 가장 유사하므로 정답은 (D)이다.

04

In paragraph 4, the author wonders whether Americans have "conveniently forgotten the victory" in order to

(A) Remind readers that the war took place long ago
(B) Introduce a psychological analysis of the war
(C) Subtly express disapproval of self-serving versions of U.S. history
(D) Explain disagreement over the Texas border dispute

Paragraph 4 is marked with an arrow [➡].

단락4에서, 저자는 어떠한 목적으로 미국인이 "편하게 그 승리를 잊은 것이 아닌지 궁금해하는가?

(A) 독자들에게 그 전쟁이 오래 전에 발생했음을 상기시키기 위해
(B) 그 전쟁의 심리학적 분석을 소개하기 위해
(C) 미국사의 자기 고양적 견해에 대해 불찬성을 뜻을 교묘하게 표현하기 위해
(D) 텍사스에 대한 의견 차이를 설명하기 위해

Rhetorical Purpose 단락4를 보면, 저자는 'One wonders whether Americans have conveniently forgotten the victory because it was not one of the more honorable moments in American history. (사람들은 **멕시코 미국 전쟁이 미국 역사에서 더 명예로운 순간들 중 하나가 아니기 때문에** 미국인들이 편리하게 그 전쟁을 잊은 것이 아닌지 궁금해한다.)" 라고 언급한다. 이는 저자가 미국사의 자기 고양적 견해에 대한 반대를 우회적으로 표현하고 있음을 알 수 있으므로 (C)가 정답이다.

05

The word **incensed** in the passage is closest in meaning to

(A) angered
(B) perfumed
(C) confident
(D) aggressive

지문의 단어 **incensed**와 의미상 가장 가까운 것은?

(A) 화가 난
(B) 향이 나는
(C) 자신감 있는
(D) 공격적인

Vocabulary 단락4 지문의 'incensed (격분한)'은 '화가 난'의 의미로 사용되는 'angered'와 의미상 가장 유사하므로 정답은 (A)이다.

06

According to paragraph 4, the Mexican government refused to negotiate with Slidell because

(A) It was unwilling to settle American claims.
(B) It was unwilling to meet with a secret ambassador.
(C) It refused to negotiate with the rogue state of Texas.
(D) It considered negotiation with Slidell to be treasonous.

Paragraph 4 is marked with an arrow [➡].

단락4에 따르면 멕시코 정부가 슬라이델과의 협상을 거절한 이유는?

(A) 멕시코 정부는 미국의 요구 처리를 원치 않았다.
(B) 멕시코 정부는 밀사를 만나기를 꺼렸다.
(C) 멕시코 정부는 문제의 텍사스 주와의 협상을 거절했다.
(D) 멕시코 정부는 슬라이델과의 협상을 반역으로 간주했다.

Fact & Detail 단락4 지문에서 'When the Mexican President José Joaquín de Herrera considered negotiating with Slidell, his Mexican opponents accused him of treason and had him deposed. The military leader General Mariano Paredes y Arrillaga seized power and refused to receive the American representative. (멕시코의 대통령 호세 호아퀸 데 헤레라가 슬라이델과의 협상을 고려했을 때 그의 멕시코 반대자들은 그를 반역죄로 기소했고 퇴위시켰다. 군 지도자 마리아스 파레데스 장군은 권력을 장악했고, 미국의 대표자를 받아들이는 것을 거절했다.)'고 했으므로 멕시코 정부는 슬라이델과의 협상을 반역으로 간주한 것을 알 수 있으므로 (D)가 정답이다.

07

According to the information in paragraph 4, which of the following statements is true?

(A) Mexico had long planned for the American invasion.
(B) Slidell conspired to overthrow the Mexican president.
(C) Texas considered itself independent from Mexico before it joined the United States.
(D) The Mexicans wanted more than $30 million for their land.

Paragraph 4 is marked with an arrow [➡].

단락4의 정보에 따르면, 다음 진술 중 사실인 것은?

(A) 멕시코는 미국 침략을 오랫동안 계획해왔다.
(B) 슬라이델은 멕시코의 대통령을 타도하고자 공모했다.
(C) 텍사스는 미국에 통합되기 이전에 멕시코로부터의 독립을 고려했다.
(D) 멕시코인들은 그들의 영토에 대한 대가로 3천만 달러 이상을 요구했다.

Fact & Detail 단락4를 보면 'the United States annexed Texas – then a breakaway Mexican state calling itself the Republic of Texas ~ (1845년 미국은 그때 스스로를 텍사스 공화국이라 불렀던 독립한 멕시코 주인 텍사스를 합병했고 ~.)'라고 했으므로 텍사스는 미국에 합병되기 이전에 이미 멕시코로부터의 독립하였다는 사실을 알 수 있다. 따라서 정답은 (C)이다.

It can be inferred from paragraph 5 that President Polk

(A) Was planning to lie to Congress
(B) Was looking for an excuse to go to war
(C) Did not know what was really going on in Mexico
(D) Had strong support in Congress

Paragraph 5 is marked with an arrow [➡].

포크 대통령에 관해 단락5로부터 추론할 수 있는 것은?

(A) 의회에 거짓말을 할 것을 계획하고 있었다.
(B) 전쟁을 일으킬 구실을 찾고 있었다.
(C) 멕시코에서 정말로 어떤 일이 발생하고 있는지 알지 못했다.
(D) 의회에서 강력한 지지를 받았다.

Inference 단락 5를 보면 'That was enough to prompt President Polk to begin to prepare for war. It was essentially an unjustified land grab ~ (이는 포크 대통령으로 하여금 전쟁에 착수하도록 하기에 충분했다. 그것은 근본적으로 정당하지 못한 영토 침해였고 ~)'라고 말하고 있으므로 포크 대통령은 전쟁의 구실을 찾고 있었음이 분명하다. 따라서 정답은 (B)이다.

Which of the sentences below best expresses the essential information in the highlighted sentence in the passage? Incorrect choices change the meaning in important ways or leave out essential information.

(A) If the U.S. obtained Mexican territory, there would be more free states than slave states.
(B) The large tract of land was too difficult for the government to manage.
(C) The Missouri Compromise was not equipped to address the issue of slavery in former Mexican states.
(D) The government questioned whether they should acquire the vast tract of land.

아래 문장 중 지문 속의 음영 표시된 문장의 핵심 정보를 가장 잘 표현하고 있는 것은 무엇인가? 오답은 문장의 의미를 현저하게 바꾸거나 핵심정보를 빠뜨리고 있다.

(A) 만일 미국이 멕시코 영토를 얻었다면, 노예주보다 더 많은 자유주가 존재했을 것이다.
(B) 방대한 토지는 정부가 관리하기에 너무 어려웠다.
(C) 미주리 타협은 이전에 멕시코 주였던 지역에서의 노예제도를 논의할 준비가 되어있지 않았다.
(D) 정부는 그들이 방대한 땅을 획득해야 할지에 대해 의문을 갖고 있었다.

Sentence Simplification 단락6에서, 음영 표시된 문장 'The Compromise had given the government authority to maintain a balance of slave states and free states, but the addition of the vast Mexican tract of land to U.S. territory reopened the question. (그 타협은 노예 주와 자유 주 사이의 균형을 유지하도록 정부에게 권한을 주었지만, 미국 영토에의 멕시코의 방대한 토지의 통합은 그 문제를 다시 논의하게 했다.)'는 미주리 타협은 미국 내 노예제도의 균형을 이룩하는 데에는 성공하였으나 방대한 멕시코 토지에서는 논란의 여지가 있었음을 설명하고 있다. 따라서 이와 같은 내용을 포함하고 있는 (C)가 정답이다.

10

Paragraph 6 suggests that the Mexican-American War partially caused the Civil War by

(A) Unsettling the tentative peace of the Missouri Compromise
(B) Creating more slave states
(C) Pitting North and South against each other on another issue
(D) Leading to the election of Abraham Lincoln

Paragraph 6 is marked with an arrow [➡].

단락 6은 멕시코 미국 전쟁은 부분적으로 어떠한 방식으로 남북전쟁을 야기했다고 말하는가?

(A) 미주리 타협의 잠정적 평화를 동요시킴으로써
(B) 더 많은 노예 주를 만들어냄으로써
(C) 또 다른 문제에 대해 서로 맞서 남과 북이 대립하도록 함으로써
(D) 아프라함 링컨의 당선을 이끌어냄으로써

Rhetorical Purpose 단락 6을 보면 'The Compromise had given the government authority to maintain a balance of slave states and free states, but the addition of the vast Mexican tract of land to U.S. territory reopened the question. (그 타협은 노예 주와 자유 주 사이의 균형을 유지하도록 정부에게 권한을 주었지만, 미국 영토에의 멕시코의 방대한 토지의 통합은 그 문제를 다시 논의하게 했다.)'는 미주리 타협은 미국 내 노예제도의 안정을 이룩하였으나 멕시코 미국 전쟁은 이 타협에 의한 평화를 동요시킴으로써 남북전쟁을 야기했음을 알 수 있다. 따라서 정답은 (A)이다.

11

All of the following can be inferred from the passage EXCEPT:

(A) The Mexican War stimulated the U.S. economy.
(B) The Mexican War was fought mostly on U.S. soil.
(C) The Mexican War is not well remembered by Americans.
(D) The Mexican War was initiated by the United States.

다음 중 지문의 내용으로부터 추론할 수 없는 것은?

(A) 멕시코 전쟁은 미국 경제를 부양시켰다.
(B) 멕시코 전쟁은 미국의 영토에서 대부분 발생했다.
(C) 멕시코 전쟁은 미국인들에 의해 잘 기억되지 않는다.
(D) 멕시코 전쟁은 미국에 의해 시작되었다.

Inference 단락 3에서 'much of it was fought on what was then Mexican soil, with just a few skirmishes taking place on land the U.S.'고 했으므로 멕시코 전쟁은 대부분 미국의 영토가 아니라 멕시코의 영토에서 발생하였음을 알 수 있다. 따라서 (B)는 틀린 내용으로 정답이다.
오답의 근거
보기(A)는 단락1에서 'The acquisition of Mexican territory as a result of the war profoundly affected the United States' future wealth ~.'라고 했으므로 멕시코 전쟁이 미국의 경제 부양에 큰 역할을 했음을 추론할 수 있다.
보기(C)는 단락3에서 'One reason why Americans have forgotten about this war is that ~.'라고 했으므로 멕시코 전쟁을 미국인들이 잘 기억하지 못함을 추론할 수 있다.
보기(D)는 단락5 'Mexicans have long referred to the war as the American Invasion of Mexico'와 단락 6 전반에 걸쳐 미국의 멕시코 침략 과정이 서술되어 있으므로 멕시코 전쟁은 미국에 의해 시작되었음을 추론할 수 있다.

12

<table>
<tr>
<td>

Look at the four squares [■] that indicate where the following sentence can be added to the passage.

The war became a scar on the national psyche that would last well into this century.

Where would it best fit in the passage? Click on the square [■] to add the sentence to the passage.

</td>
<td>

네 개의 네모 [■] 는 다음 문장이 삽입될 수 있는 부분을 나타내고 있다.

그 전쟁은 금세기 내내 지속될 국민 정서에 상처가 되었다.

이 문장은 어느 자리에 들어가는 것이 적절한가? 지문에 문장이 삽입되도록 네모[■]를 클릭하시오.

</td>
</tr>
</table>

Insertion 삽입 구문의 The war는 멕시코 미국 전쟁을 가리키며 문맥상 그 전쟁이 멕시코에 미친 악영향에 대해 언급하고 있는 문장 앞 또는 뒤에 위치하는 것이 적절한데, 단락 2의 첫 번째 두 번째 문장을 보면 멕시코 전쟁은 멕시코에 상당히 영향을 주었으며, 특히 상당한 부와 수자원 그리고 비옥한 농지를 잃게 했다고 말하고 있으며 세 번째 문장에서는 전쟁의 결과 멕시코는 자기 회의와 정치적 과격주의에 빠졌다고 했으므로 국가적 정신과 관련된 내용을 언급하는 세 번째 문장 앞에 좀 더 광범위한 아이디어로 삽입구문을 끼워 넣는 것이 적합하므로 두 번째 네모 [■] 가 정답이다.

13

Directions: An introductory sentence for a brief summary of the passage is provided below. Complete the summary by selecting the THREE answer choices that express the most important ideas in the passage. Some sentences do not belong in the summary because they express ideas that are not presented in the passage or are minor ideas in the passage. **This question is worth 2 points.**

지문 요약을 위한 간략한 문장이 아래에 주어져 있다. 지문의 가장 중요한 내용을 나타내는 보기 3개를 골라 요약문을 완성하시오. 어떤 문장은 지문에 언급되지 않은 내용이나 사소한 정보를 담고 있으므로 요약에 포함되지 않는다. 이 문제는 2점이 부과된다.

Drag your answer choices to the spaces where they belong. To remove an answer choice, click on it. To review the passage, click on **View Text.**
선택한 보기는 마우스로 끌어 해당란에 넣으시오. 선택한 보기를 삭제하려면, 해당 보기를 한번 클릭하시오. 지문을 보려면 화면의 View Text를 클릭하시오.

The Mexican-American War is poorly remembered in the United States, although it had an immense impact on the country.
멕시코 미국 전쟁은 비록 미국에 엄청난 영향을 주었음에도 불구하고 그들은 그 전쟁을 거의 기억하지 못한다.

- (B) The Mexican-American War allowed the United States to acquire a lot of its western territory.
- (D) The war is probably "forgotten" because it represented a low point in the morality of American foreign policy.
- (F) The Mexican-American war also helped to cause the U.S. Civil War by adding so much American territory that previous agreements about the legality and illegality of slavery became inadequate.

Answer Choices	
(A) As Polk was deciding whether to declare war, Mexican troops attacked Taylor's men, forcing the President's hand. 포크가 전쟁을 선포할지를 결정하고 있을 때 멕시코 군대는 테일러의 군대를 공격했고 결국 포크 대통령으로 하여금 전쟁을 선포하도록 했다.	**(B)** The Mexican-American War allowed the United States to acquire a lot of its western territory. 멕시코 미국 전쟁은 미국으로 하여금 많은 서부 영토의 획득을 가능하게 했다.
(C) Many opponents of slavery opposed the war from the beginning, seeing it as an attempt by slavery's defenders to gain more territory. 노예제도의 많은 반대자들은 시작부터 그 전쟁을 반대했고, 더 많은 영토를 얻기 위한 노예제도의 옹호자들에 의한 시도로써 그 전쟁을 보았다.	**(D)** The war is probably "forgotten" because it represented a low point in the morality of American foreign policy. 전쟁은 미국의 외교 정책의 도덕성에 최악의 상태를 나타냈기 때문에 아마도 잊혀진 것 같다.
(E) Because the Missouri Compromise did not provide any means to determine whether slavery would be permitted in newly acquired territories, new compromises became necessary. 미주리 타협은 새롭게 획득된 영토에서 노예제도가 허용될 것인지 아닌지를 결정할 어떤 수단도 제공하지 못하기 때문에 새로운 타협들이 필요하게 되었다.	**(F)** The Mexican-American War also helped to cause the U.S. Civil War by adding so much American territory that previous agreements about the legality and illegality of slavery became inadequate. 멕시코 미국 전쟁은 노예제도의 합법과 불법에 관한 이전의 합의가 부적당하게 된 많은 미국의 영토를 통합함으로써 미국의 남북 전쟁을 야기하도록 도왔다.

Prose Summary 요약문의 도입 문장에서 알 수 있듯이 전체 지문은 멕시코 미국 전쟁이 미국에 미친 영향과 미국인들이 이 전쟁을 기억하지 못하는 이유에 관해 언급하고 있다. 따라서 보기(B)는 멕시코 미국 전쟁이 미국에 미친 물리적인 영향을 언급하는 단락 1의 내용과 관련이 있고, 보기(D)는 미국인들이 멕시코 미국 전쟁을 잘 기억하지 못하는 이유를 언급하는 단락 3~4의 내용과 일치하며, 보기(F)는 멕시코 미국 전쟁의 결과 미국에 발생한 남북전쟁에 대해 언급하고 있으므로 단락 7의 내용을 요약하고 있다. 따라서 정답은 (B), (D), (F)이다.

오답 보기(A)는 단락 5에서 'Mexican troops ~ killed several of Taylor's troops in an incident that became known at the Thornton Affair. Now Polk could declare in his war message to Congress that Mexico had "invaded our territory and shed American blood on American soil.'라고 언급되었지만, 지엽적인 내용이므로 오답.

보기(C)는 단락 6에서 'Many Northern abolitionists viewed the war as an attempt by the slave-owners to expand slavery and assure their continued influence in the federal government.'라고 언급되었듯이, 노예제 폐지론자들은 그 전쟁을 노예제도를 확장하고 연방 정부에서의 그들의 지속적인 영향력을 보장하기 위한 노예 소유주들의 하나의 시도로써 보았다. 하지만 더 많은 영토를 얻기 위한 시도라는 언급은 없으므로 오답.

보기(E)에 언급된 미주리 타협은 단락 6에 언급되었고 단락 7에서 하나의 해결책이 존재했음을 언급하였으므로 지문과 상반된 내용으로 오답.

1.
Tremendous change insects undergo between birth and adulthood: metamorphosis
(출생하여 성인이 될 때까지 곤충들이 겪는 변화: 변태)

➡ One of the most remarkable things about many insects is the ^Q14^ **tremendous** change they undergo between birth and adulthood. Known as *metamorphosis*, this change includes major transformations in shape and appearance that are unknown among more complex animals. ^Q15-(C)^ Mammals, such as dogs, horses, and humans, change in size but retain roughly the same form and structure throughout their lives. The majority of insects, however, are born with a very different shape than that of their parents, and they must undergo a series of transformations before ^Q16^ **they** bear a resemblance to adults. In some cases, each stage of physical growth is associated with different behaviors and habitats as well.

2.
Developmental stages of insects and a crucial part, molting
(곤충의 발달 단계와 중요한 부분, 털갈이)

➡ As young insects develop, they grow in a series of distinct stages. Almost all insects begin as eggs, although in some cases they hatch within the mother and are born alive. Next, the newborn insect must transition through two or three more stages, depending on its species, before reaching maturity. A crucial part of this transition involves changing its exoskeleton[1]. ^Q18-(A)^ In order for an insect to grow larger, it must shed and re-grow its exoskeleton in a process known as molting. During molting, a whole new, larger exoskeleton is produced to replace the previous one. The insect produces a fluid to detach its older exoskeleton, and a new, softer, exoskeleton is formed under the old covering. The insect then presses itself against the older, detached exoskeleton, causing the exoskeleton to split open, and push its way out. This process can take several hours or even days to happen. After the old exoskeleton has been shed, the insect is especially ^Q17^ **vulnerable** to predators or environmental

[1] The hard external skeleton or shell that covers an insect

1 많은 곤충들에 관해 가장 주목할 만한 것들 중 하나는 그들이 출생과 성년기 사이에 겪는 ^Q14^ 놀라운 변화이다. 변태로써 알려진, 이 변화는 더 복잡한 동물들 가운데에서는 잘 알려지지 않은 형태와 외형에서의 주요한 변화들을 포함한다. ^Q15-(C)^ 개, 말, 그리고 인간과 같은 포유동물들은 크기가 변하지만, 일생 동안 거의 같은 형태와 구조를 유지한다. 하지만, 대다수의 곤충들은 그들의 부모와 매우 다른 형태로 태어나고 ^Q16^ **그들이** 성인의 모습과 유사해지기 이전에 일련의 변화를 겪어야 한다. 경우에 따라서, 신체적 성장의 각 단계는 다른 행동과 서식지와도 관련이 있다.

2 성장함에 따라, 어린 곤충들은 일련의 뚜렷이 구분되는 단계를 거치며 발달한다. 경우에 따라서는 어미의 몸 속에서 부화되어 살아있는 상태로 태어나지만 거의 모든 곤충들은 알에서 시작한다. 다음으로 새로 태어난 곤충은 성숙한 상태에 이르기 이전에 그 종에 따라 두 번의 또는 세 번의 단계를 거쳐야 한다. 이 이행의 중요한 부분은 그 곤충의 외골격[1]을 바꾸는 것과 관련이 있다. ^Q18-(A)^ 더 크게 성장하기 위해 곤충은 털갈이로 알려진 하나의 과정에서 그것의 외골격을 벗고 재성장 해야 한다. 털갈이를 하는 동안, 전체적으로 새롭고, 더 커진 외골격이 이전의 것을 대체하기 위해 만들어진다. 곤충은 더 오래된 외골격을 떼어내기 위해 액체를 생산하고 새롭고 더 부드러운 외골격이 이 오래된 외골격 아래에 형성된다. 그리고 그 곤충은 이전의 분리된 외골격에 스스로를 밀착시켜 이 외골격이 부풀어 터져 밖으로 튀어나오게 한다. 이 과정은 발생하는 데 몇 시간 또는 심지어 며칠이 걸릴 수 있다. 오래된 외골격이 분리되면 그 곤충은 새로운 외골격이 펴지고 단단해지기를 기다리는 동안 포식자나 환경의 변화에 특히 ^Q17^ 취약해진다. 이 과정이 끝나면, 다음 털갈이까지는 신체 크기에 그 이상의 변화는 발생하지 않는다. 곤충은 완전히 성장한 것으

Vocabulary

remarkable 주목할 만한, 놀랄만한
tremendous 엄청난
undergo (변화 등을) 겪다
adulthood 성년
metamorphosis 변태
transformation 변화, 탈바꿈
bear a resemblance to ~ ~을 닮다, 유사성이 있다
habitat 서식지

transition (다른 상태, 조건으로의) 이행, 이행하다
exoskeleton 외골격
molting 털갈이
shed 털갈이를 하다
detach 분리하다, 떼다

changes while it waits for the new exoskeleton to unfold and harden. When this process has been completed, there can be no further change in the insect's body size until the next molt. Insects undergo molting three to seven times during each middle stage before they are considered fully-grown.

3. Incomplete metamorphosis (불완전 변태)

➡ As insects develop, they follow various patterns of change. These patterns vary amongst different insect groups, but two general types of development predominate: simple, or incomplete, metamorphosis and complete metamorphosis. As the name suggests, simple metamorphosis involves less dramatic change, and complete metamorphosis refers to radical change, such as that of a crawling caterpillar, which becomes a soaring butterfly. [Q19-(C), Q-24] Insects that have a pattern of simple or incomplete metamorphosis go through three basic life stages: egg, nymph or larva, and adult. The immature nymphs typically pass through three to five stages, molting between each stage. They often live alongside adult insects and engage in many of the same activities as adults, with the principal changes during metamorphosis being differences in body proportions, sexual maturity, and the development of wings.

4. Complete metamorphosis (완전 변태)

➡ [Q19-(C), Q24] Insects that undergo complete metamorphosis pass through four basic life stages: egg, larva, pupa, and adult. ■ Larval insects typically molt three to seven times between each stage, continuously growing and feeding when not devoting energy to molting. ■ The pupa stage follows, and now the once [Q20] **voracious** insect ceases to eat; enough energy has been stored for its transformation to the adult form. ■ Often, even the legs, mouthparts and antennae take on new forms between the insects' immature and adult stages. ■

➡ Butterflies are the best-known example of insects that develop through complete metamorphosis. For butterflies and moths, the first stage of development is the egg, when the embryo forms. The eggs are placed on plants so that when they hatch, leaves will provide food during the larval stage. Butterfly larvae, better known as caterpillars, can be

로 간주되기까지 각각의 중간 단계 동안 세 번에서 일곱 번의 털갈이를 겪게 된다.

3 성장함에 따라, 곤충은 변화의 다양한 패턴을 따른다. 이러한 패턴들은 다른 곤충 집단들 가운데서 다르게 나타나지만, 두 개의 일반적인 성장 타입인 단순 또는 불완전 변태와 완전 변태가 지배적이다. 이름이 암시하듯, 단순 변태는 덜 극적인 변화를 수반하는 반면 기어다니는 애벌레가 날아오르는 나비가 되는 것과 같은 완전 변태는 극적인 변화를 나타낸다. 단순 또는 불완전 변태의 패턴을 갖고 있는 곤충들은 알, 유충 그리고 성충의 세 개의 기본적인 삶의 단계를 겪는다. 미성숙 유충은 전형적으로 각각의 단계 사이에 털갈이를 하면서 3-5단계를 거친다. 변태를 하는 동안 주요한 변화들은 신체의 비율, 성적 성숙 그리고 날개의 발달에 있어 차이가 있지만 그들은 종종 성인 곤충들과 함께 살며 성충들과 같은 많은 활동들에 참여한다.

4 완전 변태를 겪는 곤충들은 알, 유충, 번데기, 성충의 네 개의 기본적인 삶의 단계를 거친다. 유충 상태의 곤충은 털갈이에 에너지를 소비하지 않을 때 지속적으로 성장하고 먹이를 먹으면서 전형적으로 각 단계 사이에 3-7번의 털갈이를 한다. 번데기 단계가 뒤따르고 충분한 에너지가 성충 형태로의 변이를 위해 저장될 때까지 한때 [Q20]게걸스러웠던 곤충은 먹는 것을 멈춘다. 종종, 심지어 다리, 구기 그리고 더듬이는 곤충의 미성숙 단계와 성충 단계 사이에 새로운 형태를 취한다.

5 나비들은 완전 변태를 통해 발달하는 곤충들의 가장 잘 알려진 예이다. 태아가 형성될 때 나비와 나방의 발달의 첫 번째 단계는 알에서 시작한다. 알은 그들이 부화할 때 유충 단계 동안 잎들이 식량으로 제공될 수 있도록 식물 위에 자리 잡게 된다. 애벌

Vocabulary

split open 부풀어 터지다, 퉁겨지다
predominate (수적·양적으로) 지배적이다
soaring 날아오르는
nymph 유충
larva 유충
adult 성충
molt (곤충 등이) 탈피하다, 허물 벗다
pupa 번데기

feed 먹이를 먹다
voracious (음식에 대해) 게걸스러운
mouthpart (절지 동물의) 구기
antennae (곤충의) 더듬이

5.
An example of complete metamorphosis: butterflies and their characteristics in developmental stages
(완전 변태의 하나의 예: 나비와 그들의 발달 단계에서의 특징들)

6.
The larval stage of the butterflies
(나비의 유충 단계)

7.
The pupal stage of the butterflies (나비의 번데기 단계)

8.
The adult stage of of the butterflies (나비의 성충 단계)

hairy, smooth-skinned, or spiny and either monochromatic or colorfully patterned. Unlike the adults they will become, caterpillars have prolegs – which are stubby limbs protruding from the abdomen – and mouthparts with the ability to chew. Butterflies have no prolegs and use sucking mouthparts, and perhaps most noticeably, have wings that developed inside the caterpillar cocoon.

Caterpillars molt several times and grow very quickly. After a month of development, butterfly caterpillars deposit silk pads onto plants and attach themselves to them. The caterpillars then molt again and enter the pupal stage of metamorphosis. **Q23 Some caterpillars form a cocoon made of silk before entering the pupal stage, while others pupate in plant stems, or underground.**

The moth or butterfly caterpillar is inactive during the pupal stage. Inside the pupal case, also called a cocoon, its adult structures form and take the place of larval structures. Depending on the species of insect and environmental factors such as temperature and humidity, the pupal stage can last as little as a few days or as long as several months.

Once the pupal stage is complete, the adult insect, also known as the imago, pushes against the pupal case, splitting the case open. The insect then emerges and crawls to a twig, branch, or other support. It pumps blood into its shriveled wings until they are large enough and strong enough to enable the insect to fly. Once the wings can support the insect, it flies off to find liquid food and begins its reproductive processes.

레로 더 잘 알려진 나비의 유충은 털이 많거나 부드러운 피부이거나 가시가 있고 단색 또는 화려한 무늬가 있을 수 있다. 그들이 앞으로 될 성충과 달리, 애벌레는 배에서 튀어 나온 짧막한 다리인 앞다리와 씹을 수 있는 구기를 갖고 있다. 나비들은 앞다리가 없고 흡수형 구기를 사용하며 아마도 가장 눈에 띄게 그들은 애벌레의 누에 내부에서 발달했던 날개를 갖고 있다.

6 애벌레는 여러 차례 털갈이를 하고 매우 빨리 성장한다. 발달이 시작된 지 한 달이 지나면 나비의 애벌레는 실크 패드를 식물 위에 놓고 그들 스스로를 그곳에 고정시킨다. 그리고 나서 애벌레들은 다시 털갈이를 하고 변태의 번데기 단계에 들어가게 된다. Q23 일부의 애벌레는 번데기 단계에 들어가기 전에 실크로 만들어진 고치를 형성하는 반면 다른 애벌레들은 식물 내부에 또는 땅속에서 번데기가 된다.

7 나방 또는 나비의 애벌레는 번데기 단계에서 활동을 하지 않는다. 누에고치라고 불리는 번데기 안에서 그것의 성체 구조들이 형성되고 유체 구조를 대신하게 된다. 곤충의 종 그리고 온도나 습도와 같은 환경적 요소들에 따라서 번데기 단계는 몇 일에서 몇 달 동안 지속될 수 있다.

8 번데기 단계가 완료되면, 이마고라고 알려진 성충은 번데기 껍질을 밀어내어 쪼개서 연다. 그 때 그 곤충은 모습을 드러내고 나무의 잔가지, 나뭇가지 또는 다른 지지대로 기어간다. 그것은 날개가 날기에 충분히 커지고 강해질 때까지 쪼글쪼글해진 날개에 혈액을 주입한다. 날개가 곤충을 지탱할 수 있게 되면, 곤충은 유동 식량을 찾아 날아가며 번식 과정들을 시작하게 된다.

Vocabulary

embryo 배아
spiny 가시가 있는
monochromatic 단색의
proleg 앞다리
stubby 뭉툭한, 짤막한
limb 팔, 다리
protrude 튀어나오다, 돌출되다
abdomen 배

pupate 번데기가 되다
split 찢다, 나누다, 쪼개다
crawl 기다, 기어가다
twig (나무의) 잔가지
branch 나뭇가지
shriveled 쪼글쪼글해진

14

The word **tremendous** in the passage is closest in meaning to

(A) expansive
(B) extraordinary
(C) vast and frightening
(D) difficult to believe

지문의 단어 **tremendous**와 의미상 가장 가까운 것은?

(A) 값비싼
(B) 놀라운
(C) 어마어마하고 무서운
(D) 믿기 어려운

Vocabulary 단락1 지문의 'tremendous (엄청난, 놀랄만한)'는 '놀라운'의 의미로 사용되는 'extraordinary'과 의미상 가장 유사하므로 정답은 (B)이다.

15

In paragraph 1, why does the author mention that mammals retain roughly the same form and structure throughout their lives?

(A) To explain the process of metamorphosis in mammals
(B) To set a pattern for insect development
(C) To contrast mammalian development with insect development
(D) To explain how humans are similar to other animals

Paragraph 1 is marked with an arrow [➡].

15. 단락 1을 보면, 저자가 포유동물들은 일생 동안 거의 같은 형태와 구조를 유지한다고 언급한 이유는?

(A) 포유동물의 변태 과정을 설명하기 위해
(B) 곤충 성장을 위한 패턴을 정하기 위해
(C) 포유동물의 발달과 곤충 발달을 대조하기 위해
(D) 인간과 다른 동물들의 유사성을 설명하기 위해

Rhetorical Purpose 단락1을 보면, 도입 부분에서 곤충의 변태에 대해 설명하며 'Mammals, ~ retain roughly the same form and structure throughout their lives. The majority of insects, **however**, ~ must undergo a series of transformations ~.'라고 말하고 있으므로 포유동물의 발달과 곤충 발달을 대조하기 위해 포유동물에 대해 언급하였음을 알 수 있다. 따라서 (C)가 정답이다.

16

The word **they** in the passage refers to

(A) insects
(B) parents
(C) transformations
(D) adults

지문의 단어 **they**가 가리키는 것은?

(A) 곤충들
(B) 부모들
(C) 변화들
(D) 성인들

Reference 단락 1의 they는 문장 'The majority of insects, however, are born with a very different shape than that of their parents, and **they** must undergo a series of transformations before **they** bear a resemblance to adults.'에서 앞 절의 they와 동일한 대상을 말하며 그 동일한 대상은 그 앞 절의 (the majority of) insects를 의미하므로 정답은 (A)곤충들이다.

17

The word **vulnerable** in the passage is closest in meaning to

(A) **able to be damaged by**
(B) dangerous to
(C) invincible to
(D) significantly changed by

지문의 단어 **vulnerable** 와 의미상 가장 가까운 것은?

(A) **~에 의해 훼손될 수 있는**
(B) ~에 위험한
(C) ~에 천하무적인
(D) ~에 의해 상당히 바뀌는

Vocabulary 단락2 지문의 'vulnerable (~에 취약한)'은 '~에 의해 훼손될 수 있는'의 의미로 사용되는 'able to be damaged by'와 의미상 가장 유사하므로 정답은 (A)이다.

18

According to paragraph 2, what change takes place during molting?

(A) **The insect grows larger.**
(B) The insect develops wings.
(C) The insect produces eggs.
(D) The insect pumps blood into its wings.

Paragraph 2 is marked with an arrow [➡].

단락2에 따르면, 털갈이 동안 어떤 변화가 발생하는가?

(A) **곤충은 크기가 커진다.**
(B) 곤충은 날개가 발달한다.
(C) 곤충은 알을 낳는다.
(D) 곤충은 날개에 혈액을 공급한다.

Fact & Detail 단락2를 보면, 'In order for an insect to grow larger, it must shed and re-grow its exoskeleton in a process known as molting. (더 크게 성장하기 위해 곤충은 털갈이로 알려진 하나의 과정에서 그것의 외골격을 벗고 재성장 해야 한다.)'라고 말하고 있다. 따라서 정답은 (A)이다.

19

The word **voracious** in the passage is closest in meaning to

(A) alert
(B) famished
(C) indifferent
(D) **insatiable**

지문의 단어 **voracious** 와 의미상 가장 가까운 것은?

(A) 기민한
(B) 배가 고파 죽을 지경인
(C) 무관심한
(D) **채울 수 없는**

Vocabulary 단락2 지문의 'voracious ((음식에 대해) 게걸스러운, 열렬히 탐하는)'는 '채울 수 없는, 만족할 줄 모르는'의 의미로 사용되는 'insatiable'와 의미상 가장 유사하므로 정답은 (D)이다.

20

According to paragraph 3 and 4, what is the major difference between simple, and complete metamorphosis?

(A) Complete metamorphosis involves a greater number of moltings.
(B) Simple metamorphosis only occurs in certain climates.
(C) Complete metamorphosis involves a greater number of stages.
(D) Simple metamorphosis does not result in the development of wings.

Paragraph 3 is marked with an arrow [➡].

단락 3과 4에 따르면, 완전변태와 불완전변태 사이의 주요한 차이는 무엇인가?

(A) 완전변태는 여러 차례의 털갈이를 수반한다.
(B) 불완전변태는 단지 특정 기후에서만 발생한다.
(C) 완전변태는 여러 차례의 단계를 수반한다.
(D) 불완전변태는 날개의 발달을 초래하지 않는다.

Fact & Detail 단락3을 보면 불완전변태는 3번의 단계를 거치며 (Insects that have a pattern of simple or incomplete metamorphosis go through three basic life stages: egg, nymph or larva, and adult.) 단락 4를 보면, 완전변태는 4번의 단계를 거친다. (Insects that undergo complete metamorphosis pass through four basic life stages: egg, larva, pupa, and adult.) 따라서 완전 변태가 불완전 변태보다 더 많은 단계를 거침을 알 수 있으므로 정답은 (C)이다.

21

The purpose of paragraph 4 is to

(A) Provide an overview of the stages of metamorphosis
(B) Distinguish between simple and complete metamorphosis
(C) Explain how butterflies and moths develop from cocoons
(D) Explain how a caterpillar becomes a butterfly

Paragraph 4 is marked with an arrow [➡].

단락4의 목적은 무엇인가?

(A) 변태의 단계에 대한 개요를 제공하기 위해
(B) 불완전변태와 완전변태를 구별하기 위해
(C) 나비와 나방이 누에고치로부터 어떻게 성장하는지를 설명하기 위해
(D) 애벌레가 어떻게 나비가 되는가를 설명하기 위해

Rhetorical Purpose 단락4는 완전 변태의 단계들에 대해 간단하게 설명하고 있다. 따라서 정답은 (A)이다.

22

According to paragraph 5, which of the following is NOT true?

(A) All caterpillars lack wings.
(B) All caterpillars have a pattern of many colors.
(C) All caterpillars have prolegs.
(D) Some caterpillars are spiny.

Paragraph 5 is marked with an arrow [➡].

단락5에 따르면, 다음 진술 중 사실이 아닌 것은?

(A) 모든 애벌레는 날개가 부족하다.
(B) 모든 애벌레는 다양한 색상의 무늬를 갖고 있다.
(C) 모든 애벌레는 앞다리를 갖고 있다.
(D) 일부 애벌레는 가시가 있다.

Fact & Detail 단락 5를 보면 'Butterfly larvae, better known as caterpillars, can be hairy, smooth-skinned, or spiny and either monochromatic or colorfully patterned.'라고 언급하였으므로 일부 애벌레는 다양한 색상의 무늬를 갖고 있음을 알 수 있다. 따라서 모든 애벌레는 다양한 색상의 무늬를 갖고 있다고 언급하는 (B)는 사실이 아니므로 정답이다.
오답의 근거
보기(A)는 'Butterflies have no prolegs ~, and perhaps most noticeably, they have wings that developed inside the caterpillar cocoon.'라고 말하고 있으므로 모든 애벌레는 날개가 부족하다는 (A)의 진술은 사실.
보기(C)는 'caterpillars have prolegs ~.' 라고 말하고 있으므로 모든 애벌레는 앞다리를 갖고 있다고 말하는 (C)의 진술은 사실.
보기(D)는 'Butterfly larvae, better known as caterpillars, can be hairy, smooth-skinned, or spiny and ~.'라고 말하고 있으므로 일부 애벌레는 가시가 있다는 (D)의 진술은 사실.

23

Which of the sentences below best expresses the essential information in the highlighted sentence in the passage? Incorrect choices change the meaning in important ways or leave out essential information.

(A) When butterflies pupate, they form a cocoon, or burrow in plant stems, or underground.
(B) In butterfly pupation, a caterpillar first forms a cocoon, and later pupates in plant stems, or underground.
(C) Before butterflies enter the pupal stage, they form cocoons in plant stems, or underground.
(D) If a butterfly does not have enough silk to form a cocoon, it pupates in plant stems, or underground.

아래 문장 중 지문 속의 음영 표시된 문장의 핵심 정보를 가장 잘 표현하고 있는 것은 무엇인가? 오답은 문장의 의미를 현저하게 바꾸거나 핵심정보를 빠뜨리고 있다.

(A) 나비가 번데기가 될 때, 그들은 식물의 줄기 내부에 또는 땅 속에 고치 또는 굴을 형성한다.
(B) 나비가 번데기 탈피를 할 때, 먼저 고치가 되고 나중에 식물 줄기 내부에 또는 땅 속에서 번데기가 된다.
(C) 나비가 번데기 단계에 들어가기 전에 그들은 식물의 줄기 내부에 또는 땅속에 고치를 형성한다.
(D) 만일 나비가 고치를 형성할 충분한 실크를 갖고 있지 않다면 그것은 식물의 줄기 내부나 땅 속에서 번데기 탈피를 한다.

Sentence Simplification 단락6에서, 음영 표시된 문장 'Some caterpillars form a cocoon made of silk before entering the pupal stage, while others pupate in plant stems or underground. (일부의 애벌레는 번데기 단계에 들어가기 전에 실크로 만들어진 고치를 형성하는 반면 다른 애벌레들은 식물 내부에 또는 땅속에서 번데기가 된다.)'를 'When butterflies pupate, they form a cocoon or burrow in plant stems or underground.(나비가 번데기가 될 때, 그들은 식물의 줄기 내부에 또는 지하에 고치 또는 굴을 형성한다.)' 라고 간략하게 바꾸어 표현한 (A)가 정답이다.

24

According to the passage, which of the following is a stage undergone only in complete metamorphosis?

(A) Egg
(B) Nymph
(C) Pupa
(D) Adult

단락에 따르면, 다음 중 어느 것이 완전 변태에서만 겪게 되는 단계인가?

(A) 알
(B) 유충
(C) 번데기
(D) 성충

Fact & Detail 단락 3을 보면 'Insects that have a pattern of **simple or incomplete metamorphosis** go through three basic life stages: **egg, nymph or larva, and adult.**'말하고 있으며, 단락 4를 보면 'Insects that undergo complete metamorphosis pass through four basic life stages: **egg, larva, pupa, and adult.**'라고 말하고 있으므로 완전 변태에서만 겪게 되는 단계는 번데기 단계이므로 정답은 (C)이다.

25

Look at the four squares [■] that indicate where the following sentence could be added to the passage.

Only the adult insects have wings.

Where would the sentence best fit? Click on the square [■] to add the sentence to the passage.

네 개의 네모 [■] 는 다음 문장이 삽입될 수 있는 부분을 나타내고 있다.

단지 성충이 된 곤충들만이 날개를 갖는다.

이 문장은 어느 자리에 들어가는 것이 적절한가? 지문에 문장이 삽입되도록 네모[■]를 클릭하시오.

Insertion 네모가 들어가 있는 단락은 전체적으로 완전 변태의 네 가지 단계에 대해 설명하고 있으며 삽입 구문은 이 네 개의 단계 중 가장 마지막 단계인 성충 단계의 특징을 언급하고 있다. 따라서 삽입 구문은 'Often, even the legs, mouthparts and antennae take on new forms between the insects' immature and adult stages. (종종, 심지어 다리, 구기 그리고 더듬이는 곤충의 미성숙 단계와 성충 단계 사이에 새로운 형태를 취한다.)'라고 성충 단계로 가는 과정을 언급하고 있는 단락 마지막 문장 뒤에 삽입구문을 끼워 넣는 것이 적합하므로 네 번째 네모 [■] 가 정답이다.

Directions: Complete the table by matching the phrases below.

Directions: Select the appropriate phrases from the answer choices and match them to the term to which they relate. TWO of the answer choices will NOT be used. **This question is worth 3 points.**

아래의 주어진 구절을 연결하여 표를 완성하시오. 보기 중 적절한 구절을 골라 관련된 용어와 연결하시오. 보기 중 2개는 사용되지 않는다. 이 문제는 3점이 부과된다.

> Drag your answer choices to the spaces where they belong. To remove an answer choice, click on it. To review the passage, click on **View Text.**
> 선택한 보기는 마우스로 끌어 해당란에 넣으시오. 선택한 보기를 삭제하려면, 해당 보기를 한번 클릭하시오. 지문을 보려면 화면의 View Text를 클릭하시오.

Answer Choices	Larval Stage
(A) The insect molts several times 곤충은 여러 차례 털갈이를 한다.	• **(A) The insect molts several times**
(B) Eggs are placed on plants 식물 위에 알을 낳는다.	• **(F) The insect feeds when not molting**
(C) Adult structures develop 성체 구조는 발달한다.	• **(G) Mouthparts chew instead of suck**
(D) The stage can last from several days to several months 단계는 몇 일에서 몇 달간 지속될 수 있다.	**Pupal Stage**
(E) Blood is pumped into the wings 피는 날개로 주입된다.	• **(C) Adult structures develop**
(F) The insect feeds when not molting 곤충은 털갈이를 하지 않을 때 먹이를 먹는다.	• **(D) The stage can last from several days to several months**
(G) Mouthparts chew instead of suck 구기는 빠는 대신에 씹는다.	

Category Chart 보기(A)와 보기(F)는 단락 4를 보면 '(A) Larval insects typically molt three to seven times between each stage, '(F) continuously growing and feeding when not devoting energy to molting. (유충 상태의 곤충은 털갈이에 에너지를 소비하지 않을 때 지속적으로 성장하고 먹이를 먹으면서 전형적으로 각 단계 사이에 3~7번의 털갈이를 한다.)'라고 언급하며 보기(G)는 단락5를 보면 'Unlike the adults ~, caterpillars have prolegs ~ and (G) mouthparts with the ability to chew. (그들이 앞으로 될 성충과 달리 애벌레는 배에서 튀어 나온 짧막한 다리들인 앞다리와 씹을 수 있는 구기를 갖고 있다.)'라고 언급하고 있으므로 Laval Stage에 들어가야 할 보기는 (A), (F), (G)이다.

또한 보기(C)는 단락 4를 보면 '(C) Often, even the legs, mouthparts and antennae take on new forms between the insects' immature and adult stages. (종종, 심지어 다리, 구기 그리고 더듬이는 곤충의 미성숙 단계와 성충 단계 사이에 새로운 형태를 취한다.)'라고 말하고 있으므로 성체 구조는 발달한다고 볼 수 있으며, 보기(D)는 단락 7을 보면 '~, (D) the pupal stage can last as little as a few days or as long as several months. (~, 번데기 단계는 몇 일에서 몇 달 동안 지속될 수 있다.)'라고 언급하므로 Pupal Stage 들어가야 할 보기는 (C), (D)이다.

1.
Early American Banks and the Great Depression (초기 미국 은행들과 대공황)

Founding statesmen of the United States, most notably Thomas Jefferson and James Madison, vigorously opposed the establishment of a strong central banking system. Nonetheless, First National Bank was established early on. It was shut down by President Madison in 1811. Second National Bank was chartered in 1816, but was demoted to a local bank by 1836 at President Jackson's behest. America now has a third national bank. According to the Federal Reserve Act of 1913, the bank was established "to add both flexibility and strength to the nation's financial system." The bank, colloquially known as "the Fed", was ostensibly created to prevent panicked bank runs and depressions after a scare in 1907. Ironically, many economists, including those as ^{Q27} **renowned** as Milton Friedman and Anna Schwartz, believe that the Fed exacerbated the Great Depression. Although this view is not without merit, it would not be entirely accurate to say the Fed caused the Depression. The Depression was a complicated economic phenomenon and cannot be attributed to the actions of a single institution. ∎

2.
The questionable decisions of the Fed (연방준비은행의 의심스러운 결정들)

The first of the Fed's questionable actions was to inflate the national money supply by about sixty percent during the 1920s. ∎ Critics point out that if the Fed had taken more care in expanding the paper money supply, ^{Q28} **it** might have prevented the artificial stock market boom and the subsequent crash of 1929. ∎ An abundance of cash allowed for careless spending, which was not sustainable. ∎ The problem was compounded by the Fed's second dubious decision, which was to raise interest rates in 1929 at a time when the economy was naturally beginning to slow. Since interest rates are normally only raised to slow down a boom, the decision was questionable. The Fed's actions served to contract the

1 미국의 건국 정치가들, 무엇보다도 특히 토마스 제퍼슨과 제임스 매디슨은 강력한 중앙은행제도의 확립을 격렬하게 반대했다. 그럼에도 불구하고, 최초의 국립은행은 초기에 설립되었지만 1811년 매디슨 대통령에 의해 문을 닫게 되었다. 두 번째 국립은행은 1816년 인가를 받았지만 잭슨 대통령의 명령에 따라 1836년 지역 은행으로 강등되었다. 미국은 현재 세 번째 국립은행을 갖고 있다. 1913년의 연방준비법에 따르면 연방준비은행은 국가의 재정 체계에 유연성과 힘을 더하기 위해 설립되었다. 구어체로 Fed라고 알려진 그 은행은 1907년 미국의 금융 위기 이후 공황상태의 뱅크런과 디프레션을 막기 위해 명목상 만들어졌다. 아이러니하게도, 밀턴 프리드먼과 안나 슈바르츠 만큼 명성 있는 학자들을 포함한 많은 경제학자들은 연방준비은행(Fed)이 대공황을 악화시켰다고 믿는다. 비록 이 견해는 취할만한 점이 없는 것은 아니지만, 연방준비은행이 대공황을 야기했다고 말하는 것은 완전히 정확한 것은 아닐 것이다. 대공황은 복잡한 경제적 현상이며 단일 기관의 활동에 탓을 돌릴 수는 없다.

2 연방준비은행의 의심스러운 활동들 중 첫 번째는 1920년대 동안 국가의 통화 공급량을 대략 60%까지 올렸다는 것이다. 비평가들은 만일 연방준비은행이 지폐 공급량의 팽창에 더 주의를 기울였다면, ^{Q28} 그 은행은 인위적으로 조작된 주식 시장의 호황과 1929년의 뒤이은 폭락을 막을 수 있었을지도 모른다고 지적한다. 넘쳐나는 돈은 무분별한 소비를 허용했고, 이는 지속 가능하지 못했다. 그 문제는 경기가 자연스럽게 둔화되기 시작했던 시기인 1929년 금리를 인상하는 연방준비은행의 두 번째 모호한 결정에 의해 더 악화되었다. 보통 호황을 늦추기 위해서만 금리가 상향 조정되었기 때문에 그 결정은 미심쩍었다. 돌이켜 생각해보면 연방준비은행의 조치들은 통화 공급량이 팽창했어야 할 때 그것을 축소하

Vocabulary

statesman 정치인, 정치가	**ostensibly** 표면상, 명목상
notably 특히	**exacerbate** 악화시키다
vigorously 격렬하게, 힘차게	**the Great Depression** 대공황
charter (기관 등을) 인가하다	**inflate** (통화를) 팽창시키다
be demoted to ~로 강등되다	**subsequent** 그 다음의, 뒤이은
at somebody's behest ~의 명령에 따라	**sustainable** 오랫동안 지속 가능한
Federal Reserve Act 연방준비법	**compound** 악화시키다, 더 심각하게 만들다
Federal Reserve Bank 연방준비은행(the Fed)	**dubious** 불확실한, 모호한

money supply when, in retrospect, they should have been expanding it. ^{Q29} **Ironically, the country's gold stock began increasing on its own at the start of the Depression, so inaction on the part of the Fed would have increased the money supply and spurred recovery.**

3.
Friedman and Schwartz's analysis and the response of the Federal Reserve Bank to it
(프리드먼과 스바르츠의 분석과 그에 대한 연방준비은행의 반응)

➡ In Friedman and Schwartz's analysis, when interest rates started to rise, people wanted to have more money on hand, but bank runs were not backed by the Fed. The consumer response was to ^{Q30} **hoard** money. This created an ever-contracting economy with falling income and high unemployment. Ben Bernanke, the current Chairman of the Federal Reserve Bank, accepted this review in 2002, stating, "I would like to say to Milton and Anna: Regarding the Great Depression. You're right, we did it. We're very sorry. But thanks to you, we won't do it again."

4.
One of the many and varied causes of the Great Depression except the Federal Reserve Bank
(연방준비은행 이외의 대공황의 많은 다양한 이유들 중 하나)

➡ But this apology notwithstanding, it is not clear that the Fed was responsible for the Great Depression. The causes were too many and varied to be narrowly attributed to one source. For one thing, prices and wages are not entirely controlled by the Fed. Rather, prices and wages undergo changes according to the ^{Q32} **scarcity** of goods and labor, relative to the amount of money that is available to buy them. ^{Q34} As the Fed increased the nation's money supply throughout the 1920s, prices and wages went up, reflecting the fact that more money existed with the same amount of goods and labor. Inflation occurs when this happens too quickly. ^{Q33} In a natural cycle, as the money supply falls relative to the amount of goods and labor, eventually the price of goods and labor will fall as well. But ^{Q35} in the short run, prices and wages can "stick" at a higher level. When this happens, people buy less, and employers hire less, causing cutbacks in production and employment. Production had already begun to decline and unemployment had begun to rise in early 1929, suggesting that a natural process was in motion.

는데 전력했다. ^{Q29} 아이러니하게도, 그 나라의 금 보유고는 대공황이 시작될 때 단독으로 증가하기 시작했기 때문에, 연방준비은행이 아무런 조치도 취하지 않았다면 통화 공급량을 증가시켜 회복의 원동력이 되었을 것이다.

3 프리드먼과 스바르츠의 분석에 따르면 금리가 상승하기 시작할 때 사람들은 더 많은 돈을 손에 넣기를 원했지만 은행에 예금을 찾으러 몰려온 사람들은 연방준비은행에 의해 지원을 받지 못했다. 그 고객들의 반응은 돈을 ^{Q30}비축하는 것이었다. 이는 감소하는 수입과 높은 실업률과 더불어 계속 불황을 초래했다. 연방준비은행의 현 회장인 벤 버냉키는 "나는 밀턴과 안나에게 대공황에 대해 말하고 싶다. 당신들이 옳고 우리들이 그렇게 했다. 하지만 당신들 덕분에, 우리는 다시 같은 잘못을 저지르지 않을 것이다."라고 말하면서 2002년 이 평을 받아들였다.

4 그러나 이 사과에도 불구하고 연방준비은행이 대공황에 대한 책임이 있는지는 확실하지 않다. 그 원인들은 너무 많고 다양해서 제한적으로 하나의 기관의 탓으로 돌리기는 어렵다. 우선 한가지 이유는, 물가와 임금이 완전히 연방준비은행에 의해 통제되지 않았다는 것이다. 오히려 물가와 임금은 상품과 노동력을 사기 위해 이용할 수 있는 돈의 양에 비례하여 그것들의 ^{Q32}부족에 따라 변화를 겪는다. ^{Q34} 연방준비은행이 1920년대 내내 국가의 통화 공급량을 증가시킴에 따라, 물가와 임금도 상승했고, 이는 더 많은 돈이 똑같은 양의 상품과 노동력에 존재했다는 사실을 반영했다. 이것이 너무 빠르게 발생할 때 인플레이션은 발생한다. ^{Q33} 자연적 주기로 통화 공급량이 상품과 노동력의 양에 비례하여 떨어지면 결국 상품과 노동력의 가격도 마찬가지로 떨어질 것이다. 하지만 ^{Q35}단기적으로 물가와 임금은 더 높은 수준으로 머무르게 될 수 있다. 이것이 발생하면, 사람들은 덜 구매하고 고용주들은 덜 고용하며 이는 결국 생산과 고용에 감축을 초래할 것이다. 생산은 이미 감소하기 시작했고, 실업은 1929년 초 상승하기 시작했으며 이는 자연적인 과정이 진행중임을 암시했다.

Vocabulary

bank run 은행에 예금을 찾으러 몰려옴

depression 불황, 불경기

in retrospect 돌이켜 생각해보면

spur 원동력이 되다

hoard (비밀리에 많은 돈을) 비축하다

scarcity 부족, 결핍

5.
2 theories to
explain the
Great Depres-
sion
(대공황을 설명
해 줄 두 가지 이
론들)

Numerous schools of thought seek to explain the Great Depression, and their analyses offer a variety of factors beyond a natural economic cycle. Some people focus on the breakdown in international trade. For instance, U.S. agriculture had collapsed in 1919, and continued to strain the economy a decade later. In 1930, the government attempted to solve the problem by imposing tariffs on imported agricultural goods. When other countries responded with similar tariffs, American exports suffered even more. Other people focus on the Gold Standard theory, which concerns the effect on the U.S. of European nations abandoning the gold standard after World War I. As the U.S. became entangled with these economies as a lender, it became a victim of deflation, a critical factor in the crash of 1929. The stock market crash exacerbated the economy's troublesome trends, destroying both investor and consumer confidence as the average value of leading stocks fell by almost 50% in two months. Industrial production soon fell, too, giving rise to the worst unemployment the country had ever seen – approximately 25% by 1933.

The depth of the financial collapse could have been averted by sounder monetary policy, but this is no reason to hearken back to Jefferson and Madison's argument against a strong bank. The Fed was but one of many actors, and as Bernanke noted, a bank can learn from the past and emerge a stronger stabilizing force.

5 많은 학설들은 대공황에 대해 설명하고자 하고 그들의 분석들은 자연적 경제 순환을 넘어선 다양한 요인들을 제시한다. 일부의 사람들은 국제 무역의 와해에 초점을 맞춘다. 예를 들어, 미국의 농업은 1919년 붕괴했고 10년 뒤까지 경기를 후퇴시켰다. 1930년 정부는 수입 농산품에 관세를 부과함으로써 그 문제를 해결하려는 시도를 했다. 다른 나라들이 유사한 관세로 반응을 보였을 때 미국의 수출품들은 심지어 더 많이 고통을 겪었다. 다른 사람들은 제1차 세계 대전 이후 금본위제를 포기한 유럽의 국가들이 미국에 미친 영향과 관련된 금본위제이론에 초점을 맞춘다. 미국은 이러한 경제상황들에 채권자로 얽히게 되면서 1929년의 폭락의 주요 요인인 디플레이션의 피해자가 되었다. 주식시장의 폭락은 그 경제의 고질적인 동향을 악화시켰고 두 달 만에 거의 50%까지 주력주의 평균 가치가 떨어짐에 따라 결국 투자자와 소비자 자신감 지수를 파괴시켰다. 산업 생산도 곧 떨어졌으며 1933년까지 대략 25% 즉 그 나라가 경험한 최악의 실업을 야기했다.

6 경제적 붕괴의 절정은 더 믿을만한 통화 정책에 의해 피할 수 있었지만, 이는 강력한 은행에 대한 제퍼슨과 매디슨의 주장을 돌아보게 할 이유는 없다. 연방준비은행은 단지 많은 요인들 중 하나였고 버냉키가 지적한 것처럼, 은행은 과거로부터 배울 수 있으며 더 강력한 안정 세력이 될 수 있다.

Vocabulary

breakdown (관계 · 논의의) 와해, 실패, 결렬
strain 한계에 이르게 하다, 무리를 주다
the Gold Standard 금본위제
entangled 얼기설기 얽힌
exacerbate 악화시키다
troublesome 고질적인
avert 방지하다, 피하다
hearken 귀를 기울이다

27

The word **renowned** in the passage is closest in meaning to

(A) radical
(B) respected
(C) prolific
(D) conservative

지문의 단어 **renowned** 와 의미상 가장 가까운 것은?

(A) 급진적인
(B) 높이 평가되는
(C) 다작하는
(D) 보수적인

> **Vocabulary** 단락1 지문의 'renowned (유명한, 명성 있는)'은 '높이 평가되는'의 의미로 사용되는 'respected'와 의미상 가장 유사하므로 정답은 (B)이다.

28

The word **it** in the passage refers to

(A) the national money supply
(B) the Fed
(C) the stock market boom
(D) crash

지문의 단어 **it**가 가리키는 것은?

(A) 국가의 통화 공급량
(B) 연방준비은행
(C) 주식시장의 호황
(D) 폭락

> **Reference** 단락2의 it은 문장 '~ if **the Fed** had taken more care in expanding the paper money supply, **it** might have prevented the artificial stock market boom and the subsequent crash of 1929. (~ 만일 연방준비은행이 지폐 공급량의 팽창에 더 주의를 기울였다면, 그 은행은 인위적으로 조장된 주식시장의 호황과 1929년의 뒤이은 폭락을 막을 수 있었을지도 모른다)'에서 앞 절과 it절은 접속사if로 연결되어 if 절의 주어와 종속절의 주어가 같은 경우 둘 중 하나의 주어는 대명사로 받을 수 있으므로 if절의 주어와 it은 동일한 대상, 즉 the Fed를 언급하고 있음을 알 수 있다. 따라서 정답은 (B)연방준비은행이다.

29

Which of the sentences below best expresses the essential information in the highlighted sentence in the passage? Incorrect choices change the meaning in important ways or leave out essential information.

(A) America's gold reserves started to rise in response to the Fed's inaction.

(B) If the Fed had chosen to not act, gold values would not have climbed and the recovery would have been delayed.

(C) If the Fed had chosen to not act, the increasing gold reserve would have helped recovery by increasing the country's money supply.

(D) The Fed could have prompted recovery by increasing the money supply and increasing the gold stock.

아래 문장 중 지문 속의 음영 표시된 문장의 핵심 정보를 가장 잘 표현하고 있는 것은 무엇인가? 오답은 문장의 의미를 현저하게 바꾸거나 핵심정보를 빠뜨리고 있다.

(A) 미국의 금 보유고는 연방준비은행의 무대책에 대한 반응으로 증가하기 시작했다.

(B) 만일 연방준비은행이 반응하지 않기로 결정했었다면, 금의 가치는 올라가지 않았을 것이고 회복은 지연되었을 것이다.

(C) 만일 연방준비은행이 반응하지 않기로 결정했다면 증가하는 금 보유고는 그 나라의 통화 공급량을 증가시킴으로써 회복을 도왔을 것이다.

(D) 연방준비은행은 통화 공급량을 증가시키고 금 보유고를 증가시킴으로써 회복을 촉진할 수 있었을 것이다.

> **Sentence Simplification** 단락2에서, 음영 표시된 문장 'Ironically, the country's gold stock began increasing on its own at the start of the Depression, so inaction on the part of the Fed would have increased the money supply and spurred recovery. (아이러니하게도, 그 나라의 금 보유고는 대공황이 시작될 때 단독으로 증가하기 시작했기 때문에, 연방준비은행이 아무런 조치도 취하지 않았다면 통화 공급량을 증가시켜 회복의 원동력이 되었을 것이다.)'는 'If the Fed had chosen to not act, the increasing gold reserve would have helped recovery by increasing the country's money supply. (만일 연방준비은행이 반응하지 않기로 결정했다면 증가하는 금 보유고는 그 나라의 통화 공급량을 증가시킴으로써 회복을 도왔을 것이다.)' 라고 간략하게 바꾸어 표현한 (C)가 정답이다.

30

The word **hoard** in the passage is closest in meaning to

(A) invest
(B) import
(C) export
(D) save

지문의 단어 **hoard**와 의미상 가장 가까운 것은?

(A) 투자하다
(B) 수입하다
(C) 수출하다
(D) 모으다

> **Vocabulary** 단락1 지문의 'hoard ((비밀리에 많은 돈을) 비축하다)'는 '모으다'의 의미로 사용되는 'save'와 의미상 가장 유사하므로 정답은 (D)이다.

31

In paragraph 3, why does the author refer to Ben Bernanke's quote?

(A) To humanize the Fed
(B) To conclude the argument that the Fed is to blame for the depression
(C) To hint at the Fed's denial of involvement in the Depression
(D) To show the Fed's casual attitude toward accusations of wrongdoing

Paragraph 3 is marked with an arrow [➡].

단락3에서, 저자가 벤 버냉키의 인용문을 언급한 이유는?

(A) 연방준비은행을 인도적으로 만들기 위해
(B) 연방준비은행은 대공황에 대한 책임이 있다는 논쟁을 종결시키기 위해
(C) 대공황에 대한 연방준비은행의 관련성 부인을 암시하기 위해
(D) 비리 혐의에 대한 연방준비은행의 격의 없는 태도를 보여주기 위해

Rhetorical Purpose 단락3을 보면 저자는 전반부에 연방준비은행에 반하는 주장들을 제시한 다음 대공황에 대한 책임을 받아들이며 다시는 똑같은 실수를 저지르지 않겠다는 벤 버냉키의 인용문을 언급하고 있다. 따라서 연방준비은행이 대공황에 대한 책임이 있다는 논쟁을 종결시키기 위해 이 인용문이 언급되었음을 알 수 있으므로 정답은 (B)이다.

32

The word **scarcity** in the passage is closest in meaning to

(A) relatively small amount
(B) relatively large amount
(C) highly interrelated amount
(D) highly variable amount

지문의 단어 **scarcity**와 의미상 가장 가까운 것은?

(A) 상대적으로 적은 양
(B) 상대적으로 큰 양
(C) 상당히 밀접한 관계에 있는 양
(D) 상당히 가변적인 양

Vocabulary 단락4 지문의 'scarcity (부족, 결핍)'는 '상대적으로 적은 양'의 의미로 사용되는 'relatively small amount'와 의미상 가장 유사하므로 정답은 (A)이다.

33

Based on the information in paragraph 4, which of the following was true of the American economy in the 1920s?

(A) **It gave signs of slowing down if left unattended.**
(B) It demonstrated artificially low wages and prices.
(C) It exhibited sharp, unexplained increases in inflation.
(D) It was unalterably headed towards the Great Depression.

Paragraph 4 is marked with an arrow [➡].

단락4의 정보에 기반해서, 다음 중 1920년대 미국 경제에 대해 옳은 것은?

(A) **방치되었다면 미국 경제는 둔화의 징후를 보였다.**
(B) 미국 경제는 인위적으로 낮은 임금과 물가를 보여주었다.
(C) 미국 경제는 날카로운 이유가 밝혀지지 않은 인플레이션의 증가를 보여주었다.
(D) 미국 경제는 불변으로 대공황을 향해 갔다.

Fact & Detail 단락4를 보면 'In a natural cycle, as the money supply falls relative to the amount of goods and labor, eventually the price of goods and labor will fall as well. (자연적 주기로 통화 공급량이 상품과 노동력의 양에 비례하여 떨어지면 결국 상품과 노동력의 가격도 마찬가지로 떨어질 것이다.)'라고 말하고 있으므로 연방준비은행의 간섭을 받지 않았다면, 미국 경제는 스스로 경기 둔화의 징후를 보였을 것이므로 정답은 (A)이다.

34

Based on the information in paragraph 4, what can most correctly be inferred about inflation?

(A) Inflation is not well understood.
(B) **Inflation may raise wages and the prices of consumer goods.**
(C) Inflation may have led to the Great Depression.
(D) The rate of inflation is of no concern to the Fed.

Paragraph 4 is marked with an arrow [➡].

단락4의 정보에 기반해서, 인플레이션에 관해 가장 올바르게 추론한 것은?

(A) 인플레이션은 잘 이해되지 않았다.
(B) **인플레이션은 임금과 소비자의 상품의 물가를 높일 수 있다.**
(C) 인플레이션은 대공황을 초래했을지도 모른다.
(D) 인플레이션의 비율은 연방준비은행에게 있어 중요하지 않았다.

Inference 단락4를 보면 'As the Fed increased the nation's money supply throughout the 1920s, prices and wages went up, ~. Inflation occurs when this happens too quickly. In a natural cycle, as the money supply falls relative to the amount of goods and labor, eventually the price of goods and labor will fall as well. (자연적 주기로 통화 공급량이 상품과 노동력의 양에 비례하여 떨어지면 결국 상품과 노동력의 가격도 마찬가지로 떨어질 것이다. 자연적 주기로 통화 공급량이 상품과 노동력의 양에 비례하여 떨어지면 결국 상품과 노동력의 가격도 마찬가지로 떨어질 것이다.)'라고 했으므로 인플레이션이 끝나면, 상품과 노동력의 가격도 떨어질 것이니 인플레이션은 물가와 임금의 상승을 초래할 수 있음을 추론할 수 있다. 따라서 정답은 (B)이다.

35

According to paragraph 4, what can be true of wages and prices when there is a sharp decrease in available money?

(A) They will increase as the demand goes up relative to the supply.
(B) They are often unaffected by the rise and fall of ready cash.
(C) They can remain artificially high for some time.
(D) They will immediately respond to the drop in finances.

Paragraph 4 is marked with an arrow [➡].

단락4에 따르면, 이용할 수 있는 돈이 격감할 때 임금과 물가에 관해 옳은 설명은?

(A) 공급에 비례하여 수요가 증가함에 따라 임금과 물가가 증가할 것이다.
(B) 임금과 물가는 종종 준비된 돈의 증가와 감소에 영향 받지 않는다.
(C) 임금과 물가는 당분간 인위적으로 높게 남아있을 수 있다.
(D) 임금과 물가는 곧 자금의 감소에 반응할 것이다.

Fact & Detail 단락4를 보면 '~, as the money supply falls relative to the amount of goods and labor, ~. But in the short run, prices and wages can "stick" at a higher level. (~ 통화 공급량이 상품과 노동력의 양에 비례하여 떨어지면 ~. 하지만 단기적으로 물가와 임금은 더 높은 수준에 머무르게 될 수 있다.)'라고 했으므로 정답은 (C)이다.

36

All of the following are mentioned as events that contributed significantly to the Great Depression EXCEPT:

(A) Dramatically increasing the amount of printed money in circulation
(B) An artificially stuck market wage leading to unemployment
(C) An increase in money relative to the supply of workers and products.
(D) An unnecessary hike in interest rates.

다음 중 대공황에 상당히 기여했던 사건으로써 언급되지 않은 것은?

(A) 극적으로 증가하는 유통중인 화폐의 양
(B) 실업을 초래하는 부자연스럽게 높아진 시장 임금
(C) 노동력과 상품의 공급에 비례한 통화의 증가
(D) 이자율의 불필요한 급등

Fact & Detail 노동력과 상품의 공급에 비례하여 통화가 증가하였고 결과적으로 대공황에 기여하였다는 내용은 본문에 언급되어 있지 않으므로 정답은 (C)이다.
오답의 근거
보기(A)는 단락2에서 '~ to inflate the national money supply by about sixty percent during the 1920s.'와 단락4에서 'As the Fed increased the nation's money supply throughout the 1920s, ~.'라고 극적으로 증가하는 유통 화폐의 양을 언급하고 있으므로 사실.
보기(B)는 단락 2에서 'The problem was compounded by the Fed's second dubious decision, which was to raise interest rates in 1929 ~.'라고 이자율의 불필요한 급등을 언급하고 있으므로 사실.
보기(D)는 단락4에서 'As the Fed increased the nation's money supply throughout the 1920s, prices and wages went up, ~.' '~ unemployment had begun to rise in early 1929'라고 실업을 초래하는 부자연스럽게 높아진 시장 임금을 언급하고 있으므로 사실.

37

With which of the following conclusions would the author most likely agree?

(A) The actions of the Fed made the Depression worse than it would have been with Fed inaction.
(B) The actions of the Fed actually had little impact upon the economy.
(C) Inflation was the only significant cause of the Great Depression.
(D) The Fed was mainly responsible for the Great Depression and did little to prevent from occurring.

다음 중 저자가 가장 동의할 것 같은 결론은?

(A) 연방준비은행의 조치들은 그 은행이 대공황에 대해 아무런 조치도 취하지 않을 때보다 대공황을 더 악화시켰다
(B) 연방준비은행의 조치들은 실제로 경제에 미미한 영향을 미쳤다.
(C) 인플레인션은 대공황의 유일한 중요 원인이었다.
(D) 연방준비은행은 주로 대공황에 대한 책임이 있었고 그것의 발생을 막는 데에는 거의 아무것도 행하지 않았다.

Inference 단락 2를 보면 'Ironically, the country's gold stock began increasing on its own at the start of the Depression, so inaction on the part of the Fed would have increased the money supply and spurred recovery. (아이러니하게도, 그 나라의 금 보유고는 대공황이 시작될 때 단독으로 증가하기 시작했기 때문에, 연방준비은행이 아무런 조치도 취하지 않았다면 통화 공급량을 증가시켜 회복의 원동력이 되었을 것이다.)'라고 언급하며 단락 4의 전반적인 내용 또한 연방준비은행의 조치들이 미국의 경제를 더욱 악화시켰다고 말하고 있으므로 저자는 연방준비은행이 대공황에 대해 아무런 조치도 취하지 않을 때보다 대공황을 더 악화시켰다라는 의견에 가장 동의 할 것 같으므로 (A)가 정답이다.

38

Look at the four squares [■] that indicate where the following sentence can be added to the passage.

The best assessment is that the Fed's actions can be said to have worsened poor economic conditions already present.

Where would the sentence best fit in the passage? Click on a square [■] to add the sentence to the passage.

네 개의 네모 [■] 는 다음 문장이 삽입될 수 있는 부분을 나타내고 있다.

가장 적절한 평가는 연방준비은행의 조치들이 이미 존재했던 열악한 경제 상황을 더 악화시켰다고 말할 수 있겠다.

이 문장은 어느 자리에 들어가는 것이 적절한가? 지문에 문장이 삽입되도록 네모[■]를 클릭하시오.

Insertion 삽입구문은 연방준비은행의 조치들에 대한 결론을 언급하고 있으므로 결론을 언급하는 단락의 마지막 즉 첫 번째 단락의 마지막 문장 'The Depression was a complicated economic phenomenon and cannot be attributed to the actions of a single institution. (대공황은 복잡한 경제적 현상이며 단일 기관의 활동에 탓을 돌릴 수는 없다.)' 뒤에 끼워 넣는 것이 문맥상 가장 적합하므로 첫 번째 네모 [■]가 정답이다.

39

Directions: An introductory sentence for a brief summary of the passage is provided below. Complete the summary by selecting the THREE answer choices that express the most important ideas in the passage. Some sentences do not belong in the summary because they express ideas that are not presented in the passage or are minor ideas in the passage. **This question is worth 2 points.**

지문 요약을 위한 간략한 문장이 아래에 주어져 있다. 지문의 가장 중요한 내용을 나타내는 보기 3개를 골라 요약문을 완성하시오. 어떤 문장은 지문에 언급되지 않은 내용이나 사소한 정보를 담고 있으므로 요약에 포함되지 않는다. 이 문제는 2점이 부과된다.

Drag your answer choices to the spaces where they belong. To remove an answer choice, click on it. To review the passage, click on **View Text.**

선택한 보기는 마우스로 끌어 해당란에 넣으시오. 선택한 보기를 삭제하려면, 해당 보기를 한번 클릭하시오. 지문을 보려면 화면의 View Text를 클릭하시오.

The Federal Reserve Bank may have contributed to the Great Depression, but there are too many causes of the Depression to blame only the Fed.

연방준비은행은 대공황에 기여했을 수 있지만 연방준비은행만을 비난하기에는 너무나 많은 대공황의 원인들이 존재한다.

- (A) Deflation was a critical factor in the stock market crash, and the U.S. became a victim of deflation as a result of its economic entanglements with countries that had abandoned the gold standard.
- (C) The Fed's decision to raise interest rates in 1929 appears unwise since the economy was already slowing down and the money supply was shrinking on its own.
- (F) U.S. agriculture collapsed in 1919 and strained the overall economy throughout the 1920s.

Answer Choices

(A) **Deflation was a critical factor in the stock market crash, and the U.S. became a victim of deflation as a result of its economic entanglements with countries that had abandoned the gold standard.** 디플레이션은 주식 시장 폭락의 주요 요인이었고, 미국은 금본위제를 포기했던 나라들과의 경제적으로 복잡한 관계의 결과 디플레이션의 피해자가 되었다.	(B) If prices and wages had not become stuck at a high level, the Fed's actions might have been successful. 만일 물가와 임금이 높은 수준에 머무르지 않았다면, 연방준비은행의 조치들은 성공적이었을지도 모르겠다.
(C) **The Fed's decision to raise interest rates in 1929 appears unwise since the economy was already slowing down and the money supply was shrinking on its own.** 경제가 이미 둔화되고 있었고 통화 공급량은 저절로 감소하고 있었기 때문에 1929년 이자율을 올리기로 한 연방준비은행의 결정은 현명하지 않은 것 같다.	(D) Since the founding of the United States, influential statesmen have opposed a strong central banking system. 미국의 건국 이래로 영향력 있는 정치가들은 강력한 중앙은행제도에 반대했다.
(E) Customers' bank deposits were not insured by the federal government until after the Great Depression. 소비자들의 은행 예금은 대공황 이후에 까지 연방 정부에 의해 보장받지 못했다.	(F) **U.S. agriculture collapsed in 1919 and strained the overall economy throughout the 1920s.** 미국의 농업은 1919년 붕괴했고 1920년대 내내 전반적인 경제에 타격을 주었다.

Prose Summary 전체 지문 요약을 위해 제시된 간략한 문장은 대공황에 기여한 원인으로써 연방준비은행의 조치들이 있지만 그 이외의 많은 다른 원인들이 있음을 언급하고 있으므로 다른 요인들에 대해 언급한 보기를 골라야 한다. 보기(A)는 그 원인들 중 하나로 금본위제를 포기했던 나라들과 경제적으로 복잡한 관계를 맺었던 미국이 그 결과 경제적으로 받게 된 영향을 언급하는 단락5의 내용과 일치하고, 보기(C)는 연방준비은행이 대공황에 기여한 가장 큰 원인인 경제에의 통화 공급량을 증가시키는 결정 이외에 경기가 자연스럽게 둔화되기 시작했던 시기인 1929년 이자율을 올리는 연방준비은행의 두 번째 모호한 결정이 경제를 더 악화시켰다고 언급하고 있는 단락 2의 내용과 일치하며, 보기 (F)는 1919년 미국 농업의 붕괴 이후 10년 뒤 한계에 이르렀던 미국 경제가 대공황의 하나의 원인이었다고 언급하는 단락5의 내용을 요약하고 있다. 따라서 정답은 (A), (C), (F)이다.

오답의 근거
보기(B)는 단락4 에서 'In a natural cycle, as the money supply falls relative to the amount of goods and labor, eventually the price of goods and labor will fall as well. But in the short run, prices and wages can "stick" at a higher level.'라고 말하고 있으므로 단기적으로 물가와 임금이 높은 수준에 머무를 수 있지만, 이는 자연스러운 주기의 한 과정일 뿐이므로 물가와 임금이 높은 수준에 머무르지 않았을 경우 연방준비은행의 조치들이 성공적이었을 것이라고는 말할 수 없으므로 오답.

보기(D)는 단락1에서 'Founding statesmen of the United States, most notably Thomas Jefferson and James Madison, vigorously opposed the establishment of a strong central banking system.'라고 언급되었지만 지엽적인 내용이므로 오답.

보기(E)는 단락3에서 'when interest rates started to rise, people wanted to have more money on hand, but bank runs were not backed by the Fed.'라고 언급하고 있지만 소비자들의 은행 예금이 대공황 이후에까지 연방 정부에 의해 보장받지 못했는지는 지문에 언급되어 있지 않으므로 오답.

iBT TOEFL Road Map
Reading 2
Test 02

ACTUALTEST

정답 & 해설 02

Topic	Type	Word Count
Agriculture in the American Colonies	Historical	838
Treaty of Versailles	Argumentative	847
Pollination	Expository	828

1.
Agriculture in southern American colonies
(남부 미국 식민지의 농업)

2.
Hardships which the original settlers of Jamestown underwent
(제임스타운의 원 정착자들이 겪었던 어려움들)

When the Southern American colonies, such as Virginia, Maryland, the Carolinas[1], and Georgia, were first established, agriculture was their mainstay. Many colonists who arrived in the New World were sponsored by companies seeking profit, so in some cases, they were instructed to grow certain crops. In general, less regulated colonies were more successful and eventually, most regulations were lifted.

➡ **Q10-(A)** The original settlers of Jamestown, Virginia[2] were required by the Virginia Company of London to concentrate on producing lumber and certain crops to sell in England. **Q01-(A)** The company instituted policies such as land allocation and a single-crop system with the intent of maximizing profits, but their venture was initially far from profitable. Many of the settlers had privileged backgrounds and were unaccustomed to performing physical labor. They also claimed that the company's rules were too harsh, preventing them from farming for their own **Q02 sustenance.** Furthermore, Jamestown had been established on brackish[3] swamp water in an unfamiliar climate. The settlers struggled against malnourishment, malaria, and the elements, and only 60 of 500 men and women survived the bleak winter of 1609-1610. In 1611, a new colonial governor, Sir Thomas Dale, imposed a rigid set of laws intended to control nearly every aspect of the settlers' lives in order to maximize the company's profits. Dale's code increased profits somewhat but **Q03 dissuaded** new settlers.

---

1   North Carolina and South Carolina
2   The first permanent English colony in North America
3   salty

1 버지니아 주, 매릴랜드 주, 남북 캐롤라이나 주, 조지아 주와 같은 남부 미국의 식민지들이 최초로 설립되었을 때 농업은 그들의 중심이었다. 신세계에 도착했던 많은 식민지 주민들은 이익을 추구하는 회사들에 의해 후원을 받았고, 그래서 경우에 따라서 그들은 특정 작물을 재배하도록 교육받았다. 일반적으로, 덜 규제된 식민지들은 더 성공적이었고, 결국 대부분의 규제들은 풀렸다.

2 **Q10-(A)** 버지니아, 제임스타운[2]의 원 정착민들은 영국에 팔 목재와 특정 작물을 생산하는 데 집중하도록 런던의 버지니아 회사에 의해 요구 받았다. **Q01-(A)** 그 회사는 수익을 최대화할 의도로 토지 분배와 단일작물체계와 같은 정책들을 도입하였지만 그들의 사업상의 모험은 처음에는 전혀 이득을 얻지 못하였다. 많은 정착민들은 특권 배경을 가지고 있었고 육체 노동을 행하는데 익숙하지 않았다. 그들은 또한 회사의 규칙들이 너무 가혹하고 그들이 그들 스스로의 **Q02 생계유지**를 위해 농사짓는 것을 막는다고 주장했다. 게다가 제임스타운은 친숙하지 않는 기후와 염분이 섞인[3] 늪지대 위에 세워졌다. 그 정착민들은 영양부족, 말라리아, 그리고 폭풍우에 대항하여 고군분투했고, 500명의 남자와 여자들 중 단지 60명만이 1609-1610의 황량한 겨울을 견뎌냈다. 1611년 새로운 식민지 지배자인 토마스 데일 경은 그 회사의 수익을 최대화하기 위해 정착민들의 삶의 거의 모든 측면을 통제하려는 엄격한 일련의 법을 선포했다. 데일의 법규는 다소 수익을 증가시켰지만 새로운 정착민들을 **Q03 단념시켰다**.

Vocabulary

mainstay 중심, 대들보, 기둥
the New World 신세계 (아메리카)
lift (제재를) 풀다, 폐지하다
land allocation 토지 분배
institute (제도, 정책 등을) 도입하다
privileged 특권을 가진
be unaccustomed to ~ ~에 생경하다, 익숙하지 않다
sustenance 생계 유지, 자양물

brackish 염분이 섞인
malnourishment 영양 부족
elements 비바람, 폭풍우
bleak 황량한
code (조직 · 국가의) 법규, 규정
dissuade (~을 하지 못하도록) 설득하다, 만류하다

3.
The influence of the tobacco crop on the colony
(담배 수확이 식민지에 미친 영향)

After the first high-quality tobacco crop was produced in Virginia around 1613, the economic outlook brightened as settlers discovered that Virginia's tobacco could be cured and sold in England. Tobacco quickly became the colony's primary export, though it was provided only to Britain. Demand for the crop stimulated the rapid growth of the colony, for it required the acquisition of more and more farmland. However, a combination of wars with the Powhatan Indians, discontent with Sir Dale, and alleged misconduct by Virginia Company leadership led to the British King James seizing control of the colony in 1624. The crown conceded to the colonists' wish to continue growing primarily tobacco, and by 1630, the colony was able to survive without British subsidies, though it never became profitable.

4.
Maryland controlled by a single proprietor, Lord Baltimore (단일 소유주였던 로드 볼티모어에 의해 지배되었던 매릴랜드)

Maryland, Virginia's northern neighbor, was the first English colony to be controlled by a single proprietor rather than by a joint-stock company. Sir George Calvert, also known as Lord Baltimore, owned all of the land granted in Maryland's royal charter and had absolute authority over it. Lord Baltimore was a convert to Catholicism, which was extremely rare for a nobleman in 17th century England, where Roman Catholics were considered traitors. For that very reason, one of Lord Baltimore's goals for the colony was to create a haven for British Catholics — but the other was to turn a profit.

5.
The similar social structure between Maryland and Virginia (매릴랜드와 버지니아의 유사한 사회 구조)

➡ **Q04-(C)** Maryland's economy developed along similar lines to that of Virginia in that both colonies only concentrated on a single crop. By the end of the 17th century, the social structure of the two colonies had developed to the point where **Q05-(C)** the planters, who relied on slave labor, held the majority of the political power while a moderate amount of power was in the hands of large commercial farmers. Least influential were the small farmers. These were the primary occupations, and no business class existed, since plantation owners and farmers alike traded directly with London.

3 최초의 고품질 담배 수확이 1613년경 버지니아에서 이루어진 후, 정착민들이 버지니아의 담배가 저장되고 영국에서 판매될 수 있음을 발견하게 됨에 따라, 경제적 전망은 밝아졌다. 담배는 단지 영국에만 제공되었음에도 불구하고 빠르게 식민지의 주요 수출품이 되었다. 담배에 대한 수요는 점점 더 많은 농장의 획득을 필요로 했기 때문에 식민지의 급속한 성장을 촉진했다. 하지만 파우하탄 인디언들과의 전쟁, 데일 경에 대한 불만, 그리고 버지니아 회사의 지도부에 의해 주장된 직권 남용과 같은 복합적인 문제들은 영국의 제임스 왕이 1624년 식민지를 장악하도록 이끌었다. 왕권은 주로 담배를 지속적으로 재배하고자 하는 식민지 주민들의 바램을 용인했고, 1630년 경에는 비록 그것이 수익성이 있지는 않았지만, 식민지는 영국의 보조금 없이 존속할 수 있게 되었다.

4 버지니아 북부에 인접에 있는 매릴랜드는 합자 회사에 의해서라기 보다는 단일 소유주에 의해 지배된 최초의 영국 식민지였다. 로드 볼티모어로 알려져 있는 조지 캘버트 경은 매릴랜드의 칙허장으로 수여된 그 모든 토지를 소유했고, 그 토지에 대한 절대적 권력을 갖고 있었다. 로드 볼티모어는 천주교 개종자였고, 이는 로마 카톨릭 교도를 반역자로 간주했던 17세기 영국의 귀족에게는 극히 드문 일이었다. 바로 이러한 이유로, 식민지를 위한 로드 볼티모어의 목적들 중 하나는 영국의 천주교도들을 위한 피난처를 만드는 것이었고, 다른 목적은 이익을 창출하는 것이었다.

5 **Q04-(C)** 매릴랜드와 버지니아 두 식민지는 단지 단일 작물에 집중했다라는 점에서 매릴랜드의 경제는 버지니아의 경제와 유사한 방식으로 발달하였다. 17세기 말경 그 두 식민지들의 사회적 구조는 **Q05-(C)** 노예 노동자들에게 의존했던 농장주들이 대부분의 정치적 권력을 쥐었고 얼마간의 권력은 거대 상업적 농부들의 손에 있는 수준으로까지 발달하였다. 가장 작은 영향력을 가졌던 것은 소농들이었다. 이러한 것들이 주된 직업들이었고 농장 소유주들과 농부들은 똑같이 런던과 직접 교역을 했기 때문에 상업 계층은 존재하지 않았다.

Vocabulary

outlook (앞날에 대한) 전망
cured 보존된, 저장된
discontent 불만
alleged 주장된
misconduct 부당 행위, 직권 남용
seize control of ~ ~을 장악하다
concede 인정하다, 수긍하다
subsidy 보조금

proprietor 소유주
joint-stock company 합자 회사
royal charter 칙허장
convert 개종자
Catholicism 카톨릭교, 천주교
nobleman 상류층, 귀족
traitor 배반자, 반역자
haven 안식처, 피난처

6.
Different patterns of settlement between North and South Carolina colonized by a group of proprietors
(소유주 집단의 식민지였던 노스캐롤라이나와 사우스캐롤라이나 사이의 다른 정착 패턴)

➡ The Carolinas were colonized by a group of proprietors starting in 1663. The proprietors hoped to grow silk, a valuable commodity, in the Carolinas' warm climate, but all efforts to produce ^{Q06} **it** failed. It was not until 1718, after conflict with the Native Americans ^{Q07} **subsided**, that population began to increase significantly. ^{Q08-(B)} The pattern of settlement followed two paths. North Carolina, which was cut off from the European and Caribbean trade by its difficult coastline, developed into a colony of small to medium sized farms. South Carolina, which traded with both the Caribbean and Europe, produced rice, lumber and after 1742, indigo for export. The colonists there were not limited to one crop and quickly began to combine commerce with agriculture.

7.
Georgia controlled by the proprietors led by Oglethorpe
(오글소프가 이끌었던 소유주들에 의해 지배된 조지아)

➡ A trust for establishing the colony of Georgia received its charter in 1732. ^{Q09-(D)} Like Lord Baltimore, the proprietors of Georgia, led by James Oglethorpe, had both idealistic and monetary goals. Oglethorpe was a prominent philanthropist who wanted to transport imprisoned debtors to Georgia where they could be rehabilitated through work. He also wanted to earn a profit for the proprietors. ^{Q10-(A)} Oglethorpe wanted the settlers to produce wines, silks, and spices so that England would no longer need to rely on foreign suppliers. Similar to North Carolina, Georgia was to be a population of individual subsistence farmers who lived in small villages and cultivated small outlying farm tracts. ▪ With this in mind, Oglethorpe and his partners limited the size of any individual's land to 500 acres, prohibited slavery, and used tax and other laws to restrict the accumulation of large estates. ▪ These regulations, however, created tension between the proprietors and the most successful settlers. ▪ The economy did not live up to the expectations of the colony's promoters: as in the Carolinas, the silk industry was an immense failure. ▪

6 캐롤라이나 지역은 1663년 시작된 소유주 집단의 식민지가 되었다. 그 소유주들은 캐롤라이나의 따뜻한 기후에서 가치 있는 상품이었던 실크를 재배하고자 했으나 ^{Q06}그것을 생산하기 위한 모든 노력들은 실패했다. 북미 원주민들과의 충돌이 ^{Q07}진정된 이후인 1718년이 되어서야 인구는 상당히 증가하기 시작했다. ^{Q08-(B)} 정착의 패턴은 두 가지 방향을 따랐다. 까다로운 해안 지대로 인해 유럽과 카리브해 지역과의 무역이 차단된 노스캐롤라이나는 중소농장들로 성장하였다. 카리브해 지역과 유럽 둘 다와 교역을 했던 사우스캐롤라이나는 벼와 목재를, 1742년 이후에는 수출을 위해 인디고를 생산했다. 식민지 주민들은 단일 작물로 제한을 하지 않았고, 빠르게 상업과 농업을 결합하기 시작했다.

7 조지아 주의 식민지 건립을 위한 신탁은 1732년 특허장을 받았다. ^{Q09-(D)} 로드 볼티모어와 같이 제임스 오글소프에 의해 이끌어진 조지아 주의 소유주들은 이상적 목표와 금전적 목표 둘 다를 갖고 있었다. 오글소프는 수감된 채무자들을 일을 통해 사회 복귀를 도울 수 있는 조지아 주로 옮기기를 원했던 유명한 박애주의자였다. 그는 또한 소유주들이 수익을 얻기를 원했다. ^{Q10-(A)} 오글소프는 영국이 더 이상 외국의 공급자들에게 의존할 필요가 없도록 정착민들이 와인, 실크, 향신료를 생산하기를 원했다. 노스캐롤라이나와 유사한 조지아 주는 작은 마을에 살던 개개의 자급자족 농민들로 구성되어 있었고 작고 외진 농장 지역들을 경작했다. 이러한 점을 바탕으로 오글소프와 그의 동업자들은 개개인의 토지의 크기를 500에이커로 제한하였고, 노예 제도를 금지했으며 많은 재산의 축적을 제한하기 위해 세금과 다른 법규를 이용했다. 하지만, 이러한 규제들은 소유주들과 가장 성공적인 정착민들 사이에 긴장을 초래했다. 경제는 식민지의 옹호자들의 기대에 부흥하지 못하였고, 캐롤라이나 지역에서처럼, 실크 산업은 엄청난 실패를 겪게 되었다.

Vocabulary

planter 농장주	**rehabilitate** (재소자의) 사회 복귀를 돕다
primary 주된, 기본적인	**spices** 향신료
plantation 농장	**subsistence farmer** 자급자족 농민
subside 가라앉다, 진정되다	**outlying** 외딴, 외진
prominent 유명한	**slavery** 노예, 노예제도
philanthropist 박애주의자, 자선가	**tract** 지역
imprisoned 수감된	
debtor 채무자	

01

From paragraph 2, one can infer that

(A) Virginia Company of London focused on increasing its profits.
(B) The colony's lumber was substandard.
(C) Most settlers were prepared to endure hardships associated with life in Virginia.
(D) Sir Thomas Dale improved the settlers' quality of life.

Paragraph 2 is marked with an arrow [➡].

1. 단락2로부터 추론할 수 있는 것은?

(A) 런던의 버지니아 회사는 수익을 높이는데 집중했다.
(B) 식민지의 목재는 수준 이하였다.
(C) 대부분의 정착민들은 버지니아에서의 삶과 관련된 고난들을 견딜 준비가 되어 있었다.
(D) 토마스 데일 경은 정착자들의 삶을 개선했다.

Inference 단락 2를 보면 'The company(Virginia Company of London) instituted policies such as land allocation and a single-crop system with the intent of maximizing profits, ~. (그 회사는 수익을 최대화할 의도로 토지 분배와 단일작물체계와 같은 정책들을 도입하였지만 ~) 이라고 말하고 있으므로 정답은 (A)이다.

오답의 근거
(B) 식민지의 목재에 대한 언급은 있지만 수준 이하임을 추론할 수 있는 근거는 없으므로 오답.
(C) 'Many of the settlers had privileged backgrounds and were unaccustomed to performing physical labor.'라고 언급하였으므로 대부분의 정착민들은 버지니아에서의 삶과 관련된 고난들을 견딜 준비가 되어 있지 않았음을 알 수 있으므로 오답.
(D) 'In 1611, a new colonial governor, Sir Thomas Dale, imposed a rigid set of laws intended to control nearly every aspect of the settlers' lives in order to maximize the company's profit. Dale's code increased profits somewhat but dissuaded new settlers.'라고 언급하였으므로 토마스 데일 경은 회사의 수익을 최대화 하는데 집중하였을 뿐 정착민들의 삶을 개선하지는 못하였음을 추론할 수 있으므로 오답.

02

The word **sustenance** in the passage is closest in meaning to

(A) survival
(B) freedom
(C) nourishment
(D) profit

지문의 단어 sustenance와 의미상 가장 가까운 것은?

(A) 생존
(B) 자유
(C) 영양
(D) 수익

Vocabulary 단락2 지문의 'sustenance(생계유지, 자양물)'는 '영양'의 의미로 사용되는 'nourishment'과 의미상 가장 유사하므로 정답은 (C)이다.

03

The word **dissuaded** in the passage is closest in meaning to

(A) prohibited
(B) overlooked
(C) required
(D) **discouraged**

지문의 단어 dissuaded 와 의미상 가장 가까운 것은?

(A) 금했다
(B) 간과했다
(C) 요구했다
(D) **좌절시켰다**

Vocabulary 단락2 지문의 'dissuaded(단념시켰다)'는 '좌절시켰다'의 의미로 사용되는 'discouraged'과 의미상 가장 유사하므로 정답은 (D)이다.

04

According to the passage, which of the following statements is true?

(A) Maryland was founded in opposition to Roman Catholic rule.
(B) Maryland was the first colony to be owned by a joint-stock company.
(C) **Maryland and Virginia had primarily single-crop economies.**
(D) Maryland and Virginia developed along radically different lines.

지문에 따르면, 다음의 진술들 중 옳은 것은?

(A) 매릴랜드는 로마 카톨릭 교도의 규칙에 반하여 건립되었다.
(B) 매릴랜드는 합자 회사에 의해 소유된 최초의 식민지였다.
(C) **매릴랜드와 버지니아는 주로 단일 작물 경제를 갖고 있었다.**
(D) 매릴랜드와 버지니아는 근본적으로 다른 방식으로 발전하였다.

Fact & Detail 단락5를 보면 'Maryland's economy developed along similar lines to that of Virginia in that both colonies only concentrated on a single crop. (매릴랜드와 버지니아 둘 다의 식민지는 단지 단일 작물에 집중했다라는 점에서 매릴랜드의 경제는 버지니아의 경제와 유사한 방식으로 발달하였다.)'라고 언급하고 있으므로 정답은 (C)이다.
오답의 근거
(A) 단락4를 보면 조지 캘버트 경이 매릴랜드의 소유주이고 카톨릭교 개종자이기는 하였으나 매릴랜드가 로마 카톨릭 교도의 규칙에 반하여 건립되었는지는 언급되어 있지 않으므로 오답.
(B) 단락4를 보면 'Maryland, Virginia's northern neighbor, was the first English colony to be controlled by a single proprietor rather than by a joint-stock company.'라고 말하고 있으므로 상반된 내용으로 오답.
(D) 단락5를 보면 'Maryland's economy developed along similar lines to that of Virginia in that both colonies only concentrated on a single crop.'라고 말하고 있으므로 상반된 내용으로 오답.

05

Based on the information in paragraph 5, which of the following can be inferred about the role of agriculture in the colonies?

(A) Agriculture was always based on a single crop.
(B) Agriculture was less important than other forms of commerce.
(C) Agricultural holdings were directly tied to political power.
(D) Agriculture was less important to colonists than to their sponsors.

Paragraph 5 is marked with an arrow [➡].

단락5의 정보에 기반해서, 식민지 농업의 역할에 관해 추론할 수 있는 것은?

(A) 농업은 항상 단일 작물에 기반했다.
(B) 농업은 다른 형태의 상업보다 덜 중요했다.
(C) 농업사업체들은 직접적으로 정치 권력과 관련되어 있었다.
(D) 농업은 그들의 후원자들에게 보다 식민지 주민들에게 덜 중요했다.

Inference 단락5를 보면 '~ the planters, who relied on slave labor, held the majority of the political power while a moderate amount of power was in the hands of large commercial farmers. Least influential were the small farmers. (노예 노동자들에게 의존했던 농장주들이 대부분의 정치적 권력을 쥐고 있었던 반면, 약간의 권력이 거대 상업적 농부들의 손에 있었던 ~. 가장 적은 영향력을 가졌던 것은 소농들이었다.)'라고 언급하였으므로 정치권력은 농업사업체와 직접적으로 관련되어 있었음을 추론할 수 있으므로 정답은 (C)이다.

06

The word **it** in the passage refers to

(A) group
(B) silk
(C) commodity
(D) climate

지문의 단어 it가 가리키는 것은?

(A) 집단
(B) 실크
(C) 상품
(D) 기후

Reference 단락5의 it은 문장 'The proprietors hoped to grow silk, ~, but all efforts to produce it failed.'에서 '그 소유주들은 ~ 실크를 재배하고자 했으나 그것을 생산하기 위해 모든 노력들은 실패했다.'라고 말하고 있으므로 문맥상 it은 silk를 의미하므로 정답은 (B)이다.

07

The word **subsided** in the passage is closest in meaning to

(A) prohibited
(B) failed
(C) diminished
(D) increased.

지문의 단어 subsided와 의미상 가장 가까운 것은?

(A) 금했다
(B) 실패했다
(C) 줄었다
(D) 증가했다

> **Vocabulary** 단락 지문의 'subsided(가라앉다, 진정되다)'는 '줄었다'의 의미로 사용되는 'diminished'와 의미상 가장 유사하므로 정답은 (C)이다.

08

In paragraph 6, the author mentions a difficult coastline in order to

(A) Politely refer to political tensions
(B) Describe geographical issues contributing to the separation of the Carolinas
(C) Criticize the area's proprietors, the small and mid-sized farmers
(D) Highlight the colonists' inexperience with navigation

Paragraph 6 is marked with an arrow [➡].

단락6에서, 저자는 어떤 목적으로 까다로운 해안지대를 언급하는가?

(A) 의례적으로 정치적 긴장을 언급하기 위해
(B) 캐롤라이나 지역들의 분리에 기여한 지리학적 문제를 서술하기 위해
(C) 그 지역의 소유주들, 즉 중소 농부들을 비판하기 위해
(D) 식민지 주민들의 항해에의 경험 부족을 강조하기 위해

> **Rhetorical Purpose** 단락6을 보면, 'The pattern of settlement followed two paths. North Carolina, which was cut off from the European and Caribbean trade by its difficult coastline, developed into a colony of small to medium sized farms. South Carolina, which traded with both the Caribbean and Europe, produced rice, lumber and after 1742, indigo for export. (정착의 패턴은 두 가지 방향을 따랐다. 까다로운 해안 지대로 인해 유럽과 카리브해 지역과의 무역이 차단된 노스캐롤라이나는 중소농장들로 성장하였다. 카리브해 지역과 유럽 둘 다와 교역을 했던 사우스캐롤라이나는 벼와 목재를 1742년 이후에는 수출을 위해 인디고를 생산했다.)'라고 말하고 있으므로 캐롤라이나 남부와 북부는 지리학적인 문제로 발달의 다른 방식을 따랐음을 알 수 있다. 따라서 정답은 (B)이다.

09

According to paragraph 7, what did James Oglethorpe have in common with Lord Baltimore?

(A) They were both Catholic.
(B) They each had absolute control over a colony.
(C) They were both interested in rehabilitating criminals.
(D) They both established moral and financial goals for their colonies.

Paragraph 7 is marked with an arrow [➡].

단락 7에 따르면, 제임스 오글소프와 로드 볼티모어 사이에는 어떤 공통점이 있는가?

(A) 그들은 둘 다 카톨릭교도이다..
(B) 그들은 각각 식민지에 대한 절대적 지배권을 가지고 있었다.
(C) 그들은 둘 다 범죄자를 교화시키는데 관심이 있었다.
(D) 그들은 둘 다 그들의 식민지를 위한 도덕적이고 경제적인 목표를 세웠다.

Fact & Detail 단락 7을 보면 'Like Lord Baltimore, the proprietors of Georgia, led by James Oglethorpe, had both idealistic and monetary goals. (로드 볼티모어처럼 제임스 오글소프에 의해 이끌어진 조지아 주의 소유주들은 이상적 목표와 금전적 목표 둘 다를 갖고 있었다.)'라고 언급하였으므로 정답은 (D)이다.

10

According to the passage, when British companies determined the crops the colonies should grow, which consideration was it primarily based on?

(A) Britain's needs
(B) The price of commodities
(C) The climate of the colony
(D) Production by other countries' colonies

지문에 따르면, 영국의 회사들이 식민지들이 재배해야 하는 작물을 결정할 때, 어떤 고려 사항에 주로 기반하였는가?

(A) 영국의 요구
(B) 상품들의 가격
(C) 식민지의 기후
(D) 다른 나라들의 식민지들에 의한 생산

Fact & Detail 단락2의 'The original settlers of Jamestown, Virginia, ~ were required by the promoting company to concentrate on producing lumber and products to sell in England. (버지니아, 제임스타운의 원 정착민들은 영국에 팔 목재와 특정 작물을 생산하는 데 집중하도록 런던의 버지니아 회사에 의해 요구 받았다.)'과 단락7의 'Oglethorpe wanted the settlers to produce wines, silks, and spices, so that England would no longer need to rely on foreign suppliers. (오글소프는 영국이 더 이상 외국의 공급자들에게 의존할 필요가 없도록 정착민들이 와인, 실크, 향신료를 생산하기를 원했다.)'는 영국의 회사들이 식민지에서 재배할 작물을 결정할 때 영국의 요구를 고려했음을 알 수 있으므로 정답은 (A)이다.

11

It can be inferred from the passage that all of the following affected a given colony's agricultural success **EXCEPT:**

(A) The colony's geographical location
(B) The colony's size
(C) The strictness of the rules applied to colonial farmers
(D) The range of crops that colonial farmers were allowed to grow

다음 중 특정 식민지의 농업 성공에 영향을 준 것으로 지문에서 추론할 수 없는 것은?

(A) 식민지의 지리학적 위치
(B) 식민지의 크기
(C) 식민지의 농부들에게 적용된 규칙들의 엄격함
(D) 식민지의 농부들이 재배하도록 허용된 작물의 범위

Fact & Detail 식민지의 크기에 대한 언급은 지문 어디에도 없으므로 정답은 (B)이다.
오답의 근거
(A) 단락6의 'North Carolina, which was cut off from the European and Caribbean trade by its difficult coastline, developed into a colony of small to medium sized farms. South Carolina, which traded with both the Caribbean and Europe, produced rice, lumber and after 1742, indigo for export.'는 캐롤라이나 남부와 북부의 지리학적인 위치가 농업의 발달에 미친 영향을 언급하고 있다.
(C) 단락2의 '~ Sir Thomas Dale imposed a rigid set of laws intended to control nearly every aspect of the settlers' lives in order to maximize the company's profit. Dale's code increased profits somewhat ~'는 식민지의 농부들에게 적용된 규칙들의 엄격함을 언급하고 있다.
(D) 단락2의 'The original settlers of Jamestown, Virginia were required by the Virginia Company of London to concentrate on producing lumber and certain crops ~.', 단락3의 'The crown conceded to the colonists' wish to continue growing primarily tobacco, and by 1630, the colony was able to survive without British subsidies, ~.', 단락 7의 'Oglethorpe wanted the settlers to produce wines, silks, and spices so that England would no longer need to rely on foreign suppliers.'는 식민지의 농부들이 재배하도록 허용된 작물의 범위를 언급하고 있다.

12

Look at the four squares [■] that indicate where the following sentence can be added to the passage.

In 1752, the monarchy seized control of Georgia and repealed many of the colony's laws, including the one prohibiting slavery.

Where would the sentence best fit? Click on a square [■] to add the sentence to the passage.

네 개의 네모 [■] 는 다음 문장이 삽입될 수 있는 부분을 나타내고 있다.

1752년 군주 일가가 조지아를 장악했고 노예제도를 금지하는 법을 포함하는 그 식민지의 많은 법률들을 폐지했다.

이 문장은 어느 자리에 들어가는 것이 적절한가? 지문에 문장이 삽입되도록 네모[■]를 클릭하시오.

Insertion 삽입 구문이 들어갈 단락은 오글소프와 그의 동업자들이 어떻게 식민지인 조지아를 통치하였는지 언급하고 있다. 그러나 삽입 구문에서는 새로운 지배층이 조지아 주를 장악하였고 식민지의 법률이 폐지되었다고 했으므로 단락의 마지막 부분에 삽입 구문이 들어가야 매끄러운 문맥이 완성된다. 따라서 저자가 조지아 주의 실패를 언급한 다음에 삽입구문을 끼워 넣는 것이 적합하므로 네 번째 네모 [■] 가 정답이다.

13

Directions: Complete the table by matching the phrases below

Directions: Select the appropriate phrases from the answer choices and match them to the term to which they relate. TWO of the answer choices will NOT be used. **This question is worth 3 points.**

아래의 주어진 구절을 연결하여 표를 완성하시오. 보기 중 적절한 구절을 골라 관련된 용어와 연결하시오. 보기 중 2개는 사용되지 않는다. 이 문제는 3점이 부과된다.

> Drag your answer choices to the spaces where they belong. To remove an answer choice, click on it. To review the passage, click on **View Text.**
> 선택한 보기는 마우스로 끌어 해당란에 넣으시오. 선택한 보기를 삭제하려면, 해당 보기를 한번 클릭하시오. 지문을 보려면 화면 의 View Text를 클릭하시오.

Answer Choices	Maryland
(A) Permitted slavery 노예제도를 허용했다.	• (A) Permitted slavery
(B) Proprietors hoped to produce silk 소유주들은 실크를 생산하고자 했다.	• (D) Was a safe haven for Catholics
(C) Tobacco was the primary crop 담배는 주요 작물이었다.	• (E) Consisted of large private and commercial farms
(D) Was a safe haven for Catholics 카톨릭교도를 위한 안전한 안식처였다.	
(E) Consisted of large private and commercial farms 거대 개인 농장들과 상업적 농장들로 이루어져 있었다.	Georgia
(F) Traded with the Caribbean 카브리해 지역과 교역했다.	• (B) Proprietors hoped to produce silk
(G) Limited how much land an individual could own 개인이 소유할 수 있는 토지의 범위를 제한했다.	• (G) Limited how much land an individual could own

Category Chart 보기(A)는 단락 5를 보면 '~ the planters, who relied on slave labor, held the majority of the political power ~. (~ 노예 노동자들에게 의존했던 농장주들이 대부분의 정치적 권력을 쥐고 있었던 ~)'라고 말하고 있으므로 노예제도가 허용되었음을 알 수 있으며, 보기(D)는 단락 4를 보면 '~, For that very reason, one of Lord Baltimore's goals for the colony was to create a haven for British Catholics ~. (바로 이러한 이유로, 식민지를 위한 로드 볼티모어의 목적들 중 하나는 영국의 천주교도들을 위한 피난처를 만드는 것 이었고 ~)'라고 언급하였으므로 매릴랜드가 카톨릭교도를 위한 안전한 안식처였음을 알 수 있고, 보기(E)는 단락5를 보면 '~ the planters, who relied on slave labor, held the majority of the political power while a moderate amount of power was in the hands of large commercial farmers. (~ 노예 노동자들에게 의존했던 농장주들이 대부분의 정치적 권력을 쥐고 있었던 반면 약간의 권력이 거대 상업적 농 부들의 손에 있었던 ~)라는 언급은 매릴랜드가 거대 개인 농장들과 상업적 농장들로 이루어져 있음을 말하므로 Maryland에 들어가야 할 보 기는 (A), (D), (E)이다.

또한 보기(B)는 단락7을 보면 'Oglethorpe wanted the settlers to produce wines, silks, and spices so that England would no longer need to rely on foreign suppliers. (오글소프는 영국이 더 이상 외국의 공급자들에게 의존할 필요가 없도록 정착민들이 와인, 실크, 향 신료를 생산하기를 원했다.)'라는 언급은 조지아 주의 소유주들이 실크를 생산하고자 했음을 말해주며, 보기(G)는 '~ Oglethorpe and his partners limited the size of any individual's land to 500 acres ~. (~ 오글소프와 그의 동업자들은 개개인의 토지의 크기를 500에이커로 제한하였고 ~)'라고 언급하므로 개인이 소유할 수 있는 토지의 범위가 제한되었음을 알 수 있으므로 Georgia에 들어가야 할 보기는 (B), (G) 이다.

1.
The peace treaties after World War I
(제1차 세계 대전 이후의 평화 조약들)

After World War I, representatives of twenty-seven victorious countries met in Paris to ^{Q14} **devise** a peace settlement intended to protect future generations from another such conflict. From their negotiations emerged several peace treaties, the most famous of which was signed at Versailles on June 28, 1919. Ironically, the competing interests written into that World War I treaty actually led to yet another war that horrified the world: World War II.

2.
The U.S. response to a League of Nations
(국제연맹에 대한 미국의 반응)

^{Q23-(B)} The Treaty of Versailles was based on the grossly oversimplified assumption that Germany and its allies had unilaterally[1] caused the war. This bias stemmed in part from the fact that United States President Woodrow Wilson refused to become a League of Nations member – despite having been instrumental in founding ^{Q15} **the body** – in response to U.S. Congress's pressure upon him against compromising with the other allied countries. For instance, whereas Congress wanted Wilson to fine Germany only what it could afford, French Premier Georges Clemenceau wanted to fine Germany a set amount regardless of whether it bankrupted the country. Congress generally shunned the League of Nations' emphasis upon punishment rather than peace, and Wilson had personal reservations, too. For one, he was concerned that other nations would view the League of Nations as a threatening body since it was comprised only of Allies. Ultimately, the U.S. signed a separate treaty with Germany called the Treaty of Berlin.

1 Independently

1 제1차 세계 대전 이후, 승리를 거둔 27개국 대표들은 또 다른 그러한 충돌로부터 미래의 세대들을 보호할 평화적 합의를 ^{Q14}만들어 내기 위해 파리에서 만났다. 그들의 협상으로부터 몇몇의 평화 조약들이 나왔고, 이 조약들 중 가장 유명한 조약은 1919년 6월 28일 베르사유에서 서명되었다. 아이러니하게도, 제1차 세계 대전 조약에 명시되었던 이권 다툼이 세상을 놀라게 했던 또 다른 전쟁, 제2차 세계 대전을 다시 초래했다.

2 ^{Q23-(B)} 베르사유조약은 독일과 그들의 동맹국들이 일방적으로[1] 그 전쟁을 야기했다는 지나치게 단순화된 추정에 바탕을 두었다. 이러한 편견은 부분적으로 ^{Q15}그 단체를 설립하는데 도움이 됨에도 불구하고, 다른 연맹국들과의 타협에 반대하는 미 의회의 압력에 순응하여 미국의 우드로우 윌슨 대통령이 국제연맹의 구성원이 되는 것을 거절했다는 사실로부터 비롯되었다. 예를 들어, 의회는 윌슨 대통령이 독일에 그들이 감당할 수 있는 정도만 벌금을 부과하기를 원했던 반면, 프랑스의 수상 조르주 클레망소는 독일이 파산이 되든 안되든 관계없이 일정 액수를 벌금으로 부과하고자 했다. 의회는 일반적으로 평화 보다는 오히려 처벌을 강조하는 국제연맹의 방침을 피했고 윌슨도 개인적인 의구심을 가졌다. 일례로, 윌슨 자신은 국제연맹이 동맹국들로만 이루어져 있기 때문에 다른 국가들이 위협적인 단체로써 국제연맹을 볼 것을 우려했다. 결국, 미국은 베를린조약이라 불리는 독일과의 별개의 조약에 서명했다.

3 국제연맹조약의 미국의 부재는 주요 동맹국들이

3.
The responses to Germany within the League of Nations
(국제연맹 내의 독일에 대한 반응들)

The absence of the U.S. in the League of Nations treaty meant that the key Allies members were France and Britain. Negotiations began with representatives of twenty-seven countries, but delegates from many countries stepped aside, sometimes because their countries had negotiated their own treaties with Germany. With Britain and France left as dominant parties, the treaty took on more ^Q16 **punitive** measures against Germany and seemed to lose its intended emphasis upon promoting international peace. However, Germany was forced to accept responsibility for the war and comply with the terms of the treaty, or face invasion.

4.
The French response to Germany through the Treaty of Versailles
(베르사유조약을 통한 독일에 대한 프랑스의 대응)

➡ France, on whose soil most of World War I was fought, had lost approximately 1,500,000 military personnel and 400,000 civilians to the fighting. ^Q17-(B) France was therefore especially concerned about disabling Germany as a military power. Consequently, the Treaty of Versailles ^Q18 **forbade** Germany from having an army of more than 100,000 men, a navy of more than thirty-six fighting ships, any submarines or military or naval aircraft, or maintaining fortifications or other military installations within fifty kilometers of the east bank of the Rhine River. Clemenceau also wanted to ensure that Germany's economy would be too poor to support a strong military. He therefore wanted the treaty to cede the rich industrial land of Alsace-Lorraine that Germany had taken in 1871, and he wanted the Rhineland – a key industrial zone – to be stripped from the rest of the country.

5.
The German response to the harsh Treaty of Versailles (가혹한 베르사유조약에 대한 독일의 반응)

Under the treaty's War Guilt clauses, Germany was also required to give up more of its territory, including borderlands and Pacific islands, and to pay exorbitant sums to compensate for damages that the victims had suffered during the war. In 1921, the total cost of these reparations was assessed at $31.5 billion. ^Q24-(D) The country consequently fell into a depression. When Adolf Hitler sought political leadership, enough Germans were willing to lash out at the Treaty of Versailles that the dictator was soon threatening to roll his tanks across Europe.

프랑스와 영국이었다는 것을 의미했다. 협상은 27 개국의 대표들과 함께 시작되었지만 많은 국가대표들은 때때로 그들의 국가들이 독일과 따로 조약들을 맺었기 때문에 한발 물러나 있었다. 영국과 프랑스가 주도함으로써 그 조약은 독일에 반하는 더 많은 ^Q16 처벌을 위한 조치를 취했고, 국제적인 평화를 촉진하고자 했던 강조점을 잃게 되었다. 하지만, 독일은 그 전쟁에 대한 책임을 받아들이고 그 조약의 규정을 따르거나 침해에 맞닥뜨리도록 강요당했다.

4 제1차 세계 대전의 대부분이 그들의 땅에서 발생했던, 프랑스는 전투로 대략 1,500,000명의 국군 장병들과 400,000명의 민간인들을 잃었다. ^Q17-(B) 그러므로 프랑스는 특히 군사대국으로서의 독일을 불능으로 만드는 것에 관심을 가졌다. 결국, 베르사유조약은 독일이 100,000명 이상의 육군을 갖는 것, 해군이 36척 이상의 군함, 잠수함, 군용기나 해군기를 갖는 것, 라인 강의 동쪽 둑 50km 내에 방어시설이나 다른 군사 시설들을 유지하는 것을 ^Q18 금했다. 클레망소는 또한 독일의 경제가 너무 빈곤해서 강력한 군대를 지원할 수 없음을 확실히 하고자 했다. 그러므로 그는 그 조약을 통해 독일이 1871년 그들이 취한 알자스 로렌의 풍부한 산업 용지를 이양하기를 원했고 주요 공업 지대인 라인 지방을 그 나라의 나머지 지역으로부터 분리하기를 원했다.

5 그 조약의 전쟁범죄 조항은 독일이 또한 국경지방들과 태평양의 섬들을 포함하는 그들 영토의 더 많은 부분을 포기하고 피해자들이 입었던 손해를 보상하도록 과도한 액수를 지불하도록 요구했다. 1921년 이러한 배상금의 총비용은 315억 달러로 평가되었다. ^Q24-(D) 결국 독일은 불황에 빠지게 되었다. 아돌프 히틀러가 정치적 리더십을 추구하려고 애쓸 무렵, 많은 독일인들이 베르사유조약을 비난하고자 했고 곧 그 독재자는 유럽 전역에 그의 탱크를 굴리겠다고 위협하고 있었다.

6 결국, 영국과 프랑스는 독일의 군국주의의 발흥을

Vocabulary

delegate 대표(자)
punitive 처벌을 위한, 가혹한
comply with 지키다, 따르다
invasion 침략, 침입
disable 망가뜨리다, 불능으로 만들다
submarine 잠수함
fortification 방어시설
cede 양도하다, 이양하다

War Guilt 전쟁범죄
clause (법적 서류의) 조항, 조목
exorbitant 과도한, 지나친
reparation (국가가 지불하는) 배상금
lash out 혹평하다, 비난하다

6.
The League of Nations which failed to properly handle the rise of German militarism
(독일의 군국주의의 발흥에 적절하게 대처하지 못했던 국제연맹)

➡ ▪Ultimately, the United Kingdom and France did not subscribe to the concept of collective security strongly enough to rely on it to address the rise of German militarism. ▪ Hitler gained power by overthrowing the government that had agreed to the treaty, and he withdrew Germany from the treaty in 1933. ▪ ^{Q20-(C), Q24-(D)} The League, like the modern United Nations, was limited to respond by its lack of a dedicated armed force of its own. It depended on member nations' armies to enforce its resolutions. ▪ The League's two most important members, the United Kingdom and France, were reluctant to use military action on behalf of the League. ^{Q19-(D)} **British Conservatives were especially independent of the League, preferring to negotiate treaties with other countries without the involvement of the organization.** Economic sanctions for failing to comply were easily circumvented. ^{Q21-(D), Q24-(D)} Hitler could not have succeeded had the League of Nations actually enforced the Treaty of Versailles' provisions, but the League was silent in the face of Hitler's re-militarization of the east bank of the Rhine, his occupation of the Sudetenland[2], and his annexation of Austria. When the League commissioner in Danzig was unable to deal with German claims on that city, war again seemed imminent.

7.
The results of the Treaty of Versailles
(베르사유조약의 결말)

➡ ^{Q22-(A)} The nations' desires to punish Germany through the Treaty of Versailles revealed their bias toward nationalist self-interest over international cooperation, and this bias ultimately proved to be self-defeating. Many of the League's proposed efforts were never implemented because of an inability to compromise. For example, Japan wanted the treaty to include a clause prohibiting discrimination on the basis of race or nationality, but this was abandoned in the face of opposition from Australia. As the League stagnated, Germany became so unstable that it rose up in the form of Adolf Hitler, a genocidal dictator who threatened all of Europe.

2   The western regions of Czechoslovakia inhabited mostly by ethnic Germans during the first half of the 20th century

다루는데 집단 안전 보장이라는 개념에 의존할 만큼 충분히 강력하게 그것을 지지하지 못했다. 히틀러는 그 조약에 동의했던 정부를 전복시킴으로써 권력을 얻었고, 1933년 그 조약으로부터 독일을 탈퇴시켰다. ^{Q20-(C), Q24-(D)} 현대의 국제연합과 같은 그 연맹은 그 자체의 헌신적인 병력으로 대응하는데 한계가 있었다. 연맹은 결의안을 이행하기 위해 회원 국가들의 군대에 의존했다. 연맹의 가장 중요한 두 회원국인 영국과 프랑스는 연맹을 대신하여 군사적 행동을 취하기를 주저했다. ^{Q19-(D)} 영국의 보수당원들은 특히 연맹에서 독립하였고, 그 조직의 개입 없이 다른 국가들과 함께 조약을 협상하고자 했다. 지키는데 실패한 경제적 제재는 쉽게 면해졌다. ^{Q21-(D), Q24-(D)} 만일 국제연맹이 실제로 베르사유조약의 조항들을 집행했더라면, 히틀러는 성공할 수 없었을 것이다. 하지만 연맹은 라인강의 동쪽 둑의 히틀러의 재무장과 주데텐 지방의 점령과 오스트리아의 합병에 직면하여 침묵했다. 단치히에서 연맹 위원이 그 도시에 대한 독일의 권리를 처리할 수 없었을 때, 전쟁은 다시 임박한 것 같았다.

7 ^{Q22-(A)} 베르사유조약을 통해 독일을 처벌하고자 했던 국가들의 바람은 국제적인 협력보다 국수주의자의 사리사욕에 대한 그들의 편견을 드러냈고 이 편견은 결국 자멸적이 될 것임이 입증되었다. 연맹의 제안된 활동들 중 많은 부분들은 타협에 이르지 못했기 때문에 결코 시행되지 못했다. 예를 들어, 일본은 그 조약이 인종이나 국적에 기반해서 차별을 금한다는 조항을 포함하길 원했지만, 호주의 반대에 직면하여 이뤄지지 못했다. 연맹이 침체됨에 따라, 독일은 너무 불안정하게 되어 그것은 유럽 전역을 위협했던 집단학살의 독재자인 아돌프 히틀러의 형태로 나타났다.

Vocabulary

subscribe (의견·이론 등에) 동의하다, 지지하다
address (문제등에) 대처하다
militarism 군국주의
overthrow 타도하다, 전복시키다
sanction 제재
circumvent 피하다, 면하다
provision (법률 관련 문서의) 조항
annexation 합병

commissioner 위원
imminent 임박한, 목전의
self-interest 사리사욕
self-defeating 자멸적인
implement 시행하다
stagnate 침체되다, 부진해지다
genocidal 집단학살의

14

The word **devise** in the passage is closest in meaning to

(A) protest
(B) petition
(C) interrupt
(D) develop

지문의 단어 devise와 의미상 가장 가까운 것은?

(A) 항의하다
(B) 청원하다
(C) 방해하다
(D) 개발하다

Vocabulary 단락2 지문의 'devise(고안하다, 만들어 내다)'는 '개발하다'의 의미로 사용되는 'develop'과 의미상 가장 유사하므로 정답은 (D)이다.

15

The phrase **the body** in the passage refers to

(A) Germany
(B) the United States
(C) the League of Nations
(D) U.S. Congress

지문의 단어 the body가 가리키는 것은?

(A) 독일
(B) 미국
(C) 국제연맹
(D) 미국의회

Reference 단락2의 the body는 문장 'This bias stemmed in part from the fact that United States President Woodrow Wilson refused to become a League of Nations member – despite having been instrumental in founding the body – ~.' 에서 '이러한 편견은 부분적으로 그 단체를 설립하는데 도움이 됨에도 불구하고 ~ 미국의 우드로우 윌슨 대통령이 국제연맹의 구성원이 되는 것을 거절했다는 사실로부터 비롯되었다.'라고 말하고 있으므로 문맥상 the body는 a League of Nations를 의미하므로 정답은 (C)국제연맹이다.

16

The word **punitive** in the passage is closest in meaning to

(A) intended for punishment
(B) justly merited
(C) lenient
(D) intended for peacekeeping

지문의 단어 punitive와 의미상 가장 가까운 것은?

(A) 처벌을 목적으로
(B) 정당하게 당연한
(C) 관대한
(D) 평화유지를 목적으로

Vocabulary 단락2 지문의 'punitive(처벌을 위한)'는 '처벌을 목적으로'의 의미로 사용되는 'intended for punishment'과 의미상 가장 유사하므로 정답은 (A)이다.

17

In paragraph 4, why does the author mention that most of World War I was fought in France?

(A) To suggest that the French were as much as fault as the Germans
(B) To explain why the French felt strongly about limiting Germany's military power
(C) To remind readers of France's proximity to Germany
(D) To argue that the war had damaged French industry

Paragraph 4 is marked with an arrow [➡].

단락4에서, 저자가 제1차 세계 대전의 대부분이 프랑스에서 발생했음을 언급한 이유는?

(A) 프랑스인들은 독일인들만큼 많은 잘못이 있음을 암시하기 위해
(B) 프랑스인들이 왜 독일의 군사력을 강력하게 제한하려 하는지 설명하기 위해
(C) 독자들에게 독일에의 프랑스의 인접성을 상기시키기 위해
(D) 그 전쟁이 프랑스의 산업을 파괴했다고 주장하기 위해

Rhetorical Purpose 단락4에서 'France, on whose soil most of World War I was fought, had lost approximately 1,500,000 military personnel and 400,000 civilians to the fighting. France was therefore especially concerned about disabling Germany as a military power. (제1차 세계 대전의 대부분이 그들의 땅에서 발생했던, 프랑스는 전투로 대략 1,500,000명의 국군 장병들과 400,000명의 민간인들을 잃었다. 그러므로 프랑스는 특히 군사대국으로써의 독일을 불능으로 만드는 것에 관심을 가졌다.)'라고 언급하고 있다. 따라서 정답은 (B)이다.

18

The word **forbade** in the passage is closest in meaning to

(A) encouraged
(B) discouraged
(C) facilitated
(D) reinforced

지문의 단어 forbade와 의미상 가장 가까운 것은?

(A) 장려했다
(B) 막았다
(C) 용이하게 했다
(D) 강화했다

Vocabulary 단락2 지문의 'forbade (금했다)'는 '막았다'의 의미로 사용되는 'discouraged'와 의미상 가장 유사하므로 정답은 (B)이다.

19

Which of the sentences below best expresses the essential information in the highlighted sentence in the passage? Incorrect choices change the meaning in important ways or leave out essential information.

(A) British Conservatives caused the League's downfall.
(B) The League preferred to negotiate treaties without the involvement of British Conservatives.
(C) One of the downfalls of the League was that it allowed groups such as the British Conservatives to act independently.
(D) The British Conservatives preferred to negotiate treaties without the League's participation.

아래 문장 중 지문 속의 음영 표시된 문장의 핵심 정보를 가장 잘 표현하고 있는 것은 무엇인가? 오답은 문장의 의미를 현저하게 바꾸거나 핵심정보를 빠뜨리고 있다.

(A) 영국의 보수당원들은 그 연맹의 몰락을 야기했다.
(B) 그 연맹은 영국의 보수당원들의 개입 없이 조약을 협상하고자 했다.
(C) 그 연맹의 몰락의 이유들 중 하나는 연맹이 영국의 보수당원들과 같은 집단들로 하여금 단독으로 행동하도록 허용했다는 것이었다.
(D) 영국의 보수당원들은 연맹의 참여 없이 조약을 협상하고자 했다.

Sentence Simplification 단락6에서, 음영 표시된 문장 'British Conservatives were especially independent of the League, preferring to negotiate treaties with other countries without the involvement of the organization. (영국의 보수당원들은 특히 연맹에서 독립하였고 그 조직의 개입 없이 다른 국가들과 함께 조약을 협상하고자 했다.)'는 영국의 보수당원들이 연맹의 개입 없이 독단적으로 조약을 협상하고자 했음을 설명하고 있다. 따라서 이와 같은 내용을 포함하고 있는 (D)가 정답이다.

20

In paragraph 6, the author suggests that another major problem with the League of Nations was that

(A) British Conservatives were hostile to the League's overall mission
(B) There were not enough troops in the national armies to be effective
(C) Its member nations were uncomfortable using their own military forces
(D) It excluded non-European nations

Paragraph 6 is marked with an arrow [➡].

단락 6에서, 저자는 국제연맹의 또 다른 주요 문제는 무엇이었다고 언급하는가?

(A) 영국의 보수당원들은 연맹 전체의 임무에 강한 거부감을 보였다.
(B) 실질적으로 전쟁에 참여할 수 있는 충분한 병력이 국군에 없었다.
(C) 연맹의 회원국들은 그들 자신의 병력을 사용하는 것을 꺼려했다.
(D) 연맹은 비유럽 국가들을 거부했다.

Rhetorical Purpose 단락6을 보면 'The League, like the modern United Nations, was limited to respond by its lack of a dedicated armed force of its own. It depended on member nations' armies to enforce its resolutions. The League's two most important members, the United Kingdom and France, were reluctant to use military action on behalf of the League. (현대의 국제연합과 같은 그 연맹은 그 자체의 헌신적인 병력으로 대응하는데 한계가 있었다. 연맹은 결의안을 이행하기 위해 회원 국가들의 군대에 의존했다. 연맹의 가장 중요한 두 회원국인 영국과 프랑스는 연맹을 대신하여 군사적 행동을 취하기를 주저했다.)'라고 말하고 있으므로 정답은 (C)이다.

21

Paragraph 6 mentions that Hitler specifically violated which provision of the Treaty of Versailles?

(A) Germany could not have an army of more than 100,000 men.
(B) Germany had to pay for damages caused by the war.
(C) Germany had to participate in the League of Nations.
(D) Germany could not have military sites along the Rhine River.

Paragraph 6 is marked with an arrow [➡].

단락6은 베르사유조약의 어떤 조항을 히틀러가 위반했다고 언급하는가?

(A) 독일은 100,000명 이상의 육군을 가질 수 없었다.
(B) 독일은 전쟁에 의해 야기된 손해를 배상해야 했다.
(C) 독일은 국제연맹에 참여해야 했다.
(D) 독일은 라인 강을 따라 군 기지를 가질 수 없었다.

Fact & Detail 단락6을 보면 'Hitler could not have succeeded had the League of Nations actually enforced the Treaty of Versailles' provisions, but the League was silent in the face of Hitler's re-militarization of the east bank of the Rhine ~. (만일 국제연맹이 실제로 베르사유조약의 조항들을 집행했었다면, 히틀러는 성공할 수 없었겠지만, 연맹은 라인강의 동쪽 둑의 히틀러의 재무장 ~ 에 직면하여 침묵했다.)'라고 말하고 있으므로 정답은 (D)이다.

22

In paragraph 7, the author suggests that the League of Nations was ultimately unsuccessful because

(A) Its members did not act as a united group.
(B) Britain and France intentionally sabotaged its aims.
(C) Woodrow Wilson withdrew his support.
(D) Its economic sanctions were not enforceable.

Paragraph 7 is marked with an arrow [➡].

단락7에서 저자는 국제연맹이 궁극적으로 실패했다고 언급한다. 그 이유는?

(A) 그것의 회원국들이 하나의 통합된 집단으로서의 역할을 하지 못했다.
(B) 영국과 프랑스는 의도적으로 그것의 목적을 방해했다.
(C) 우드로우 윌슨은 그의 지지를 철회했다.
(D) 연맹의 경제 제재는 시행할 수 없게 되었다.

Rhetorical Purpose 단락7을 보면 'The nations' desires to punish Germany through the Treaty of Versailles revealed their bias toward nationalist self-interest over international cooperation, and this bias ultimately proved to be self-defeating. (베르사유조약을 통해 독일을 처벌하고자 했던 국가들의 바람은 국제적인 협력에 대한 국수주의자의 사리사욕에 대한 그들의 편견을 드러냈고 이 편견은 결국 자멸적이 될 것임이 입증되었다.)'라고 언급하였으므로 정답은 (A)이다.

23

It can be inferred from the passage that which of the following was true of the restrictions placed on the defeated countries by the Treaty of Versailles?

(A) They were too harsh to be realistically enforced.
(B) They were stronger punishments than the defeated countries deserved.
(C) They failed due to the strong ambitions of Germany.
(D) They were effectively enforced in the years following the treaty.

다음 중 베르사유조약에 의해 패배한 국가들에게 가해졌던 규제들에 관해 지문으로부터 추론할 수 있는 것은?

(A) 규제들은 너무 가혹해서 현실적으로 시행되지 않았다.
(B) 규제들은 패배한 국가들이 받을 만한 것 보다 더 강한 처벌이었다.
(C) 규제들은 독일의 강한 야망 때문에 실패했다.
(D) 규제들은 조약 이후 여러 해 동안 효과적으로 시행되었다.

> **Inference** 단락2를 보면 'The Treaty of Versailles was based on the grossly oversimplified assumption that Germany and its allies had unilaterally caused the war. (베르사유조약은 독일과 그들의 동맹국들이 일방적으로 그 전쟁을 야기했다는 지나치게 단순화된 추정에 바탕을 두었다.)'라고 언급하였으므로 정답은 (B)이다.

24

The author would most likely agree with which of the following statements about the causes of World War II?

(A) It was a result of the severe economic problems war reparations created in Germany.
(B) It was a result of the League of Nations' refusal to prevent Germany's expansion.
(C) It stemmed from unresolved conflicts at the end of World War I.
(D) It resulted from the combination of harsh punishments and weak enforcement.

저자는 제2차 세계 대전의 원인들에 관해 다음 중 어떤 진술에 동의할 것 같은가?

(A) 제2차 세계 대전은 전쟁 배상금이 독일에 야기했던 심각한 경제 문제들의 결과였다.
(B) 제2차 세계 대전은 독일의 팽창에 대한 국제연맹의 거부의 결과였다.
(C) 제2차 세계 대전은 제1차 세계 대전 말 미해결 충돌에서 비롯되었다.
(D) 제2차 세계 대전은 가혹한 처벌과 약한 집행이 혼합되어 초래되었다.

> **Inference** 단락5의 'The country [Germany] consequently fell into a depression. When Adolf Hitler sought political leadership, enough Germans were willing to lash out at the Treaty of Versailles that the dictator was soon threatening to roll his tanks across Europe. (결국 독일은 불황에 빠지게 되었다. 아돌프 히틀러가 정치적 지도부를 찾았을 때 많은 독일인들이 기꺼이 베르사유조약을 비난하고자 했고 곧 그 독재자는 유럽 전역에 그의 탱크를 굴리겠다고 위협하고 있었다.)'는 국제연맹이 독일에 가했던 가혹한 처벌의 결과를 언급하고 있으며, 단락6의 'The League, like the modern United Nations, was limited to respond by its lack of a dedicated armed force of its own. (현대의 국제연합과 같은 그 연맹은 그 자체의 헌신적인 병력의 부족에 대응하도록 제한되어 있었다.)'와 'Hitler could not have succeeded had the League of Nations actually enforced the Treaty of Versailles' provisions, but the League was silent in the face of Hitler's re-militarization of the east bank of the Rhine, his occupation of the Sudetenland3, and his annexation of Austria. (만일 국제연맹이 실제로 베르사유조약의 조항들을 집행했었다면 히틀러는 성공할 수 없었겠지만, 연맹은 라인강의 동쪽 독의 히틀러의 재무장과 주데텐 지방의 점령과 오스트리아의 합병에 직면하여 침묵했다.)'는 국제연맹의 규제들의 약한 집행으로 제2차 세계 대전이 초래되었음을 언급하고 있으므로 정답은 (D)이다.

25

Look at the four squares [➡] that indicate where the following sentence can be added to the passage.

In the event of any aggression by one state against another or any breach of the peace treaty, the Council of the League of Nations was to mobilize all members, large and small, for a collective effort to keep the peace.

Where would the sentence best fit? Click on a square [■] to add the sentence to the passage.

네 개의 네모 [➡] 는 다음 문장이 삽입될 수 있는 부분을 나타내고 있다.

만약 또 다른 국가에 대한 한 국가의 공격이나 평화 조약의 위반이 일어나면, 국제연맹의 자문위원회는 평화 유지를 위한 총력을 다하기 위해 크고 작은 모든 회원국들을 집결시켰다.

이 문장은 어느 자리에 들어가는 것이 적절한가? 지문에 문장이 삽입되도록 네모[■]를 클릭하시오.

Insertion 삽입 문장은 국제연맹이 어떻게 히틀러에게 대응했어야 하는가를 설명하는 내용을 담고 있다. 따라서 삽입 문장은 단락6의 첫 번째 문장 '결국, 영국과 프랑스는 독일의 군국주의의 발흥을 고심하기 위해 집단 안전 보장이라는 개념에 의존하기에 충분히 강력하게 그것을 지지하지 못했다.'라는 문장 다음에 끼워 넣는 것이 적합하므로 두 번째 네모 [■] 가 정답이다

26

Directions: An introductory sentence for a brief summary of the passage is provided below. Complete the summary by selecting the THREE answer choices that express the most important ideas in the passage. Some sentences do not belong in the summary because they express ideas that are not presented in the passage or are minor ideas in the passage. **This question is worth 2 points.**

지문 요약을 위한 간략한 문장이 아래에 주어져 있다. 지문의 가장 중요한 내용을 나타내는 보기 3개를 골라 요약문을 완성하시오. 어떤 문장은 지문에 언급되지 않은 내용이나 사소한 정보를 담고 있으므로 요약에 포함되지 않는다. 이 문제는 2점이 부과된다.

Drag your answer choices to the spaces where they belong. To remove an answer choice, click on it. To review the passage, click on **View Text.**

선택한 보기는 마우스로 끌어 해당란에 넣으시오. 선택한 보기를 삭제하려면, 해당 보기를 한번 클릭하시오. 지문을 보려면 화면의 View Text를 클릭하시오.

> **For many reasons, the League of Nations, though lofty in its goals, failed to prevent World War II.**
>
> 많은 이유로 국제연맹은 그것의 목표가 원대했음에도 불구하고 제2차 세계 대전을 막는 데에는 실패했다.
>
> - (B) The Treaty of Versailles created the League of Nations to provide for collective action against future aggressors, but the League's main members did not fully believe in collective security.
> - (D) Many of the League's proposed efforts were never implemented because its member nations were unwilling to compromise.
> - (E) The League was not willing to intervene militarily as Germany pursued expansionist aims and illegal military buildup.

Answer Choices	
(A) Germany left the League of Nations when it wanted to pursue policies the League would not allow. 독일은 국제연맹이 허용하지 않는 정책들을 추구하고자 했을 때 그 연맹을 떠났다.	(B) **The Treaty of Versailles created the League of Nations to provide for collective action against future aggressors, but the League's main members did not fully believe in collective security.** 베르사유조약은 미래의 침략국들에 맞서 집단적인 행동을 할 국제연맹을 만들었지만, 그 연맹의 주요 회원국들은 완전히 집단안보를 신뢰하지 못했다.
(C) The League's collective security credibility fell significantly when the United States refused to join. 국제연맹의 집단안보의 신뢰성은 미국이 그 연맹에 참여하기를 거부했을 때 상당히 떨어졌다.	(D) **Many of the League's proposed efforts were never implemented because its member nations were unwilling to compromise.** 연맹이 제안한 많은 시도들은 연맹의 회원국들이 타협하는 것을 꺼렸기 때문에 결코 시행되지 않았다.
(E) **The League was not willing to intervene militarily as Germany pursued expansionist aims and an illegal military buildup.** 연맹은 독일이 팽창주의 목적과 불법적 군비 증강을 해 나갈 때 군사적으로 개입하지 않으려고 했다.	(F) The Treaty of Versailles punished Germany very harshly for its role in causing World War I, generating German resentment of the League. 베르사유조약은 제1차 세계 대전을 야기한 독일의 역할에 대해 그들을 매우 가혹하게 처벌했고 국제연맹에 대한 독일인의 분개를 불러일으켰다.

Prose Summary 요약문의 도입 문장에 '많은 이유로 국제연맹은 제2차 세계 대전을 막는 데에는 실패했다.'라고 언급되어 있으므로 선택해야 하는 보기는 제2차 세계 대전을 유발시켰던 원인들이어야 한다. 따라서 그 원인으로 보기 (B)는 베르사유조약이 본래의 취지는 좋았지만 그 연맹의 주요 회원국들은 완전히 그 연맹 본래의 취지, 즉 집단안보를 신뢰하지 못했음을 언급하는 단락6의 내용과 관련이 있고, 보기 (D)는 연맹이 제안한 많은 시도들이 연맹의 회원국들의 타협 불능으로 결코 시행되지 않았음을 언급하는 단락7의 전반부의 내용과 일치하며, 마지막으로 보기 (E)는 팽창주의 목적을 갖고 있던 독일이 불법적 군비 증강을 해 나갈 때 국제연맹이 군사적으로 개입하지 않으려고 했음을 언급하는 단락7의 후반부의 내용을 요약하고 있다. 따라서 정답은 (B), (D), (E)이다.

오답의 근거

보기 (A)는 본문에 언급되어 있지 않은 내용으로 오답.

보기 (C)는 단락2에서 (United States President Woodrow Wilson refused to become a League of Nations member) 언급되었지만 제2차 세계 대전의 직접적인 원인이 아니므로 오답.

보기 (F)는 단락5에 (The country consequently fell into a depression. When Adolf Hitler sought political leadership, enough Germans were willing to lash out at the Treaty of Versailles that the dictator was soon threatening to roll his tanks across Europe.) 언급되었으나 단락6 과 7에 언급된 원인들이 좀 더 직접적인 제2차 세계 대전의 원인이므로 오답.

1.
Self-pollina-tion
(자가 수분)

➡ Pollination is a crucial step in seed plant reproduction. It is the process of moving the pollen grain from the anther of a male plant to the stigma of a female plant. In self-pollination, pollen is transferred from the male to the female part of the same flower, or to the stigma of another flower located on the same plant. Q28-(B) Self-pollination can be advantageous, but it also impedes a plant's ability to adapt; barring mutations, there is no chance for its offspring to exhibit more viable combinations of genes. Thus most plant species rely upon some kind of vector[1] to Q27 **accomplish** pollination.

2.
Abiotic pollina-tion by wind or water
(물이나 바람에 의한 비생물적 수분)

➡ Approximately 20% of plant species use abiotic pollination, which means that their pollination vectors are not insects and other animals but rather water and wind. Since they have no need to attract animals, species that use abiotic methods of pollen distribution do not need to produce nectar[2] or develop scented flowers. However, Q29-(D) water and wind pollination vectors, which are random and generally unidirectional, are only useful in situations where large populations of a very limited number of species, such as grasses and conifers, are present. The process of distributing pollen with the wind is called anemophily, and it is used by about 98% of plant species using abiotic pollination. Wind pollination can be quite powerful, often carrying pollen hundreds of miles from its source. Hydrophily is the process of pollination whereby water, usually rivers and streams, is the distributor. Species that pollinate by water distribute their pollen either to the surface of the water or below the surface. Surface pollination

1 Any agent -- such as an animal, wind, or water -- that can move pollen from the anther of a plant to the stigma of a plant

2 A sweet-smelling secretion that can attract pollinators

1 수분은 종자 식물의 번식에 중요한 하나의 단계이다. 그것은 수컷 식물의 꽃밥으로부터 암컷 식물의 암술머리로 꽃가루 낟알이 이동하는 과정이다. 자가 수분의 경우, 꽃가루는 같은 꽃의 수컷에서 암컷 부분으로 또는 같은 식물의 또 다른 꽃의 암술머리로 이동한다. Q28-(B) 자가 수분은 이로울 수 있지만 식물의 적응력을 방해하기도 한다. 즉, 돌연변이를 차단하기 때문에, 그 식물의 자손이 유전자들의 더 독자 생존 가능한 조합들을 보여줄 가능성은 없다. 그러므로 대부분의 식물 종들은 수분을 Q27 달성하기 위해 일종의 매개체[1]에 의존한다.

2 식물 종의 대략 20%는 그들의 수분 매개체들이 곤충과 다른 동물들이 아니라 오히려 물이나 바람인 비생물적 수분을 사용한다. 동물을 끌어들일 필요가 없기 때문에, 꽃가루의 분배의 비생물적 방법들을 사용하는 종들은 꿀을 만들어 내거나 강한 향기가 나는 꽃을 발달시킬 필요가 없다. 하지만, Q29-(D) 임의적이고 일반적으로 단일 방향성을 띄는 물과 바람과 같은 수분 매개체들은 풀과 침엽수와 같은 엄청난 수의 매우 제한된 종들이 존재하는 상황에서만 유용하다. 바람에 의해 꽃가루를 퍼트리는 과정은 풍매라 하며 이 과정은 비생물적 수분을 사용하는 식물 종의 대략 98%에 의해 사용된다. 풍매 수분은 매우 강력할 수 있어서 종종 원래의 꽃으로부터 수 백마일 떨어진 곳까지 꽃가루를 운반한다. 수매는 대개 강이나 개울의 물이 배급자가 되는 수분 과정이다. 물에 의해 수분하는 종들은 그들의 꽃가루를 물의 표면이나 표면 아래에 퍼트린다. 표면

Vocabulary

pollination 수분(작용)	**bar** 막다, 차단하다
reproduction 번식	**mutation** 돌연변이
pollen 꽃가루	**gene** 유전자
anther 꽃밥	**vector** 매개체
stigma 암술머리	**abiotic** 생명과 관련이 없는, 비생물적
self-pollination 자가 수분	**nectar** (꽃의) 꿀, 과일즙
impede 지연시키다, 방해하다	**conifer** 침엽수
viable 독자 생존 가능한, 실행 가능한	**sufficient** 충분한

is less common and is generally considered to be a transition between pollination by water and pollination by wind.

3.
Different types of pollination by insects and other animals
(곤충이나 다른 동물들에 의한 다양한 종류의 수분)

➡ Most flowers have evolved to use insects and other animals as pollination vectors. ^{Q30}**They** must have sensory organs to locate flowers, sufficient means of ^{Q31}**locomotion** to move between flowers, despite possibly large distances between individuals, and enough memory to remember the rewards of visiting one particular species of flower. ^{Q32-(B)}When insects distribute pollen, the process is called entomophily. Bees are the most common insect pollinators. They fly from one flower to another, picking up nectar (which they will later convert into honey) and in the process, collect pollen grains on their hind legs, which are covered in dense hairs. ^{Q32-(B)}Bees can also use buzz pollination, or sonication, when visiting flowers that have tightly-held pollen. Buzz pollination involves a bee flapping its wings to vibrate a flower's anthers forcing pollen to fall. The grains of pollen are then transferred between flowers as the bee flies from one flower to another. Zoophily is the name of the process in which non-insect animals distribute pollen. Usually this process refers to pollination by birds and bats, which distribute pollen in a way similar to insect pollination, though it can also refer to pollination by furred animals (such as bears, deer, and rabbits). The latter method occurs when grains of pollen attach to the animal's coat and are then transferred to other flowers the animal comes into contact with. ▪ Hummingbirds are common pollinators, as their long beaks allow them to reach nectar located deep inside long-necked flowers.

4.
Visual cues flowers use to attract animal pollination vector
(동물 수분 매개자를 끌어 들이기 위해 꽃들이 사용하는 시각적 단서들)

➡ ▪ In order to effectively use an animal pollination vector, a flower needs to attract the animal by giving visual cues or olfactory cues. ▪ Some species use a color pattern known as a "bull's eye"[3] to mark their position in the environment. ▪ Their flowers stand out against a background of green ^{Q33}**foliage** in order to be visible to a potential pollinator.

3 A pattern of concentric circles with a circular spot at the center

수분은 덜 일반적이며 일반적으로 물에 의한 수분과 바람에 의한 수분 사이의 과도기로 간주된다.

3 대부분의 꽃들은 수분 매개체로써 곤충과 다른 동물들을 사용하며 진화해왔다. ^{Q30}그들은 개체들간에 아마도 엄청난 거리가 존재함에도 불구하고 꽃들 간 이동을 위한 ^{Q31}충분한 이동 수단과 꽃을 탐지하는 감각 기관과 한 특정 종의 꽃을 방문하는 것에 대한 보상을 기억하는 충분한 기억력을 갖고 있어야 한다. ^{Q32-(B)}곤충들이 꽃가루를 퍼트릴 때 그 과정은 충매라 한다. 벌들은 가장 일반적인 곤충 수분매개자들이다. 그들은 한 꽃에서 또 다른 꽃으로 날아다니며 (그들이 나중에 꿀로 전환할) 꽃의 꿀을 얻으며 이 과정에서 빽빽하게 털로 덮여 있는 그들의 뒷다리에 꽃가루 낟알을 모으게 된다. ^{Q32-(B)}꽃가루가 단단하게 붙잡혀 있는 꽃에 머물 때 벌들을 또한 음파처리 또는 잡음 수분을 사용한다. 잡음 수분은 꽃의 꽃밥을 흔들어 꽃가루가 떨어지도록 하기 위해 그것의 날개를 비비대는 벌과 관련이 있다. 벌이 이 꽃에서 저 꽃으로 날아다닐 때 꽃가루의 낟알들은 그 때 꽃들간 이동을 한다. 동물매는 곤충이 아닌 동물들이 꽃가루를 퍼트리는 과정의 이름이다. 비록 이 과정은 또한 곰, 사슴, 토끼와 같은 털로 덮인 동물들에 의한 수분과 관련이 있음에도 불구하고 대개 이는 곤충 수분과 유사한 방식으로 꽃가루를 퍼트리는 새와 박쥐에 의한 수분을 나타낸다. 후자의 방법은 꽃가루의 낟알이 동물의 털에 달라붙을 때 그리고 그때 그 동물이 접촉하는 다른 꽃들로 이동할 때 발생한다. 벌새들은 그들의 긴 부리가 그들로 하여금 목이 긴 꽃들 내부 깊이 위치한 꿀에 도달하는 것을 가능하게 하기 때문에 일반적인 수분 매개자들이다.

4 동물 수분 매개체를 효과적으로 사용하기 위해, 꽃은 시각적 단서나 후각적 신호를 줌으로써 동물을 끌어들일 필요가 있다. 일부의 종들은 환경 안에서의 그들의 위치를 나타내기 위해 "불스 아이"라고 알려진 색의 패턴을 사용한다. 그들의 꽃들은 잠재적인 수분 매개자의 눈에 띄기 위해 초록색의 ^{Q33}잎을 배경으로 두드러진다.

Vocabulary

locomotion 운동, 이동
entomophily 충매
pollinator 수분 매개자
buzz pollination 잡음 수분
sonication 음파 처리
zoophily 동물매
beak 부리
olfactory 후각의

stand out 두드러지다
foliage 나뭇잎

For example, the wildflower known as a black-eyed Susan features a dark center surrounded by bright yellow petals, a target that many species can easily distinguish among prairie grasses. Of course, it is important that the color pattern used is within the range of colors visible to the pollinating animal, as colors obvious to one animal may be invisible to another. For instance, bees cannot see red but are drawn to blue and yellow, and many flowers rely on the ultra-violet spectrum of light that is invisible to humans. Ultraviolet patterns guide the bees to the center of the flower.

➡ ^{Q35-(D)} Some pollinators are more olfactory than visual, and they are attracted to flowers' fragrances. As is the case with color vision, different animals have different sensitivities to fragrances. Butterflies and birds are not very olfactory; they are much more visual in behavior. Bees, on the other hand, are attracted to certain scents, particularly those that are sweet or spicy. ^{Q34, Q37-(C)} **Once the pollinator has made the first landing, the flower needs to reward the animal so that the animal will continue to carry pollen from one flower to similar flowers in the area.** As the animal becomes familiar with the flower and with the benefits, such as fruit or nectar, of visiting that species, the animal will return to those kinds of flowers on its own, and in the process, spread their pollen. This both creates and helps to diversify later generations of the plant.

5.
Olfactory cues flowers use to attract animal pollination vector (동물 수분 매개자를 끌어들이기 위해 꽃들이 사용하는 후각적 신호들)

예를 들어, 노랑데이지로 알려진 야생초는 대초원의 목초 가운데서 많은 종들이 쉽게 식별할 수 있는 하나의 표식인 밝은 노랑색의 꽃잎에 둘러싸인 어두운 중심의 특징을 갖고 있다. 물론, 하나의 동물에게 뚜렷한 색들이 또 다른 동물에게는 보이지 않을 수 있기 때문에 사용된 색의 패턴이 꽃가루 매개 동물에게 눈에 띄는 색의 범위 내에 있다는 것은 중요하다. 예를 들어, 벌은 붉은 색을 볼 수 없지만 푸른색과 노랑색에 이끌리며 많은 꽃들은 인간의 눈에는 보이지 않는 자외선의 빛의 파형에 의존한다. 자외선의 패턴들은 벌이 꽃의 중심으로 오도록 안내한다.

5 ^{Q35-(D)} 일부의 수분 매개자들은 시각적이라기 보다는 더 후각적이며 그들은 꽃의 향에 이끌린다. 색의 시야가 그렇듯이 다른 동물들은 향에 다른 민감성을 보인다. 나비나 새들은 매우 후각적이지 않아서 그들은 행동에서 훨씬 더 시각적이다. 반면, 벌들은 특정한 향, 특히 달콤하거나 매운 향에 이끌린다. ^{Q34, Q37-(C)} 수분 매개자가 최초의 착륙을 하자마자, 그 꽃은 그 동물이 하나의 꽃에서 인근의 유사한 꽃들로 지속적으로 꽃가루를 운반하도록 그 동물에게 보상을 할 필요가 있다. 그 동물이 꽃에 친숙해지고 열매 또는 꿀과 같은 그 종에 머무르는 혜택에 익숙해짐에 따라 그 동물은 그러한 종류의 꽃들에 스스로 돌아갈 것이며 그 과정에서 꽃가루를 퍼트린다. 이 둘은 그 식물의 나중 세대들을 창조하고 다양화하도록 돕는다.

Vocabulary

petal 꽃잎
fragrance 향기, 향
olfactory 후각의

27

The word **accomplish** in the passage is closest in meaning to

(A) achieve
(B) undermine
(C) affect
(D) account fo

지문의 단어 **accomplish**와 의미상 가장 가까운 것은?

(A) 달성하다
(B) 약화시키다
(C) 영향을 주다
(D) 설명하다

Vocabulary 단락1 지문의 'accomplish (달성하다, 이루다)'는 '달성하다, 성취하다'의 의미로 사용되는 'achieve'와 의미상 가장 유사하므로 정답은 (A)이다.

28

In paragraph 1, the author mentions self-pollination in order to

(A) Introduce self-pollination as the main topic
(B) Contrast self-pollination with pollination that uses a vector
(C) Explain how plants evolve over time
(D) Explain why plants mutate

Paragraph 1 is marked with an arrow [➡].

단락1에서, 저자가 자가 수분을 언급한 목적은?

(A) 주요 주제로서 자가 수분을 소개하기 위해
(B) 자가 수분을 매개체를 사용하는 수분과 대조하기 위해
(C) 식물이 시간에 따라 어떻게 진화하는지를 설명하기 위해
(D) 식물이 왜 돌연변이를 만드는지를 설명하기 위해

Rhetorical Purpose 단락1의 'Self-pollination can be advantageous, but it also impedes a plant's ability to adapt; barring mutations, there is no chance for its offspring to exhibit more viable combinations of genes. Thus most plant species rely upon some kind of vector to accomplish pollination.'는 자가 수분의 단점을 언급하면서 대부분의 식물들이 그러한 단점 때문에 수분을 하기 위해 다른 매개체에 의존한다고 언급하였으므로 자가 수분을 매개체를 사용하는 수분과 대조하기 위해 언급하였음을 알 수 있다. 따라서 정답은 (B)이다.

29

According to paragraph 2, what is true of abiotic pollination?

(A) It is accomplished exclusively by insects.
(B) It is most commonly achieved with the aid of waterways.
(C) It is used by about 98% of all plant species.
(D) It is used by large populations and in areas that have few species.

Paragraph 2 is marked with an arrow [➡].

단락2에 따르면, 비생물적 수분에 관해 옳은 것은?

(A) 비생물적 수분은 곤충들에 의해서만 이루어진다.
(B) 비생물적 수분은 가장 일반적으로 수로의 도움으로 이루어진다.
(C) 비생물적 수분은 모든 식물 종의 대략 98%에 의해 사용된다.
(D) 비생물적 수분은 엄청난 개체의 일부 종만 존재하는 지역에서 사용된다.

Fact & Detail 단락2를 보면 'water and wind pollination vectors, ~, are only useful in situations where large populations of a very limited number of species, ~, are present. (~ 수매, 풍매 수분 매개체들은 ~ 엄청난 수의 매우 제한된 종들이 존재하는 상황에서만 유용하다.)'라고 언급한다. 따라서 정답은 (D)이다.

30

The word **they** in the passage refers to

(A) flowers
(B) insects
(C) vectors
(D) other animals

지문의 단어 **they**가 가리키는 것은?

(A) 꽃들
(B) 곤충들
(C) 매개체들
(D) 다른 동물들

Reference 단락 3의 they는 문장 'Most flowers have evolved to use insects and other animals as pollination vectors. **They** must have sensory organs ~ and enough memory ~.'에서 '대부분의 꽃들은 수분 **매개체**로써 곤충과 다른 동물들을 사용하며 진화해왔다. **그들은** ~ 감각 기관과 ~ 충분한 기억력을 갖고 있어야 한다.'라고 말하고 있으므로 문맥상 they는 vectors를 의미하므로 정답은 (C)매개체들이다.

31

The word **locomotion** in the passage is closest in meaning to

(A) motivation
(B) energy
(C) transportation
(D) intelligence

지문의 단어 **locomotion**와 의미상 가장 가까운 것은?

(A) 동기
(B) 에너지
(C) 운송
(D) 지능

Vocabulary 단락2 지문의 'locomotion (이동, 운동)'은 '수송'의 의미로 사용되는 'transportation'과 의미상 가장 유사하므로 정답은 (C)이다.

32

According to paragraph 3, what is true of sonication?

(A) It is the most common form of pollination.
(B) It is an example of entomophily.
(C) It is the most efficient form of zoophily.
(D) It is a strategy the flower uses to release pollen.

Paragraph 3 is marked with an arrow [➡].

단락3에 따르면, 음파 처리에 관해 옳은 것은?

(A) 음파 처리는 수분의 가장 일반적인 형태이다.
(B) 음파 처리는 충매의 하나의 예이다.
(C) 음파 처리는 동물매의 가장 효율적인 형태이다.
(D) 음파 처리는 꽃가루를 퍼트리기 위해 꽃이 사용하는 하나의 전략이다.

Fact & Detail 단락 3의 'When insects distribute pollen, the process is called entomophily. Bees are the most common insect pollinators. (곤충들이 꽃가루를 퍼트릴 때 그 과정은 충매라 한다. 벌들은 가장 일반적인 곤충 수분매개자들이다.)', 'Bees can also use buzz pollination, or sonication, when visiting flowers that have tightly-held pollen. (꽃가루가 단단하게 붙잡혀 있는 꽃에 머물 때 벌들을 또한 음파처리 또는 잡음 수분을 사용한다.)'는 음파 처리가 충매의 하나의 예임을 말해 준다. 따라서 정답은 (B)이다.

33

The word **foliage** in the passage is closest in meaning to

(A) leaves
(B) landscape
(C) ornamentation
(D) color

지문의 단어 **foliage**와 의미상 가장 가까운 것은?

(A) 나뭇잎들
(B) 풍경
(C) 장식
(D) 색깔

Vocabulary 단락4 지문의 'foliage (잎, 나뭇잎)'는 '나뭇잎'의 의미로 사용되는 'leaves'와 의미상 가장 유사하므로 정답은 (A)이다.

34

Which of the sentences below best expresses the essential information in the highlighted sentences in the passage? Incorrect choices change the meaning in important ways or leave out essential information.

(A) Animals that are attracted by color or smell will return to the plant regardless of the reward the plant provides.
(B) If a flower does not provide a pollinator with an adequate reward, the pollinator will be unlikely to return to the plant.
(C) Because bees are the most common pollinating insect, plants must provide rewards that will appeal to them.
(D) Animals will eventually become tired of visiting the same plants.

아래 문장 중 지문 속의 음영 표시된 문장의 핵심 정보를 가장 잘 표현하고 있는 것은 무엇인가? 오답은 문장의 의미를 현저하게 바꾸거나 핵심정보를 빠뜨리고 있다.

(A) 색이나 냄새에 의해 이끌린 동물들은 그 식물이 제공하는 보상에 관계 없이 그 식물로 돌아갈 것이다.
(B) 만일 꽃이 적절한 보상을 수분 매개자에게 제공하지 못한다면, 수분 매개자는 그 식물로 돌아갈 것 같지 않다.
(C) 벌은 가장 일반적인 꽃가루 매개 충이기 때문에, 식물들은 그들에게 호소할 보상을 제공해야만 한다.
(D) 동물들은 결국 같은 식물에 들르는 것에 싫증이 날 것이다.

Sentence Simplification 단락5에서, 음영 표시된 문장 'Once the pollinator has made the first landing, the flower needs to reward the animal so that the animal will continue to carry pollen from one flower to similar flowers in the nearby area. (수분 매개자가 최초의 착륙을 하자마자, 그 꽃은 그 동물이 하나의 꽃에서 인근의 유사한 꽃들로 지속적으로 꽃가루를 운반하도록 그 동물에게 보상을 할 필요가 있다.)'는 꽃이 적절한 보상을 수분 매개자에게 제공하지 못한다면, 수분 매개자는 그 식물로 돌아갈 것 같지 않음을 설명하고 있다. 따라서 이와 같은 내용을 포함하고 있는 (B)가 정답이다.

35

According to paragraph 5, flowers evolved fragrances because

(A) Most animals have a strong sense of smell.
(B) Fragrances ward off predators.
(C) Fragrances help to produce more pollen.
(D) Some pollinators have a stronger sense of smell than of sight.

Paragraph 5 is marked with an arrow [➡].

단락5에 따르면, 꽃들이 향기를 발달시키는 이유는?

(A) 대부분의 동물들은 뛰어난 후각을 갖고 있다.
(B) 향기는 포식자를 물리친다.
(C) 향기는 더 많은 꽃가루를 만들어내도록 돕는다.
(D) 일부의 수분 매개자들은 시각보다 더 뛰어난 후각을 갖고 있다.

Fact & Detail 단락 5를 보면 'Some pollinators are more olfactory than visual, and they are attracted to flowers' fragrances. (일부의 수분 매개자들이라기 보다는 더 후각적이며 그들은 꽃의 향에 이끌린다.)'라고 언급하였으므로 일부 수분 매개자는 시각보다 더 뛰어난 후각을 갖고 있음을 알 수 있다. 따라서 정답은 (D)이다.

36

All of the following are mentioned as problems with pollination **EXCEPT:**

(A) The different sensitivities of animals
(B) The difficulty with ensuring that pollen will attach to a vector
(C) The random direction of pollination by wind
(D) The need to reward pollination vectors

다음 중 수분이 가진 문제로써 지문에 언급되지 않은 것은?

(A) 동물의 다른 민감성
(B) 꽃가루가 매개체에 달라붙음을 보장하는 것의 어려움
(C) 바람에 의한 수분의 임의적인 방향
(D) 수분 매개체에게 보상을 줄 필요성

Fact & Detail 꽃가루가 매개체에 달라붙음을 보장하는 것의 어려움은 지문에 언급되어 있지 않다. 따라서 정답은 (B)이다.
오답의 근거
(A) 단락5의 '~ different animals have different sensitivities to fragrances.'는 다른 동물들은 향에 다른 민감성을 보임으로써 후각이 발달한 특정 종을 불러들일 때에만 유용함을 언급하고 있다.
(C) 단락2의 'water and wind pollination vectors, which are random and generally unidirectional, are only useful in situations where large populations of a very limited number of species, such as grasses and conifers, are present.'는 임의적이고 일반적으로 단일 방향성을 띄는 물과 바람과 같은 수분 매개체들은 풀과 침엽수와 같은 엄청난 수의 매우 제한된 종들이 존재하는 상황에서만 유용함을 언급하고 있다.
(D)는 단락5의 'Once the pollinator has made the first landing, the flower needs to reward the animal so that the animal will continue to carry pollen from one flower to similar flowers in the nearby area.'는 수분 매개자가 최초의 착륙을 하자마자, 그 꽃은 그 동물이 하나의 꽃에서 인근의 유사한 꽃들로 지속적으로 꽃가루를 운반하도록 그 동물에게 보상을 할 필요가 있으며 그렇지 않은 경우 올바른 수분이 이루어지지 않음을 언급하고 있다.

37

According to the passage, it is important for plants to reward pollinating animals

(A) To initially attract animals to the flowers
(B) To differentiate between species
(C) To ensure the animals return to that species of flower
(D) To compete with other species

지문에 따르면, 식물들이 꽃가루 매개 동물을 보상하는 것이 중요한 이유는?

(A) 처음에 꽃에 동물을 끌어들이기 위해
(B) 종을 구별하기 위해
(C) 꽃의 그 종으로 동물이 다시 돌아올 것을 보장하기 위해
(D) 다른 종과 경쟁하기 위해

Fact & Detail 단락5를 보면 'Once the pollinator has made the first landing, the flower needs to reward the animal so that the animal will continue to carry pollen from one flower to similar flowers in the nearby area. (수분 매개자가 최초의 착륙을 하자마자, 그 꽃은 그 동물이 하나의 꽃에서 인근의 유사한 꽃들로 지속적으로 꽃가루를 운반하도록 그 동물에게 보상을 할 필요가 있다.)'라고 언급하고 있다. 즉, 동물 수분 매개자가 특정 종의 꽃에 다시 돌아오려면 그 식물들은 그 수분 매개 동물들에게 보상을 줄 필요가 있음을 알 수 있다. 따라서 정답은 (C)이다.

38

Look at the four squares [➡] that indicate where the following sentence can be added to the passage.

Occasionally, a species of flower will attract a pollinator with both sight and smell.

Where would the sentence best fit? Click on a square [■] to add the sentence to the passage.

네 개의 네모 [➡] 는 다음 문장이 삽입될 수 있는 부분을 나타내고 있다.

때때로, 하나의 종의 꽃은 시각과 후각 둘 다로 수분 매개자를 끌어들일 것이다.

이 문장은 어느 자리에 들어가는 것이 적절한가? 지문에 문장이 삽입되도록 네모[■]를 클릭하시오.

Insertion 단락4의 내용의 흐름은 '동물 수분 매개체를 효과적으로 사용하기 위해, 꽃은 시각적 단서나 후각적 신호를 줌으로써 동물을 끌어들일 필요가 있고, 때때로, 하나의 종의 꽃은 시각과 후각 둘 다로 수분 매개자를 끌어들이며 일부 종은 시각을 이용한다.'라고 진행되어야 문맥상 적절하다. 따라서 삽입구문은 단락4의 첫 번째 문장 다음에 끼워 넣는 것이 적합하므로 세 번째 네모 [■] 가 정답이다.

39 | **Directions**: An introductory sentence for a brief summary of the passage is provided below. Complete the summary by selecting the THREE answer choices that express the most important ideas in the passage. Some sentences do not belong in the summary because they express ideas that are not presented in the passage or are minor ideas in the passage. **This question is worth 2 points.**

지문 요약을 위한 간략한 문장이 아래에 주어져 있다. 지문의 가장 중요한 내용을 나타내는 보기 3개를 골라 요약문을 완성하시오. 어떤 문장은 지문에 언급되지 않은 내용이나 사소한 정보를 담고 있으므로 요약에 포함되지 않는다. 이 문제는 2점이 부과된다.

Drag your answer choices to the spaces where they belong. To remove an answer choice, click on it. To review the passage, click on **View Text.**

선택한 보기는 마우스로 끌어 해당란에 넣으시오. 선택한 보기를 삭제하려면, 해당 보기를 한번 클릭하시오. 지문을 보려면 화면의 View Text를 클릭하시오.

Pollination is crucial to plant reproduction, and it is a process that takes many forms.

수분은 식물 번식에 중요하고 이는 많은 형태를 취하는 과정이다.

- (A) About one-fifth of plants use abiotic pollination, which involves using the wind or water instead of an animal as the pollinator.
- (B) Self-pollination is convenient but relatively rare since it impedes a plant's ability to genetically adapt to its environment.
- (F) In order to attract insects and other animals as pollinators, plants have evolved enticing features that appeal to sight and smell.

Answer Choices

(A) **About one-fifth of plants use abiotic pollination, which involves using the wind or water instead of an animal as the pollinator.** 대략 식물의 5분의 1은 비생물적 수분을 사용하며, 이는 수분 매개자로서 동물 대신 바람이나 물을 사용하는 것과 관련된다.	(B) **Self-pollination is convenient but relatively rare since it impedes a plant's ability to genetically adapt to its environment.** 자가 수분은 환경에의 식물의 유전적 적응을 방해하기 때문에 편리하지만 상대적으로 드물다.
(C) Zoophily, usually accomplished through birds and bats, is similar to insect pollination. 대개 새와 박쥐를 통해 이루어진 동물매는 충매 수분과 유사하다.	(D) Hummingbirds and bees aid vastly in plant pollination. 벌새와 벌은 식물 수분을 매우 돕는다.
(E) Larger animals, such as bears, are often attracted to nectar in plants. 곰과 같은 크기가 큰 동물들은 종종 식물의 꿀에 이끌린다.	(F) **In order to attract insects and other animals as pollinators, plants have evolved enticing features that appeal to sight and smell.** 수분 매개자로서 곤충과 다른 동물들을 불러 들이기 위해 식물들은 시각과 후각에 호소하는 매력적인 특징들을 발달시켜왔다.

Prose Summary 요약문의 도입 문장은 '수분이 식물 번식에 중요하며 이는 많은 형태를 취하는 과정이다.'라고 언급하였으므로 수분의 형태를 언급하는 보기를 선택해야 한다. 따라서 보기 (A)는 바람이나 물을 사용하는 비생물적 수분을 언급하는 단락2의 내용과 관련이 있고, 보기 (B)는 자가 수분을 언급하는 단락1의 내용과 일치하며, 보기 (F)는 수분 매개자로서 곤충과 다른 동물들을 불러 들이기 위해 식물들은 시각과 후각에 호소하는 수분을 언급하는 단락3,4,5의 내용을 요약하고 있다. 따라서 정답은 (A), (B), (F)이다.

오답의 근거

보기(C)는 단락3에서 (Zoophily is the name of the process in which non-insect animals distribute pollen. Usually this process refers to pollination by birds and bats, which distribute pollen in a way similar to insect pollination, though it can also refer to pollination by furred animals (such as bears, deer, and rabbits.) 언급되었지만, 곤충과 다른 동물에 의한 수분의 하나의 예이므로 지엽적인 내용이므로 오답.

보기 (D)는 단락3에서 (Hummingbirds are common pollinators, as their long beaks allow them to reach nectar located deep inside long-necked flowers.) 언급되었지만, 지엽적인 내용이므로 오답.

보기 (E)는 단락3에서 (Usually this process (Zoophily) refers to pollination by birds and bats, ~, though it can also refer to pollination by furred animals (such as bears, deer, and rabbits). The latter method occurs when grains of pollen attach to the animal's coat and are then transferred to other flowers the animal comes into contact with.) bears가 언급되었지만 보기의 내용과는 무관하므로 오답.

ACTUALTEST
정답 & 해설
03

Topic	Type	Word Count
The Underground Railroad	Historical	830
Reaganomics	Argumentative	859
Rockets	Expository	841

1.
The Underground Railroad and its terms
(지하 철도 조직과 그것의 용어들)

The name for the Underground Railroad[1] is actually a ^{Q01} **misnomer**: it was neither the underground nor a railroad. The name came about when a slave disappeared across a river into a safe house, causing his pursuers to remark that he had vanished as if by an "underground road." The name caught on, and railway terms were used to describe the system's organization. Routes were called "lines"; safe stopping places were called "stations"; guides were "conductors," and ^{Q02} **their** charges were known as "packages" or "freight."

2.
The routes and ways fugitive slaves escape
(도망 노예들의 탈출 경로와 방법들)

➡ The network of routes, which was especially designed to ^{Q03} **evade** pursuers, crisscrossed fourteen Northern states. ^{Q04-(B),} ^{Q05-(C)} By 1851, the Fugitive Slave Law, a statute that called for escaped slaves to be returned to their owners, forced many conductors to lead slaves all the way to Canada. Thus, many routes fed into Canada, and fugitive slaves eventually developed supportive communities throughout the triangular region bounded by Toronto, Niagara Falls, and Windsor. Prior to arrival in the North, however, fugitive slaves traveled in small, independent groups that, in the interest of maintaining secrecy, knew little about the Railroad and its support network besides which connecting "stations" to stop at.

3.
Detailed descriptions of how slaves escape by way of the Railroad
(지하 철도 조직을 거쳐 노예들이 어떻게 탈출했는가에 대한 상세한 설명들)

Those who most actively helped slaves escape by way of the Railroad were average members of the free black community. Prominent abolitionists such as William Lloyd Garrison and Frederick Douglass also assisted, and churches served as meeting points and safe houses. Escaping slaves were aided by thousands of "conductors" who used covered wagons or

---

1　A system of escape routes used by Southern slaves to escape to the North before slavery was outlawed in the United States

1 지하 철도 조직[1]이라는 이름은 실제로 ^{Q01}부적절한 명칭이며 이는 지하철도 아니고 철도도 아니다. 그 이름은 노예가 강을 건너 안전 가옥으로 사라질 때 만들어 졌고, 추적자들로 하여금 마치 그 노예가 지하도로 사라졌다고 한데서 나왔다. 그 이름은 인기를 얻었고 철도 용어들이 그 조직의 구조를 설명하기 위해 사용되었다. 경로는 "노선"으로, 안전한 은신처는 "정류장"으로 탈출 경로 안내자는 "차장"으로 불렸고, ^{Q02}그들이 책임져야 하는 사람들은 "소포" 또는 "화물"로 알려졌다.

2 추적자들을 ^{Q03}피하기 위해 특별히 고안된 경로망은 14개의 북부 주들에서 종횡으로 교차 되었다. ^{Q04-(B), Q05-(C)}1851년 까지, 탈출한 노예들이 그들의 소유주에게 되돌아 오도록 하는 법령인 도망 노예법은 많은 차장들이 노예들을 내내 캐나다로 이끌도록 했다. 그러므로, 많은 경로들이 캐나다로 나 있었고 도망을 다니는 노예들은 결국 토론토, 나이아가라 폭포, 윈저와 인접해 있는 삼각 지역에 걸쳐서 지원 단체를 발달시켰다. 하지만, 북부에 도착하기 이전에 도망 노예들은 비밀 유지를 위해 어느 연락 "역"에 들를지 이외에도 그 철도 조직과 그것의 지원망에 대해 거의 알지 못하는 작고 독립적인 집단으로 움직였다.

3 노예들이 지하 철도 조직을 거쳐 탈출하도록 가장 활발하게 도왔던 사람들은 자유 흑인 공동체의 평범한 구성원들이었다. 윌리엄 로이드 개리슨과 프레데릭 더글러스와 같은 유명한 노예폐지론자들도 도왔으며 교회들은 만남의 장소이자 안전 가옥의 역할을 했다.

Vocabulary

the Underground Railroad 지하 철도 조직 (남북 전쟁 전의 노예의 탈출을 도운 비밀 조직)

misnomer 부적절한 명칭

safe house 안가, 은신처

pursuer 추적자, 추격자

vanish 사라지다

evade 피하다

crisscross 종횡으로 움직이다

Fugitive Slave Law 도망노예법

feed into –에 공급하다, –에 흘러들다.

statute 법규, 법령

fugitive 도망을 다니는, 도피하는

secrecy 비밀 유지

abolitionist 노예제 폐지론자

carts with false bottoms to carry slaves from one "station" to another. One ^{Q06} **enterprising** escapee took the word "package" literally: Henry "Box" Brown had himself nailed into a wooden box and mailed from Richmond to Philadelphia. He found freedom after spending 27 hours disguised as a shipment of dry goods on wagons, trains, steamboats, and ferries. Although other fugitives traveled on real railways, usually in less dramatic fashion, they primarily traveled on foot or by wagon. ^{Q07-(B)} In fact, most escapees were male field workers under forty years old because the journey was often considered too arduous for women, children, or the elderly to complete successfully.

4.
Harriet Tubman, the greatest single conductor
(가장 위대한 단일 차장, 해리어트 튜브먼)

➡ Yet, it was a woman, Harriet Tubman, who became the greatest single conductor in the history of the Underground Railroad. ^{Q08-(A)} After escaping from a Maryland plantation in 1849, Tubman dedicated her life to helping others reach free lands. She guided nineteen expeditions from the South, leading more than 300 desperate slaves — including her own aged parents — to freedom in Canada and the northern United States. Enraged Southern planters offered a $40,000 bounty for her capture, the highest amount offered for any conductor.

5.
Tubman's daring and ruthlessness for her expeditions
(그녀의 원정대를 위한 튜브먼의 대담성과 무자비함)

Tubman's success can be attributed to her daring and ruthlessness in following well- developed plans for her expeditions. One time at a train station, Tubman learned that slave-catchers were watching the northbound trains in hopes of capturing her and her charges. She quickly had her group board a southbound train, successfully gambling that her pursuers would never anticipate the group's retreat into the South. She later resumed her planned route from a safer location. The wily and fearless Tubman was serious enough about each mission to carry a pistol: if a slave had second thoughts about escaping, she would pull her gun and say: "You'll be free or die!" to prevent the dissenter from betraying the group.

탈출하는 노예들은 한 역에서 또 다른 역으로 그들을 데려가기 위해 이중 바닥이 있는 유개 화차나 수레를 사용했던 수 천명의 차장들의 도움을 받았다. 한 ^{Q06}모험심 많은 도망자는 말 그대로 '소포'라는 단어를 취했다. 헨리 "박스" 브라운은 그 스스로를 나무로 된 박스에 고정시켰고, 리치몬드에서 필라델피아로 보내졌다. 그는 마차, 기차, 증기선과 연락선의 직물제품의 수송물로 가장한 채 27 시간을 보낸 후 자유를 찾았다. 비록 다른 도망자들이 대개 덜 극단적인 방식으로 진짜 철로로 이동했음에도 불구하고, 그들은 주로 걸어서 또는 마차로 이동했다. ^{Q07-(B)} 사실, 그 여정은 종종 여자들이나 아이들 또는 노인들이 성공적으로 완수하기에는 너무 힘든 것으로 간주되었기 때문에 대부분의 도망자들은 40세 이하 남성 육체 노동자들이었다.

4 그럼에도 불구하고, 지하 철도 조직의 역사에서 가장 위대한 단일 차장이 되었던 것은 바로 한 여성, 해리어트 튜브먼이었다. ^{Q08-(A)} 1849년 매릴랜드의 농장을 탈출한 후 튜브먼은 그녀의 생애를 다른 사람들이 자유의 땅에 도달하도록 돕는데 헌신했다. 그녀는 자신의 노부모를 포함하여 300명 이상의 필사적인 노예들을 남부로부터 캐나다나 미국 북부 지역의 자유가 있는 곳으로 19개의 원정대를 안내했다. 격분한 남부의 농장주들은 그녀를 잡기 위해 그 어떤 차장에게도 제시한 적이 없던 가장 높은 액수인 40,000 달러의 포상금을 제시했다.

5 튜브먼의 성공은 그녀의 탐험대를 위한 다음의 잘 발전시킨 계획들에서의 그녀의 대담성과 확고부동함 덕분이다. 한 때, 기차 역에서 튜브먼은 노예 추적자들이 그녀와 그녀가 책임져야 하는 사람들을 잡겠다는 희망으로 북쪽으로 향하는 기차를 지켜보고 있다는 것을 알았다. 그녀는 빠르게 그녀의 집단을 남쪽으로 향하는 기차에 태웠고 그녀의 추격자들이 결코 그들이 남쪽으로 후퇴하지는 않을 것이라 예상한데 성공적으로 모험을 감행한 것이었다. 그녀는 그 이후에 안전 가옥으로부터 그녀의 계획된 경로를 재개했다. 약삭빠르고 용감한 튜브먼은 매번의 임무 수행 때마다 권총을 지니고 다닐 만큼 진지했다 : 만약 어떤 노예가 탈출하는데 망설인다면 그녀는 총을 당기며 그 배신자가 그룹을 이탈하는 것을 막기위해 다음과 같이 말할 것이다. : "자유 아니면 죽음 뿐이야!" 다행스럽게도, 튜브먼은 결코 그러한 조치들에

Vocabulary

enterprising 진취력 있는, 모험심 많은

escapee 도망자

disguise 가장하다, 위장하다

dry goods 직물 제품

arduous 몹시 힘든, 고된

plantation 농장

planter 농장주

bounty 포상금, 보상금

daring 대담성

ruthlessness 무자비함, 잔인함

pistol 권총

dissenter 반대자

wily 약삭빠른, 교활한

Fortunately, it seems that Tubman never had to resort to such measures. As Tubman reported, she "never lost a passenger."

➡ The influence of the Underground Railroad extends even beyond the courage of those who helped operate it and the number of slaves who reached freedom — a group that is thought to include between 40,000 and 100,000 people. (The Underground Railroad was so secretive that records were considered to be a risk. Thus, there is no official record). First, it was relatively common for escapees who had established livelihoods as free men to purchase their mates, children and other family members out of slavery. ■ Q09 **Second, although only a small minority of Northerners participated in the Underground Railroad, its existence tended to arouse Northern sympathy for the conditions of slaves, and at the same time, it convinced many Southerners that the North would never peaceably allow the institution of slavery to exist.** ■ It therefore hastened the beginning of the Civil War. ■

As for Harriet Tubman, she continued her courageous exploits during the Civil War. ■ She worked as a nurse and a cook in the Union army and also became a scout and a spy. During the Civil War, she guided hundreds of people trapped in slavery up to the free states. In one campaign, she personally led 750 Southern slaves to freedom.

Following the war, Harriet Tubman remained active for a full fifty years. She was active in the struggle for women's suffrage, gave speeches about the rights of women and African-Americans, and helped to organize the African Methodist Episcopal (AME) Church. At the age of 93, Harriet Tubman was laid to rest with full military honors. Many schools now bear her name, and historic buildings such as the Harriet Tubman Home, and the Harriet Tubman Museum in Massachusetts, serve as monuments to her life.

6.
The influence of the Underground Railroad
(지하 철도 조직의 영향)

7.
Tubman's courageous exploits during the Civil War
(남북전쟁 동안의 튜브먼의 용기 있는 위업들)

8.
Tubman's life after the war
(전쟁 이후의 튜브먼의 삶)

의지할 필요가 없었던 것 같다. 튜브먼이 말한 것처럼 그녀는 결코 승객을 잃은 적이 없었다.

6 지하 철도 조직의 영향은 심지어 그것을 운영하도록 도왔던 그러한 용기있는 사람들과 자유를 얻은 노예들을 넘어서 확장되었다. – 그들은 4만명에서 10만명 정도 사이로 추정된다. (지하 철도 조직은 너무 비밀스러워서 기록들은 위험 요인이 될 것으로 간주되었다. 따라서, 공식적인 기록은 없다.) 첫째, 자유인으로서 생계를 구축한 도망자들이 노예들 중에서 그들의 배우자들, 아이들 그리고 다른 가족 구성원들을 사는 것은 상당히 일반적이었다. Q09 둘째, 비록 적은 수의 북부 지역 출신자들만이 지하 철도 조직에 참여했음에도 불구하고, 그것의 존재는 노예의 상황에 대한 북부의 동정심을 일깨우는데 도움을 주었으며 동시에 그것은 많은 남부의 사람들이 북부가 노예제도의 존속을 순순히 허용하지는 않을 것임을 확인시켰다. 따라서 그것은 남북전쟁의 시작을 앞당겼다.

7 해리어트 튜브먼에 대해 말하자면, 그녀는 남북전쟁 동안 그녀의 용기 있는 위업들을 지속해나갔다. 그녀는 연합군에서 간호사와 요리사로서 일했고 또한 정찰병이자 스파이가 되었다. 남북 전쟁 동안, 그녀는 노예제도의 덫에 갇힌 수 백명의 사람들을 자유 주로 인도했다. 한번의 활동으로 그녀는 직접 750명의 남부 노예들을 자유로 이끌었다.

8 전쟁 이후 해리어트 튜브먼은 온전히 50년 동안 활동을 했다. 그녀는 여성들의 참정권을 위한 투쟁에 활동적이었고, 여성들과 흑인계 미국인들의 권리에 대한 연설을 했으며 아프리칸 감리교 성공회 교회를 조직하도록 도왔다. 93세의 나이에, 해리어트 튜브먼은 군장으로 안장되었다. 많은 학교들이 현재 그녀의 이름을 붙였고 메사츄세츠에 위치한 해리어트 튜브먼 주택과 해리어트 튜브먼 박물관과 같은 역사적인 건물들은 그녀의 생애를 기념하는 기념비 역할을 한다.

Vocabulary

arouse 불러일으키다, 자아내다
sympathy 동정, 연민
relatively 비교적, 상당히
tend to 경향이 있는, 도움이 되다
exploit 공훈, 위업
suffrage 투표권

01

The word **misnomer** in the passage is closest in meaning to

(A) incorrect name
(B) anachronism
(C) major problem
(D) minor point

지문의 단어 **misnomer**와 의미상 가장 가까운 것은?

(A) 잘못된 이름
(B) 시대착오적 생각
(C) 주요한 문제점들
(D) 사소한 문제

> **Vocabulary** 단락2 지문의 'misnomer (부적절한 명칭)'은 '잘못된 이름'의 의미로 사용되는 'incorrect name'과 의미상 가장 유사하므로 정답은 (A)이다.

02

The word **their** in the passage refers to

(A) routes
(B) guides
(C) charges
(D) packages

지문의 단어 **their**가 가리키는 것은?

(A) 경로들
(B) 안내자들
(C) 책임져야 하는 사람들
(D) 소포들

> **Reference** 단락 1의 their 는 문장 'Routes were called "lines"; safe stopping places were called "stations"; guides were "conductors," and their charges were known as "packages" or "freight.' 에서 '경로는 "노선"으로, 안전한 은신처는 "정류장"으로 탈출 경로 안내자들은 "차장"으로 불렸고, 그들이 책임져야 하는 사람들은 "소포" 또는 "화물"로 알려졌다.'라고 말하고 있으므로 문맥상 their 는 guides를 의미하므로 정답은 (B)안내자들이다.

03

The word **evade** in the passage is closest in meaning to

(A) avoid
(B) accommodate
(C) lie to
(D) connect with

지문의 단어 **evade**와 의미상 가장 가까운 것은?

(A) 피하다
(B) 수용하다
(C) 정박하다
(D) 연결하다

> **Vocabulary** 단락2 지문의 'evade (피하다)'는 '피하다'의 의미로 사용되는 'avoid'와 의미상 가장 유사하므로 정답은 (A)이다.

04

According to paragraph 2, why did many of the Underground Railroads routes lead into Canada?

(A) Because many slaves wanted to leave the United States altogether
(B) **Because a law required slaves to be sent back to their masters from anywhere in the U.S.**
(C) Because most Americans were not willing to help slaves
(D) Because there was a large group of Quakers in Canada

Paragraph 2 is marked with an arrow [➡].

단락2에 따르면, 많은 지하 철도 조직의 경로들이 캐나다로 통해 있었던 이유는?

(A) 많은 노예들이 미국을 완전히 떠나기를 원했기 때문에
(B) **법이 노예들을 미국의 다른 곳에서는 그들의 주인에게로 보내도록 요구했기 때문에**
(C) 대부분의 미국인들은 노예들을 돕기를 꺼려했기 때문에
(D) 캐나다에 거대 집단의 퀘이커 교도들이 있었기 때문에

Fact & Detail 단락2를 보면 'By 1851, the Fugitive Slave Law, a statute that called for escaped slaves to be returned to their owners, forced many conductors to lead slaves all the way to Canada. Thus, many routes fed into Canada, ~. (1851년 까지, 탈출한 노예들이 그들의 소유주에게 되돌아 오도록 하는 법령인 도망 노예법은 많은 차장들이 노예들을 캐나다로 내내 이끌도록 했다. 그러므로, 많은 경로들이 캐나다로 나 있었고, ~)'에 언급되었듯이 노예들은 도망 노예법을 피하기 위해 캐나다로 많이 탈출했기 때문에 지하 철도 조직의 경로들이 캐나다로 많이 통해 있었음을 알 수 있다. 따라서 정답은 (B)이다.

05

Which of the following can be inferred from the passage?

(A) Fugitive slaves had to know people in northern communities in order to plan a trip.
(B) Only prominent members of the community dared to assist with the Underground Railroad.
(C) **The Fugitive Slave Law did not extend into Canada.**
(D) Church officials often informed against Underground Railroad conductors.

다음 중 지문으로부터 추론할 수 있는 것은?

(A) 도망 노예들은 여행을 계획하기 위해 북부 단체의 사람들을 알아야만 했다.
(B) 단지 단체의 유명한 구성원들만이 감히 지하 철도 조직을 도울 수 있었다.
(C) **도망 노예법은 캐나다까지 뻗어있진 않았었다.**
(D) 교회 당국자들은 종종 지하 철도 조직의 안내자들을 밀고했다.

Inference 단락2를 보면 'By 1851, the Fugitive Slave Law, a statute that called for escaped slaves to be returned to their owners, forced many conductors to lead slaves all the way to Canada. (1851년 까지, 탈출한 노예들이 그들의 소유주에게 되돌아 오도록 하는 법령인 도망 노예법은 많은 차장들이 노예들을 캐나다로 내내 이끌도록 했다.)'라고 언급하였으므로 도망 노예법이 캐나다에서는 적용되지 않았음을 알 수 있다. 따라서 정답은 (C)이다.

06

The word **enterprising** in the passage is closest in meaning to

(A) desperate
(B) tired
(C) imaginative
(D) capitalistic

지문의 단어 **enterprising**와 의미상 가장 가까운 것은?

(A) 필사적인
(B) 피곤한
(C) 창의적인
(D) 자본주의의

Vocabulary 단락2 지문의 'enterprising (기획력 있는, 진취력 있는)'는 '창의적인'의 의미로 사용되는 'imaginative'와 의미상 가장 유사하므로 정답은 (C)이다.

07

The author begins paragraph 4 with the word "Yet" to contrast

(A) The importance of a freed black woman in a system run by white abolitionists
(B) The role of a woman as guide when not many women could survive as "passengers"
(C) The importance of a single person known by name in a mostly anonymous institution
(D) Tubman's use of trains as opposed to most guides' use of wagons

Paragraph 4 is marked with an arrow [➡]

저자는 무엇과 대조하기 위하여 그 단어 "Yet"으로 단락4를 시작하는가?

(A) 백인 노예 폐지론자들에 의해 운영되는 조직에서 한 구출된 흑인 여성의 중요성
(B) 많은 여성들이 "승객들"로서 생존할 수 없었을 때 안내자로서의 한 여성의 역할
(C) 주로 익명 단체에서 이름으로 알려진 한 사람의 중요성
(D) 대부분의 안내자들의 마차의 사용과는 대조적인 튜브먼의 기차 사용

Rhetorical Purpose 단락3과 4를 보면 'In fact, most escapees were male field workers under forty years old because the journey was often considered too arduous for women, children, or the elderly to complete successfully. Yet, it was a woman, Harriet Tubman, who became the greatest single conductor in the history of the Underground Railroad. (사실, 그 여정은 종종 여자들이나 아이들 또는 노인들이 성공적으로 완수하기에는 너무 힘든 것으로 간주되었기 때문에 대부분의 도망자들은 40세 이하 남성 육체 노동자들이었다. 그럼에도 불구하고, 지하 철도 조직의 역사에서 가장 위대한 단일 차장이 되었던 것은 바로 한 여성, 해리어트 튜브먼이었다.)'는 탈출 여정은 너무 험난해서 성공적으로 탈출을 하지 못했던 여자들과 여성의 몸으로 안내자의 역할을 했던 튜브먼을 대조하기 위해 접속사 "Yet"을 사용하고 있음을 알 수 있다. 따라서 정답은 (B)이다.

08

According to paragraph 4, which of the following ideas is true?

(A) Harriet Tubman was once a slave.
(B) Tubman led 300 expeditions out of the South.
(C) Tubman charged $40,000 for the journey.
(D) Tubman conducted all of her escapes through Maryland.

Paragraph 4 is marked with an arrow [➡]

단락4에 따르면, 다음 중 옳은 것은?

(A) 해리어트 튜브먼은 한 때 노예였다.
(B) 튜브먼은 남부로부터 300개의 원정팀을 이끌었다.
(C) 튜브먼은 이동 비용으로 40,000달러를 청구했다.
(D) 튜브먼은 매릴랜드를 거쳐 그녀의 모든 탈출을 안내했다.

Fact & Detail 단락4를 보면 'After escaping from a Maryland plantation in 1849, Tubman dedicated her life to helping others reach free lands. (1849년 매릴랜드의 농장을 탈출한 후 튜브먼은 그녀의 생애를 다른 사람이 자유의 땅에 도달하도록 돕는데 헌신했다.)'라고 언급하였으므로 튜브먼은 한 때 노예였음을 알 수 있다. 따라서 정답은 (A)이다.
오답의 근거
보기(B)는 'She guided nineteen expeditions from the South, leading more than 300 desperate slaves ~ (그녀는 ~ 300명 이상의 필사적인 노예들을 ~ 19개의 원정대를 안내했다.)'라고 했으므로 300개의 원정대는 틀린 내용이므로 오답.
보기(C)는 'Enraged Southern planters offered a $40,000 bounty for her capture, the highest amount offered for any conductor. (격분한 남부의 농장주들은 그녀를 잡기 위해 그 어떤 차장에게도 제시한 적이 없던 가장 높은 액수인 40,000 달러의 포상금을 제시했다.)'라고 했으므로 40,000 달러는 청구금이 아니라 튜브먼을 잡기 위해 농장주들이 제시한 포상금이므로 틀린 내용으로 오답.
보기(D)는 단락4에 Maryland에 대한 언급은 있었으나 탈출 경로와 관련된 언급은 없었으므로 오답.

09

Which of the sentences below best expresses the essential information in the highlighted sentence in the passage? Incorrect choices change the meaning in important ways or leave out essential information.

(A) The Underground Railroad aroused Northern sympathy for slaves while convincing Southerners of the North's commitment to defeating slavery.
(B) Even though only a small minority of Northerners participated in the Underground Railroad, the Southerners were convinced that peace could not be kept.
(C) Slavery opened the chasm between the North and South that was originally caused by the emergence of the Underground Railroad.
(D) Many people were sympathetic to the Underground Railroad, but few actually participated in it.

아래 문장 중 지문 속의 음영 표시된 문장의 핵심 정보를 가장 잘 표현하고 있는 것은 무엇인가? 오답은 문장의 의미를 현저하게 바꾸거나 핵심정보를 빠뜨리고 있다.

(A) 지하 철도 조직은 노예제도를 무산시키기 위해 북부가 헌신할 것임을 남부 사람들에게 확인시키면서 노예제도에 대해 북부의 동정심을 유발시켰다.
(B) 비록 적은 수의 북부인들이 지하 철도 조직에 참여했음에도 불구하고, 남부인들은 평화가 유지될 수 없을 것으로 여겼다.
(C) 노예제도는 본래 지하 철도 조직의 출현에 의해 야기된 북부와 남부 사이에 아주 깊은 틈을 열었다.
(D) 많은 사람들이 지하 철도 조직을 동정했지만 실제로 그 조직에 참여한 사람은 거의 없었다.

Sentence Simplification 단락6에서, 음영 표시된 문장 'Second, although only a small minority of Northerners participated in the Underground Railroad, its existence tended to arouse Northern sympathy for the conditions of slaves, and at the same time it convinced many Southerners that the North would never peaceably allow the institution of slavery to exist. (둘째, 비록 적은 수의 북부 지역 출신자들만이 지하 철도 조직에 참여했음에도 불구하고, 그것의 존재는 노예의 상황에 대한 북부의 동정심을 일깨우는데 도움을 주었으며 동시에 그것은 많은 남부의 사람들이 북부가 노예제도의 존속을 순순히 허락하지는 않을 것임을 확인시켰다.)'를 'The Underground Railroad aroused Northern sympathy for slaves while convincing Southerners of the North's commitment to defeating slavery. (지하 철도 조직은 노예제도를 무산시키기 위한 북부의 헌신을 남부인들에게 납득시키면서 노예들을 위한 북부의 동정을 불러일으켰다.)' 지하 철도 조직의 영향만을 간략하게 요약할 수 있다. 따라서 이와 같은 내용을 포함하고 있는 (A)가 정답이다.

10

In paragraph 6, why does the author think there are obvious reasons for no official record?

(A) The slaves used code names to protect their families.
(B) The Civil War was too destructive for records to have been retained.
(C) The Underground Railroad was too secretive to have permitted recordkeeping.
(D) Records are generally not preserved for more than a century.

단락6을 보면, 저자는 왜 공식적 기록이 없는 명백한 이유가 있다고 생각하는가?

(A) 노예들이 그들의 가족들을 보호하기 위해 암호명을 사용했다.
(B) 남북 전쟁은 너무 파괴적이어서 기록이 남아있지 않았다.
(C) 지하 철도 조직은 너무 비밀스러워서 기록보존이 허용되지 않았다.
(D) 기록들을 일반적으로 1세기 이상 동안 보존되지 않았다.

Fact & Detail 단락 6을 보면 'The Underground Railroad was so secretive that records were considered to be a risk. Thus, there is no official record. (지하 철도 조직은 너무 비밀스러워서 기록들은 위험 요인이 될 것으로 간주되었다. 따라서, 공식적인 기록은 없다)'라고 언급하였으므로 정답은 (C)이다.

11

All of the following can be inferred from the passage **EXCEPT:**

(A) The Underground Railroad was not aptly named.
(B) No conductor led more slaves to freedom than Tubman did.
(C) Southern planters were not happy with Tubman's actions.
(D) Many Civil War generals considered Tubman a hero.

다음 중 본문으로부터 추론할 수 없는 것은?

(A) 지하 철도 조직은 적절하게 이름 붙여지지 않았다.
(B) 튜브먼이 행했던 것보다 더 많은 노예들을 자유로 이끌었던 차장은 없다.
(C) 남부의 농장주들은 튜브먼의 행동을 좋아하지 않았다.
(D) 많은 내전 장군들은 튜브먼을 영웅으로 간주했다.

Fact & Detail 내전 장군들이 튜브먼을 어떻게 생각했는지 지문에 언급되지 않았으므로 정답은 (D)이다.
오답의 근거
보기(A)는 단락1의 'The name for the Underground Railroad is actually a misnomer: it was neither the underground nor a railroad. (지하 철도 조직이라는 이름은 실제로 부적절한 명칭이며 이는 지하철도 아니고 철도도 아니다.)'는 지하 철도 조직이 적절하게 이름 붙여지지 않았음을 언급하고 있다.
보기(B)는 단락4의 '~ it was a woman, Harriet Tubman, who became the greatest single conductor in the history of the Underground Railroad. (~ 지하 철도 조직의 역사에서 가장 위대한 단일 차장이 되었던 것은 바로 한 여성, 해리어트 튜브먼이었다.)'는 튜브먼이 행했던 것보다 더 많은 노예들을 자유로 이끌었던 차장은 없음을 말해 준다.
보기(C)는 단락4의 'Enraged Southern planters offered a $40,000 bounty for her capture, the highest amount offered for any conductor. (격분한 남부의 농장주들은 그녀를 잡기 위해 그 어떤 차장에게도 제시된 적이 없던 가장 높은 액수인 40,000 달러의 포상금을 제시했다.)'는 남부의 농장주들은 튜브먼의 행동을 좋아하지 않았음을 말해 준다.

12

Look at the four squares [■] that indicate where the following sentence can be added to the passage.

After slavery was outlawed at the end of the war, some of the routes of the Underground Railroad operated in reverse as escapees returned to the United States.

Where would the sentence best fit? Click on a square [■] to add the sentence to the passage.

네 개의 네모 [■] 는 다음 문장이 삽입될 수 있는 부분을 나타내고 있다.

전쟁 말기 노예 제도가 법으로 금지된 후 지하 철도 조직의 일부 경로들은 도망자들이 미국으로 돌아올 때 반대로 운용되었다.

이 문장은 어느 자리에 들어가는 것이 적절한가? 지문에 문장이 삽입되도록 네모[■]를 클릭하시오.

Insertion 단삽입 구문은 전쟁 말기에 대해 언급하고 있으므로 전쟁에 대한 언급이 나온 뒤에 삽입하는 것이 적절한데, 단락 7의 첫 번째 문장은 해리어트 튜브먼의 위업에 대한 이야기를 하고 있으므로 문맥의 흐름상 남북전쟁을 언급하고 있는 단락6의 마지막 문장 다음에 끼워 넣는 것이 적합하므로 세 번째 네모 [■] 가 정답이다.

13

Directions: An introductory sentence for a brief summary of the passage is provided below. Complete the summary by selecting the THREE answer choices that express the most important ideas in the passage. Some sentences do not belong in the summary because they express ideas that are not presented in the passage or are minor ideas in the passage. **This question is worth 2 points.**

지문 요약을 위한 간략한 문장이 아래에 주어져 있다. 지문의 가장 중요한 내용을 나타내는 보기 3개를 골라 요약문을 완성하시오. 어떤 문장은 지문에 언급되지 않은 내용이나 사소한 정보를 담고 있으므로 요약에 포함되지 않는다. 이 문제는 2점이 부과된다.

Drag your answer choices to the spaces where they belong. To remove an answer choice, click on it. To review the passage, click on **View Text**.
선택한 보기는 마우스로 끌어 해당란에 넣으시오. 선택한 보기를 삭제하려면, 해당 보기를 한번 클릭하시오. 지문을 보려면 화면의 View Text를 클릭하시오.

The Underground Railroad was not a railroad at all, but a set of routes and safe houses used by slaves fleeing the South.
지하 철도 조직은 철도가 아니라 남부에서 달아나는 노예들에 의한 일련의 경로들과 안전 가옥들이었다.

- (A) The Railroad ferried small groups of people by wagon, cart, foot or train through a set of safe houses or "stations" toward the Northern United States and Canada.
- (C) The Underground Railroad was an important institution, freeing as many as 100,000 slaves, some of whom later bought their families' freedom, and hastening the beginning of the Civil War.
- (F) Harriet Tubman, the most famous "conductor" of the Underground Railroad, personally guided hundreds of slaves to freedom, and stories of her bravery have helped keep knowledge of the Railroad alive.

Answer Choices

(A) **The Railroad ferried small groups of people by wagon, cart, foot or train through a set of safe houses or "stations" toward the Northern United States and Canada.i** 지하 철도 조직은 일련의 안전 가옥이나 역을 통해 마차나 수레로 또는 걸어서나 기차로 북미와 캐나다로 작은 집단의 사람들을 수송했다.	(B) Only a small number of Northerners participated in the Underground Railroad; most of its organizers were freed African-Americans. 단지 적은 수의 북부인들 만이 지하 철도 조직에 참여했지만 그것의 조직책들 대부분은 자유롭게 된 흑인계 미국인들이었다.
(C) **The Underground Railroad was an important institution, freeing as many as 100,000 slaves, some of whom later bought their families' freedom, and hastening the beginning of the Civil War.** 지하 철도 조직은 100,000명만큼 많은 노예들에게 자유를 준 중요한 기관이었고, 그들 중 일부는 나중에 그들의 가족들의 자유를 샀고 남북 전쟁의 시작을 앞당겼다.	(D) Prior to 1850, all routes led to Canada, where slaves could live without the fear of being returned to their masters. 1850년 이전, 모든 경로들은 캐나다로 이어졌고 그 곳에서 노예들은 그들의 주인에게 돌아가는 두려움 없이 살 수 있었다.
(E) The term "Underground Railroad" came into being when men pursuing an escaped slave remarked that he had disappeared as if by an "underground road." 그 용어 "지하 철도 조직"은 한 명의 탈출한 노예를 쫓는 사람들이 그 사람이 마치 "지하도"로 사라진 것 같다고 발언했을 때 생겨났다.	(F) **Harriet Tubman, the most famous "conductor" of the Underground Railroad, personally guided hundreds of slaves to freedom, and stories of her bravery have helped keep knowledge of the Railroad alive.** 지하 철도 조직의 가장 유명한 "차장"인 해리어트 튜브먼은 개인적으로 수 백 명의 노예들을 자유로 인도했고 그녀의 용감성에 대한 이야기들은 철도 조직의 명맥을 이어가도록 도왔다.

Prose Summary 요약문의 도입 문장은 전체 지문의 도입 부분, 즉 지하 철도 조직의 용어에 관해 언급하고 있다. 따라서 보기를 고를 때에는 그 나머지 본문의 주요 내용들을 요약하는 보기를 선택해야 한다. 보기(A)는 지하 철도 조직이 일련의 안전 가옥이나 역을 통해 마차나 수레로 또는 걸어서나 기차로 북미와 캐나다로 작은 집단의 사람들을 수송했음을 언급하는 단락3의 내용과 관련이 있고, 보기(C)는 지하 철도 조직은 상당수의 노예들을 자유롭게 한 중요한 기관이었고, 그들 중 일부는 나중에 그들의 가족들의 자유를 샀고 남북 전쟁의 시작을 앞당겼음을 언급하는 단락6의 내용과 일치하며, 보기(F)는 지하 철도 조직의 가장 유명한 "차장"인 해리어트 튜브먼은 개인적으로 수 백 명의 노예들을 자유로 인도했고 그녀의 용감성에 대한 이야기들은 철도 조직의 명맥을 이어가도록 도왔음을 언급하는 단락4,5,7의 내용을 요약하고 있다. 따라서 정답은 (A), (C), (F)이다.

오답의 근거
보기(B)는 단락2에서 'By 1851, the Fugitive Slave Law, a statute that called for escaped slaves to be returned to their owners, forced many conductors to lead slaves all the way to Canada. Thus, many routes fed into Canada, ~.'라고 언급하였으므로 보기의 진술 'Prior to 1850, all routes led to Canada'는 엄밀하게는 틀린 내용이므로 오답.

1.
Much contro-
versy about
Reaganomics
(레이건의 경제
정책에 관한 많은
논란들)

Ronald Reagan first became President in 1981 during a period of stagflation[1], an unprecedented economic condition in the United States. Reagan's economic response -- a set of policies collectively referred to as Reaganomics -- has been the source of much controversy. Supporters believe that Reagan's policies led to major economic growth, but critics believe Reagan merely benefited from a combination of luck and the benefits of the non-Reaganomic actions that his administration took. However, the truth is that both arguments are flawed: Reagan's actual policies led to some regrettable economic effects, and since his ideals were never fully implemented, Q14 **they** cannot be evaluated.

2.
Two key
ideals of Rea-
ganomics
(레이건의 경제
정책의 두 가지
이상들)

Reaganomics essentially has two key ideals -- low taxes and small government – and its proponents argue that free markets are the most efficient means of distributing wealth. Those who support Reaganomics see business as the "goose that lays the golden eggs," and they charge that the government is "strangling the goose" when it imposes regulations and taxes. Unlike his ardent supporters, Reagan only partially agreed with this philosophy. Q24-(D) He did believe that the key to economic prosperity was the liberalization of the private economic sector, and he sought to stimulate the economy by lowering taxes on the wealthy. He implemented a twenty-five percent tax cut for individuals in order to promote greater consumption, saving, and investment. He lifted domestic petroleum price controls, lowered the oil windfall profits taxes[2] in August 1981, and ended the oil windfall profits tax in 1988. According to Reaganomics, tax cuts such as

---

1   A combination of high inflation and high unemployment

2   Higher tax rates on oil profits that ensued from a sudden large gain within the industry

1 로널드 레이건은 미국의 전례에 없던 경제 상황인 스테그플레이션[1] 중이었던 1981년 대통령에 초임으로 당선되었다. 레이건의 경제적 대응책은 –레이거노믹스로 명명되는 일련의 정책들– 많은 논란의 근원이 되었다. 지지자들은 레이건의 정책들이 주요한 경제 성장을 이끌었다고 주장하지만, 비평가들은 레이건이 단지 그의 행정부가 취했던 비 레이건적 경제 정책들의 혜택과 운의 조합으로 혜택을 보았을 뿐이라고 생각한다. 하지만, 진실은 양 쪽 주장 모두 결함이 있다는 것이다. 레이건의 실제 정책들은 일부 유감스러운 경제 효과를 이끌었고 그의 이상들이 결코 완전히 수행되지 않았으므로 Q01그것들은 평가될 수 없기 때문이다.

2 레이건의 경제 정책들은 근본적으로 낮은 세금과 작은 정부라는 두 가지의 주요한 이상들을 갖고 있고 그것의 지지자들은 자유 시장이 부를 분배하는 가장 효율적인 수단이라고 주장한다. 레이건의 경제 정책들을 지지하는 사람들은 사업을 황금 알을 낳는 거위로 보며 정부가 규제와 세금을 부과할 때 거위를 교살하고 있다고 비난한다. 그의 열렬한 지지자들과 달리, 레이건은 단지 부분적으로만 이 철학에 동의했다. Q24-(D) 그는 경제적 번영의 비결은 민간 경제 부분의 해방이라고 믿었고 그는 부유세를 내림으로써 경제를 부양시키고자 했다. 그는 개인의 더 큰 소비, 저축, 투자를 촉진하기 위해 25%의 세금 감면을 시행했다. 그는 국내 석유가격 통제를 해제했고, 1981년 8월 석유로 인한 불로소득세를 낮추었고, 1988년 석유 불로소득세를 끝냈다. 레이건 경제

Vocabulary

stagflation 스테그플레이션(경기불황 중에도 물가는 계속 오르는 현상)

unprecedented 전례 없는

controversy 논란

proponent 지지자

strangle 교살하다, 목 졸라 죽이다

ardent 열렬한, 열정적인

liberation 해방, 석방

windfall profits tax 불로소득세

these would pay for themselves through taxes on increased spending and increased earnings in the newly-stimulated economy. ■ Reagan also significantly cut government spending, except military spending, because he perceived it to be a drain on the economy. ■ These spending cuts were controversial because they affected social services, including education, food stamps, low-income housing, Medicaid (health insurance for the poor), and Aid to Families with Dependent Children. ■

정책에 따르면, 이와 같은 세금 감면은 새롭게 활성화된 경제에서 증가된 소비와 증가된 소득에 대한 세금을 통해 충당될 것이다. 또한 레이건은 정부지출을 경제를 고갈시키는 것으로 여겼기 때문에 군비를 제외한 정부 지출을 상당히 줄였다. 이러한 지출 삭감은 교육, 식량 배급표, 저소득자용 주택, 저소득층 의료 보장 제도 (가난한 사람들을 위한 건강 보험)와 부양아동가족부조와 같은 사회복지사업들에 영향을 주었기 때문에 논란이 많았다.

3.
Deficit spending which violated traditional conservative economic theory
(전통적 보수주의 경제 이론을 위반했던 적자 지출)

➡ At the same time, however, the U.S. deficit during Reagan's presidency in 1983 reached $207.8 billion, accounting for the largest share of the economy since World War II. ■ Reagan increased military spending by $1.5 trillion over a five-year period to combat what he saw as a real threat from the Soviet Union. ^{Q23-(D)} Deficit spending is one way in which the application of pure Reaganomics was abandoned. His deficit spending also violated traditional conservative economic theory. Without a balanced budget, such wisdom has it, private actors will expect taxes to increase in the future to offset the deficits, and they will save money to pay these taxes. This offsets any increases in ^{Q15} **consumption** resulting from other financial incentives.

3 하지만, 동시에 1983년 레이건의 대통령 임기 동안 미국의 적자는 2,078억 달러에 도달했으며 이는 제2차 세계 대전 이후 경제의 가장 큰 부분을 차지했다. 레이건은 그가 소련으로부터 진정한 위협으로 간주하는 것을 방지하기 위해 군비 지출을 5년의 기간에 걸쳐서 1.5조 달러까지 늘렸다. ^{Q23-(D)} 정부의 적자 지출은 레이거노믹스의 순수한 적용이 파기된 한 예였다. 그의 적자 지출은 또한 전통적인 보수주의적 경제 이론을 위반했다. 균형 예산 없이, 그러한 통념에 따르면, 민간 주체들은 적자를 상쇄하기 위해 세금이 미래에 증가할 것을 예상할 것이고 그들은 이러한 세금을 지불하기 위해 돈을 저축할 것이다. 이것은 다른 재정적 유인책으로부터 오는 ^{Q15} 소비의 증가를 상쇄한다.

4.
The initial results of Reaganomics and the economic recession in the U. S.
(레이건의 경제 정책의 초기 결과들과 미국의 경기 침체)

➡ ^{Q16-(C)} Indeed, the policies Reagan chose did not initially appear to work: the country suffered an economic recession in 1982. Reagan then tried to combat inflation by dramatically hiking interest rates to tighten the money supply, but a limited money supply generally lowers inflation while increasing unemployment. ^{Q17} **The severe recession in 1982 pushed the nation's unemployment rate to nearly 11 percent, the highest it had been since the Great Depression.** Other indicators were equally troubling. The Gross National Product fell by 2.5 percent in 1982. ^{Q19-(C)} As American productivity slowed due to the recessed economy, countries such as Germany and Japan claimed the American market, and the American consumption of foreign products increased. The country's trade deficit increased from $25 billion in 1980 to $111 billion in 1984. The number of farmers also declined

4 ^{Q16-(C)} 사실, 레이건이 선택한 정책들은 처음에 효과가 없는 것 같았고, 미국은 1982년 경기 침체를 겪었다. 레이건은 그 때 통화 공급량을 감소시키기 위해 금리를 극적으로 인상함으로써 인플레이션을 방지하려고 했지만 제한된 통화 공급량은 일반적으로 인플레이션을 낮추기는 하지만 실업은 증가시킨다. ^{Q17} 1982년의 심각한 경기 침체는 국가의 실업률을 거의 11%까지 올렸으며 이는 대공황 이래로 가장 높은 수치였다. 다른 지표들도 동일하게 애를 먹고 있었다. 국민 총생산은 1982년 2.5%까지 떨어졌다. ^{Q19-(C)} 침체된 경제 때문에 미국의 생산성이 둔화됨에 따라, 독일과 일본과 같은 나라들은 미국 시장을 점유하였고 외국 상품의 미국 소비는 증가했다. 미국의 무역 적자는 1980년 250억 달러에서 1984년 1,110억 달러로 증가했다.

Vocabulary

deficit 적자
account for 차지하다
combat 방지하다, (방지하기 위해) 싸우다
bankruptcy 파산
foreclosure (빌려간 돈에 대한) 담보권 행사, 압류

as the worldwide economic slump of the early 1980s ^{Q18} **diminished** the market for farm products. Bankruptcies and farm foreclosures reached record levels. Meanwhile, budget deficits continued to soar.

농부의 수 또한 1980년대 초 세계적인 경제 불황이 농산물 시장을 ^{Q18} 감소시킴에 따라 줄었다. 파산과 농장 압류는 기록적 수준에 도달했다. 한편, 재정 적자는 지속적으로 증가했다.

5.
The dramatic recovery in the American economy and Reagan's action
(미국 경제의 극적인 회복과 레이건의 조치)

➡ By the end of 1983, the economy staged a dramatic recovery – but this, too, cannot be attributed to Reaganomics. ^{Q20-(B)} Reagan had again partially backed away from strict Reaganomics by increasing taxes by $98.3 million in 1982 to help limit budget deficits. By early 1983, the economy had begun to recover, and by the end of that year unemployment and inflation were significantly reduced. The economy bounced back and the U.S. entered a long period of economic growth: consumers began to spend more, inflation was at an all-time low, and the Gross National Product grew at a rate of 4.2 percent annually.

5 1983년 말까지, 경제는 극적인 회복세를 보였다. 하지만 이 역시 레이건의 덕분이라 할 수는 없었다. ^{Q20-(B)} 레이건은 다시 부분적으로 재정 적자를 메우기 위해 1982년 9,830만 달러까지 증세함으로써 엄격한 레이건 경제 정책에서 후퇴했다. 1983년 초 그 경제는 회복하기 시작했고 그 해 말 실업과 인플레이션은 상당히 감소되었다. 경제는 다시 회복되었고 미국은 긴 경제 성장의 시기에 들어갔다. 소비자들은 더 많이 소비하기 시작했고 인플레이션은 사상 최저였고 국민총생산은 해마다 4.2%까지 증가했다.

6.
The responses to Reagan's actions
(레이건의 조치에 대한 반응들)

But critics charged that not everyone benefited. The national debt had nearly tripled, and lower- and middle-class families did not feel the economic growth. Rather, the wealthy seemed to benefit the most. Reagan tried to ^{Q21} **rectify** this in his second term by implementing tax reforms that attempted to do away with preferential systems and loopholes so that Americans of all classes were taxed more fairly. Even so, not everyone ^{Q22} **prospered** from those reforms. The poor and the farmers still did not benefit from the growing economy. The military funds deficit was another concern, since this meant the government was spending far more than its income every year. The stock market crash of 1987 served as confirmation of the doubts about the true state of the nation's economy.

6 그러나 비평가들은 모두가 혜택을 본 것은 아니라고 비판했다. 국가 부채는 거의 세배가 되었고 하층 계급과 중산층 계급 가정들은 경제 성장을 느끼지 못했다. 오히려, 부유한 사람들이 가장 많이 이득을 본 것 같았다. 레이건은 그의 두 번째 임기 중에 모든 계층의 미국인들에게 더 공정하게 세금이 부과되도록 하기 위해 특혜 제도와 법의 허점들을 없애려고 시도했던 세제 개혁을 시행함으로써 이것을 ^{Q21} 바로 잡으려고 애썼다. 그렇기는 하지만, 모두가 이 개혁으로부터 ^{Q22} 번영한 것은 아니었다. 가난한 사람들과 농부들은 여전히 성장하는 경제로부터 혜택을 받지 못했다. 군대 재정 적자는 또 다른 우려 였는데 왜냐하면 이는 정부가 매년 그것의 수입보다 훨씬 더 많이 소비하고 있음을 의미했기 때문이다. 1987년 주식 시장의 폭락은 국가 경제의 참 모습에 대한 의구심을 확인시켜주는 역할을 했다.

7.
The evaluation of Reaganomics
(레이건의 경제 정책에 대한 평가)

In sum, the theoretical Reaganomic ideal of smaller government and spending restraint was never implemented due to a lack of political will. The legacy of Reagan's actual policies, however, indicates problems with his approach.

7 요컨대, 더 작은 정부와 정부 지출 축소의 이론적인 레이건 경제 정책의 이상은 결코 정치적 의지의 부족 때문에 시행되지 않았다. 하지만, 레이건의 실제 정책들의 유산은 그의 접근이 가진 문제를 시사한다.

Vocabulary

soar 급증하다
rectify (잘못된 것을) 바로잡다
do away with~ ~을 그만두다, 끝내다
loophole (법률 · 계약서 등의 허술한) 구멍, 허점, 실수
prosper 번영하다, 번성하다
stage (극적인 변화를) 야기시키다

14

The word **they** in the passage refers to

(A) arguments
(B) policies
(C) effects
(D) ideals

지문의 단어 **they**가 가리키는 것은?

(A) 주장들
(B) 정책들
(C) 영향들
(D) 이상들

Reference 단락 1의 they는 문장 'Reagan's actual policies led to some regrettable economic effects, and since his ideals were never fully implemented, **they** cannot be evaluated.' 에서 '레이건의 실제 정책들은 일부 유감스러운 경제 효과를 이끌었고 그의 이상들이 결코 완전히 수행되지 않았기 때문에 **그것들은** 평가될 수 없다.'라고 말하고 있으므로 문맥상 they는 his ideals를 의미하므로 정답은 (D)이상들이다.

15

The word **consumption** in the passage is closest in meaning to

(A) eating
(B) spending
(C) saving
(D) wasting

지문의 단어 **consumption**와 의미상 가장 가까운 것은?

(A) 먹는 것
(B) 소비하는 것
(C) 저축하는 것
(D) 낭비하는 것

Vocabulary 단락2 지문의 'consumption (소비)'는 '소비하는 것'의 의미로 사용되는 'spending'과 의미상 가장 유사하므로 정답은 (B)소비하는 것이다.

16

According to paragraph 3 and 4, why does the author mention a balanced budget?

(A) To highlight one of Reagan's main accomplishments
(B) To explain the logic behind deficit spending
(C) To suggest why the country suffered an economic recession in 1982
(D) To explain why Reagan cut spending

Paragraph 3 is marked with an arrow [➡].

단락3, 4에 따르면, 저자가 균형 예산을 언급한 이유는?

(A) 레이건의 주요 업적들 중 하나를 강조하기 위해
(B) 적자 지출의 논리를 설명하기 위해
(C) 그 나라가 1982년 경제 침체를 겪었던 이유를 제시하기 위해
(D) 레인건이 지출을 줄인 이유를 설명하기 위해

Rhetorical Purpose 단락4를 보면 'Indeed, the policies Reagan chose did not initially appear to work: the country suffered an economic recession in 1982. (사실, 레이건이 선택한 정책들은 처음에 효과가 없는 것 같았고, 미국은 1982년 경기 침체를 겪었다.)'라 언급하고 있으므로 정답은 (C)이다.

17

Which of the sentences below best expresses the essential information in the highlighted sentence in the passage? Incorrect choices change the meaning in important ways or leave out essential information.

(A) The nation's unemployment rate increased to nearly 11 percent because of the Great Depression.
(B) The severe recession was caused by the rate of unemployment in 1982.
(C) Unlike the Great Depression, the recession in 1982 pushed the nation's unemployment rates to nearly 11 percent.
(D) In 1982, the nation suffered a recession, increasing unemployment rates drastically.

아래 문장 중 지문 속의 음영 표시된 문장의 핵심 정보를 가장 잘 표현하고 있는 것은 무엇인가? 오답은 문장의 의미를 현저하게 바꾸거나 핵심정보를 빠뜨리고 있다.

(A) 대공황 때문에 국가의 실업률은 거의 11%까지 증가했다.
(B) 심각한 침체는 1982년 실업률에 의해 야기되었다.
(C) 대공황과 달리, 1982년의 침체는 국가의 실업률을 거의 11%까지 증가시켰다.
(D) 1982년 국가는 침체를 겪었고 극적으로 실업률을 증가시켰다.

Sentence Simplification 단락6의 음영 표시된 문장 'The severe recession in 1982 (원인) pushed the nation's unemployment rate to nearly 11 percent, the highest it had been since the Great Depression (결과). (1982년의 심각한 침체는 국가의 실업률을 거의 11%까지 올렸으며 이는 대공황 이래로 가장 높은 수치였다.)'는 'In 1982, the nation suffered a recession (원인), increasing unemployment rates drastically (결과). (1982년 국가는 침체를 겪었고 극적으로 실업률을 증가시켰다.)'로 간략하게 요약될 수 있다. 따라서 정답은 (D)이다.

18

The word **diminished** in the passage is closest in meaning to

(A) decreased
(B) destroyed
(C) replaced
(D) changed

지문의 단어 **diminished**와 의미상 가장 가까운 것은?

(A) 감소했다
(B) 파괴했다
(C) 대체했다
(D) 바뀌었다

Vocabulary 단락2 지문의 'diminished (감소했다)'는 '감소했다'의 의미로 사용되는 'decreased'와 의미상 가장 유사하므로 정답은 (A)감소했다 이다.

19

It can be inferred from paragraph 4 that Americans began buying more foreign goods because

(A) They had more spending money due to tax cuts.
(B) Many American companies moved to foreign countries.
(C) American companies could not meet their needs.
(D) The strong dollar made it economically wise.

Paragraph 4 is marked with an arrow [➡].

단락 4에 따르면, 미국인들은 어떠한 이유로 더 많은 외국 상품을 사기 시작했는가?

(A) 그들은 세금 감면 때문에 용돈을 더 쓸 수 있게 되었다.
(B) 많은 미국의 회사들은 외국으로 이주했다.
(C) 미국의 회사들은 그들의 요구를 충족시킬 수 없었다.
(D) 달러 강세는 그것을 경제적으로 현명하게 만들었다.

단락 4은 화살표 [➡]로 표시되어 있다.

Fact & Detail 단락4를 보면, 'As American productivity slowed due to the recessed economy, countries such as Germany and Japan claimed the American market, and the American consumption of foreign products increased. (침체된 경제 때문에 미국의 생산성이 둔화됨에 따라, 독일과 일본과 같은 나라들은 미국 시장을 점유했고 외국 상품의 미국 소비는 증가했다.)'고 했으므로 미국의 회사들이 미국인들의 요구를 충족시킬 수 없었음을 추론할 수 있다. 따라서 정답은 (C)이다.

20

In paragraph 5, the author suggests that Reagan raised taxes

(A) To respond to the criticism that his policies only helped the rich
(B) To decrease the deficit
(C) To pay for important social programs
(D) To normalize the economy after a period of very low taxes

Paragraph 5 is marked with an arrow [➡].

단락5를 보면, 저자는 레이건이 세금을 올린 목적으로 무엇을 제시하는가?

(A) 그의 정책들은 단지 부유한 사람들만을 도왔다는 비판에 대응하기 위해
(B) 적자를 줄이기 위해
(C) 중요한 사회 프로그램에 대금을 지불하기 위해
(D) 세금이 매우 낮았던 기간이 지난 후 경제를 정상화하기 위해

Fact & Detail 단락5에서 'Reagan had again partially backed away from strict Reaganomics by increasing taxes by $98.3 million in 1982 to help limit budget deficits. (레이건은 다시 부분적으로 재정 적자를 제한하도록 돕기 위해 1982년 9,830만 달러까지 증세함으로써 엄격한 레이건 경제 정책에서 후퇴했다.)'라고 언급하였으므로 정답은 (B)이다.

21

The word **rectify** in the passage is closest in meaning to

(A) continue
(B) eliminate
(C) remedy
(D) decrease

지문의 단어 **rectify**와 의미상 가장 가까운 것은?

(A) 지속하다
(B) 제거하다
(C) 바로잡다
(D) 감소하다

> **Vocabulary** 단락6 지문의 'rectify ((잘못된 것을) 바로잡다)'는 '바로잡다, 개선하다'의 의미로 사용되는 'remedy'와 의미상 가장 유사하므로 정답은 (C)이다.

22

The word **prospered** in the passage is closest in meaning to

(A) agreed
(B) flourished
(C) learned
(D) regressed

지문의 단어 **prospered**와 의미상 가장 가까운 것은?

(A) 동의했다
(B) 번창했다
(C) 야망
(D) 혼란

> **Vocabulary** 단락6지문의 'prospered (번영했다)'는 '번창했다'의 의미로 사용되는 'flourished' 와 의미상 가장 유사하므로 정답은 (B)이다.

23

According to the passage, which one of Reagan's enacted policies was a violation of his own economic philosophy?

(A) Cuts in spending
(B) Tax cuts
(C) Deregulation
(D) Deficit spending

본문에 따르면, 다음 중 레이건이 제정한 정책들 중 그 자신의 경제 철학을 위반한 정책은?

(A) 지출 삭감
(B) 감세
(C) 규제 완화
(D) 적자 지출

> **Fact & Detail** 단락3을 보면 'Deficit spending is one way in which the application of pure Reaganomics was abandoned. His deficit spending also violated traditional conservative economic theory. (정부의 적자 지출은 순수한 레이건의 경제 정책의 적용이 포기되었던 하나의 방식이다. 그의 적자 지출은 또한 전통적인 보수주의적 경제 이론을 위반했다.)'라고 언급했으므로 정답은 (D)이다.

24

According to the passage, the major action of Reagonomics was

(A) Limiting the money supply to control inflation
(B) Cutting taxes to stimulate consumption
(C) Deficit spending to spur military growth
(D) Stopping government spending to free the economy

본문에 따르면, 레이거노믹스의 주요한 조치는?

(A) 인플레이션을 통제하기 위한 통화 공급량 제한
(B) 소비를 촉진하기 위한 세금 감면
(C) 군대 증강에 박차를 가하기 위한 적자 지출
(D) 경제를 자유롭게 하기 위한 정부 지출 중단

> **Fact & Detail** 단락2를 보면 'He did believe that the key to economic prosperity was the liberation of the private economic sector, and he sought to stimulate the economy by lowering taxes on the wealthy. He implemented a twenty-five percent tax cut for individuals in order to promote greater consumption, saving, and investment. (그는 경제적 번영의 비결은 민간 경제 부분의 해방이라고 믿었고 그는 부유세를 내림으로써 경제를 부양시키고자 했다. 그는 개인의 더 큰 소비, 저축, 투자를 촉진하기 위해 25%의 세금 감면을 시행했다.)'라고 언급하였으므로 정답은 (B)이다.

25

Look at the four squares [■] that indicate where the following sentence can be added to the passage.

Reagan saw defense as a more crucial government function than social welfare.

Where would the sentence best fit? Click on a square [■] to add the sentence to the passage.

네 개의 네모 [■] 는 다음 문장이 삽입될 수 있는 부분을 나타내고 있다.

레이건은 방위를 사회 복지보다 더 중요한 정부 기능으로 보았다.

이 문장은 어느 자리에 들어가는 것이 적절한가? 지문에 문장이 삽입되도록 네모[■]를 클릭하시오.

> **Insertion** 삽입 구문은 레이건이 방위를 다른 정부 기능보다 더 중요하게 생각하고 있음을 보여줌으로 군비 이외의 정부 지출을 상당히 삭감했음을 언급하는 문장 다음에 끼워 넣는 것이 그 다음에 이어지는 문장에서의 이러한 지출 삭감은 논란이 있다라는 문장 내용과 문맥상 맞아 떨어지므로 두 번째 네모 [■] 가 정답이다.

26

Directions: An introductory sentence for a brief summary of the passage is provided below. Complete the summary by selecting the **THREE** answer choices that express the most important ideas in the passage. Some sentences do not belong in the summary because they express ideas that are not presented in the passage or are minor ideas in the passage. **This question is worth 2 points.**

지문 요약을 위한 간략한 문장이 아래에 주어져 있다. 지문의 가장 중요한 내용을 나타내는 보기 3개를 골라 요약문을 완성하시오. 어떤 문장은 지문에 언급되지 않은 내용이나 사소한 정보를 담고 있으므로 요약에 포함되지 않는다. 이 문제는 2점이 부과된다.

Drag your answer choices to the spaces where they belong. To remove an answer choice, click on it. To review the passage, click on **View Text.**

선택한 보기는 마우스로 끌어 해당란에 넣으시오. 선택한 보기를 삭제하려면, 해당 보기를 한번 클릭하시오. 지문을 보려면 화면의 View Text를 클릭하시오.

Ronald Reagan's unprecedented economic policies have been the source of much controversy.

로널드 레이건의 전례 없는 경제 정책들은 많은 논란의 근원이 되어왔다.

- (A) Since Reaganomics were not fully put into practice, it is impossible to know whether practicing Reaganomics would bring about a healthy economy.
- (B) So-called Reaganomics were based on the idea that cutting taxes and government spending would stimulate the economy.
- (F) Reagan's deficit spending contradicted the principles of Reaganomics and also violated conventional wisdom.

Answer Choices

(A) **Since Reaganomics were not fully put into practice, it is impossible to know whether practicing Reaganomics would bring about a healthy economy.** 레이건의 경제 정책은 완전히 시행되지 않았기 때문에, 레인건의 경제 정책이 건강한 경쟁을 불러일으켰는지를 알기는 불가능하다.	(B) **So-called Reaganomics were based on the idea that cutting taxes and government spending would stimulate the economy.** 소위 말하는 레이건의 경제 정책은 세금과 정부 지출 감면이 경기를 부양시킬 것이라는 생각에 기반을 두었다.
(C) In fact, it were the tax increases of 1982 that caused the end of the recession. 사실, 침체의 종결을 야기했던 것은 바로 1982년의 세금 인상이었다.	(D) Reagan faced unusual economic circumstances: the combination of high inflation and high unemployment. 레이건은 높은 인플레이션과 낮은 실업률이 조합된 흔치 않은 경제 상황들에 직면했다.
(E) President Reagan spent vast sums on the military because he felt there was a real threat from the Soviet Union. 레이건 대통령은 소련으로부터 진정한 위협이 있다고 느꼈기 때문에 그는 군대에 거액을 쏟아부었다.	(F) **Reagan's deficit spending contradicted the principles of Reaganomics and also violated conventional wisdom.** 레이건의 적자 지출은 레이건의 경제 정책의 원리를 반박했고, 사회적 통념을 위반했다.

Prose Summary 요약문의 도입 문장은 전체 지문의 요약인, 로널드 레이건의 경제 정책이 많은 논란이 되었음을 언급하고 있다. 보기(A)는 레이건의 경제 정책은 완전히 시행되지 않았기 때문에, 레인건의 경제 정책이 건강한 경쟁을 불러일으켰는지를 알기는 불가능함을 언급하는 단락1의 내용과 관련이 있고, 보기(B)는 레이건의 경제 정책은 세금과 정부 지출 감면이라는 두 가지 이상이 경기를 부양시킬 것이라는 생각에 기반을 둠을 언급하는 단락2의 내용과 일치하며, 보기(F)는 레이건의 적자 지출은 레이건의 경제 정책의 원리를 반박했고, 사회적 통념을 위반했음을 언급하는 단락3의 내용을 요약하고 있다. 따라서 정답은 (A), (B), (F)이다.

오답의 근거

보기(C)는 단락5에서 'By the end of 1983, the economy staged a dramatic recovery - but this, too, cannot be attributed to Reaganomics.'라고 언급하였으므로 보기의 진술 'In fact, it was the tax increases of 1982 that caused the end of the recession.'은 틀린 내용이므로 오답.

보기(D)는 단락4에서 'Reagan then tried to combat inflation by dramatically hiking interest rates to tighten the money supply, but a limited money supply generally lowers inflation while increasing unemployment.'라고 언급하였으므로 보기의 진술 'Reagan faced ~ the combination of high inflation and high unemployment.'은 틀린 내용이므로 오답.

보기(E)는 단락3에서 'Reagan increased military spending by $1.5 trillion over a five-year period to combat what he saw as a real threat from the Soviet Union.'라고 언급하였지만, 지엽적인 내용이므로 오답.

1.
Early rockets
(초기의 로켓들)

Rockets -- missiles, spacecraft, or aircraft propelled by the reaction and ejection of fast-moving exhaust gas -- have a long and complex history. A Greek man named Archytas [Q27] **devised** a crude rocket in 400 B.C. when he flew a wooden pigeon in front of his fellow townspeople in Tarentum. The bird was suspended by wires and propelled by steam. Three hundred years later, another Greek, Hero of Alexandria, invented another steam-propelled rocket dubbed the "aeolipile." In this case, a sphere was mounted on top of a kettle. **Steam traveled through a pipe from the kettle into the sphere, and it was allowed to escape through small vents in the sides, causing the sphere to rotate.**

2.
Early discovery and dissemination of rocket technology in China
(중국에서의 로켓 기술의 초기 발견과 전파)

➡ Around the first century C.E., the Chinese used bamboo tubes filled with a crude form of gunpowder during religious celebrations. The tubes, which were precursors to modern fireworks, were thrown into a fire, where they exploded. Some of these tubes did not explode but skittered out of the fire, propelled by the escaping gas and sparks from the burning powder. This [Q29] **induced** the Chinese to further study and experiment with these tubes for military uses. [Q31-(C)] Ninth century Chinese Taoist alchemists[1] then experimented with gunpowder, which they discovered while searching for the Elixir of Life. Ironically, their discovery led to the development of bombs, cannons, and rocket-propelled fire arrows. The Chinese first applied rocket technology for military purposes in 1232, against the Mongol army in the battle of Kai-Keng. ■ After the Mongols conquered northern China, they employed Chinese rocketry experts as mercenaries in [Q30] **their** military,

---

1 People who sought to chemically change an everyday substance, usually of little value, into a substance of great value (i.e., the Elixir of Life)

1 빠르게 움직이는 배기가스의 반응과 배출에 의해 나아가게 되는 미사일, 우주선, 또는 항공기인 로켓은 길고 복잡한 역사를 갖고 있다. 아르키타스라는 이름의 그리스인이 타렌툼의 그의 동료 주민들 앞에서 나무로 된 비둘기를 날렸을 때인 기원전 400년에 그는 조야한 수준의 로켓을 [Q27]고안했다. 그 로켓은 철사에 매달려 증기로 나아가게 되었다. 300년 이후 또 다른 그리스인, 알렉산드리아의 헤론은 또 다른 증기에 의해 나아가는 "기력계"라 불리는 로켓을 발명했다. 이 경우에 있어서 구는 기체의 꼭대기에 위치해 있었다. 증기는 기체로부터 구로 파이프를 통해 이동했고, 이 증기는 양측의 작은 분출구를 통해 빠져 나갔으며 구가 회전하도록 했다.

2 서기 1세기 경, 중국인들은 종교적인 축제 기간 동안 정제되지 않은 화약으로 채워진 죽통을 사용했다. 현대 폭죽의 전조였던 그 죽통은 불에 던져졌고 그 불 속에서 그것은 폭발했다. 이러한 죽통들의 일부는 폭발하지 않았지만 불 밖으로 빠르게 나아갔고 새는 가스와 타는 가루의 불똥에 의해 추진하는 힘을 받아 앞으로 나아갔다. 이는 중국인들로 하여금 군용으로 발전시키기 위해 이러한 튜브 모양의 통을 가지고 한층 더 연구와 실험을 하도록 [Q29]했다. [Q31-(C)] 9세기 중국 도교의 연금술사들은 그들이 불로장생 약을 찾던 중에 발견했던 화약을 가지고 실험을 했다. 아이러니하게도, 그들의 발견은 폭탄, 대포 그리고 로켓 추진식의 불화살의 발달을 이끌었다. 중국인들은 1232년 Kai-Keng 전투에서 몽골 군을 상대로 한 군사적 목적으로 로켓 기술을 최초로 사용했다. 몽골인들은 중국의 북부 지방을 정복한 후 [Q30] 그들의 군대에 용병들로써 중국의 로켓 공학 전문가들을 고용했고 이러한 방식으로

Vocabulary

exhaust gas 배기가스	**gunpowder** 화약
ejection 분출, 배출	**firework** 폭죽
propel 나아가게 하다	**precursor** 전조, 선구자(격의 물건)
crude 조야한, 미완성의, 날것의, 가공되지 않은	**skitter** 잽싸게 나아가다
spacecraft 우주선	**induce** 유발하다, 초래하다
suspend 매달다, 걸다	**Taoist** 도교의, 도교 신자의
aeolipile 기력계	**alchemist** 연금술사
vent 통풍구, 환기구	**the Elixir of Life** 불로장생 약

and in this way, rocket expertise soon spread to people throughout the Mongolian empire.

3.
The use of rockets in Mongolia, the Ottomans, and Korea
(몽골, 오스만 제국, 한국에서의 로켓의 사용)

➡ **Q35-(C)** The Mongols Genghis Khan and Ogodei Khan used rockets when they conquered Russia, Eastern Europe, and Central Europe in the thirteenth century. ■ Rocket technology may have been introduced to the Ottomans in the siege of Constantinople in 1453, but it's possible that the Ottomans had already adopted the use of gunpowder during a prior Mongol invasion. ■ That same century, rocket power arrived in Korea in the form of the hwacha, a two-wheeled cart used to fire rockets attached to iron spikes.

4.
The development of rocket technology
(로켓 기술의 발전)

From the 13th century to the 15th century, experimentation with rockets continued all over Europe. *The Complete Art of Artillery*, a rocketry guide written by a Polish-Lithuanian nobleman, was translated into a variety of languages and used as a basic war manual across Europe. **Q35-(C)** By the 16th century, however, the military use of rockets had largely fallen to the wayside, mostly because rockets were difficult to deliver with precision. However, at the end of the 18th century, the Indian leader Tipu Sultan revived the use of rockets when battling against the British in the Battle of Mysore. That kindled British interest in rocket technology and inspired the Briton William Congreve to make significant advancements in the field of rocket navigation. The early Congreve rockets improved aim with the addition of a long stick to the end of the weapon.

5.
he use of modern military rockets and the improvement in accuracy
(현대 군대 로켓의 사용과 정확성 개선)

Once Britain began to develop more functional rockets, the use of modern military rockets spread throughout Europe. Other pioneers moved Congreve's sticks from the side of the rocket to the center, which reduced drag and made it possible to fire a rocket accurately from a segment of pipe. **Q36-(D)** The accuracy problem was further reduced in 1844 when William Hale modified the rocket design so that thrust was slightly vectored to cause the rocket to spin along its axis of travel, much like a bullet. The Hale rockets did not need sticks, and they traveled further in addition to being far more accurate.

로켓 전문 기술은 곧 몽골 제국 전역의 사람들에게 퍼져 나갔다.

3 **Q35-(C)** 징기스 칸과 오고데이 칸과 같은 몽골인들은 그들이 13세기 러시아, 동유럽, 중유럽을 정복했을 때 로켓을 사용했다. 로켓 기술은 1453년 콘스탄티노플의 포위 작전에서 오스만 제국에게 소개되었을 수 있지만 오스만 제국은 이전의 몽골의 침략 동안 이미 화약의 사용을 채택했다는 추정도 가능하다. 같은 세기에, 로켓 동력은 쇠못에 부착된 로켓을 발사하기 위해 사용된 바퀴가 두 개 달린 수레인 화차의 형태로 한국에 도달했다.

4 13세기부터 15세기까지, 로켓 실험은 유럽 전역에서 지속되었다. 폴란드계 리투아니아 연방 귀족에 의해 쓰여진 로켓 공학 안내서인 *The Complete Art of Artillery*는 다양한 언어로 번역되었고 유럽 전역에서 기본 전쟁 지침서로써 사용되었다. **Q35-(C)** 하지만, 16세기까지 일반적으로 로켓은 정확하게 조준되기 어려웠기 때문에 군대에서의 로켓 사용은 대체적으로 활발하지 않았다. 하지만 18세기 말 인도의 지도자 티푸 술탄은 마이소르 전투에서 영국과 싸울 때 로켓의 사용을 부활시켰다. 그것은 로켓 기술에 대한 영국의 관심에 불을 붙였고 영국인 윌리엄 콩그리브가 로켓 항해 분야에서 획기적인 발전을 이룩하도록 했다. 초기의 콩그리브 로켓은 무기의 끝에 긴 막대를 덧붙여 조준을 개선했다.

5 영국이 더 기능적인 로켓을 발전시키기 시작하자, 현대의 군대 로켓의 사용은 유럽 전역으로 확산되었다. 다른 개척자들은 로켓의 측면에서 중심으로 콩그리브가 개발한 막대기를 이동시켰고 이는 항력을 줄여 파이프의 한 부분에서 정확하게 로켓을 쏘아 올리는 것을 가능하게 했다. **Q36-(D)** 정확성 문제는 로켓이 총알과 같이 이동 축을 따라 돌도록 하기 위해 추진력이 약간 제어되도록 윌리엄 헤일이 로켓 디자인을 수정했던 1844년에 더 줄었다. 헤일의 로켓은 막대기가 필요 없었고 훨씬 더 정확할 뿐만 아니라 더 멀리 이동했다.

Vocabulary

conquer 정복하다
drag 항력, 끌림
mercenary 용병
the Ottomans 오스만 제국
siege 포위 (작전)
invasion 침략, 침입
nobleman 귀족, 상류층
kindle (불을) 붙이다

bullet 총알
vector (비행기 따위를) 특정 방향으로 향하게 하다

6.
The use of rockets for space travel and multistage rockets
(우주 여행을 위한 로켓의 사용과 다단식 로켓)

➡ **Q33-(B)** In the last third of the nineteenth century and the first third of the twentieth, the idea of using rockets for space travel began to grow. Inspired by the imaginary inventions of science fiction writers like Jules Verne, **Q34-(C)** the Russian scientist Konstantin E. Tsiolkovsky worked on theoretical problems of rocket propulsion and motion and developed the concept of multistage rockets. Multistage rockets are those in which a larger rocket carries a smaller rocket filled with fuel as far as it will go and then sheds the extra weight. **Q34-(C)** The American scientist Robert Goddard conducted a wide array of rocket experiments between 1908 and 1945. He independently developed ideas similar to those of Tsiolkovsky about spaceflight and propulsion and successfully implemented them, building liquid- and solid-propellant rockets. Rocket technology was ultimately responsible for the Space Age, including our exploration of the moon.

7.
The use of rockets in various fields
(다양한 분야에서의 로켓의 사용)

Today, rockets are used by both the public and private sectors. They remain a popular tool of the military: some are used to deliver explosives to their targets, and others are designed to intercept incoming missiles. Rockets are also used by the government and private companies to launch the satellites that affect billions of people's daily lives. However, the idea of manned rockets is perhaps the most captivating of modern possibilities in rocketry. SpaceShipOne completed the first privately-funded human spaceflight in 2004. As rockets become produced in larger quantities, private rocket flight to space will likely become more accessible and affordable.

6 **Q33-(B)** 19세기의 마지막 3분의 1과 20세기의 첫 3분의 1의 기간 동안 우주 탐사를 위한 로켓의 사용에 대한 생각이 생겨나기 시작했다. 쥘 베른과 같은 공상 과학 소설 작가의 가상적인 발명에 의해 영감을 얻은 **Q34-(C)** 러시아의 과학자 콘스탄틴 치올코프스키는 로켓 추진력과 운동의 이론적인 문제들을 연구했고, 다단식의 로켓의 개념을 발전시켰다. 다단식 로켓은 더 큰 로켓이 가능한 한 연료를 가득 채운 로켓을 운반하다 가중을 줄이는 그러한 로켓들이다. **Q34-(C)** 미국의 과학자 로버트 고다드는 1908년에서 1945년 사이에 다수의 로켓 실험을 실행했다. 그는 독립적으로 우주 비행과 추진력에 관한 치올코프스키의 그것과 유사한 생각을 발전시켰고 고액 추진 로켓을 만들면서 성공적으로 그것들을 시행했다. 로켓 기술은 궁극적으로 달의 탐사를 포함하는 우주 시대에 대한 책임을 지고 있었다.

7 오늘날, 로켓은 공공과 민간 부분 둘 다에서 사용된다. 그것들은 군대의 널리 사용되는 수단으로 남아 있다 : 일부는 그들의 표적에 폭발물을 전달하기 위해 사용되며 나머지는 다가오는 미사일을 차단하기 위해 고안된다. 로켓들은 또한 수 십억 명의 사람들의 매일매일의 삶에 영향을 주는 인공위성을 발사하기 위해 정부와 사기업들에 의해 사용된다. 하지만, 유인 로켓에 대한 생각이 아마도 로켓 기술에서 가장 매혹적인 현대적 가능성이 될 것이다. 스페이스십원은 2004년 최초 민간 자본으로 운영되는 인간 우주 비행을 완료했다. 로켓이 대량으로 생산됨에 따라, 민간 로켓 비행은 아마 더 접근 가능하고 적당한 가격을 제공하게 될 것이다.

Vocabulary

propulsion 추진, 추진력
multistage 다단식의, 단계적인
intercept 가로막다, 가로채다
accessible 접근 가능한, 이용 가능한
affordable 입수 가능한, (가격이) 알맞은

27

The word **devised** in the passage is closest meaning to

(A) imagined
(B) invented
(C) criticized
(D) improved

지문의 단어 **devised**와 의미상 가장 가까운 것은?

(A) 상상했다
(B) 발명했다
(C) 비판했다
(D) 개선했다

> **Vocabulary** 단락1지문의 'devised (고안했다)'는 '발명했다'의 의미로 사용되는 'invented'와 의미상 가장 유사하므로 정답은 (B)이다.

28

Which of the sentences below best expresses the essential information in the highlighted sentence in the passage? Incorrect choices change the meaning in important ways or leave out essential information.

(A) Steam escaping through vents caused the sphere to rotate.
(B) Steam traveled through a pipe to a sphere.
(C) A steam-filled pipe was allowed to escape through small vents.
(D) Small vents allowed steam from the kettle to escape.

아래 문장 중 지문 속의 음영 표시된 문장의 핵심 정보를 가장 잘 표현하고 있는 것은 무엇인가? 오답은 문장의 의미를 현저하게 바꾸거나 핵심정보를 빠뜨리고 있다.

(A) 통풍구를 통해 빠져 나가는 증기는 구가 회전하도록 했다.
(B) 증기는 관을 통해 구로 이동했다..
(C) 증기로 가득 찬 관은 작은 통풍구를 통해 빠져 나갔다.
(D) 작은 통풍구는 기체로부터의 증기가 빠져 나가는 것을 가능하게 했다.

> **Sentence Simplification** 단락1의 음영 표시된 문장 Steam traveled through a pipe from the kettle into the sphere, and it was allowed to escape through small vents in the sides, causing the sphere to rotate. (증기는 기체로부터 구로 관을 통해 이동했고, 이는 양측에 작은 분출구를 통해 빠져 나갔으며 구가 회전하도록 했다.)'는 'Steam escaping through vents caused the sphere to rotate. (통풍구를 통해 빠져 나가는 증기는 구가 회전하도록 했다.)'로 간략하게 요약될 수 있다. 따라서 정답은 (A)이다.

29

The word **induced** in the passage is closest in meaning to

(A) introduced
(B) showed
(C) encouraged
(D) educated

지문의 단어 **induced**와 의미상 가장 가까운 것은?

(A) 도입되었다
(B) 보여주었다
(C) 장려했다
(D) 교육했다

> **Vocabulary** 단락2 지문의 'induced (야기했다)'는 '장려했다'의 의미로 사용되는 'encouraged'와 의미상 가장 유사하므로 정답은 (C)이다.

30

The word **their** in the passage refers to

(A) **Mongols**
(B) rocketry experts
(C) mercenaries
(D) people

지문의 단어 **their** 가 가리키는 것은?

(A) **몽골인들**
(B) 로켓기술 전문가들
(C) 용병들
(D) 사람들

Reference 단락 1의 they는 문장 'After the Mongols conquered northern China, they employed Chinese rocketry experts as mercenaries in **their** military, ~.' 에서 '**몽골인들은** 중국의 북부 지방을 정복한 후 **그들의** 군대에 용병들로써 중국의 로켓 공학 전문가들을 고용했고 ~.'라고 말하고 있으므로 문맥상 their는 Mongols를 의미하므로 정답은 (A)몽골인이다.

31

In paragraph 2, why does the author describe the Taoists' discovery as ironic?

(A) The Taoists were a religious group who weren't interested in making scientific discoveries.
(B) The Taoist's discovery was accidental.
(C) **The Taoists were seeking the Elixir of Life, but their discovery enabled destruction.**
(D) Gunpowder was already being used in fireworks.

Paragraph 2 is marked with an arrow [➡].

단락2를 보면, 저자는 도교신자들의 발견이 왜 아이러니라고 설명하는가?

(A) 도교신자들은 과학적 발견에 관심을 갖지 않았던 종교 집단이었다.
(B) 도교신자들의 발견은 우연이었다.
(C) **도교신자들은 불로장생 약을 찾고 있었지만, 그들의 발견은 파괴를 가능하게 했다.**
(D) 화약은 이미 불꽃놀이에 사용되고 있었다.

Fact & Detail 단락2를 보면 'Ninth century Chinese Taoist alchemists then experimented with gunpowder, which they discovered while searching for the Elixir of Life. Ironically, their discovery led to the development of bombs, cannons, and rocket-propelled fire arrows. (9세기 중국 도교의 연금술사들은 그들이 불로장생 약을 찾던 중에 발견했던 화약을 가지고 실험을 했다. 아이러니하게도, 그들의 발견은 폭탄, 대포 그리고 로켓 추진식의 불화살의 발달을 이끌었다.)'라고 언급하였으므로 정답은 (C)이다.

32

According to paragraph 2, how did the Mongols learn to make rockets?

(A) They were part of the Chinese empire.
(B) They forced the Chinese to reveal their designs.
(C) They got the idea from the Ottoman Empire.
(D) **They used Chinese rocket experts in their army.**

Paragraph 2 is marked with an arrow [➡].

단락2에 따르면, 몽골인들은 로켓기술을 어떻게 배웠는가?

(A) 그들은 중국 제국의 일부였다.
(B) 그들은 중국인들이 그들의 디자인을 폭로하도록 강요했다.
(C) 그들은 오스만 제국으로부터 그 생각을 얻었다.
(D) **그들은 그들의 군대에 중국의 로켓 전문가들을 사용했다.**

Fact & Detail 단락2를 보면 'The Chinese first applied rocket technology for military purposes in 1232 against the Mongol army in the battle of Kai-Keng. After the Mongols conquered northern China, they employed Chinese rocketry experts as mercenaries in their military, and in this way, rocket expertise soon spread to people throughout the Mongolian empire.'라고 언급하였으므로 정답은 (D)이다.

33

Jules Verne is mentioned in paragraph 6 as an example of

(A) An advocate of space travel
(B) A private citizen's interest in space travel
(C) A non-scientist who helped develop rocket technology
(D) A person who devised the idea of a multistage rocket

Paragraph 6 is marked with an arrow [➡].

쥘 베른은 무엇의 예로써 단락6에 언급되었는가?

(A) 우주 여행 지지자
(B) 우주 여행에 대한 민간인의 관심
(C) 로켓 기술의 발달을 도왔던 과학자가 아닌 사람
(D) 다단식 로켓에 관한 생각을 고안했던 사람

Fact & Detail 단락6를 보면 '~, the idea of using rockets for space travel began to grow. Inspired by the imaginary inventions of science fiction writers like Jules Verne, ~. (~ 우주 여행을 위한 로켓의 사용에 대한 생각은 생겨나기 시작했다. 쥘 베른과 같은 공상 과학 소설 작가의 가상적인 발명에 의해 고무된 ~.)'라고 언급하였으므로 정답은 (B)이다.

34

According to paragraph 6, who invented the multistage rocket?

(A) Tsiolkovsky
(B) Congreve and Hale
(C) Goddard and Tsiolkovsky
(D) Goddard and Congreve

Paragraph 6 is marked with an arrow [➡].

단락6에 따르면, 다단식 로켓을 발명한 사람은 누구인가?

(A) 치올코프스키
(B) 콩그레브와 헤일
(C) 고다드와 치올코프스키
(D) 고다드와 콩그레브

Fact & Detail 단락6을 보면 '~ the Russian scientist Konstantin E. Tsiolkovsky worked on theoretical problems of rocket propulsion and motion and developed the concept of multistage rockets. (~ 러시아의 과학자 콘스탄틴 치올코프스키는 로켓 추진력과 운동의 이론적인 문제들을 연구했고, 다단식 로켓의 개념을 발전시켰다.)', 'The American scientist Robert Goddard ~ independently developed ideas similar to those of Tsiolkovsky about spaceflight and propulsion and successfully implemented them, building liquid- and solid-propellant rockets. (미국의 과학자 로버트 고다드는 ~ 독립적으로 우주 비행과 추진력에 관한 치올코프시키의 그것과 유사한 생각을 발전시켰고 고액 추진 로켓을 만들면서 성공적으로 그것들을 시행했다.)'라고 언급하였으므로 다단식 로켓을 발명한 사람은 치올코프스키와 고다드이다. 따라서 정답은 (C)이다.

35

According to the passage, which of these best describes the introduction of rockets in Europe?

(A) Rockets were introduced to Eastern Europe by the Mongols, and they quickly spread across the continent.
(B) Invasions by the Mongols and the Ottomans prompted centuries of European work on rocket technology in the Middle Ages.
(C) Rockets were introduced to Europe by the Mongols in medieval times, but they were not developed militarily in Europe until the late 1700s.
(D) Eastern Europe began developing rockets shortly after contact with the Mongols, and Western Europe began developing them after contact with India.

지문에 따르면, 유럽으로의 로켓의 도입을 가장 잘 설명한 것은?

(A) 로켓은 몽골인들에 의해 동유럽에 도입되었고, 대륙을 거쳐서 빠르게 확산되었다.
(B) 몽골과 오스만제국에 의한 침략은 중세 시대의 로켓 기술에 대한 유럽의 수세기에 걸친 연구를 촉진했다.
(C) 로켓은 중세 시대에 몽골에 의해 유럽에 도입되었지만, 1700년대 말까지 유럽에서 군사적으로 개발되지는 않았다.
(D) 동유럽은 몽골과의 접촉 직후 로켓을 개발하기 시작했고 서유럽은 인도와의 접촉 이후 그것들을 개발하기 시작했다.

Fact & Detail 단락3을 보면 'The Mongols Genghis Khan and Ogodei Khan used rockets when they conquered Russia, Eastern Europe, and Central Europe in the thirteenth century. (징기스 칸과 오고데이 칸과 같은 몽골인들은 그들이 13세기 러시아, 동유럽, 중유럽을 정복했을 때 로켓을 사용했다.)', 단락4를 보면 By the 16th century, however, the military use of rockets had largely fallen to the wayside, mostly because rockets were difficult to deliver with precision. (하지만, 16세기까지 일반적으로 로켓은 정확하게 조준되기 어려웠기 때문에 로켓의 군대에서의 사용은 대체로 발달되지 않았다.)'라고 언급하였으므로 정답은 (C)이다.

36

The most important improvement in rocket aim, according to the passage, was developed by

(A) Konstantin E. Tsiolkovsky
(B) William Congreve
(C) Robert Goddard
(D) William Hale

지문에 따르면, 로켓 조준에 있어서 가장 중요한 개선은 누구에 의해 이루어졌는가?

(A) 콘스탄틴 치올코프스키
(B) 윌리엄 콩그레브
(C) 로버트 고다드
(D) 윌리엄 헤일

Fact & Detail 단락5를 보면 'The accuracy problem was further reduced in 1844 when William Hale modified the rocket design ~. The Hale rockets did not need sticks, and they traveled further in addition to being far more accurate. (정확성 문제는 로켓이 총알과 같이 이동 축을 따라 돌도록 하기 위해 추진력이 약간 제어되도록 윌리엄 헤일이 로켓 디자인을 수정했던 1844년에 더 줄었다. 헤일의 로켓은 막대기가 필요 없었고 훨씬 더 정확한 것 이외에도 멀리 이동했다.)'라고 언급하였으므로 윌리엄 헤일의 로켓 디자인 수정이 로켓의 정확성을 개선해 주었음을 알 수 있다. 따라서 정답은 (D)이다.

37

According to the passage, all of the following are techniques for rocket flight EXCEPT:

(A) Steam propulsion
(B) Multi-staged rockets
(C) Gunpowder explosions
(D) Petroleum propulsion

지문에 따르면, 다음 중 로켓 비행을 위한 기술이 아닌 것은?

(A) 증기 추진력
(B) 다단식 로켓
(C) 화약 폭발
(D) 석유 추진력

Fact & Detail 보기(A)는 단락1을 보면 'The bird was suspended by wires and propelled by steam. Three hundred years later, another Greek, Hero of Alexandria, invented another steam-propelled rocket dubbed the "aeolipile."'라고 언급되었고, 보기(B)는 단락6을 보면 '~ the Russian scientist Konstantin E. Tsiolkovsky worked on theoretical problems of rocket propulsion and motion and developed the concept of multistage rockets.'라고 언급되었으며, 보기(C)는 단락2을 보면 'Ninth century Chinese Taoist alchemists then experimented with gunpowder, which they discovered while searching for the Elixir of Life. Ironically, their discovery led to the development of bombs, cannons, and rocket-propelled fire arrows.'라고 언급되었지만 석유 추진력은 언급되지 않았으므로 정답은 (D)이다.

38

Look at the four squares [■] that indicate where the following sentence can be added to the passage.

Though the rockets probably did not have much physical effect, they most certainly had a psychological effect upon the Mongols.

Where would the sentence best fit? Click on a square [■] to add the sentence to the passage.

네 개의 네모 [■] 는 다음 문장이 삽입될 수 있는 부분을 나타내고 있다.

로켓은 아마 많은 물리적 영향을 미치지 않았음에도 불구하고, 그것들은 가장 확실하게 몽골에 심리적인 영향을 주었다.

이 문장은 어느 자리에 들어가는 것이 적절한가? 지문에 문장이 삽입되도록 네모[■]를 클릭하시오.

Insertion 삽입 구문은 중국인들이 몽골 군을 상대로 한 군사적 목적으로 로켓 기술을 최초로 사용했다고 언급하는 문장 다음에 삽입되어 그 다음에 오는 문장 '몽골인들이 중국의 북부 지방을 정복한 후 그들의 군대에 용병들로써 중국의 로켓 공학 전문가들을 고용했고 이러한 방식으로 로켓 전문 기술은 곧 몽골 제국 전역의 사람들에게 퍼져 나갔다.'와 자연스럽게 연결되도록 하는 기능을 한다. 왜냐하면 중국은 로켓 기술로 물리적으로 몽골을 정복하지 못했지만, 그 전쟁을 계기로 몽골인들은 로켓의 중요성을 심리적으로 인식하고 중국을 정복 후 로켓 기술을 바로 그들의 군대에 도입했기 때문이다. 따라서 문맥상 첫 번째 네모 [■] 가 정답이다.

Directions: An introductory sentence for a brief summary of the passage is provided below. Complete the summary by selecting the THREE answer choices that express the most important ideas in the passage. Some sentences do not belong in the summary because they express ideas that are not presented in the passage or are minor ideas in the passage. **This question is worth 2 points.**

지문 요약을 위한 간략한 문장이 아래에 주어져 있다. 지문의 가장 중요한 내용을 나타내는 보기 3개를 골라 요약문을 완성하시오. 어떤 문장은 지문에 언급되지 않은 내용이나 사소한 정보를 담고 있으므로 요약에 포함되지 않는다. 이 문제는 2점이 부과된다.

Drag your answer choices to the spaces where they belong. To remove an answer choice, click on it. To review the passage, click on **View Text.**
선택한 보기는 마우스로 끌어 해당란에 넣으시오. 선택한 보기를 삭제하려면, 해당 보기를 한번 클릭하시오. 지문을 보려면 화면의 View Text를 클릭하시오.

The development of rockets began as early as 400 B.C., when a Greek man flew a steam-propelled wooden pigeon.
로켓의 발달은 한 그리스 인이 증기 추진식 나무 비둘기를 날렸던 기원전 400년만큼 이른 시기에 시작되었다.

- (B) Europeans experimented with rockets for several centuries, but only developed serious military uses after India used them against the British in the late 18th century.
- (D) The Chinese first used rockets in 1232 against the Mongol army, and the Mongols then spread rocket technology across Europe.
- (E) Europeans, Russians and Americans contributed major improvements in rocket aim and propulsion during the 19th and 20th centuries.

Answer Choices	
(A) William Congreve improved rocket aim by adding a stick that helped keep rockets on course. 윌리엄 콩그리브는 로켓이 경로 위에 머물도록 돕는 막대기를 추가함으로서 로켓 조준을 개선했다.	**(B) Europeans experimented with rockets for several centuries, but only developed serious military uses for them after India used them against the British in the late 18th century.** 유럽인들은 수세기 동안 로켓 실험을 했지만, 단지 18세기 말 인도가 영국에 대항하기 위해 로켓을 사용한 후에야 진지하게 군용으로 개발하기 시작했다.
(C) The Chinese originally used bamboo firecrackers for religious celebrations. 중국인들은 본래 종교적인 축전에 대나무 폭죽을 사용했다.	**(D) The Chinese first used rockets in 1232 against the Mongol army, and the Mongols then spread rocket technology across Europe.** 중국인들은 최초로 1232년 몽골 군에 대항하여 로켓을 사용했고 몽골을 그 때 로켓 기술을 유럽 전역으로 퍼트렸다.
(E) Europeans, Russians, and Americans contributed major improvements in rocket aim and propulsion during the 19th and 20th centuries. 유럽인, 러시아인, 미국인들은 19세기와 20세기 동안 로켓 조준과 추진력의 주요 개선에 기여했다.	(F) Around the turn of the twentieth century, interest began to grow in using rockets for space travel. 20세기에 접어들 즈음, 우주 여행에 로켓을 사용하는 것에 대한 관심은 높아지기 시작했다.

Prose Summary 요약문의 도입 문장은 전체 지문의 도입 부분의 내용을 요약하고 있으므로 지문의 나머지 부분을 요약하는 내용을 담고 있는 보기를 고르면 된다. 보기(B)는 유럽인들은 수세기 동안 로켓 실험을 했지만, 단지 18세기 말 인도가 영국에 대항하기 위해 로켓을 사용한 후 진지하게 군용으로 개발되었음을 언급하는 단락4의 내용과 관련이 있고, 보기(D)는 중국인들은 최초로 1232년 몽골 군에 대항하

여 로켓을 사용했고 몽골은 그 때 로켓 기술을 유럽 전역으로 퍼트렸음을 언급하는 단락2, 3의 내용과 일치하며, 보기(E)는 유럽인, 러시아인, 미국인들이 19-20세기 동안 로켓 조준과 추진력의 주요 개선에 기여했음을 언급하는 단락5, 6의 내용을 요약하고 있다. 따라서 정답은 (B), (D), (E)이다.

오답의 근거

보기(A)는 단락4에서 'The early Congreve rockets improved aim with the addition of a long stick to the end of the weapon.'라고 언급되었지만 지엽적인 내용이므로 오답.

보기(C)는 단락2에서 'Around the first century C.E., the Chinese used bamboo tubes filled with a crude form of gunpowder during religious celebrations.'라고 언급되었지만 지엽적인 내용이므로 오답.

보기(F)는 우주 여행에 로켓을 사용하는 것에 대한 관심은 높아지기 시작했음을 언급하는 단락6, 7의 내용과 일치하지만, 보기(E)와 비교할 때 지엽적인 내용이므로 오답.

iBT TOEFL Road Map
Reading 2
Test 04

ACTUAL**TEST**
정답 & 해설 04

Topic	Type	Word Count
Sharks	Expository	844
Coretta Scott King	Historical	849
The Interstate Commerce Commission	Argumentative	844

1. Sharks, the natural predator most feared by humankind (인류가 가장 두 려워하는 자연 포 식자, 상어)	➡ Sharks are probably the natural predator most feared by humankind. Among the Earth's many large animals ^{Q01} **implicated** in the attack and consumption of human beings, it is sharks that leave many with the greatest sense of helplessness. ^{Q02-(A)} Other sea creatures associated with assailing humans, such as killer and sperm whales, are thought to attack relatively infrequently, and fierce land predators, such as tigers and bears, can be confronted with a rifle. Sharks, on the other hand, leave the swimmer defenseless. Their prowess has permeated popular culture, leaving us with the impression that shark attacks are common and a reasonable fear.	1 상어들은 아마도 인간이 가장 두려워 하는 자연 포식자이다. 인간의 공격과 파괴에 ^{Q01} 연루되었음을 보여주는 지구상의 많은 몸집이 큰 동물들 가운데, 많은 사람들에게 가장 큰 무력감을 남겨 주었던 것은 바로 상어이다. ^{Q02-(A)} 범고래와 향유고래와 같이 인류를 괴롭혔던 다른 바다 생물들은 상대적으로 드물게 공격을 한 것으로 집계되며 호랑이와 곰과 같은 사나운 지상 포식자들은 소총으로 맞설 수 있다. 반면에, 상어는 수영을 하는 사람을 무방비로 만든다. 그들의 기량은 대중 문화에 스며들어, 인류에게 상어의 공격은 흔하고 공포를 갖는 게 마땅하다는 인상을 남긴다.
2. Shark attacks which became a subject of popular interest (대중의 관심의 대상이 된 상어 의 공격)	➡ The fear of sharks, at least to this degree, is unique to our time. ^{Q03, Q04-(B)} Shark attacks did not become a subject of popular interest until the twentieth century, when the worldwide trend toward more intense utilization of marine waters for recreation heightened the likelihood of shark-human interactions. During the first half of the 1900s, few authenticated unprovoked shark attacks were reported along the Pacific Coast, but more than 100 authenticated accounts followed by the end of the century. An increase in the total number of attacks on fishermen, along with a small number of unprovoked attacks, contributed to skyrocketing public fear. Additionally, *the Jaws* series of films and other fictionalized accounts of attacks, as well as sensationalized news accounts on programs such as *Shark Attack!*, have fueled contemporary anxieties.	2 적어도 이 정도 수준에 이르는, 상어에 대한 공포는 우리 시대에서 나타나는 특이한 현상이다. ^{Q02,} ^{Q04-(B)} 레크리에이션을 위해 해양수 사용을 강화한 전 세계적 추세가 상어와 인간 사이의 상호작용의 가능성을 높였을 때인 20세기 이전에는 상어의 공격은 대중적 관심의 대상이 되지 못했다. 1900년대 전반기 동안 도발되지 않은 상어떼들의 공격이 태평양 연안 주변에 있었다는 보고가 거의 입증되지 않았지만, 그 세기 말까지 100건 이상의 입증된 사건들이 뒤따랐다. 조금 있었던 난데 없는 공격들과 더불어 어민들에 대한 전체 공격 수의 증가는 대중의 공포를 증가시키는데 원인이 됐다. 게다가, *상어 공격!* 과 같은 그러한 프로그램들에 관한 선정적 뉴스 기사들 뿐만 아니라 죠스 시리즈 영화와 실화를 각색한 다른 이야기들은 동시대의 불안을 부채질 했다.
3. Humans who the more men- acing species	Although sharks are indeed responsible for the deaths of a few humans every year, humans are the more ^{Q05} **menacing** species: recreational and commercial fishermen kill nearly 100	3 비록 상어가 실로 매년 몇 명의 인간의 죽음에 책임이 있음에도 불구하고, 오락 용도와 상업 용도로 상어를 이용하는 어민들은 해마다 거의 1억 마리의

Vocabulary

implicate 연루되었음을 보여주다, 시사하다
assail 공격을 가하다, 괴롭히다
fierce 사나운, 맹렬한
rifle 라이플총, 소총
prowess 기량, 솜씨
permeate 스며들다, 침투하다
authenticated 진짜임이 증명된
unprovoked 도발되지 않은

skyrocket 급증하다, 치솟다
sensationalize 선정적으로 다루다, 과장하다
menacing 위협적인, 해를 끼칠 듯한

million sharks annually. This is equivalent to almost 300,000 per day. Sharks are prized for their cartilage, fins, meat, and skin. Ironically, their fierce reputation has contributed to their downfall: increasingly, fishermen make a sport of successfully landing the widely-feared fighting fish.

4.
Gentle sharks
(온화한 상어들)

➡ **Q06-(B)** Not surprisingly, fishermen catching sharks represent the largest number of shark attack victims. Only a small minority of sharks pose a threat to humans not engaged in provocation. Many films of sharks have been made in open water by uncaged cameramen, and animal rights activists have swum alongside sharks to demonstrate the possibility of peaceful coexistence. Some sharks, such as the whale shark -- the largest shark of all -- are even referred to as "gentle giants."

5.
The four most dangerous shark species
(4개의 가장 위험한 상어 종들)

➡ Only four of the approximately 360 known species of sharks have been confirmed to consume humans. These include the bull shark, great white shark, oceanic white-tipped shark, and tiger shark. The twenty-foot great white is an aggressive hunter and the world's largest predatory fish. Since it inhabits coastal waters, it's a threat to ocean swimmers and surfers in particular. Tiger sharks also inhabit shallow waters, so they too are a danger to recreational swimmers and surfers. The bull shark is of concern to those using the Mississippi River since it frequents fresh water and has traveled the Mississippi as far north as the Ohio River. Oceanic white-tipped sharks, also known to eat people, are a particular threat to victims of airplane crashes and shipwrecks in the open seas. **Q07 They** are thought to have killed more humans than all other sharks combined. Many other species of shark have attacked, bitten, or threatened humans without any sort of provocation, but unlike the aforementioned species, they tend to leave the victim alone after just one bite.

6.
Many theories on shark attacks

Many theories have been put forth to explain shark attacks in which the shark leaves the victim after a single bite. **Q09-(C)** Some think the shark is initially unable to distinguish between a typical source of food, such as a seal, and a human,

상어를 죽이기 때문에 인간은 더 **Q05** 위협적인 종이다. 이 수치는 매일 거의 300,000마리를 죽이는 것과 동일하다. 상어는 그들의 연골, 지느러미, 고기, 그리고 피부로 높이 평가된다. 아이러니하게도, 그들의 열렬한 평판은 그들의 몰락에 기여해왔다. 왜냐하면 낚시꾼들은 매우 두려운 호전적 물고기들을 성공적으로 낚아 올리는 게임을 점점 더 많이 하기 때문이다.

4 **Q06-(B)** 당연히, 상어를 잡는 낚시꾼들이 가장 많은 상어 공격의 피해자들이다. 단지 적은 수의 상어들만이 도발하지 않은 인간에게 위협을 가한다. 많은 상어 영화들은 자유로운 카메라맨에 의해 원히트인 바다에서 제작되었고 동물 인권 운동가들이 평화로운 공존의 가능성을 증명하기 위해 상어와 나란히 헤엄쳤다. 크기가 가장 큰 고래 상어와 같은 일부 상어들은 심지어 "온화한 자이언츠"로 일컬어진다.

5 대략 360여개의 알려진 상어 종들 중 단지 4개의 종만이 인간을 먹는 것으로 확인되었다. 이러한 종들은 황소상어, 대백상어, 장완흉상어, 배암상어를 포함한다. 20피트의 대백상어는 공격적인 사냥꾼이며 세계에서 가장 큰 포식 물고기이다. 그것은 연안 해역에 서식하기 때문에 바다에서 수영을 하는 사람들과 파도를 타는 사람들에게 특히 위험이 된다. 배암상어 또한 얕은 물에 서식하기 때문에 레크리에이션을 위해 수영을 하는 사람들이나 파도를 타는 사람들에게 위험이 된다. 황소상어는 담수에 자주 나타나고 오하이오 강만큼 북쪽 끝에 있는 미시시피 강을 돌아다니기 때문에 미시시피 강을 이용하는 사람들의 걱정거리이다. 사람을 먹는 것으로 알려진 장완흉상어는 망망대해에서 비행기 추락과 조난 사고로 피해를 입을 사람들에게 특히 위험이 된다. **Q07** 그들은 모든 다른 상어들을 다 합친 것보다 더 많은 사람을 죽여온 것으로 집계된다. 상어의 다른 많은 종들은 이유 없이 인간을 위협하거나 물거나 위협해왔지만 앞서 언급한 종들과 달리, 그들은 단지 한번 문 후 피해자를 떠나는 경향이 있다.

6 단 한번만 물고 피해자를 떠나는 상어 공격을 설명하기 위한 많은 이론들이 제안되었다. **Q09-(C)** 일부는 상어가 처음에는 바다표범과 같은 대표적인 식량

and that after the shark bites the human only once, it is unpleasantly surprised and swims away. People supporting this viewpoint say the mistake is most often made with surfers, whose boards might be mistaken for seals. Another hypothesis is that sharks sometimes attack their prey and then leave it to bleed to death, returning later to eat the dead body. This can serve to protect the shark if its prey is still alive and possibly combative, but humans usually have time to get back to shore and out of the water before the shark returns.

7.
The right perspective of shark attacks (상어 공격에 대한 올바른 시각)

➡ Shark attacks are indeed a potential danger that must be acknowledged by those who frequent both oceans and fresh water, but they should be kept in perspective. ^Q10-(A) The majority of the time, sharks are thought to be harmless to swimmers, surfers, and divers. Simply moving away or getting out of the water is usually enough to avoid an attack. Bees, wasps, and snakes are responsible for far more fatalities each year. ■ In the United States the annual risk of death from lightning is thirty times greater than that from a shark attack, and statistics for death from dog bite are similar. ■ For most people, any interaction with sharks is likely to occur while swimming or surfing in near-shore waters. ■ From a statistical standpoint, the chance of dying in this area from other causes, such as drowning or cardiac arrest, is markedly higher. ■ Shark attack trauma is also less common than other beach-related injuries such as dehydration, jellyfish stings, and sunburn.

원과 인간을 구별할 수 없고 한 번 인간을 문 후에 불쾌하게 놀라서 헤엄쳐 가버린다고 생각한다. 이 견해를 지지하는 사람들은 그 실수가 서핑을 하는 사람들에게서 가장 많이 나타나는데 이는 그들의 보드가 바다 표범으로 오인되기 때문이다. 또 다른 가설은 상어들은 때때로 그들의 먹이를 공격하고 그리고 나서 그 먹이가 피를 흘려 죽을 때까지 내버려 두었다가 나중에 시체를 먹으러 돌아온다는 것이다. 이는 만일 상어 먹이가 여전히 살아 있고 아마도 전투적이라면 그 상어를 보호하는 역할을 할 수 있지만, 인간들은 대개 상어가 돌아오기 전에 해안으로 돌아와 물 밖으로 나올 시간을 벌게 된다.

7 상어 공격은 실로 해양과 담수 둘 다에 자주 다니는 그러한 사람들에 의해 인식되어야 하는 잠재적인 위험이지만 그것들은 제대로 인식돼야 한다. ^Q10-(A) 대부분의 시간 동안 상어는 수영을 하는 사람들, 파도타기 하는 사람들, 잠수부들에게 무해한 것으로 여겨진다. 단순히 떠나거나 물 밖으로 나오는 것으로도 대개 공격을 피하기에 충분하다. 벌, 말벌, 그리고 뱀은 매년 훨씬 더 치명적이다. 미국에서 번개로 인한 해마다의 죽음의 위험은 상어 공격으로부터의 위협보다 30배 더 크며 개한테 물려 죽은 사망 통계는 유사하다. 대부분의 사람들에게 있어서 상어와의 상호작용은 연안 해역에서의 수영이나 서핑을 하는 동안 발생할 것 같다. 통계학상의 관점에서 볼 때, 익사하거나 심장 마비와 같은 다른 원인으로 이 지역에서 죽을 가능성이 현저히 더 높다. 상어 공격의 정신적 충격도 탈수, 해파리에 쏘임, 햇볕으로 입은 화상과 같은 다른 해변 관련 피해들 보다 덜 일반적이다.

Vocabulary

combative 전투적인, 금방이라도 싸울 듯한
wasp 말벌
fatality 사망자
lightning 번개
statistical 통계학상의, 통계에 근거한
standpoint 견지, 관점
drown 익사하다
cardiac arrest 심장 마비

trauma 정신적 외상, 트라우마
dehydration 탈수

01

The word **implicated** in the passage is closest in meaning to

(A) accused
(B) proven
(C) vulnerable
(D) dedicated

지문의 단어 **implicated**와 의미상 가장 가까운 것은?

(A) 혐의가 제기되는
(B) 입증된
(C) 취약한
(D) 헌신적인

Vocabulary 단락1 지문의 'implicated (연루되었음을 보여주는)'은 '혐의가 제기되는, 비난받는'의 의미로 사용되는 'accused'와 의미상 가장 유사하므로 정답은 (A)이다.

02

Based on the information in paragraph 1, what is the main difference between shark attacks and whale attacks?

(A) Shark attacks are more common than whale attacks.
(B) Whale attacks are always unprovoked.
(C) Whales never kill humans.
(D) Whales are not considered a threat to humans.

Paragraph 1 is marked with an arrow [➡]

단락1의 정보에 기반한, 상어 공격과 고래 공격 간의 주요한 차이점은 무엇인가?

(A) 상어 공격은 고래 공격보다 더 일반적이다.
(B) 고래 공격은 항상 이유가 없다.
(C) 고래는 결코 인간을 죽이지 않는다.
(D) 고래는 인간에게 위협으로 간주되지 않는다.

Fact & Detail 단락1을 보면 'Other sea creatures associated with assailing humans, such as killer and sperm whales, are thought to attack relatively infrequently, ~. (범고래와 향유고래와 같이 인류를 괴롭혔던 다른 바다 생물들은 상대적으로 드물게 공격을 한 것으로 집계되며 ~.)'라고 언급하였으므로 고래의 공격은 상어의 공격보다 덜 일반적이었음을 알 수 있다. 따라서 정답은 (A)이다.

03

Which sentence below best expresses the essential information in the highlighted sentence in the passage? Incorrect choices change the meaning in important ways or leave out essential information.

(A) Shark-human interactions have increased due to industrialization.
(B) Humans encounter sharks more often because more people use the ocean for leisure.
(C) Development of American beaches has led to more human-shark encounters.
(D) Humans and sharks now encounter each other more often.

아래 문장 중 지문 속의 음영 표시된 문장의 핵심 정보를 가장 잘 표현하고 있는 것은 무엇인가? 오답은 문장의 의미를 현저하게 바꾸거나 핵심정보를 빠뜨리고 있다.

(A) 상어와 인간 사이의 상호작용은 산업화 때문에 증가해왔다.
(B) 레저를 위해 더 많은 사람들이 해양을 이용하기 때문에 인간은 더 자주 상어와 마주친다.
(C) 미국의 해변의 발달은 인간과 상어 간의 더 많은 조우를 야기해왔다.
(D) 인간과 상어는 현재 서로 서로 더 자주 마주친다.

Sentence Simplification 단락2에서, 음영 표시된 문장 'Shark attacks did not become a subject of popular interest until the twentieth century, when the worldwide trend toward more intense utilization of marine waters for recreation heightened the likelihood of shark-human interactions. (레크리에이션을 위해 해양수 사용을 강화한 전세계적 추세가 상어와 인간 사이의 상호작용의 가능성을 높였을 때인 20세기 이전에는 상어의 공격은 대중적 관심의 대상이 되지 못했다.)'은 'Humans encounter sharks more often because more people use the ocean for leisure. (더 많은 사람들이 레저를 위해 해양을 이용하게 됨에 따라 인간은 더 자주 상어와 마주치게 되었다.)'라고 간략하게 바꾸어 설명할 수 있다. 따라서 이와 같은 내용을 포함하고 있는 (B)가 정답이다.

04

In paragraph 2, the author mentions the increase of shark-human interactions in order to

(A) Explain why sharks sometimes attack people.
(B) Explain why people have become interested in shark attacks in recent years.
(C) Give advice on how best to survive a shark attack.
(D) Compare shark attacks to attacks by other animals.

Paragraph 2 is marked with an arrow [➡].

단락2를 보면, 저자가 상어와 인간 사이의 상호작용의 증가를 언급한 목적은?

(A) 상어가 때때로 인간을 공격하는 이유를 설명하기 위해
(B) 사람들이 최근 몇 년 안에 상어의 공격에 관심을 갖게 된 이유를 설명하기 위해
(C) 상어 공격에서 살아남는 가장 좋은 방법에 대해 조언하기 위해
(D) 상어의 공격과 다른 동물들에 의한 공격을 비교하기 위해

Rhetorical Purpose 단락2를 보면 'Shark attacks did not become a subject of popular interest until the twentieth century, when ~ heightened the likelihood of shark-human interactions. (~ 상어와 인간 사이의 상호작용의 가능성을 높였을 때인 20세기 까지 상어의 공격은 대중적 관심의 대상이 되지 못했다.)'라고 언급하였다. 즉, 20세기 이후 상어와 인간 사이의 상호작용의 증가는 사람들로 하여금 상어의 공격에 관심을 갖게 했음을 알 수 있게 하므로 정답은 (B)이다.

05

The word **menacing** in the passage is closest in meaning to

(A) cunning
(B) disturbing
(C) predictable
(D) threatening

지문의 단어 **menacing**와 의미상 가장 가까운 것은?

(A) 교활한
(B) 충격적인
(C) 예측할 수 있는
(D) 위협적인

Vocabulary 단락3 지문의 'menacing (위협적인, 해를 끼칠 듯한)'은 '위협적인'의 의미로 사용되는 'threatening'과 의미상 가장 유사하므로 정답은 (D)이다.

06

It can be inferred from paragraph 4 that fishermen are shark attack victims because

(A) Fishermen are more numerous than anyone else on the sea.
(B) Fishermen provoke sharks into attacking them.
(C) Fishermen fail to follow safety precautions.
(D) Fishermen are not familiar with different shark species.

Paragraph 4 is marked with an arrow [➡].

단락4에 따르면, 어민들이 상어 공격의 피해자들인 이유는?

(A) 낚시꾼들은 해상의 그 밖에 누군가 보다 더 많다.
(B) 낚시꾼들은 상어들을 자극해서 공격하게 한다.
(C) 낚시꾼들은 안전 예방책을 따르는데 실패한다.
(D) 낚시꾼들은 다른 상어 종과 친숙하지 않다.

Inference 단락4를 보면 'Not surprisingly, fishermen catching sharks represent the largest number of shark attack victims. Only a small minority of sharks poses a threat to humans not engaged in provocation. (당연히, 상어를 잡는 낚시꾼들은 가장 많은 상어 공격의 피해자들이다. 단지 적은 수의 상어들만이 자극을 하지 않는 인간에게 위협을 가한다.)'라고 언급하였으므로 결국 어민들이 상어 공격의 피해자가 된 이유는 그들이 상어를 자극해서 공격하도록 했기 때문이다. 따라서 정답은 (B)이다.

07

The word **they** in the passage refers to

(A) oceanic white-tipped sharks
(B) victims
(C) airplane crashes and shipwrecks
(D) the open seas

지문의 단어 **they**가 가리키는 것은?

(A) 장완흉상어들
(B) 피해자들
(C) 피행기 추락과 조난 사고들
(D) 망망대해

Reference 단락5의 they는 문장 'Oceanic whitetipped sharks, ~, are a particular threat to victims of airplane crashes and shipwrecks in the open seas. **They** are thought to have killed more humans than all other sharks combined.'에서 '~ 장완흉상어는 망망대해에서 비행기 추락과 조난 사고로 피해를 입을 사람들에게 특정한 위협이 된다. 그들은 모든 다른 상어들을 다 합한 것보다 더 많은 인간을 죽여온 것으로 집계된다.'라고 말하고 있으므로 문맥상 they는 Oceanic whitetipped sharks 를 의미하므로 정답은 (A)장완흉상어들이다.

08

According to paragraph 5, which of the following is true?

(A) The four most dangerous shark species have been known to frequent fresh water.
(B) Shark attacks are only a danger to people in coastal waters.
(C) The great white shark has killed more humans than all the other shark species combined.
(D) Sharks can be found in rivers and in the open sea.

Paragraph 5 is marked with an arrow [➡].

단락5에 따르면, 다음 중 옳은 것은?

(A) 가장 위험한 4개의 상어 종들은 담수에 자주 나타나는 것으로 알려져 왔다.
(B) 상어의 공격은 연안 해역의 사람들에게만 위험이 된다.
(C) 대백상어는 모든 다른 상어들을 도합한 것 보다 더 많은 인간을 죽여왔다.
(D) 상어들은 강과 해양에서 발견될 수 있다.

Fact & Detail 단락5를 보면 황소상어는 담수에 자주 나타나며, 다른 종들은 해양에 주로 서식한다고 언급하였으므로 정답은 (D)이다.
오답의 근거
(A) 황소상어만 담수에 자주 나타나므로 틀린 내용으로 오답.
(B) 'The bull shark is of concern to those using the Mississippi River since it frequents fresh water', 'Oceanic whitetipped sharks, also known to eat people, are a particular threat to victims of airplane crashes and shipwrecks in the open seas.'라고 언급하였으므로 상어의 공격은 연안 해역의 사람들에게만 위험이 되는 것은 아니므로 오답.
(C) 'Oceanic whitetipped sharks are thought to have killed more humans than all other sharks combined.'라고 언급하였다. 따라서 보기의 내용은 대백상어가 아니라 장완흉상어의 특징을 언급하고 있으므로 오답.

09

According to the passage, what is one theory as to why sharks attack humans?

(A) They see humans as a threat.
(B) They are protecting their young.
(C) They confuse humans with a typical source of food.
(D) They are starving.

지문에 따르면, 상어가 인간을 공격하는 이유에 관한 한가지 이론은 무엇인가?

(A) 그들은 인간을 위협으로 간주한다.
(B) 그들은 그들의 새끼를 보호하고 있다.
(C) 그들은 인간을 대표적인 식량의 원천과 혼동한다.
(D) 그들은 배가 고프다.

Fact & Detail 단락6을 보면 'Some think the shark is initially unable to distinguish between a typical source of food, such a seal, and a human, ~. (일부는 상어가 처음에는 바다표범과 같은 대표적인 식량원과 인간을 구별할 수 없고, ~)'라고 언급하였으므로 정답은 (C)이다.

10

Which of the following can be inferred from paragraph 7?

(A) **Most sharks will not attack humans if unprovoked.**
(B) Sharks will always attack a swimmer in their vicinity.
(C) Surfers should generally remain in the water if a shark is spotted.
(D) When in the presence of a shark, it is best to stay still.

Paragraph 7 is marked with an arrow [➡].

다음 중 단락7로부터 추론할 수 있는 것은?

(A) 대부분의 상어들은 만일 자극 받지 않는다면 인간을 공격하지 않을 것이다.
(B) 상어들은 항상 근처의 수영하는 사람을 공격할 것이다.
(C) 파도를 타는 사람들은 만일 상어를 발견하면 일반적으로 물에 남아있어야 한다.
(D) 상어가 발견되었을 때, 가만히 있는 것이 가장 좋은 방법이다.

Inference 단락7을 보면 'The majority of the time, sharks are thought to be harmless to swimmers, surfers, and divers. (대다수의 시간 동안 상어는 수영을 하는 사람들, 파도타기 하는 사람들, 잠수부들에게 무해한 것으로 여겨진다.)'라고 언급하였으므로 정답은 (A)이다.

11

According to the passage, all of the following are true of shark attacks EXCEPT

(A) They are less likely to occur than other beach injuries.
(B) They were not always a subject of popular concern.
(C) **They are relatively easy to predict and control.**
(D) They have increased due to an increase in the use of water for recreation.

지문에 따르면, 다음 중 상어 공격에 대한 사실이 아닌 것은?

(A) 상어 공격은 다른 해변 피해들 보다 덜 발생할 것 같다.
(B) 상어 공격은 항상 대중적 우려의 대상이 아니었다.
(C) **상어 공격은 예측하고 통제하기에 상대적으로 쉽다.**
(D) 상어 공격은 레크리에이션을 위한 물의 사용 증가 때문에 증가했다.

Fact & Detail 지문에서는 상어 공격이 예측하거나 통제하기 쉬운지에 대해 언급하지 않았다. 따라서 정답은 (C)이다.
오답의 근거
(A) 단락7의 'Shark attack trauma is also less common than other beach-related injuries such as dehydration, jellyfish stings, and sunburn.'은 다른 해변 피해들 보다 상어 공격이 덜 발생할 것임을 언급한다.
(B) 단락2의 'Shark attacks did not become a subject of popular interest until the twentieth century, when the worldwide trend toward more intense utilization of marine waters for recreation heightened the likelihood of shark-human interactions.'은 상어 공격이 20세 이후가 되어서야 대중적 우려의 대상이 되었음을 언급한다. 따라서 항상 대중적인 우려의 대상이 아니었음을 알 수 있다.
(D) 단락2의 'Shark attacks did not become a subject of popular interest until the twentieth century, when the worldwide trend toward more intense utilization of marine waters for recreation heightened the likelihood of shark-human interactions.'은 레크리에이션을 위한 물의 사용 증가로 상어 공격이 대중적 관심이 대상이 되었음을 언급하며, 단락5에서 레크리에이션을 위해 물을 사용하는 사람들에게 상어 공격은 위협이다라고 언급하고 있다.

12

Look at the four squares [■] that indicate where the following sentence can be added to the passage.

More people are injured and killed on land while driving to and from the beach than lose their lives to sharks.

Where would the sentence best fit? Click on a square [■] to add the sentence to the passage.

네 개의 네모 [■] 는 다음 문장이 삽입될 수 있는 부분을 나타내고 있다.

상어에게 그들의 목숨을 잃은 것 보다 해변으로 운전을 해 오가는 동안 더 많은 사람들이 부상을 입고 죽임을 당한다.

이 문장은 어느 자리에 들어가는 것이 적절한가? 지문에 문장이 삽입되도록 네모[■]를 클릭하시오.

Insertion 삽입 구문은 상어 공격보다는 다른 이유로 사람들은 더 많이 부상을 당하거나 목숨을 잃는다고 언급하고 있으므로 문맥 상 다른 원인으로 이 지역에서 죽을 가능성이 더 높다고 언급하는 문장 다음에 더 세부적인 내용으로 언급되는 것이 적합하므로 네 번째 네모 [■] 가 정답이다.

13

Directions: An introductory sentence for a brief summary of the passage is provided below. Complete the summary by selecting the THREE answer choices that express the most important ideas in the passage. Some sentences do not belong in the summary because they express ideas that are not presented in the passage or are minor ideas in the passage. **This question is worth 2 points.**

지문 요약을 위한 간략한 문장이 아래에 주어져 있다. 지문의 가장 중요한 내용을 나타내는 보기 3개를 골라 요약문을 완성하시오. 어떤 문장은 지문에 언급되지 않은 내용이나 사소한 정보를 담고 있으므로 요약에 포함되지 않는다. 이 문제는 2점이 부과된다.

Drag your answer choices to the spaces where they belong. To remove an answer choice, click on it. To review the passage, click on **View Text**.
선택한 보기는 마우스로 끌어 해당란에 넣으시오. 선택한 보기를 삭제하려면, 해당 보기를 한번 클릭하시오. 지문을 보려면 화면의 View Text를 클릭하시오.

Though many fear shark attacks, in reality sharks represent a relatively small threat to humans.
비록 많은 사람들이 상어 공격을 두려워함에도 불구하고, 현실에서 상어는 인간에게 상대적으로 작은 위협이 된다.

- (B) Development of beaches and oceans by humans has contributed to an increase in the frequency of shark attacks, though the number is still proportionally small.
- (C) Films and books about shark attacks have raised the public misperception of the danger posed by sharks.
- (D) There are many greater risks to humans in the water than sharks.

(A) An increasing number of humans are killed by sharks each year. 점차 더 많은 사람들이 매년 상어에 의해 죽임을 당한다.	(B) Development of beaches and oceans by humans has contributed to an increase in the frequency of shark attacks, though the number is still proportionally small. 수가 여전히 비교적 작음에도 불구하고 인간에 의한 해변과 해양의 발달은 상어 공격의 빈도의 증가에 기여해 왔다.
(C) Films and books about shark attacks have raised the public misperception of the danger posed by sharks. 상어 공격에 관한 영화와 책들은 상어의 위험에 대한 대중적 오해를 불러일으켰다.	(D) There are many greater risks to humans in the water than sharks. 인간에게 많은 더 큰 위험들은 상어 보다 물속에 있다.
(E) Most species of shark will attack a human if the human is threatening the shark's offspring. 만일 인간이 상어의 자손을 위협하고 있다면 대부분의 상어 종들은 인간을 공격할 것이다.	(F) Sharks often kill humans for food, though only if provoked in some way. 비록 상어는 어떤 방식으로 자극을 받아야만 인간을 죽임에도 불구하고, 종종 그들은 식량을 위해 인간을 죽인다.

Prose Summary 요약문의 도입 문장에서 '상어는 인간에게 현실에서 상대적으로 작은 위협이 된다'라고 언급하고 있으므로 보기를 고를 때에는 상어가 인간에게 주는 작은 위협을 언급하는 보기를 선택해야 한다. 보기(B)는 수가 여전히 비교적 작음에도 불구하고 인간에 의한 해변과 해양의 발달은 상어 공격의 빈도의 증가에 기여해 왔음을 언급하는 단락2의 전반부 내용과 관련이 있고, 보기(C)는 상어 공격에 관한 영화와 책들은 상어의 위험에 대한 대중적 오해를 불러일으켰음을 언급하는 단락2의 후반부 내용과 일치하며, 보기(D)는 인간에게 많은 더 큰 위험들은 상어 보다 물속에 있음을 언급하는 단락7의 내용을 요약하고 있다. 따라서 정답은 (B), (C), (D)이다.

오답의 근거
보기(A)는 단락3에서 'Although sharks are indeed responsible for the deaths of a few humans every year, humans are the more menacing species: recreational and commercial fishermen kill nearly 100 million sharks annually.'라고 언급하였으므로 점차 더 많은 사람들이 매년 상어에 의해 죽임을 당한다는 언급은 틀린 내용이므로 오답.
보기(E)는 지문에서 언급되지 않았으므로 오답.
보기(F)는 단락6에서 'Some think the shark is initially unable to distinguish between a typical source of food, such a seal, and a human, ~'라고 언급되었듯이, 상어는 식량을 위해 종종 인간을 죽이는 것이 아니라 바다 표범으로 오인하여 공격을 한다고 언급하였으므로 틀린 내용으로 오답.

Coretta Scott King 코레타 스콧 킹

1.
Coretta Scott King, the most influential civil rights crusaders
(코레타 스콧 킹, 가장 영향력 있는 시민권 운동자)

2.
Education and marriage of Coretta Scott
(코레타 스콧의 교육과 결혼)

3.
Mothering and rights movement of Coretta Scott
(코레타 스콧의 아이 보살피기와 시민 평등권 운동)

Coretta Scott King is best known as the wife of American civil rights leader Martin Luther King, Jr. Throughout her marriage, however, she balanced her time between family and political activism. Following her husband's death, Coretta Scott King earned a reputation as one of the most influential civil rights crusaders of the twentieth century.

➡ Coretta Scott was born on April 27, 1927 in rural Heiberger, Alabama. In 1945 she graduated as valedictorian of Marion, Alabama's Lincoln Normal School and received a scholarship to study education and music at Antioch College[1]. As an undergraduate, Coretta Scott joined Antioch's chapter of the NAACP and served on the college's civil liberties and race relations committees. Meanwhile, she excelled as a music student, and in 1951 she won a scholarship to the New England Conservatory of Music in Boston. In Boston she met Martin Luther King, Jr., who was studying for a doctorate in systematic theology at Boston University. The couple was married by his father, the Rev. Martin Luther King, Sr., on June 18, 1953. After Coretta completed her graduate degrees in violin and voice, the Kings settled in Montgomery, Alabama. There Coretta assumed the many duties of a traditional pastor's wife as Dr. King served the Dexter Avenue Baptist Church.

➡ During Dr. King's career, Mrs. King devoted most of her time to raising their four children: Yolanda Denise (1955), Martin Luther, III (1957), Dexter Scott (1961), and Bernice Albertine (1963). From the earliest days, however, she balanced mothering and civil rights movement work, speaking before churches, civic organizations, colleges, fraternal

[1] A liberal arts school in the Midwestern United States

1 코레타 스콧 킹은 미국의 시민권 지도자인 마틴 루터 킹 2세의 아내로서 가장 잘 알려져 있다. 하지만, 그녀의 결혼 생활 내내, 그녀는 가족과 정치적 행동주의 사이에 균형을 맞추었다. 그녀 남편의 죽음 후에 코레타 스콧 킹은 20세기의 가장 영향력 있는 시민권 운동자들 중 하나로 평판을 얻었다.

2 코레타 스콧 킹은 알라바마 시골 하이버거에서 1927년 4월 27일 태어났다. 1945년 그녀는 마리온, 알라바마 링컨 사범 학교에서 졸업생 대표로 졸업했고 안티오크 단과 대학[1]에서 교육과 음악을 공부할 수 있는 장학금을 받았다. 대학생으로서 코레타 스콧은 미국 흑인 지위 향상 협회의 안티오크 지부에 가입했고 대학의 시민 자유와 인종 관계 위원회의 일원으로서 역할을 다했다. 한편, 그녀는 뛰어난 음대생이었고, 1951년 보스턴의 뉴잉글랜드 음악 학교에서 장학금을 받았다. 그녀는 보스턴의 보스턴 대학에서 조직 신학 분야 박사 학위를 목표로 공부하고 있었던 마틴 루터 킹 2세를 만났다. 그 커플은 1953년 6월 18일 마틴 루터 킹 1세 목사인 그의 아버지 주례로 결혼했다. 코레타가 바이올린과 성악으로 석사 학위를 마친 후 킹의 가족들은 알라바마의 몽고메리에 정착했다. 거기에서 킹 박사가 덱스터 애비뉴 침례 교회를 위해 일할 때 코레타는 전통적인 목사의 아내의 많은 의무들을 맡았다.

3 킹 박사가 일을 하는 동안, 킹 부인은 그녀의 삶의 대부분을 그들의 4명의 아이들, 율란다 데니스(1955), 마틴 루터 3세(1957), 덱스터 스콧(1961), 그리고 버니스 앨버타인(1963)을 키우는데 전념했다. 하지만 초기부터 그녀는 교회, 시민 단체, 단과 대학, 공제 조직, 그리고 평화 단체를 대상으로 강연을 하면서 아이들 보살피기와 시민 평등권 운동 사이에서 균형을 잃지 않았다.

Vocabulary

activism 행동주의
crusader 운동가
valedictorian 졸업생 대표
undergraduate 학부생, 대학생
NAACP 미국 흑인 지위 향상 협회
systematic theology 조직 신학
doctorate 박사학위
pastor 목사

organizations, and peace groups. ■ As a visible participant in the Southern Christian Leadership Conference[2], she gave speeches, sang at concerts, and represented her husband when he was unable to attend civil rights events. ■ **Q15-(C)** She was also responsible for a series of Freedom Concerts. These combined prose and poetry narration with inspirational music and acted as fundraisers for the Southern Christian Leadership Conference activities. ■

4.
Overseas activities of Dr. and Mrs. King
(킹부부의 해외 활동들)

In the late 1950s and early 1960s, Mrs. King traveled overseas with her husband. ■ In 1957, she and Dr. King journeyed to Ghana, celebrating that country's recent independence from British colonial rule. In 1958, they took a belated honeymoon to Mexico, where they were saddened to see the immense **Q17 gulf** between extreme wealth and poverty that existed there. In 1959, Dr. and Mrs. King spent nearly a month in India visiting disciples and sites associated with Mahatma Gandhi[3], and in 1964, the couple traveled to Oslo, Norway, where Dr. King received the Nobel Peace Prize.

5.
Coretta Scott King as a dynamic activist and peace crusader
(활발한 활동가이자 평화 운동가로서의 코레타 스콧 킹)

➡ After her husband's assassination, Coretta Scott King became a dynamic activist and peace crusader. Her speech on Solidarity Day in 1968 is often identified as a prime example of her **Q18 emergence** from the shadow of her husband's memory. Much of her **Q19 subsequent** activity revolved around campaigning for African-Americans' rights and women's rights. She also published My Life with Martin Luther King, Jr. and devoted her time to planning a commemorative Martin Luther King, Jr. Memorial in Atlanta. **Q20-(B)** Coretta Scott King later became an outspoken opponent of apartheid, and in 1985 she was arrested for participating in a protest march against the South African government's policies.

6.
Mrs. King's accomplishments as an African-American leader

One of the most influential African-American leaders of our time, Mrs. King received honorary doctorates from over 60

2 A civil rights organization founded in 1957 with Dr. King as its first president
3 The pre-eminent political and spiritual leader of India during the Indian independence movement

---

남부 기독교 지도자 회의[2]의 눈에 띄는 참여자로서, 그녀는 연설을 했고, 콘서트에서 노래를 불렀고 시민 평등권 행사에 그녀의 남편이 참여할 수 없을 때 그녀가 그를 대신했다. **Q15-(C)** 그녀는 또한 일련의 자유 콘서트를 맡았다. 이러한 콘서트들은 산문과 시의 내레이션을 영감을 주는 음악과 결합시켰고 남부 기독교 지도자 회의 활동들을 위한 기금 모금자로서의 역할을 했다.

4 1950년대 말과 1960년대 초, 킹 여사는 그녀의 남편과 함께 해외를 여행했다. 1957년 그녀와 킹 박사는 가나로 여행을 했고 그 나라의 영국 식민지 지배로부터의 최근의 독립을 축하했다. 1958년 그들은 멕시코로 뒤늦은 신혼 여행을 갔고, 그곳에서 그들은 극단적인 빈부 사이의 엄청난 **Q17**격차를 보고 슬퍼했다. 1959년 킹 부부는 거의 한 달의 시간을 마하트마 간디[3]와 관련된 제자들과 장소들을 방문하면서 인도에서 보냈고 1964년 킹 박사가 노벨 평화 상을 받았던 노르웨이 오슬로로 여행했다.

5 남편의 암살 이후, 코레타 스콧 킹은 활발한 활동가이자 평화 운동가가 되었다. 1968년 연대의 날 그녀의 연설은 종종 그녀의 남편의 기억의 그림자에서 벗어난 그녀의 **Q18** 출현의 대표적인 예로서 종종 인식된다. 그녀의 **Q19**뒤이은 활동의 대부분은 아프리카계 미국인들의 권리와 여성의 권리를 찬성하는 운동을 하는 것을 중심으로 돌아갔다. 그녀는 또한 *마틴 루터 킹 2세와의 나의 삶* 이라는 책을 출간했고, 그녀의 시간을 애틀랜타의 마틴 루터 킹 2세 기념비를 계획하는 데에 바쳤다. **Q20-(B)** 코레타 스콧 킹은 후에 남아프리카공화국의 인종차별정책의 노골적인 반대자가 되었고, 1985년 그녀는 남아프리카 정부 정책에 반대하는 항의 행진에 참여한 것으로 체포되었다.

6 우리 시대의 가장 영향력 있는 아프리카계 미국인 지도자들 중 한 명인 킹 여사는 60개 이상의 단과 대학들과 종합대학들로부터 명예 박사학위를 받았다.

Vocabulary

prose 산문	**assassination** 암살
poetry 시, 시가	**dynamic** 활발한, 역동적인
inspirational 영감을 주는, 자극을 주는	**activist** 운동가, 활동가
fundraiser 기금 모금자, 기금 모금 행사	**emergence** 출현, 발생
belated 뒤늦은	**subsequent** 그 다음의, 뒤이은
immense 엄청난, 어마어마한	**commemorative** 기념하는
gulf (사고 · 생활 방식 등의 큰) 격차	**outspoken** 노골적으로 말하는
disciple 제자, 신봉자	**opponent** 반대자

colleges and universities. She authored three books and maintained a nationally-syndicated column. She helped to found and serve dozens of community organizations including the Black Leadership Forum, the National Black Coalition for Voter Participation, and the Black Leadership Roundtable.

➡ Until her death in 2006, Mrs. King remained an eloquent and respected spokesperson on behalf of women's rights and health education. She spoke out against youth violence, the disproportionately low numbers of minorities holding public offices, and the death penalty. She received many awards honoring her achievements and commitment, and perhaps the greatest recognition is the award named in her honor: presented annually by members of the American Library Association: Q22-(C) the Coretta Scott King Award honors African American authors and illustrators by recognizing Q21 their exceptional motivational and educational works.

Coretta Scott King carried the message of nonviolence and the dream of the beloved community to almost every corner of our nation and around the world; she led goodwill missions to many countries in Africa, Latin America, Europe and Asia.
■ She spoke at many of history's most significant peace and justice rallies. She was the first woman to deliver the class day address at Harvard and to preach at a statutory service at London's St. Paul's Cathedral.

➡ In addition to meeting with a number of heads of state, King engaged in dialogues with great spiritual leaders, including Pope John Paul, the Dalai Lama, Dorothy Day, and Bishop Desmond Tutu. Q23 **She acted as a witness to the historic handshake between Prime Minister Yitzhak Rabin and Chairman Yassir Arafat at the signing of the Middle East Peace Accords and joined Nelson Mandela in Johannesburg when he became South Africa's first democratically elected president.** A woman of wisdom, compassion, and vision, Coretta Scott King helped to make ours a better world and, in the process, made a name for herself in history.

(아프리카계 미국인 지도자로서의 킹 여사의 업적)

7.
Mrs. King's achievements and commitment
(킹 여사의 업적과 헌신)

8.
Mrs. King's international activities
(킹 여사의 국제적 활동들)

9.
Mrs. King who witnessed many historic events
(많은 역사적인 행사를 목격했던 킹 여사)

그녀는 세 권의 책을 저술했고, 전국적으로 실리는 칼럼을 지속했다. 그녀는 흑인 지도자 포럼, 유권자 참여를 위한 국가 흑인 연합과 흑인 지도자 원탁 회의를 포함하는 수 십 개의 지역 사회 조직들을 설립하고 제공하도록 도왔다.

7 2006년 그녀가 죽을 때까지 킹 여사는 여성의 권리와 건강 교육을 위한 유창하고 훌륭한 대변인으로 남아있었다. 그녀는 청소년 폭력, 불균형적으로 적은 수의 공직을 맡고 있는 소수자들, 그리고 사형에 반대하는 의사를 분명하게 말했다. 그녀는 그녀의 업적과 헌신을 존중하는 많은 상을 받았고 아마도 가장 위대한 그녀의 공로에 대한 인정은 그녀를 기념하여 이름 붙여진 상일 것이다. 해마다 미국 도서관 협회의 구성원들에 의해 증정되는 Q22-(C) 코레타 스콧 킹 상은 아프리카계 미국인 저자들과 삽화가들에게 Q21 그들의 특출한 동기 유발적이고 교육적인 작품들을 인정함으로써 주는 상이다.

8 코레타 스콧 킹은 비폭력의 메시지와 사랑하는 지역 단체의 꿈을 미국과 전세계의 거의 모든 곳에 전달했고 친선사절단들을 아프리카, 라틴 아메리카, 유럽, 그리고 아시아의 많은 나라들로 이끌었다. 그녀는 역사상 가장 중대한 평화정의 집회들 중 많은 곳에서 연설했다. 그녀는 하버드에서 졸업 기념 행사일 연설을 했고 런던의 세인트 폴 대성당의 법정 서비스를 설교했던 최초의 여성이었다.

9 많은 국가 수반들을 만나는 것 이외에도, 킹 여사는 교황 요한 바오로, 달라이 라마, 도로시 데이, 주교 데스몬드 투투를 포함한 위대한 정신적 지도자들과 함께 대화에 임했다. Q23 그녀는 중동 평화 합의안에 서명으로 수상 이츠하크 라빈과 의장 야사르 아라파트가 역사적인 악수를 하는 것을 본 목격자로서의 역할을 했고 넬슨 만델라가 남아프리카의 최초의 민주적으로 선출된 대통령이 되었을 때 요하네스버그에서 그와 함께 했다. 지혜롭고 동정심이 많으며, 선견 지명이 있는 여성인 코레타 스콧 킹은 더 좋은 세상을 만들도록 도왔고 역사상 이름을 떨쳤다.

Vocabulary

apartheid 아파르트헤이트 (남아프리카공화국의 인종차별정책)
protest march 데모, 항의 행진(시위)
death penalty 사형
honorary doctorate 명예 박사 학위
author 쓰다, 저술하다
eloquent 유창한
respected 훌륭한, 높이 평가되는
spokesperson 대변인

disproportionately 불균형적으로
recognition (공로에 대한) 인정, 표창
preach 설교하다

14

According to paragraph 2, Coretta Scott did all of the following EXCEPT:

(A) Study musical education at the New England Conservatory

(B) Graduate as valedictorian of her high school

(C) Study music at Antioch College

(D) Sing in the Dexter Avenue Baptist Church choir

Paragraph 2 is marked with an arrow [➡].

단락2에 따르면, 코레타 스콧이 행하지 않았던 것은?

(A) 뉴잉글랜드 음악원에서 음악 교육을 공부했다.

(B) 고등학교 졸업생 대표로 졸업했다.

(C) 안티오크 대학에서 음악을 공부했다.

(D) 덱스터 애비뉴 침례 교회 성가대에 들어갔다.

Fact & Detail 단락2를 보면 교회 성가대에 대한 언급은 없으므로 정답은 (D)이다.

오답의 근거

(A) '~ in 1951 she won a scholarship to the New England Conservatory of Music in Boston.'라고 언급하였으므로 뉴잉글랜드 음악원에서 음악 교육을 공부했음을 알 수 있다.

(B) 'In 1945 she graduated as valedictorian of Marion, Alabama's Lincoln Normal School'라고 언급하였으므로 고등학교 졸업생 대표로써 졸업했음을 알 수 있다.

(C) '~ received a scholarship to study education and music at Antioch College.'라고 언급하였으므로 안티오크 단과 대학에서 음악을 공부했음을 알 수 있다.

15

According to paragraph 3, Coretta Scott raised funds for:

(A) The New England Conservatory

(B) The Ghana Independence Movement

(C) The Southern Christen Leadership Conference

(D) Mexican poverty relief

Paragraph 3 is marked with an arrow [➡].

단락3에 따르면, 코레타 스콧은 무엇을 위해 기금을 마련했는가?

(A) 뉴잉글랜드 음악원

(B) 가나 독립 운동

(C) 남부 기독교 지도자 회의

(D) 멕시코 빈곤 구호

Fact & Detail 단락3을 보면 'She was also responsible for a series of Freedom Concerts. These combined prose and poetry narration with inspirational music and acted as fundraisers for the Southern Christian Leadership Conference activities. (그녀는 또한 일련의 자유 콘서트에 책임이 있었다. 이러한 콘서트들은 산문과 시의 내레이션을 영감을 주는 음악과 결합시켰고 남부 기독교 지도자 회의 활동들을 위한 기금 모금자로서의 역할을 했다.)'라고 언급하였으므로 정답은 (C)이다.

16

Why does the author mention the Kings' travels overseas?

(A) To show that Coretta Scott King was a cosmopolitan woman despite her rural upbringing
(B) To show that the Kings' interest in peace and economic justice was international
(C) To explain why the Kings were controversial internationally
(D) To show the difficulties involved in raising a family while being a public figure

저자가 킹 일가의 해외 여행을 언급한 이유는?

(A) 코레타 스콧 킹은 시골에서 자랐음에도 불구하고 국제적인 여성이었음을 보여주기 위해
(B) 킹 일가의 평화와 경제 정의에 대한 관심은 국제적이었음을 보여주기 위해
(C) 킹 일가가 국제적으로 물의를 일으켰던 이유를 설명하기 위해
(D) 공인으로서 가족을 꾸리는 것과 관련된 어려움들을 보여주기 위해

Rhetorical Purpose 단락4를 보면 'In 1957, she and Dr. King journeyed to Ghana, celebrating that country's recent independence from British colonial rule. In 1958, ~ they were saddened to see the immense gulf between extreme wealth and poverty that existed there. In 1959, Dr. and Mrs. King spent nearly a month in India visiting disciples and sites associated with Mahatma Gandhi, and in 1964, the couple traveled to Oslo, Norway, where Dr. King received the Nobel Peace Prize.'라고 언급하였으므로 킹 부부가 해외 여행을 한 이유는 독립, 평화, 빈부와 관련이 있으므로 정답은 (B)이다.

17

The word **gulf** in the passage is closest in meaning to

(A) an area of an ocean partly enclosed by land
(B) a deep chasm
(C) a narrow canyon
(D) a wide disparity

지문의 단어 **gulf**와 의미상 가장 가까운 것은?

(A) 육지에 의해 부분적으로 둘러싸여 있는 해양 지역
(B) 깊은 골
(C) 좁은 협곡
(D) 심한 격차

Vocabulary 단락2 지문의 'gulf (사고·생활 방식 등의 큰) 격차'은 '심한 격차'의 의미로 사용되는 'a wide disparity'와 의미상 가장 유사하므로 정답은 (D)이다.

18

The word **emergence** in the passage is closest in meaning to

(A) appearance
(B) retreat within
(C) rejection
(D) compassion

지문의 단어 **emergence**와 의미상 가장 가까운 것은?

(A) 출현
(B) 도피
(C) 거부
(D) 연민

Vocabulary 단락2 지문의 'emergence (출현, 발생)'은 '출현'의 의미로 사용되는 'appearance'와 의미상 가장 유사하므로 정답은 (A)이다.

19

The word **subsequent** in the passage is closest in meaning to

(A) occurring in the distant past
(B) occurring earlier
(C) occurring later
(D) occurring in some other place

지문의 단어 **subsequent**와 의미상 가장 가까운 것은?

(A) 먼 옛날 발생한
(B) 더 일찍 발생한
(C) 나중에 발생한
(D) 다른 장소에서 발생한

Vocabulary 단락2 지문의 'subsequent (그 다음의, 뒤이은)'은 '나중에 발생한'의 의미로 사용되는 'occurring later'와 의미상 가장 유사하므로 정답은 (C)이다.

20

According to paragraph 5, Coretta Scott King was arrested

(A) In the 1960s with her husband
(B) When she joined a protest march against apartheid
(C) When she traveled to Mexico and spoke about poverty
(D) As a student attending Antioch College

Paragraph 5 is marked with an arrow [➡].

단락5에 따르면, 코레타 스콧 킹은 체포되었다.

(A) 1960년대에 그녀의 남편과 함께
(B) 그녀가 남아프리카공화국의 인종차별정책에 반대하여 항의 시위에 가담했을 때
(C) 그녀가 멕시코를 여행하며 빈곤에 관해 말할 때
(D) 안티오크 단과 대학에 다니는 학생으로서

Fact & Detail 단락5를 보면 'Coretta Scott King later became an outspoken opponent of apartheid, and in 1985 she was arrested for participating in a protest march against the South African government's policies. (코레타 스콧 킹은 후에 남아프리카공화국의 인종차별정책의 노골적인 반대자가 되었고, 1985년 그녀는 남아프리카 정부 정책에 반대하는 항의 행진에 참여한 것으로 체포되었다.)'라고 언급하였으므로 정답은 (B)이다.

21

The word **their** in the passage refers to

(A) Awards
(B) Members
(C) Authors and illustrators
(D) Motivational and educational works

지문의 단어 **their**가 가리키는 것은?

(A) 상들
(B) 구성원들
(C) 저자들과 삽화가들
(D) 동기유발적 교육적 작품들

Reference 단락 1의 their 는 문장 ~: presented annually by members of the American Library Association, the Coretta Scott King Award honors **African American authors and illustrators** by recognizing **their** exceptional motivational and educational works.' 에서 '~ 해마다 미국 도서관 협회의 구성원들에 의해 증정되는 코레타 스콧 킹 상은 **아프리카계 미국인 저자들과 삽화가들**에게 **그들의** 특출한 동기 유발적이고 교육적인 작품들을 인정함으로써 명예를 준다.'라고 말하고 있으므로 문맥상 their 는 African American authors and illustrators를 의미하므로 정답은 (C)저자들과 삽화가들이다.

22

According to paragraph 7, the Coretta Scott King Award honors

(A) African writers and illustrators
(B) Democratically elected heads of state
(C) Black American writers
(D) Women civil rights leaders

Paragraph 7 is marked with an arrow [➡].

단락7에 따르면, 코레타 스콧 킹 상은 누구에게 주어지는가?

(A) 흑인 작가들과 삽화가들
(B) 민주적으로 선출된 주의 국가 수반
(C) 아프리카계 미국인 작가들
(D) 여성 시민 평등권 지도자들

Fact & Detail 단락7을 보면 'the Coretta Scott King Award honors African American authors and illustrators by recognizing their exceptional motivational and educational works. (코레타 스콧 킹 상은 아프리카계 미국인 저자들과 삽화가들에게 그들의 특출한 동기 유발적이고 교육적인 작품들을 인정함으로써 표창한다.)'라고 언급하였으므로 가장 적합한 정답은 (C)이다.

23

Which of the sentences below best expresses the essential information in the highlighted sentence in the passage? Incorrect choices change the meaning in important ways or leave out essential information.

(A) King was present during a number of historic events.
(B) King was an active civil rights advocate throughout her life.
(C) King continued her husband's work.
(D) King supported Black American advancement.

Paragraph 8 is marked with an arrow [➡].

아래 문장 중 지문 속의 음영 표시된 문장의 핵심 정보를 가장 잘 표현하고 있는 것은 무엇인가? 오답은 문장의 의미를 현저하게 바꾸거나 핵심정보를 빠뜨리고 있다.

(A) 킹은 많은 역사적 행사에 참석했었다.
(B) 킹은 그녀의 인생 내내 활발한 시민의 평등권 지지자였다.
(C) 킹은 그녀의 남편의 일을 지속했다. .
(D) 킹은 아프리카계 미국인들의 발전을 지지했다.

Sentence Simplification 단락9에서, 음영 표시된 문장 'She acted as a witness to the historic handshake between Prime Minister Yitzhak Rabin and Chairman Yassir Arafat at the signing of the Middle East Peace Accords and joined Nelson Mandela in Johannesburg when he became South Africa's first democratically elected president. (그녀는 중동 평화 합의안에 서명으로 수상 이츠하크 라빈과 의장 야사르 아라파트가 역사적인 악수를 하는 것을 본 목격자로서의 역할을 했고 넬슨 만델라가 남 아프리카의 최초의 민주적으로 선출된 대통령이 되었을 때 요하네스버그에서 그와 함께 했다.)'는 두 개의 역사적 사건 현장에 킹이 참석했음을 언급하고 있다. 그러므로 'King was present during a number of historic events. (킹은 많은 역사적 사건에 참석했었다.)'로 아주 간략하게 요약할 수 있으므로 정답은 (A)이다.

24

With which of the following statements would the author most likely agree?

(A) Coretta Scott King was a professional musician.
(B) Coretta Scott King was as great an orator, as was her husband.
(C) Coretta King's activism declined after her husband's assassination.
(D) Coretta Scott King was a human rights crusader in several different arenas.

다음 중 저자는 어떤 진술에 가장 동의할 것 같은가?

(A) 코레타 스콧 킹은 전문적인 음악가였다.
(B) 코레타 스콧 킹은 그녀의 남편만큼 위대한 연설가였다.
(C) 코레타 스콧 킹의 활동은 그녀의 남편의 암살 이후 감소했다.
(D) 코레타 스콧 킹은 몇몇의 다른 무대에서 인권 운동가였다.

Fact & Detail 단락1에서 'Coretta Scott King earned a reputation as one of the most influential civil rights crusaders of the twentieth century.', 단락5에서 'After her husband's assassination, Coretta Scott King became a dynamic activist and peace crusader.'라고 언급했을 뿐만 아니라 본문 전반에서 코레타 스콧 킹의 인권 운동가로서의 활동을 언급하고 있으므로 가장 적합한 답은 (D)이다.

25

Look at the four squares [■] that indicate where the following sentence can be added to the passage.

This was the beginning of a broadening and deepening commitment to a range of issues.

Where would the sentence best fit? Click on a square [■] to add the sentence to the passage.

네 개의 네모 [■] 는 다음 문장이 삽입될 수 있는 부분을 나타내고 있다.

이는 일련의 문제들에 넓어지고 깊어지는 헌신의 시작이었다.

이 문장은 어느 자리에 들어가는 것이 적절한가? 지문에 문장이 삽입되도록 네모[■]를 클릭하시오.

Insertion 삽입 구문은 '코레타 스콧 킹이 아이들 보살피기와 시민 평등권 운동 사이에서 균형을 잃지 않았음'을 언급하는 단락3에서 본격적으로 시민 평등권 운동을 어떻게 했는지 구체적으로 서술하는 첫 문장 다음에 오는 것이 적절하다. 따라서 삽입 구문은 '남부 기독교 지도자 회의의 눈에 띄는 참여자로서, 그녀는 연설을 했고, 콘서트에서 노래를 불렀고 시민 평등권 행사에 그녀의 남편이 참여할 수 없을 때 그녀가 그를 대신했다.'라고 언급하는 문장 다음에 끼워 넣는 것이 적합하므로 두 번째 네모 [■] 가 정답이다.

26

Directions: Complete the table by matching the phrases below.

Directions: Select the appropriate phrases from the answer choices and match them to the term to which they relate. TWO of the answer choices will NOT be used. **This question is worth 3 points.**

아래의 주어진 구절을 연결하여 표를 완성하시오. 보기 중 적절한 구절을 골라 관련된 용어와 연결하시오. 보기 중 2개는 사용되지 않는다. 이 문제는 3점이 부과된다.

> Drag your answer choices to the spaces where they belong. To remove an answer choice, click on it. To review the passage, click on **View Text.**
> 선택한 보기는 마우스로 끌어 해당란에 넣으시오. 선택한 보기를 삭제하려면, 해당 보기를 한번 클릭하시오. 지문을 보려면 화면의 View Text를 클릭하시오.

Answer Choices	Coretta Scott King's activities BEFORE her husband's death
(A) Raised money for the Southern Christian Leadership Conference 남부 기독교 지도자 회의를 위한 기금을 모았다.	남부 기독교 지도자 회의를 위한 기금을 모았다. • **(A) Raised money for the Southern Christian Leadership Conference** • **(D) Traveled to India to learn more about Gandhi**
(B) Wrote three books 세 권의 책을 썼다.	
(C) Celebrated the independence of Egypt 이집트의 독립을 축하했다.	**Coretta Scott King's activities AFTER her husband's death** 그녀의 남편이 사망 후 코레타 스콧 킹의 활동들
(D) Traveled to India to learn more about Gandhi 간디에 관해 더 많이 알기 위해 인도로 여행했다.	• **(B) Proprietors hoped to produce silk**
(E) Met with world leaders 세계 지도자들을 만났다.	• **(E) Met with world leaders**
(F) Taught music education to children 아이들에게 음악 교육을 가르쳤다.	• **(G) Limited how much land an individual could own**
(G) Spoke at Harvard 하버드에서 연설했다.	

Category Chart 보기(A)는 단락 3을 보면 'During Dr. King's career, ~ She was also responsible for a series of Freedom Concerts. These ~ acted as fundraisers for the Southern Christian Leadership Conference activities, (그녀는 또한 일련의 자유 콘서트에 책임이 있었다. 이러한 콘서트들은 ~ 남부 기독교 지도자 회의 활동들을 위한 기금 모금자로서의 역할을 했다.)'라고 언급하며 보기(D)는 단락4를 보면 'In 1959, Dr. and Mrs. King spent nearly a month in India visiting disciples and sites associated with Mahatma Gandhi, ~. (1959년 킹 부부는 거의 한 달의 시간을 마하트마 간디와 관련된 제자들과 장소들을 방문하면서 인도에서 보냈고 ~.)'라고 언급하고 있으므로 그녀의 남편이 죽기 전 코레타 스콧 킹의 활동들에 들어가야 할 보기는 (A), (D)이다.

또한 단락5부터 언급된 코레타 스콧 킹의 남편의 암살 이후 활동으로 보기(B)는 단락 6를 보면 'She authored three books and ~. (그녀는 세 권의 책을 저술했고, ~)'라고 언급하였으며, 보기(E)는 단락 9를 보면 'In addition to meeting with a number of heads of state, ~. (많은 국가 수반들을 만나는 것 이외에도, ~.)'라고 언급하였고, 보기(G)는 단락 8을 보면 'She was the first woman to deliver the class day address at Harvard ~. (그녀는 하버드에서 졸업 기념 행사일 연설을 했던 ~ 최초의 여성이었다.)'라고 언급하므로 그녀의 남편이 사망 후 코레타 스콧 킹의 활동들에 들어가야 할 보기는 (B), (E), (G)이다.

The Interstate Commerce Commission 주간통상위원회 Passage 3 [27-39]

1.
Abusive practices by the railroads and Interstate Commerce Commission
(철도에 의한 폭력적인 관행들과 주간통상위원회)

➡ The Interstate Commerce Act of 1887 was the result of longstanding campaigns against abusive practices by the railroads. Western farmers led the movement, but people across the country, and especially in small towns, believed that their pricing systems were unjust. A central issue was the difference in prices for customers in similarly situated communities. Q27 **Public opinion was also mobilized against the common railroad practice of giving free yearly passes to opinion leaders, such as elected officials and newspaper editors, with the aim of quieting opposition to railroad practices.** At one point, a muckraker[1] claimed that the railroad in his hometown had gone so far as to refuse to ship newsprint to a newspaper editor who had attacked the railroad in print. The Interstate Commerce Act created a government agency intended to Q28 **curtail** such abuses of power. Q29-(A) Unfortunately, the Interstate Commerce Commission (ICC) became a prime example of regulatory capture: the Commission eventually tended to act in the interest of railroads instead of consumers, and as transportation evolved away from the rail, the ICC continued to mainly serve the interests of common carriers.

2.
The establishment of the ICC by the Interstate Commerce Act
(주간무역조례에 의한 주간통상위원회의 설립)

➡ Q32-(C) The ICC had promising beginnings as the result of a strong and diverse coalition. Western farmers were joined by influential Eastern businessmen, who had also come to consider themselves the victims of economic discrimination by the railroads. Both political parties began to push for reform. In 1887, President Grover Cleveland signed the Interstate Commerce Act into law. It prohibited railroad companies from pooling profits and discriminating against smaller markets.

1　A journalist who searches for and exposes corruption or scandal

1 1887년의 주간무역조례는 철도회사 측에 의한 남용적인 관행들에 대항하여 오랜 기간 이뤄졌던 정치적 운동들의 결과였다. 서부 농부들이 그 운동을 이끌었지만 온 나라의 사람들, 특히 소규모 도시의 사람들은 그들의 가격 책정 체계가 불공정하다고 생각했다. 주요 쟁점은 유사하게 위치한 지역들의 고객들에게 매겨진 가격의 차이였다. Q27철도 관행에 대한 반대를 진정시킬 목적으로 선출된 관리들, 신문 편집장들과 같은 여론 지도자들에게 무임 일년 승차권을 주는 흔히 일어나는 철도 관행에 반대하기 위해 여론 또한 결집됐다. 한 주장에 의하면, 한 추문 폭로자는 그의 고향의 철도회사가 신문에서 그 철도회사를 비난했던 한 신문 편집장에게 신문 인쇄 용지의 수송을 거절하기까지 했다고 주장했다. 주간무역조례는 그러한 권력의 남용을 Q28축소시킬 목적으로 하나의 정부기관을 만들었다. Q29-(A) 불행하게도, 주간통상위원회는 규제 포획의 대표적인 예가 되었다. 왜냐하면 위원회는 결국 소비자들 대신에 철도의 이익을 위해 행동하는 경향이 있었고, 수송 수단이 철도를 넘어 다양하게 발달함에 따라, 주간통상위원회는 주로 일반 운수업자들의 이익에 지속적으로 기여했기 때문이다.

2 Q32-(C) 주간통상위원회는 강하고 다양한 연합체의 결과로써 유망한 시작을 했다. 서부 농부들은 그들 스스로를 철도에 의한 경제적 차별의 피해자로 간주하고자 했던 영향력 있는 동부의 사업가들과 함께하게 되었다. 양 당 모두 개혁을 계속 요구하기 시작했다. 1887년 그로버 클리블랜드 대통령은 주간무역조례에 서명하여 법으로 만들었다. 주간무역조례는 철도 회사들이 이익을 모으고 소규모 시장들을 차별하는 것을 막았다.

Vocabulary

Interstate Commerce Commission 주간통상위원회
Interstate Commerce Act 주간무역조례
railroad 철도, 철도회사
longstanding 다년간의
abusive 남용적인, 공격적인, 모욕적인
mobilize 동원되다
with the aim of ~ ~을 목표로
quiet 조용히 시키다, 진정시키다

muckraker 추문 폭로자, 부정부패 적발자
curtail 축소시키다
promising 유망한, 촉망되는
discrimination 차별

It also required the railroads to publicize their rates, ^{Q27} **cease** giving rebates, and establish shipping rates that were "reasonable and just." ■ Finally, the Act established the Interstate Commerce Commission to oversee enforcement of the law.

3.
The Interstate Commerce Commission and the Elkins Act
(주간통상위원회와 엘킨스 법)

■ The Interstate Commerce Commission was the first regulatory agency established in the United States. ■ It was a hybrid agency with elements of the federal government's judicial, legislative, and executive powers, and some referred to it as the government's "fourth branch." ■ Because the ICC was the first organization of this kind – there were no other government agencies – its power was ^{Q33} **vaguely** defined. In the early years, this translated into the ICC being rather weak; it lost fifteen of its sixteen cases against the railroad companies. The Elkins Act was passed in 1903 to give the ICC additional authority. Over time, as the ICC gained additional privileges, it used its powers to the railroads' benefit. It set minimum rates at artificially high levels and developed a restrictive permitting process that effectively excluded new competitors.

4.
The sanctions of the federal courts imposed against the ICC
(주간통상위원회에 가해진 연방 법원의 제재)

➡ ^{Q34-(B)} It should be acknowledged that the rulings of the Commission were also subject to review by the federal courts. When the Commission eventually grew harsher towards the railroads, federal courts undercut the commission's authority and judged in the companies' favor. At one point, ICC officials declared in an annual report that ^{Q35} **they** prevented it from carrying out its function, and that people should no longer look to the commission for protection. Still, all along, critics have said that the monopolistic nature of the railroad industry in 1887 necessitated something like the Interstate Commerce Commission, though its authority went too far. The agency took on additional responsibilities as commerce and forms of transportation expanded. The ICC was even given dominion over pipe systems in the Hepburn Act of 1906.

또한 그것은 철도들이 그들의 요금을 알리고, 리베이트를 내는 것을 중단하고, 합리적이고 정당한 운송료를 설정할 것을 요구했다. 마침내 그 조례는 법의 시행을 감독하도록 주간통상위원회를 설립했다.

3 주간통상위원회는 미국에서 설립된 최초의 규제 기관이었다. 이는 연방 정부의 사법, 입법, 행정 권력의 요소들을 갖고 있는 혼합 기관이었고, 일부는 그것을 정부의 "네 번째 기관"으로서 언급했다. 주간통상위원회는 이러한 종류의 최초의 기관이었기 때문에 – 다른 정부 기관들은 없었다 – 그것의 권력은 ^{Q33} 애매하게 정의되었다. 초기에, 이는 오히려 ICC가 약하게 되도록 하였고, 결국 주간통상위원회는 철도 회사에 반대하는 16개 중 15개의 소송에서 패소했다. 엘킨스법이 1903년 주간통상위원회에게 추가적인 권한을 주기 위해 통과되었다. 시간이 흐르면서, 추가적인 특혜를 얻게 됨에 따라 주간통상위원회는 철도의 이익에 그것의 권력을 사용했다. 주간통상위원회는 인위적으로 높은 수준의 최저 운임을 설정하고 효과적으로 새로운 경쟁자들을 배제했던 구속적인 허가제를 발달시켰다.

4 ^{Q34-(B)} 위원회의 판결이 또한 연방 법원에 의해 재검토되어야 하는 대상이었음을 알아두어야 한다. 위원회가 결국 철도회사에 대해 더 가혹해졌을 때, 연방 법원은 그 위원회의 지휘권을 약화시켰고 그 회사들에 관해 유리한 판결을 내렸다. 한 주장에 의하면, 주간통상위원회 관리들은 ^{Q35} 그들이 위원회가 그것의 기능을 수행하는 것을 막았고, 사람들이 더 이상 보호를 위해 위원회에 기대를 걸어서는 안 된다고 연례 보고에서 분명히 말했다. 아직도, 내내 비평가들은 비록 그것의 권력은 도를 넘었음에도 불구하고 1887년 철도 산업의 독점적인 특성이 주간통상위원회와 같은 것을 필요하게 만들었다고 말했다. 그 기관은 무역과 교통수단이 확장되었을 때 추가적인 책임을 맡았다. 그 위원회는 심지어 1906년 헵번법으로 배관 시스템에 대한 지배권을 받았다.

Vocabulary

cease 그치다, 중단시키다
judicial 사법의
legislative 입법의
executive 행정의
hybrid 혼합물
vaguely 애매하게, 모호하게
privilege 특전, 특혜
monopolistic 독점적인

necessitate ~을 필요하게 만들다
dominion 지배권, 통치권

➡ **Q37-(D) The ICC's mandate of regulating a monopoly was largely obsolete by the 1920s, when trucks had begun to compete with trains. However, just then the ICC became even more powerful: the Motor Carrier Act put trucks under ICC jurisdiction in 1935.** By the early 1950s, the ICC's jurisdiction extended beyond railroads to all surface transportation vehicles and channels, including bridges, coastal and inter-coastal shipping routes, ferries, internal waterways, bus transportation, and trucking. By the 1960s, the agency employed more than 2,400 people and was accused of being a massively bloated bureaucracy. Furthermore, critics charged that just as in the past, the ICC was permitting carriers to charge unreasonably high rates. The ICC again seemed improperly close to its charges: at one point, the American Trucking Association maintained an office inside the ICC's headquarters.

Laws eventually started to work in the opposite direction, taking powers away from the commission. First, the Railroad Revitalization and Regulatory Reform Act of 1976 limited the Commission's power to regulate rates. In 1977, air cargo deregulation further eroded the ICC's sphere of influence. The penultimate act of deregulation came in 1994 when the ICC ceded control over the trucking industry to the Department of Transportation. In an act that suggests a cozy relationship between the regulator and the regulated, an alliance of the businesses under ICC supervision -- railroads and trucking companies -- fought to rescue the agency. Despite their efforts, most of the Commission's work was absorbed by the Department of Transportation. In 1995, President Bill Clinton formally dissolved the ICC by signing the ICC Termination Act. Most of the agency's 200 workers moved to the Department of Transportation. The commission's remaining work – handling railroad disputes and approving bus and rail mergers – is now mostly handled by a board of three government employees.

5 **Q37-(D)** 주간통상위원회의 독점을 규제하는 권한은 트럭이 기차와 경쟁하기 시작했던 1920년대까지 대체로 쓸모가 없었다. 하지만 자동차운송법이 1935년 주간통상위원회의 관할권 하에 트럭을 두었던 바로 그때 주간통상위원회는 심지어 더 강력하게 되었다. 1950년대 초, 주간통상위원회의 관할권은 철도를 넘어 다리, 해안 및 해안간 항로, 연락선, 내부 수로, 버스 수송, 트럭 수송을 포함하는 모든 노면 수송용 차량들과 수로까지 확장되었다. 1960년대까지, 그 기관은 2,400명 이상의 사람들을 고용했고, 엄청나게 비대해진 관료체제로 비난 받고 있었다. 게다가, 비평가들은 과거처럼 주간통상위원회가 운송회사들로 하여금 부당하게 높은 요금을 부과하도록 허용하고 있다고 비난했다. 주간통상위원회는 다시금 그것의 비난에 부적절하게 가까이 다가가 있는 것 같았다. 한 주장에 의하면, 미국의 트럭 수송 연합은 주간통상위원회 본사 내에 사무실을 유지했다.

6 법은 결국 그 위원회로부터 권력을 앗아가는 반대 방향으로 작용하기 시작했다. 첫째, 1976년 철도 재건 및 규제 개혁법은 요금을 규제하도록 그 위원회의 권력을 제한했다. 1977년 항공 화물 규제 완화는 위원회의 세력권을 더 침식시켰다. 규제 완화의 끝에서 두 번째 법은 주간통상위원회가 운수부에 트럭 수송 산업에 대한 통제권을 양도했을 때인 1994년 일어났다. 규제자와 피규제자 사이에 친밀한 관계를 제안하는 조항 안에서 주간통상위원회의 감독 하의 기업 연합은 – 철도와 트럭 운송 업체 – 그 기관을 구제하기 위해 싸웠다. 그들의 노력에도 불구하고, 그 위원회의 일의 대부분은 수송부로 흡수되었다. 1995년 빌 클린턴 대통령은 주간통상위원회 해산법에 서명함으로써 그 위원회는 공식적으로 해산되었다. 그 기관의 200명의 노동자들 대부분은 수송부로 자리를 옮겼다. 위원회의 남아있는 업무는 – 철도 분쟁을 처리하고 버스와 철도의 합병을 승인하는 – 현재 세 명의 공무원이 있는 위원회에 의해 처리된다.

Vocabulary

obsolete 더 이상 쓸모가 없는, 구식의

jurisdiction 관할권, 사법권

bloated 거만한, 부은

bureaucracy 관료 체제

deregulation 규제 완화, 자유화

cede 양도하다, 이양하다

penultimate 끝에서 두 번째인

27

Which of the sentences below best expresses the essential information in the highlighted sentence in the passage? Incorrect choices change the meaning in important ways or leave out essential information.

(A) Railroad managers gave free passes to opinion leaders in order to quiet opposition to railroad practices.
(B) Elected officials and newspaper editors were given free yearly passes by railroad companies.
(C) No one stood against unfair railroad practices because they did not dare go against such a powerful organization.
(D) The public was against the corrupt practices of the railroads; they did not approve of the way opinion leaders were bribed.

아래 문장 중 지문 속의 음영 표시된 문장의 핵심 정보를 가장 잘 표현하고 있는 것은 무엇인가? 오답은 문장의 의미를 현저하게 바꾸거나 핵심정보를 빠뜨리고 있다.

(A) 철도 관리자들은 철도 관행에 대한 반대를 진정시키기 위해 여론 지도자들에게 무임 승차권을 주었다.
(B) 선출된 관리들과 신문 편집장들은 철도 회사에 의해 해마다 무임 승차권을 받았다.
(C) 그들은 강력한 조직에 반대하지 못했기 때문에 감히 불공정한 철도 관행에 반대하는 사람은 아무도 없었다.
(D) 일반 국민은 철도의 부패 관행에 반대했고 여론 지도자들이 뇌물을 받는 방식을 인정하지 않았다.

Sentence Simplification 단락1에서, 음영 표시된 문장 'Public opinion was also mobilized against the common railroad practice of giving free yearly passes to opinion leaders, such as elected officials and newspaper editors (← minor idea), with the aim of quieting opposition to railroad practices. (철도 관행에 대한 반대를 진정시킬 목적으로 선출된 관리들, 신문 편집장들과 같은 여론 지도자들에게 무임 일년 승차권을 주는 일반 철도 관행에 반대하기 위해 여론 또한 동원되었다.)'를 'The public was against the corrupt practices of the railroads; they did not approve of the way opinion leaders were bribed. (일반 국민은 철도의 부패 관행에 반대했고 여론 지도자들이 뇌물을 받는 방식을 인정하지 않았다.)'라고 간략하게 요약할 수 있다. 따라서 이와 같은 내용을 포함하고 있는 (D)가 정답이다.

28

The word **curtail** in the passage is closest in meaning to

(A) limit
(B) investigate
(C) evaluate
(D) detail

지문의 단어 **curtail**과 의미상 가장 가까운 것은?

(A) 제한하다
(B) 조사하다
(C) 평가하다
(D) 상세히 설명하다

Vocabulary 단락1지문의 'curtail (축소시키다)'은 '제한하다'의 의미로 사용되는 'limit'와 의미상 가장 유사하므로 정답은 (A)이다.

29

It can be inferred from paragraph 1 that regulatory capture occurs when

(A) **A regulatory agency acts in favor of the industry it oversees**
(B) The government takes full control of an industry to bring it into line
(C) The government creates a regulatory agency but has no enforcement authority
(D) An industry establishes a commission to regulate itself

Paragraph 1 is marked with an arrow [➡].

단락1에 따르면, 규제 포획은 언제 발생하는가?

(A) 규제 기관이 그것이 감독하는 산업을 옹호한다.
(B) 정부는 하나의 산업이 보조를 맞추도록 그것을 완전히 통제한다.
(C) 정부는 하나의 규제 기관을 만들지만 실시 권한을 갖고 있지 않다.
(D) 산업은 그 자체를 규제할 위원회를 설립한다.

Inference 단락1을 보면 '~ the Interstate Commerce Commission (ICC) became a prime example of regulatory capture: the Commission eventually tended to act in the interest of railroads instead of consumers, and as transportation evolved away from the rail, the ICC continued to mainly serve the interests of common carriers. (~ 주간통상위원회는 규제 포획의 주요한 예가 되었다. 왜냐하면 위원회는 결국 소비자들 대신에 철도의 이익을 위해 행동하는 경향이 있었고, 수송이 철도에서 벗어나 발달함에 따라, 주간통상위원회는 주로 일반 운수업자들을 위한 봉사를 지속했기 때문이다.)'라고 언급하였으므로 정답은 (A)이다.

30

The word **cease** in the passage is closest in meaning to

(A) admit
(B) **stop**
(C) diminish
(D) permit

지문의 단어 **cease**와 의미상 가장 가까운 것은?

(A) 인정하다
(B) **멈추다**
(C) 줄이다
(D) 허락하다

Vocabulary 단락2 지문의 'cease (그치다, 중단시키다)'는 '멈추다'의 의미로 사용되는 'stop'와 의미상 가장 유사하므로 정답은 (B)이다.

31

All of the following are listed in paragraph 2 as provisions of the Interstate Commerce Act EXCEPT:

(A) **Prohibiting distinctions between different types of commerce**
(B) Establishing the ICC
(C) Ending discrimination against smaller markets
(D) Preventing the pooling of profits

Paragraph 2 is marked with an arrow [➡].

주간무역조례의 조항들로써 단락2에 열거되지 않은 것은?

(A) **다른 종류의 무역 간의 차별을 막는 것**
(B) 주간무역위원회를 설립하는 것
(C) 더 작은 시장들의 차별을 멈추는 것
(D) 이익의 통합을 막는 것

Fact & Detail 단락2를 보면 'the Act established the Interstate Commerce Commission to oversee enforcement of the law.'는 (B)와 일치하며, '(D) It prohibited railroad companies from pooling profits and (C) discriminating against smaller markets'는 (C)와 (D)의 내용과 일치한다. 하지만 보기(A)는 언급되지 않았으므로 정답은 (A)이다.

32

It can be inferred from paragraph 2 that

(A) Western farmers were more influential than Eastern businessmen.
(B) Eastern businessmen were more influential than farmers.
(C) Both Western farmers and Eastern businessmen were politically important groups.
(D) Western farmers and Eastern businessmen had influence with the same politicians.

Paragraph 2 is marked with an arrow [➡].

단락2로부터 추론할 수 있는 것은?

(A) 서부 농부들은 동부 사업가들보다 더 영향력이 있었다.
(B) 동부 사업가들은 농부들보다 더 영향력이 있었다.
(C) 서부 농부들과 동부 사업가들은 둘 다 정치적으로 중요한 집단들이었다.
(D) 서부 농부들과 동부 사업가들은 같은 정치인들을 움직이는 힘이 있었다.

Inference 단락2를 보면 'The ICC had promising beginnings as the result of a strong and diverse coalition. Western farmers were joined by influential Eastern businessmen, who had also come to consider themselves the victims of economic discrimination by the railroads. (주간통상위원회는 강하고 다양한 연합체의 결과로써 유망한 시작을 했다. 서부 농부들은 그들 스스로를 철도회사에 의한 경제적 차별의 피해자로 간주하고자 했던 영향력 있는 동부의 사업가들과 함께하게 되었다.)'라고 언급하였으므로 서부 농부들과 동부 사업가들은 둘 다 정치적으로 중요한 집단들이었음을 알 수 있다. 따라서 정답은 (C)이다.

33

The word vaguely in the passage is closest in meaning to

(A) uniquely
(B) oddly
(C) imprecisely
(D) legitimately

지문의 단어 vaguely와 의미상 가장 가까운 것은?

(A) 독특하게
(B) 이상하게
(C) 모호하게
(D) 정당하게

Vocabulary 단락3 지문의 'vaguely (애매하게, 모호하게)'은 '모호하게'의 의미로 사용되는 'imprecisely'와 의미상 가장 유사하므로 정답은 (C)이다.

34

In paragraph 4, why does the author say it should be acknowledged that federal courts reviewed ICC rulings?

(A) To introduce the essay's main argument that federal courts are to blame for railroad abuses
(B) To note that the ICC did not have final authority
(C) To argue that the courts benefited from a relationship with the railroads
(D) To explain the consequences for undercutting the federal courts' authority

Paragraph 4 is marked with an arrow [➡].

단락4에서, 저자가 연방 법원이 주간통상위원회의 판결들을 재검토했음을 알아두어야 한다고 말하는 이유는?

(A) 연방 법원은 철도 오용에 대해 비난하기 위한 것이라는 그 에세이의 주된 주장을 소개하기 위해
(B) 주간통상위원회는 최종 지휘권을 갖고 있지 않았음을 언급하기 위해
(C) 법원은 철도와의 관계로부터 이익을 보았음을 주장하기 위해
(D) 연방 법원의 지휘권을 약화시키기는 결과들을 설명하기 위해

Rhetorical Purpose 단락4를 보면 'It should be acknowledged that the rulings of the Commission were also subject to review by the federal courts. When the Commission eventually grew harsher towards the railroads, federal courts undercut the commission's authority and judged in the companies' favor. (위원회의 판결들 또한 연방 법원에 의해 재검토되어야 하는 대상이었음을 알아두어야 한다. 위원회가 결국 철도에 대해 더 가혹해졌을 때, 연방 법원은 그 위원회의 지휘권을 약화시켰고 그 회사들에게 유리한 판결을 내렸다.)'라고 언급하였으므로 정답은 (B)이다.

35

The word **they** in the passage refers to

(A) the Commission
(B) the railroads
(C) federal courts
(D) people

지문의 단어 **they**가 가리키는 것은?

(A) 위원회
(B) 철도
(C) 연방 법원
(D) 사람들

Reference 단락 4의 they 는 문장 'When the Commission eventually grew harsher towards the railroads, federal courts undercut the commission's authority and judged in the companies' favor. At one point, ICC officials declared in an annual report that **they** prevented it from carrying out its function, and that people should no longer look to the commission for protection.' 에서 '위원회가 결국 철도에 대해 더 가혹해졌을 때 연방 법원은 그 위원회의 권력을 약화시켰고 그 회사들에 유리하게 판결을 내렸다. 한 주장에 의하면, 그들은 위원회가 그것의 기능을 수행하는 것을 막았고, 사람들이 더 이상 보호 위해 위원회에 기대를 걸어서는 안된다고 주간통상위원회 관리들은 연례 보고에서 분명히 말했다.'라고 말하고 있으므로 문맥상 they 는 federal courts 를 의미하므로 정답은 (C)연방 법원들이다.

36

With which of the following conclusions would the author most likely agree?

(A) **The ICC was founded with good intentions, but it failed to protect consumer rights.**
(B) The ICC's mandate was intentionally loosely defined at its inception.
(C) The ICC was unable to regulate commerce.
(D) The ICC had been founded at the request of the railroads themselves.

저자는 다음 중 어떤 결론에 가장 동의할 것 같은가?

(A) 주간통상위원회는 좋은 의도로 설립되었지만, 소비자의 권리를 보호하는데 실패했다.
(B) 주간통상위원회는 애초에 의도적으로 막연히 정의되었다.
(C) 주간통상위원회는 무역을 규제할 수 없었다.
(D) 주간통상위원회는 철도의 요청으로 설립되었다.

Fact & Detail 단락1을 보면 'The Interstate Commerce Act created a government agency intended to curtail such abuses of power. Unfortunately, the Interstate Commerce Commission (ICC) became a prime example of regulatory capture: the Commission eventually tended to act in the interest of railroads instead of consumers, ~. (주간무역조례는 그러한 권력의 남용을 축소시킬 목적으로 하나의 정부기관을 만들었다. 불행하게도, 주간통상위원회는 규제 포획의 주요한 예가 되었다. 왜냐하면 위원회는 결국 소비자들 대신에 철도회사의 이익을 위해 행동하는 경향이 있었고, ~.)'라고 언급하였으므로 저자가 가장 동의할 것 같은 진술은 (A)이다.

37

The passage's discussion of the court rulings regarding ICC actions indicates that

(A) The courts were controlled by railroad interests.
(B) The ICC was unconstitutional.
(C) The court believed that the ICC infringed upon its judiciary powers.
(D) **The ICC did not initially act on all of its mandates.**

주간통상위원회의 활동에 관한 법원 판결에 대한 지문의 논의는 무엇을 나타내는가?

(A) 법원은 철도관계자에 의해 통제되었다.
(B) 주간통상위원회는 헌법에 위배되었다.
(C) 법원은 주간통상위원회가 그것의 사법을 침해했다고 생각했다.
(D) 주간통상위원회는 처음에는 그것의 권한 모두를 시행하지 않았었다.

Fact & Detail 단락5를 보면 'The ICC's mandate of regulating a monopoly was largely obsolete by the 1920s, when trucks had begun to compete with trains. However, just then the ICC became even more powerful ~. (주간통상위원회의 독점을 규제하는 권한은 트럭이 기차와 경쟁하기 시작했던 1920년대까지 대체로 쓸모가 없었다. 하지만 ~ 바로 그때 주간통상위원회는 심지어 더 강력하게 되었다.)'라고 언급하였으므로 정답은 (D)이다.

38

Look at the four squares [■] that indicate where the following sentence can be added to the passage. **However, the law itself left some matters unresolved -- for example, authorizing the ICC to exempt railroads from the rules on long and short hauls where the public good made such an exemption desirable.** Where would the sentence best fit? Click on a square [■] to add the sentence to the passage.	네 개의 네모 [■] 는 다음 문장이 삽입될 수 있는 부분을 나타내고 있다. 하지만, 그 법 자체는 몇몇의 문제들을 미해결 상태로 남겨두었다. 예를 들어, 공익이 그러한 면제를 바람직한 것으로 만들었던 장단거리 수송에 관한 규칙들로부터 철도회사가 면제되도록 주간통산위원회에게 권한을 주었다. 이 문장은 어느 자리에 들어가는 것이 적절한가? 지문에 문장이 삽입되도록 네모[■]를 클릭하시오.

> **Insertion** 삽입 구문은 주간무역조례에 대한 설명을 하고 있다. 반면 세 개의 네모가 포함되어 있는 단락3은 주간통상위원회에 대한 설명을 하고 있으므로 답이 될 수 없다. 따라서 그 법, 즉 주간무역조례에 관해 언급하는 두 번째 단락에 삽입 구문을 끼워 넣는 것이 적합하므로 첫 번째 네모 [■] 가 정답이다.

39

Directions: An introductory sentence for a brief summary of the passage is provided below. Complete the summary by selecting the THREE answer choices that express the most important ideas in the passage. Some sentences do not belong in the summary because they express ideas that are not presented in the passage or are minor ideas in the passage. **This question is worth 2 points.**

지문 요약을 위한 간략한 문장이 아래에 주어져 있다. 지문의 가장 중요한 내용을 나타내는 보기 3개를 골라 요약문을 완성하시오. 어떤 문장은 지문에 언급되지 않은 내용이나 사소한 정보를 담고 있으므로 요약에 포함되지 않는다. 이 문제는 2점이 부과된다.

> Drag your answer choices to the spaces where they belong. To remove an answer choice, click on it. To review the passage, click on **View Text**.
> 선택한 보기는 마우스로 끌어 해당란에 넣으시오. 선택한 보기를 삭제하려면, 해당 보기를 한번 클릭하시오. 지문을 보려면 화면의 View Text를 클릭하시오.

> **The Interstate Commerce Act of 1887 – a response to public outcry over the abusive practices of the railroads – had a difficult time fulfilling its duty.**
> 1887년 주간무역조례는 - 철도의 남용적인 관행들에 대한 군중의 항의 - 그것의 의무를 다하는데 어려움을 겪었다.
>
> - (B) The ICC was the first government regulatory body, and its power was vaguely defined; consequently, the ICC engaged in a struggle with the courts over what its powers were.
> - (C) The Federal Court limited the ICC's powers by preventing the agency from exerting its mandates.
> - (D) The ICC was criticized for conspiring with the railroad industry and other big business and law deprived the commission of it powers, which eventually made it dissolved.

(A) The railroads' abuses included overcharging some customers, providing free travel to newspaper editors, and refusing to ship for groups that opposed them. 철도의 오용은 일부 소비자에게 바가지를 씌우고, 신문 편집자들에게 무임승차를 제공하며 그들을 반대했던 집단을 실어 나르는 것을 거부하는 것을 포함했다.	(B) **The ICC was the first government regulatory body, and its power was vaguely defined; consequently, the ICC engaged in a struggle with the courts over what its powers were.** 주간통상위원회는 최초의 정부 규제 기관이었고, 그것의 권력은 애매하게 정의되었으며 결국 주간통상위원회는 그것의 권력이 무엇이었는지에 대해 법정과의 분쟁에 휘말렸다.
(C) **The Federal Court limited the ICC's powers by preventing the agency from exerting its mandates.** 연방 법원은 주간통상위원회가 그것의 권한들을 행사하는 것을 막음으로써 그것의 권력을 제한했다.	(D) **The ICC was criticized for conspiring with the railroad industry and other big business and law deprived the commission of it powers, which eventually made it dissolved.** 주간통상위원회는 철도 산업과 다른 대기업과 결탁한 것으로 비난 받았으며 법은 그 위원회로부터 그것의 권력을 빼앗았고 이는 결국 위원회를 해산시켰다.
(E) The Act outlawed some of the most contentious practicing, including charging more for a shorter haul than for a longer one and refusing to publicize rates; it also established the Interstate Commerce Commission. 주간무역조례는 더 장거리 수송보다 더 단거리 수송에 더 많이 돈을 부과하고 요금을 공지하는 것을 거부하는 것을 포함하는 논쟁을 초래할 관행들 중 일부를 금했고 주간통상위원회를 설립했다.	(F) When Eastern businessmen joined Western farmers in protesting railroad pricing systems, politicians had to act. 동부 사업가들이 철도 가격 체계에 이의를 제기하는데 서부 농부들과 합류했을 때, 정치가들은 행동을 취했어야 했다.

Prose Summary 요약문의 도입 문장은 전체 지문의 도입 부분, 즉 철도의 남용적인 관행들에 대한 군중의 항의 결과 발생한 주간무역 조례는 그것의 의무를 다하지 못했음을 언급하고 있다. 따라서 보기를 고를 때에는 주간무역조례가 그것의 의무를 다하지 못했던 이유를 언급하는 보기를 선택해야 한다. 보기(B)는 주간통상위원회는 최초의 정부 규제 기관이었고, 그것의 권력은 애매하게 정의되었으며 결국 주간통상위원회는 그것의 권력이 무엇이었는지에 대해 법정과의 분쟁에 휘말렸음을 언급하는 단락3의 내용과 관련이 있고, 보기(C)는 연방 법원은 주간통상위원회가 그것의 권한들을 행사하는 것을 막음으로써 그것의 권력을 제한했음을 언급하는 단락4의 내용과 일치하며, 보기(D)는 주간통상위원회는 철도 산업과 다른 대기업과 결탁한 것으로 비난 받았으며 법은 그 위원회로부터 그것의 권력을 빼앗았고 이는 결국 위원회를 해산시켰음을 언급하는 단락5, 6의 내용을 요약하고 있다. 따라서 정답은 (B), (C), (D)이다.

오답의 근거

보기(A)는 단락1에서 'Western farmers led the movement, but people across the country, and especially in small towns, believed that their pricing systems were unjust. ~ At one point, a muckraker claimed that the railroad in his hometown had gone so far as to refuse to ship newsprint to a newspaper editor who had attacked the railroad in print.'라고 언급되었으나 지엽적인 내용이므로 오답.

보기(E)는 단락2에서 'In 1887, President Grover Cleveland signed the Interstate Commerce Act into law. It prohibited railroad companies from pooling profits and discriminating against smaller markets. It also required the railroads to publicize their rates, cease giving rebates, and establish shipping rates that were "reasonable and just." Finally, the Act established the Interstate Commerce Commission to oversee enforcement of the law.'라고 언급하였지만 이는 주간무역조례의 역할과 주간통상위원회의 설립에 관한 언급으로 지엽적인 내용으로 오답.

보기(F)는 단락2에서 'Western farmers were joined by influential Eastern businessmen, who had also come to consider themselves the victims of economic discrimination by the railroads. Both political parties began to push for reform. In 1887, President Grover Cleveland signed the Interstate Commerce Act into law.'라고 언급하였으나 보기의 내용 중 '정치가들은 행동을 취했어야 했다'는 부분은 언급되지 않았으므로 오답.

iBT TOEFL Road Map
Reading 2

Test 05

ACTUAL**TEST**
정답 & 해설 05

Topic	Type	Word Count
Causes of the U.S. Civil War	Argumentative	851
Cotton	Expository	834
The Lewis and Clark Expedition	Historical	842

1.
American terrestrial expansion and its conflicts
(미국의 영토 확장과 그에 따른 갈등)

To say that slavery was the cause of the American Civil War is an oversimplification. Slavery had existed in the British colonies and the United States for two centuries, and Q11-(C) the conflict between slaveholders and abolitionists developed as the United States' territory expanded. As the nation expanded across North America, disagreements regarding the legality of slavery in the new territories concerned not only the morality of slavery itself, but also the role of the federal government in negotiating between the economic interests of the North and South. With time, the states became more unwilling to reach compromises.

2.
Conflicts surrounding the new erritories
(새로운 영토를 둘러싼 갈등들)

➡ Tension especially began to mount after the Mexican-American War, which left the U.S. with considerably more land in 1848: territorial gains included the Mexican states that became Texas, New Mexico, Utah, Nevada and California. The war also Q01 propelled Zachary Taylor, a war hero, into the White House. He believed that the most fractious issue surrounding the new territory had little to do with slavery: it was the threat of armed conflict. Both Texas and New Mexico were laying claim to a swath of land that is New Mexico today, and Texas was prepared to use force to protect its claim. Q02-(D) President Taylor, a no-nonsense military man, also adamantly claimed he would use the U.S. military to prevent Texas from taking possession of New Mexico.

3.
Various responses to slavery
(노예제도에 대한 다양한 반응들)

➡ Slavery was, of course, also an issue. Q03-(B) Congress was considering enacting the Wilmot Proviso, which would outlaw slavery in all new territories. Southerners were fervently opposed because they believed the proviso violated their constitutional right to hold property, and many politicians believed the soon-to-be-created states should decide for

1 노예제도가 미국 남북 전쟁의 원인이었다고 말하는 것은 지나친 단순화이다. 노예제도는 영국 식민지 지역들과 미국에서 2세기 동안 존재해 왔었고, Q11-(C) 미국의 영토가 확장됨에 따라 노예 소유주들과 노예 해방론자들 간의 갈등이 전개되었다. 국가가 북미 대륙에 걸쳐 팽창됨에 따라, 새로운 영토에서 노예 제도의 합법성에 관한 다툼은 노예제도 그 자체의 도덕성뿐만 아니라 남북의 경제적 이익 간 협상에 있어 연방 정부의 역할과 관련된 것이었다. 시간이 흐름에 따라, 주들은 타협에 이르기를 더 꺼려했다.

2 긴장은 특히 미국에게 1848년 상당히 더 많은 영토를 남겨주었던 멕시코 미국 전쟁 이후 증가하기 시작했다. 영토 획득은 텍사스, 뉴멕시코, 유타, 네바다, 캘리포니아 주가 되었던 멕시코의 주들을 포함했다. 전쟁 또한 전쟁 영웅인 재커리 테일러가 백악관에 입성하게 했다. 그는 새로운 영토를 둘러싼 가장 말썽을 부리는 문제가 노예 제도와 거의 관련이 없고, 무력 충돌의 위협이었다고 믿었다. 텍사스와 뉴멕시코 양측 모두 오늘날의 뉴멕시코인 땅에 대한 소유권을 주장하고 있었고, 텍사스는 그것을 지키기 위해 무력도 불사할 준비가 되어 있었다. Q02-(D) 현실적인 군인이었던 테일러 대통령도 텍사스가 뉴멕시코를 손에 넣는 것을 막기 위해 미군을 사용할 것이라고 단호하게 주장했다.

3 물론, 노예제도도 문제였다. Q03-(B) 의회는 모든 새로운 영토들에서 노예제도를 금하는 윌모트 건의안을 제정할 것을 고려하고 있었다. 남부 지방 사람들은 그 건의안이 재산 소유의 헌법상의 권리를 침해했다고 믿었기 때문에 열렬히 반대했고, 많은 정치가들은 장차 세워질 주들은 그들 스스로 자유주가 될지 노예주가 될지를 결정해야 한다고 생각했다.

Vocabulary

slaveholder 노예소유자
abolitionist 노예해방론자
legality 합법성, 적법성
propel 나아가게 하다, 몰고 가다
fractious 말썽을 부리는
have little to do with ~ ~와 거의 관련이 없다
no-nonsense 허튼 짓을 하지 않는, 현실적인
adamantly 단호하게

fervently 열렬하게, 강렬하게

themselves whether to be free or slave states. ^{Q04-(B)} Many also hoped that the 1820 Missouri Compromise[1], which preserved the balance between slave and free states, would continue to hold for the new Western territories. ^{Q05} **However, national courts decided that the Missouri Compromise applied only to the territory acquired in the Louisiana Purchase, and slavery could potentially legally exist elsewhere.**

4.
Taylor's solution to slavery
(노예 제도에 대한 테일러의 해결책)

Taylor was initially unable to bring about an acceptable compromise on this issue. To end the dispute over slavery in new areas, he urged settlers in New Mexico and California to draft constitutions and apply for statehood, bypassing the territorial stage. ■ When California submitted an antislavery constitution in 1849, Southerners were furious and members of Congress were dismayed because they felt the President was ^{Q06} **infringing** on their right to make policy. ■ In addition, ^{Q10-(A)} Taylor's solution ignored several critical side issues, such as the northern desire to shut down the slave market operating in the District of Columbia[2] and the southern demand for a stricter fugitive slave law. ■

5.
The Compromise of 1850 presented by Henry Clay
(헨리 클레이에 의해 제시된 1850년의 타협안)

➡ The northern Whig Senator Henry Clay presented a compromise proposal in January 1850, with President Taylor promoting a policy of excluding slavery from the new southwestern territory. ■ Clay's proposal was significantly reworked, but most Southern Democrats, led by Jefferson Davis, still opposed it because it would admit California as a free state. They also believed the proposed abolition of the slave auction in the District of Columbia was unconstitutional. Most northern Whigs, led by William Henry Seward, opposed the Compromise because it would not apply the Wilmot Proviso to the western territory and because they considered the new fugitive slave law ^{Q07} **it** included to be draconian. The compromise initially failed in the Senate. However, President Taylor's sudden death then led to a new outcome for the

1 A law that preserved the balance between slave and free states
2 Washington, D.C., the capital of the United States

^{Q04-(B)} 또한 많은 사람들이 노예주와 자유주 사이에 균형을 유지했던 1820년 미주리 타협[1] 이 새로운 서부 영토에서 지속되기를 희망했다. ^{Q05} 하지만, 법원은 미주리 타협이 단지 루지애나 구입지에서 획득한 영토에만 적용될 것을 결정했고, 노예제도는 잠재적으로 법률상 그 밖의 지역에 존속할 수 있었다.

4 테일러는 처음에도 이 문제에 관한 수용 가능한 타협을 이끌어 낼 수 없었다. 새로운 지역들에서의 노예제도에 대한 분쟁을 끝내기 위해, 그는 뉴멕시코와 캘리포니아의 정착민들에게 헌법 초안을 작성하고 영토 단계를 건너뛰어 주의 지위에 지원하도록 촉구했다. 캘리포니아가 1849년 반노예제도 헌법을 제안했을 때, 남부 지방 사람들은 분노했고 의회 구성원들은 대통령이 정책을 입안할 그들의 권리를 ^{Q06}침해하고 있다고 느꼈기 때문에 실망했다. 게다가, ^{Q10-(A)} 테일러의 해결책은 컬럼비아 특별구에서 운영하는 노예 시장을 폐쇄하려는 북부의 바램과 더 엄격한 도망 노예법에 대한 남부의 요구와 같은 몇몇 까다로운 지엽적 문제들을 무시했다.

5 테일러 대통령이 새로운 남서부 지역에서 노예 제도를 허용하지 않는 정책을 촉진하면서, 북부의 휘그당 상원 의원 헨리 클레이는 1850년 1월 타협안을 제시했다. 클레이의 제안은 상당히 재정비되었지만, 그 제안은 캘리포니아를 자유주로서 인정할 것이기 때문에 제퍼슨 데이비스가 이끄는 대부분의 남부 민주당원들은 여전히 그것에 반대했다. 그들은 또한 컬럼비아 특별구에서 제안된 노예 경매의 폐지가 헌법에 위배된다고 생각했다. 윌리엄 헨리 슈어드가 이끄는 대부분의 북부 휘그당원들은 그 타협이 서부 영토에 윌모트 건의안을 적용하지 않을 것이고 그 당원들은 ^{Q07}그 타협이 포함했던 새로운 도망노예법을 가혹한 것으로 간주했기 때문에 그 타협안에 반대했다. 그 타협안은 상원에서 먼저 좌초되었다. 하지만, 테일러 대통령의 갑작스러운 죽음은 그 타협에

Vocabulary

Missouri Compromise 미주리 타협
bypass (정해진 절차를) 건너뛰다
furious 몹시 화가 난, 분노한
dismay 크게 실망시키다
infringe 위반하다, 침해하다
fugitive 도망을 다니는, 도피하는
abolition 폐지
unconstitutional 헌법에 위배되는

draconian 매우 엄격한, 가혹한

compromise. His replacement, President Millard Fillmore, helped push five separate bills through the Senate. Fillmore signed the bills in September 1850. The Compromise of 1850 coalesced around a plan that: divided Texas at its present-day boundaries, which did not include part of New Mexico but added other territory; created territorial governments with popular sovereignty – the option to be slave or free – rather than ^{Q08} **imposing** the Wilmot Proviso in New Mexico and Utah; admitted California as a free state; abolished the slave market in the District of Columbia; and enacted a harsh new Fugitive Slave Law.

6.
The divisive Kansas-Nebraska Act
(분열을 초래하는 캔자스 네브라스카 법)

➡ ^{Q09-(D)} Although the Compromise of 1850 helped avoid secession or civil war at the time, within four years the divisive Kansas-Nebraska Act challenged the union. The Act, which created the territories of Kansas and Nebraska, was focused on providing opportunities to a transcontinental railroad line. It became controversial because of a clause stating that settlers would have popular sovereignty, or the right to vote on whether to allow slavery. This would essentially nullify the Missouri Compromise of 1820 and the recent Compromise of 1850. The Act's author, a Northerner, had thought the legislation would ease tensions by leaving options open, but other Northerners viewed the Kansas-Nebraska Act as capitulation to the South. Southerners, on the other hand, saw themselves as disadvantaged. Debates on the House floor became increasingly hostile, and crisis was narrowly averted when a Southern Democrat brandishing a weapon was prevented from attacking a Northerner during his filibuster. ^{Q09-(D)} The Act finally passed along sharp North/South lines with a telling vote of 113 to 110, and when settlers from slave states and free states moved to the Kansas territory, they had enough violent encounters to earn the region the name Bleeding Kansas. ^{Q11-(C)} The country was sharply divided and soon erupted in civil war.

대한 새로운 결과를 이끌어 냈다. 그의 후임자인 밀러드 필모어 대통령은 다섯 개의 별개의 법안들을 상원을 통해 통과시켰다. 필모어는 1850년 9월 그 법안들에 서명했다. 1850년 타협안은 다음의 사항을 포함했다: 텍사스를 현재 영토 그대로 분할하고, 뉴멕시코 일부를 포함하지 않으며 다른 지역을 대신 추가한다. 뉴멕시코와 유타에서 윌모트 건의안을 ^{Q08} 강요하기 보다는 오히려 노예주 또는 자유주가 되는 선택을 할 수 있는 국민 주권을 가진 영토 정부를 만든다. 캘리포니아를 자유주로 인정한다. 컬럼비아 특별구에서 노예 시장을 폐지한다. 더 가혹한 도망 노예법을 실행한다.

6 ^{Q09-(D)} 1850년의 그 타협은 그 당시에 분열 또는 내전을 피하도록 도왔지만, 4년 못 미쳐 분열을 초래하는 캔자스 네브라스카 법은 그러한 동맹에 도전했다. 캔자스와 네브라스카의 영토를 만든 그 법은 대륙횡단철도에 기회를 제공하는 데 초점이 맞춰졌다. 그것은 정착민들이 국민 주권이나 노예제도를 허용할지 말지에 대해 투표할 권리를 가질 것임을 진술하는 조항 때문에 논란이 되었다. 이는 근본적으로 1820년 미주리 타협과 1850년 최근 타협을 무효화할 것이었다. 그 법의 입안자인 한 북부 지방 사람은 그 제정법이 선택을 보류하도록 함으로서 긴장을 완화시킬 것이라고 생각했지만, 다른 북부 지방 사람들은 캔자스 네브라스카 법을 남부에의 조건부 항복으로 보았다. 반면, 남부 지방 사람들은 그들이 피해를 입었다고 여겼다. 국회 의원석에 관한 논쟁들은 점차적으로 적대적이 되었고, 무기를 휘두르며 의사진행 방해를 하고 있는 남부 민주당원이 북부지방 출신자를 공격하는 것을 막았을 때 위기는 가까스로 모면되었다. ^{Q09-(D)} 그 법은 결국 113대 110의 극명한 투표로 첨예한 남북 노선을 그으며 나아갔고, 노예주와 자유주로부터의 정착민들이 캔자스 영토로 이주했을 때, 그들은 그 지역이 피의 캔자스라는 이름을 얻기에 충분할 만큼 폭력적인 충돌이 있었다. ^{Q11-(C)} 국가는 격렬하게 분열되었고, 곧 내전이 발발했다.

Vocabulary

replacement 후임자
coalesce (더 큰 덩어리로) 합치다
impose 도입하다, 시행하다
abolish 폐지하다
secession (주 · 국가 등의) 분리, 독립
divisive 분열을 초래하는
nullify (합의 · 명령 등을) 무효화하다
capitulation 조건부 항복

hostile 적대적인
brandish (무기 등을) 휘두르다
filibuster (의회의) 의사 진행 방해
encounter 마주침, 전투, 충돌

01

The word **propelled** in the passage is closest in meaning to

(A) imposed
(B) forced
(C) brought
(D) **pushed**

지문의 단어 **propelled**와 의미상 가장 가까운 것은?

(A) 부과했다
(B) 강요했다
(C) 가져왔다
(D) **몰아붙였다**

Vocabulary 단락2지문의 'propelled (나아가게 했다, 몰고 갔다)'는 '몰아붙였다'의 의미로 사용되는 'pushed'와 의미상 가장 유사하므로 정답은 (D)이다.

02

According to paragraph 2, which of the following is true?

(A) Texas attacked New Mexico before President Taylor threatened to use force.
(B) Texas attacked New Mexico after President Taylor threatened to use force.
(C) The U.S. launched a war in 1848 to gain Mexican territory.
(D) **President Taylor threatened Texas with military force.**

Paragraph 2 is marked with an arrow [➡].

단락2에 따르면, 다음 중 옳은 것은?

(A) 테일러 대통령이 무력을 사용하겠다고 위협하기 전 텍사스는 뉴멕시코를 공격했다.
(B) 테일러 대통령이 무력을 사용하겠다고 위협한 후 텍사스는 뉴멕시코를 공격했다.
(C) 미국은 멕시코 영토를 얻기 위해 1848년 전쟁에 착수했다.
(D) **테일러 대통령은 군사력으로 텍사스를 위협했다.**

Fact & Detail 단락2를 보면 'President Taylor, a no-nonsense military man, also adamantly claimed he would use the U.S. military to prevent Texas from taking possession of New Mexico. (현실적인 군인이었던 테일러 대통령도 텍사스가 뉴멕시코를 손에 넣는 것을 막기 위해 미군을 사용할 것이라고 단호하게 주장했다.)'라고 언급하였으므로 정답은 (D)이다.

03

According to paragraph 3, what is the Wilmot Proviso?

(A) A provision of the Missouri Compromise
(B) **A bill considered by the U.S. Congress**
(C) A compromise proposed by President Taylor
(D) A bill that became part of the Compromise of 1850

Paragraph 3 is marked with an arrow [➡].

단락3에 따르면, 월모트 건의안은 무엇인가?

(A) 미주리 타협의 조항
(B) **미국 의회에 의해 고려된 법안**
(C) 테일러 대통령에 의해 제안된 타협
(D) 1850년 타협의 일부가 되었던 법안

Fact & Detail 단락3을 보면 'Congress was considering enacting the Wilmot Proviso, which would outlaw slavery in all new territories. (의회는 모든 새로운 영토들에서 노예제도를 금하는 월모트 건의안을 제정할 것을 고려하고 있었다.)'라고 언급하였으므로 정답은 (B)이다.

04

According to the information in paragraph 3, which of the following was true of the Missouri Compromise?

(A) It ensured that for each new free state, one slave state would exist.
(B) It attempted to preserve the balance between slave and free states.
(C) It was adamantly opposed by Southern citizens.
(D) It did not apply to any Northern territories.

Paragraph 3 is marked with an arrow [➡].

단락3의 정보에 따르면, 다음 중 미주리 타협에 관해 옳은 것은?

(A) 미주리 타협은 각각의 새로운 자유주에 대해 하나의 노예주가 존재할 것을 보장했다.
(B) 미주리 타협은 노예주와 자유주간 균형을 유지하려고 시도했다.
(C) 남부 시민들은 미주리 타협을 단호하게 반대했다.
(D) 미주리 타협은 어떤 북부의 영토에도 적용되지 않았다.

Fact & Detail 단락3을 보면 'Many also hoped that the 1820 Missouri Compromise, which preserved the balance between slave and free states, would continue to hold for the new western territories. (또한 많은 사람들이 노예주와 자유주 사이에 균형을 유지했던 1820년 미주리 타협이 새로운 서부 영토에서 지속되기를 희망했다.)'라고 언급하였으므로 정답은 (B)이다.

05

Which of the sentences below best expresses the essential information in the highlighted sentence in the passage? Incorrect choices change the meaning in important ways or leave out essential information.

(A) According to national courts, the Missouri Compromise only dictated rules about slavery in the Louisiana Purchase territories.
(B) Slavery was outlawed in the Louisiana territories because of the Missouri Compromise.
(C) The balance between slave and free states was lost because of issues regarding the Louisiana Purchase.
(D) National courts decided that slavery could legally exist everywhere except in territories acquired in the Louisiana Purchase.

아래 문장 중 지문 속의 음영 표시된 문장의 핵심 정보를 가장 잘 표현하고 있는 것은 무엇인가? 오답은 문장의 의미를 현저하게 바꾸거나 핵심정보를 빠뜨리고 있다.

(A) 법원에 따르면, 미주리 타협은 단지 루이지애나 구입 영토들에서만 노예제도에 관한 규칙들을 지시했다.
(B) 노예제도가 미주리 타협 때문에 루지애나 영토들에서 금지되었다.
(C) 노예주와 자유주간의 균형은 루지애나 구입지에 관한 문제들 때문에 깨졌다.
(D) 법원은 노예제도가 루지애나 구입지에서 획득된 영토들을 제외하고는 법적으로 어디에서나 존재할 수 있다고 결정했다.

Sentence Simplification 단락3의 음영 표시된 문장 'However, national courts decided that the Missouri Compromise applied only to the territory acquired in the Louisiana Purchase, and slavery could potentially legally exist elsewhere. (하지만, 법원은 미주리 타협이 단지 루이지애나 구입지에서 획득한 영토에만 적용될 것을 결정했고 노예제도는 잠재적으로 법률상 그 밖의 지역에 존재할 수 있었다.)'는 'According to national courts, the Missouri Compromise only dictated rules about slavery in the Louisiana Purchase territories. (법원에 따르면, 미주리 타협은 단지 루이지애나 구입지 영토들에서만 노예제도에 관한 규칙들을 지시했다.)'로 간략하게 요약될 수 있다. 따라서 정답은 (A)이다.

06

The word **infringing** in the passage is closest in meaning to

(A) questioning
(B) mocking
(C) supporting
(D) **violating**

지문의 단어 **infringing**과 의미상 가장 가까운 것은?

(A) 의심하고 있는
(B) 조롱하는
(C) 지지하고 있는
(D) **침해하는**

Vocabulary 단락2지문의 'infringing (침해하는)'은 '침해하는'의 의미로 사용되는 'violating'과 의미상 가장 유사하므로 정답은 (D)이다.

07

The word **it** in the passage refers to

(A) **the Compromise**
(B) the Wilmot Proviso
(C) the western territory
(D) the new fugitive slave law

지문의 단어 it이 가리키는 것은?

(A) **타협**
(B) 윌모트 건의안
(C) 서부 영토
(D) 새로운 도망노예법

Reference 단락5의 it은 문장 'Most northern Whigs, led by William Henry Seward, opposed the Compromise because it would not apply the Wilmot Proviso to the western territory and because they considered the new fugitive slave law it included to be draconian.' 에서 '윌리엄 헨리 슈어드가 이끄는 대부분의 북부 휘그당원들은 그 타협이 서부 영토에 윌모트 건의안을 적용하지 않을 것이고, 그 당원들은 그 타협이 포함했던 새로운 노망 노예법을 가혹한 것으로 간주했기 때문에 그 타협에 반대했다.' 라고 말하고 있으므로 문맥상 it은 the Compromise를 의미하므로 정답은 (A)타협이다.

08

The word **imposing** in the passage is closest in meaning to

(A) creating
(B) **requiring**
(C) revoking
(D) debating

지문의 단어 **imposing**과 의미상 가장 가까운 것은?

(A) 창조하는
(B) **요구하는**
(C) 폐지하는
(D) 토론하는

Vocabulary 단락5지문의 'impose (의무 따위를) 지우다, 강요하다'은 '요구하는'의 의미로 사용되는 'requiring'과 의미상 가장 유사하므로 정답은 (B)이다.

09

In paragraph 6, the author attempts to

(A) Illustrate that the compromise would have passed sooner were it not for President Taylor
(B) Explain why neither the North nor the South was entirely pleased with the compromise
(C) Suggest that shifts in party politics were the main cause of the Civil War
(D) Emphasize that the Compromise of 1850 was the last of its kind

Paragraph 6 is marked with an arrow [➡]

단락6을 보면, 저자는 어떤 시도를 했는가?

(A) 그 타협안은 테일러 대통령이 없었다면 더 일찍 통과되었을 것임을 설명하려고
(B) 북부도 남부도 그 타협안에 전적으로 기뻐하지 않은 이유를 설명하려고
(C) 정당정치의 변화들이 남북전쟁의 주요 원인이었음을 제안하려고
(D) 1850년 타협안이 그러한 종류 중 마지막이었음을 강조하려고

Rhetorical Purpose 단락6을 보면 'Although the Compromise of 1850 helped avoid secession or civil war at the time, within four years the divisive Kansas–Nebraska Act challenged the union. ~ The Act finally passed along sharp North/South lines with a telling vote of 113 to 110, and when settlers from slave states and free states moved to the Kansas territory, they had enough violent encounters to earn the region the name Bleeding Kansas. The country was sharply divided and soon erupted in civil war. (1850년의 그 타협은 그 당시에 독립 또는 내전을 피하도록 도왔지만, 4년이 못되어 분열을 초래하는 캔자스 네브라스카 법은 그러한 연합에 도전했다. ~ 그 법은 결국 113대 110의 극명한 투표차로 첨예한 남북 노선을 그으며 나아갔고, 노예주와 자유주로부터의 정착민들이 캔자스 영토로 이주했을 때, 그들은 그 지역이 피의 캔자스라는 이름을 얻기에 충분할 만큼 폭력적인 충돌이 있었다. 국가는 뚜렷하게 나뉘어 졌고, 곧 내전이 발발했다.)'라고 언급하였으므로 정답은 (B)이다.

10

It can be inferred from the passage that the author is most critical of

(A) Zachary Taylor
(B) Henry Clay
(C) Jefferson Davis
(D) William Henry Seward

지문에 따르면 저자는 누구에 대해 가장 비판적이었는가?

(A) 재커리 테일러
(B) 헨리 클레이
(C) 제퍼슨 데이비스
(D) 윌리엄 헨리 슈어드

Inference 단락4를 보면 'Taylor's solution ignored several critical side issues, ~. (테일러의 해결책은 ~ 몇몇 까다로운 부차적 문제들을 무시했다.)'라고 언급하였으므로 저자는 테일러에 대해 비판적이었음을 추론할 수 있다. 따라서 정답은 (A)이다.

11

The author would most likely describe the causes of the Civil War with which of these sentences?

(A) Slavery and the rise of the Republican Party were the two primary causes.
(B) Territorial disputes over slavery and land claims were equally responsible.
(C) Slavery became an unmanageable debate with the addition of new territories.
(D) The addition of California as a free state undid the compromises that had prevented war.

다음 중 어떤 진술로 저자는 남북 전쟁의 원인들을 설명할 것 같은가?

(A) 노예제도와 공화당의 발흥은 두 가지 주요 원인들이었다.
(B) 노예제도에 대한 영토 분쟁과 토지 권리 주장이 동일하게 책임이 있었다.
(C) 노예제도는 새로운 영토의 추가와 함께 다루기 힘든 논쟁이 되었다.
(D) 캘리포니아의 자유주로서의 추가는 전쟁을 막았던 타협을 무효로 만들었다.

nference 단락1을 보면 'The conflict between slaveholders and abolitionists grew as the United States' territory expanded. (미국의 영토가 확장됨에 따라 노예 소유주들과 노예 해방론자들 간의 갈등이 전개되었다.)'라고 언급하였으며 단락6을 보면 'The country was sharply divided and soon erupted in civil war.'라고 하였으므로 결국 노예제도는 미국 내에 새로운 영토가 추가됨에 따라 다루기 힘든 논쟁이 되었고 결국 남북전쟁의 주요 원인이 되었음을 알 수 있다. 따라서 정답은 (C)이다.

12

Look at the four squares [■] that indicate where the following sentence can be added to the passage.

Each side supported separate parts of the legislation and each felt the other was gaining more.

Where would the sentence best fit? Click on a square [■] to add the sentence to the passage.

네 개의 네모 [■] 는 다음 문장이 삽입될 수 있는 부분을 나타내고 있다.

각 측은 제정법의 별개의 부분들을 지지했고 각각은 반대편이 더 많이 얻고 있다고 느꼈다.

이 문장은 어느 자리에 들어가는 것이 적절한가? 지문에 문장이 삽입되도록 네모[■]를 클릭하시오.

Insertion 삽입 구문은 남부와 북부가 서로 제정법의 다른 부분들을 지지하며, 서로 반대측이 더 많은 것을 가져가고 있다고 느꼈다고 언급하였으므로 이는 단락4에서 언급하고 있는 테일러의 해결책에 대한 언급 중 테일러에 대한 남부측과 북부측의 불만을 언급한 다음에 끼워 넣는 것이 가장 적절하다. 따라서 '컬럼비아 특별구에서 운영하는 노예 시장을 폐쇄하기 위한 북부의 바램과 더 엄격한 도망 노예법에 대한 남부의 요구와 같은 몇몇 까다로운 지엽적 문제들을 테일러의 해결책은 무시했다.'라고 언급하는 그 단락의 마지막 문장 뒤에 끼워 넣는 것이 적절하므로 세 번째 네모 [■] 가 정답이다.

Directions: An introductory sentence for a brief summary of the passage is provided below. Complete the summary by selecting the THREE answer choices that express the most important ideas in the passage. Some sentences do not belong in the summary because they express ideas that are not presented in the passage or are minor ideas in the passage. **This question is worth 2 points.**

지문 요약을 위한 간략한 문장이 아래에 주어져 있다. 지문의 가장 중요한 내용을 나타내는 보기 3개를 골라 요약문을 완성하시오. 어떤 문장은 지문에 언급되지 않은 내용이나 사소한 정보를 담고 있으므로 요약에 포함되지 않는다. 이 문제는 2점이 부과된다.

Drag your answer choices to the spaces where they belong. To remove an answer choice, click on it. To review the passage, click on **View Text**.

선택한 보기는 마우스로 끌어 해당란에 넣으시오. 선택한 보기를 삭제하려면, 해당 보기를 한번 클릭하시오. 지문을 보려면 화면의 View Text를 클릭하시오.

It was not only slavery that led to the Civil War, but also disagreements over how the Federal Government should handle slavery in new states.

남북전쟁을 이끌었던 것은 노예제도뿐만 아니라, 연방 정부가 새로운 주에서 노예제도를 어떻게 다루어야 했는지에 대한 다툼 때문이었다.

- (A) The Missouri Compromise did not address the issue of slavery in the new territory, and the President could not bring about a compromise.
- (C) Senator Clay introduced the Compromise of 1850, which became law, but changes in the balance that brought about the compromise meant that war became inevitable.
- (D) While some thought the Wilmot Proviso should apply to the new territories, others believed they should determine on their own whether to allow slavery.

Answer Choices

(A) The Missouri Compromise did not address the issue of slavery in the new territory, and the President could not bring about a compromise. 미주리 타협은 새로운 영토에서 노예제도 문제를 다루지 않았고 대통령은 타협을 이끌어낼 수 없었다.	(B) President Taylor urged Utah and California to apply immediately for admission to the Union as free states. 테일러 대통령은 유타주와 캘리포니아주가 자유주로서 연합에의 가입을 즉각적으로 신청하도록 촉구했다.
(C) Senator Clay introduced the Compromise of 1850, which became law, but changes in the balance that brought about the compromise meant that war became inevitable. 클레이 상원의원은 법으로 제정되었던 1850년의 타협을 도입했지만, 타협을 이끌었던 균형의 변화는 전쟁이 불가피하다는 것을 의미했다.	**(D) While some thought the Wilmot Proviso should apply to the new territories, others believed they should determine on their own whether to allow slavery.** 일부는 윌모트 건의안이 새로운 영토에 적용되어야 한다고 생각했던 반면, 다른 사람들은 그들이 그들 스스로 노예제도를 허용할지 말지를 결정해야 한다고 생각했다.
(E) After the Mexican American War, tensions mounted over border disputes as well as slavery. 멕시코 미국 전쟁 후 긴장은 노예제도뿐만 아니라 국경 분쟁에 대해서도 증가했다.	(F) Only after President Taylor died suddenly did the Compromise of 1850 become law. 1850년의 타협이 법이 된 것은 단지 테일러 대통령이 갑작스럽게 사망한 이후였다.

Prose Summary 요약문의 도입 문장은 남북전쟁의 원인이 단지 노예제도만이 아니라 새롭게 추가된 영토에서의 노예제도 적용과 관련된 분쟁에 있음을 언급하는 전체 지문의 내용을 요약하고 있으므로 영토 확장에 따른 노예제도 적용과 관련된 남북전쟁의 주요 원인들을 언급한 보기를 고르면 된다. 보기(A)는 미주리 타협은 새로운 영토에서 노예제도 문제를 다루지 않았고 대통령은 타협을 이끌어낼 수 없었음

을 언급하는 단락4의 내용과 관련이 있고, 보기(C)는 클레이 상원의원은 법으로 제정되었던 1850년의 타협을 도입했지만, 타협을 이끌었던 균형의 변화는 전쟁은 불가피하다는 것을 의미했음을 언급하는 단락5, 6의 내용과 일치하며, 보기(D)는 일부는 윌모트 건의안이 새로운 영토에 적용되어야 한다고 생각했던 반면 다른 사람들은 그들이 그들 스스로 노예제도를 허용할지 말지를 결정해야 한다고 생각했음을 언급하는 단락3의 내용을 요약하고 있다. 따라서 정답은 (A), (C), (D)이다.

오답의 근거
보기(B)는 단락4에서 'To end the dispute over slavery in new areas, he urged settlers in New Mexico and California to draft constitutions and apply for statehood, bypassing the territorial stage'라고 언급되었지만 지엽적인 내용이고 또 유타가 아니라 뉴멕시코를 언급하였으므로 틀린 내용으로 오답.

보기(E)는 단락2에서 'Tension especially began to mount after the Mexican-American War, which left the U.S. with considerably more land in 1848'라고 언급되었지만 지엽적인 내용이므로 오답.

보기(F)는 단락5 에서 'However, President Taylor's sudden death then led to a new outcome for the compromise. His replacement, President Millard Fillmore, helped push five separate bills through the Senate. Fillmore signed the bills in September 1850.'라고 언급되었지만 남북 전쟁의 원인과의 직접적 관계를 언급하고 있지 않은 지엽적인 내용이므로 오답.

1.
The origin of cotton fiber
(무명 섬유의 기원)

➡ Cotton fiber, the most popular natural textile in use today, has been spun, woven, and dyed since ancient times. Scientists and historians have found ^{Q14} **remnants** of cotton cloth and written references to cotton that date back at least eight thousand years. The oldest discovery of woven cotton was made in the Tehuacán Valley of Mexico where archaeologists recently unearthed cloth and bits of cotton bolls, the raw plant material, which had been well-preserved in a cave. Thousands of miles away, Sri Lankan women are known to have spun and woven cotton as early as the 6th century B.C., and Sri Lankan cotton factories were established by the fifth century. ^{Q16-(B)} The fabric was highly valued worldwide, and ancient Sanskrit texts from India even specify that Brahmins' sacred cords be made of braided cotton.

2.
Knowledge obtained from genetic studies of cotton plant
(목화 대한 유전학적 연구로부터 획득된 지식)

^{Q17-(B)} Genetic studies of different cotton plant strains contribute to our knowledge of human migration. ^{Q18} Scholars believe that people indigenous to the Americas obtained varieties of cotton from Africans thousands of years before Christopher Columbus's transatlantic voyages. The reverse may be true as well: cloth woven from cotton species native to the Americas apparently reached the Guinea Coast of Africa long before Columbus's travels. Ancient cloth fragments have also been located in Pakistan's Indus River Valley, the Nile delta of Egypt, and the Peruvian highlands. Europeans first became aware of cotton around 100 A.D. when Arab traders introduced calico and fine muslins, and Europe's own cultivation of the plant began in 9th century Spain. Across the Atlantic, American colonists began growing cotton in the early 1600s along the James River in Virginia.

1 오늘날 사용되고 있는 가장 인기 있는 천연 섬유인 무명 섬유는 고대부터 실을 방적하고 짜서 염색되었다. 과학자들과 역사가들은 적어도 8천년을 거슬러 올라가는 면직물의 ^{Q14}잔존물들과 목화에 대해 쓰여진 기록들을 발견했다. 가장 오래된 짜인 목화는 고고학자들이 최근 동굴에 잘 보존되어 있는 직물과 가공되지 않은 식물 재료인 조그마한 목화 다래를 발굴했던 멕시코의 테후아칸 계곡에서 발견되었다. 수천 마일 떨어진, 스리랑카의 여성들은 기원전 6세기에 이미 목화를 짰던 것으로 알려지며, 스리랑카의 면직 공장들은 5세기쯤에 설립되었다. ^{Q16-(B)}그 직물은 세계적으로 상당히 가치가 있었고, 인도의 고대 산스크리트어 문서들은 심지어 브라만의 종교 의복도 목화실을 짜서 만들어졌다고 명시한다.

2 ^{Q17-(B)}다른 목화 종에 대한 유전학적 연구들은 인구 이동에 대한 지식에 기여한다. ^{Q18}학자들은 크리스토퍼 콜럼버스가 대서양 횡단 항해를 하기 수 천년 전에 아메리카 대륙의 원주민들이 아프리카인들로부터 다양한 목화를 얻었다고 믿는다. 미국 대륙의 토착종인 면종으로부터 짜인 직물이 명백하게 콜롬버스의 여행이 있기 오래 전 아프리카 기니 해안에 도달했을 것이라는 반대의 가정도 진실일지 모른다. 고대 직물 조각들은 이집트의 나일강 어귀의 삼각주인 파키스탄의 인더스 강 계곡, 이집트의 나일강 삼각주, 페루의 고산지대에서도 발견되었다. 아랍의 상인들이 옥양목과 질 높은 모슬린을 도입했던 기원후 100년경 유럽인은 면을 알게 되었고, 식물의 유럽 자체 경작은 9세기 스페인에서 시작되었다. 대서양 건너에 있는 미국 식민지 주민들은 버지니아의 제임스 강을 따라 1600년대 초에 면을 재배하기 시작했다.

Vocabulary

spin (실을) 잣다

weave (옷감, 카페트, 바구니 등을) 짜다, 엮다

dye 염색하다

remnant 남은 부분, 자투리

cotton cloth 면포, 광목, 면직물

unearth 파내다, 발굴하다

sacred 성스러운, 종교적인

cords 코르덴지로 만든 의복

braided 짠, 끈, 땋은

Brahman 브라만(힌두교의 카스트 제도에서 최고위 계급)

strain (동식물의) 종류, 유형

indigenous 원산의, 토착의

calico 사라사 (무늬를 날염한 무명천)

muslin 모슬린 (속이 거의 다 비치는 고운 면직물)

3.
The development of technology for cotton harvest.
(목화 수확을 위한 기술의 진보)

→ The American colonists had the means to grow a great deal of cotton - namely, a favorable climate and extensive land - but they were restricted by their limited knowledge of cotton processing. Samuel Slater, an English mill worker, helped advance production when he built the first American cotton mill in 1790. **Q19-(B) Three years later, Eli Whitney patented the cotton gin. This invention revolutionized the way cotton fibers were separated from the seed.** The separation process had previously been done by hand in the United States, although other civilizations had already invented mechanized separators. Ironically, the device intended to reduce human labor actually contributed to the expansion of slavery: cotton became so profitable that southern planters imported tens of thousands of additional slaves from Africa.

3 미국 식민지 주민들은 상당량의 면을 재배하기 위한 수단, 즉, 적당한 기후와 광범위한 토지를 가졌지만, 그들은 면방직 공정에 대한 제한된 지식 때문에 한계가 있었다. 잉글랜드의 제분소 노동자였던 사무엘 슬레이터는 그가 1790년 최초의 미국의 면직 공장을 지었을 때 생산을 향상시켰다. **Q19-(B)** 3년 후, 엘리 휘트니는 조면기 특허를 받았다. 이 발명은 무명 섬유가 씨로부터 분리되었던 방식에 대변혁을 일으켰다. 다른 문명들이 이미 기계화된 분리기를 발명했음에도 불구하고 그 분리 과정은 이전에 미국에서 손으로 행해졌다. 아이러니하게도, 인간의 노동력을 줄이고자 했던 그 도구는 실제로 노예제도의 확장에 기여했다: 면은 너무 수익성이 있어서 남부의 농장주들은 아프리카로부터 수많은 추가적인 노예들을 수입했기 때문이다.

4.
The invention of the cotton gin and the ensuing invention of mechanical harvesters
(조면기의 발명과 뒤이은 기계로 작동되는 수확용 기계들의 발명)

→ **Q20 Productivity** soared with the invention of the cotton gin, and cotton processing was hastened even more by the invention of mechanical harvesters during the next century. **Q21-(B) A picking device was patented in 1850**, and a plant stripper was patented in 1871. **Q22-(B) In the early 1930s, the Rust Brothers of Mississippi combined these inventions into a one-row mechanical cotton picker.** ■ It used revolving spindles or barbed points to separate cotton from the plant. ■ Whereas an experienced laborer could pick approximately 450 pounds of seed cotton by hand per day, a farm worker using the mechanical cotton picker and stripper could harvest approximately 8,000 pounds of seed cotton daily. ■ Before the cotton gin was invented, large-scale cotton production was limited to South Carolina and Georgia. ■ Today there are fourteen major cotton growing states collectively known as the Cotton Belt spanning the southern half of the U.S. from Virginia to California. Cotton plants especially thrive in these states' rainy summers and dry sunny winters.

4 **Q20** 생산성은 조면기의 발명과 함께 급증했고, 면방직 공정은 다음 세기에 기계로 작동되는 수확용 기계의 발명에 의해 훨씬 더 많이 앞당겨졌다. **Q21-(B)** 목화를 따내는 장치는 1850년에 특허를 받았고, 식물의 껍질을 벗겨내는 도구가 1870년 특허를 받았다. **Q22-(B)** 1930년 대 초 미시시피의 러스트 형제는 이러한 발명품들을 일렬로 작동되는 채면기에 결합시켰다. 그것은 회전하는 축 또는 날카로운 끝을 목화로부터 면을 분리하기 위해 사용했다. 경험 있는 노동자는 매일 손으로 대략 450 파운드의 실면을 골라낼 수 있는 반면, 그 기계로 작동되는 채면기와 목화 껍질을 벗기는 기계를 사용하는 농장 노동자는 매일 대략 8,000파운드의 실면을 수확할 수 있었다. 조면기가 발명되기 전, 대규모 목화 생산은 사우스 캐롤라이나와 조지아에 한정되었다. 오늘날 버지니아에서 캘리포니아까지 미국 남부의 절반에 걸쳐 면화 생산 지대로 알려진 14개의 주요 목화 재배 주들이 있다. 목화는 특히 이 주들에서 비가 오는 여름과 건조하고 화창한 겨울에 잘 자란다.

5.
The growth cycles of the cotton species and the se-

→ The growth cycles of the various cotton species vary in length, but the sequence of fruit production remains the same. Under ideal conditions, the planted cottonseed will **Q23 germinate** and emerge in about five to ten days. The first two leaves visible on the young cotton plant are seedling leaves.

5 다양한 목화 종의 성장 주기는 다양하지만, 열매 생산 순서는 동일하다. 이상적인 조건하에서 심어진 목화씨는 **Q23** 싹이 트고 대략 5~10일 내에 모습을 드러날 것이다. 어린 목화에서 보이는 최초의 두 개의 잎들은 묘목 잎들이다.

Vocabulary

patent 특허를 받다
cotton gin 조면기
revolutionize 대변혁을 일으키다
pick (꽃·고넬 따위를) 하나하나 따다, 꺾다
strip (고넬, 수목 등) 껍질을 벗기다
span –에 걸치다, 뻗치다
planter 농장주
soar 급증하다, 급등하다

spindle 축, 굴대
barbed 갈고리가 있는
germinate 싹트다, 싹트게 하다

quence of fruit production
(목화 종의 성장 주기와 열매 생산 순서)

The plant continues to grow, adding leaves and height, and in approximately five to seven weeks, small flower buds called squares appear. Each bud swells until it opens into a flower. Shortly thereafter, the flower self-pollinates and changes into a boll[1]. Since the cotton boll contains seeds, it is considered a fruit. As the fibers continue to grow and thicken within the segmented boll, it enlarges until it becomes approximately the size of a small fig. About 140 days after planting, it begins to naturally split open and dry out. It is at this point that the cotton is ready to be picked.

6.
The process of cotton processing
(목화 가공처리 과정)

When cottonseeds are processed in modern mills, they first are taken to the shaker room, where a number of screens and air equipment remove Q24 **their** twigs and other debris. The cleaned seed is then sent to gin stands where the lint is removed. Next, the cotton is organized for easy spinning, and finally, it is spun into yarn.

7.
Various cotton species
(다양한 목화 종)

Commercial farmers today tend to grow the same few strains of cotton that have been developed for easy processing and a standardized whiteness. However, many colorful species of cotton grow uncultivated around the world. They are difficult to refine, and generally not economically feasible to grow. At the same time, the indigenous peoples of Peru have safeguarded special varieties of naturally pigmented cotton. Dozens of plots of red, brown, and yellow cottons are scattered across the country.

1 A segmented seed pod from which cotton fibers grow

잎이 많아지고 키가 커지면서 식물은 성장을 지속하며 대략 5-10주 내에 스퀘어라 불리는 작은 꽃봉오리가 나타난다. 각각의 싹은 그것이 꽃봉오리가 필 때까지 부푼다. 가까운 미래에, 꽃은 자가수분 하고 꼬투리[1]로 바뀐다. 그 목화 꼬투리는 씨앗을 포함하기 때문에, 그것은 열매로 간주된다. 그 섬유가 지속적으로 성장하여 분할된 꼬투리 내에서 단단해지면, 그것은 대략 작은 무화과의 크기가 될 때까지 커진다. 심은 후 대략 140일이 되면, 그것은 자연적으로 부풀어 터져 마르기 시작한다. 바로 이 시점에서 목화는 딸 준비가 된다.

6 목화씨가 현대식 공장에서 가공처리 될 때, 그것들은 세이커 룸으로 보내지는데, 그곳에서 많은 망과 공기 장치가 Q24 그것들의 잔가지와 잔해물을 제거한다. 그리고 나서 깨끗해진 씨앗은 보푸라기 실이 제거되는 조면기대로 보내진다. 다음으로 그 목화는 짜기 쉽게 준비가 되고 마침내 실로 짜인다.

7 오늘날 상업적 농부들이 가공처리가 쉽고 표준화된 백색물질로 개발된 몇 안되는 같은 종의 목화를 재배하는 경향이 있다. 하지만, 많은 형형색색의 목화 종들은 전 세계적으로 재배되지 않는다. 그것들은 개량하기 어렵고, 일반적으로 재배하기에 경제적으로 실현 가능하지 않다. 동시에 페루 원주민들은 자연적으로 색소가 있는 특별한 목화종들을 보호해 왔다. 수많은 붉은색, 갈색, 그리고 노랑색의 목화밭들이 그 나라 전역에 걸쳐 흩어져 있다.

Vocabulary

bud 싹, 눈, 꽃봉오리
self-pollinate 자가 수분하다
boll (면화의 씨가 든) 꼬투리
fig 무화과
twig 잔가지
yarn 실
refine 개량하다
feasible 실현 가능한

pigmented 색소가 있는, 유색의
safeguard 보호하다

14

The word **remnants** in the passage is closest in meaning to

(A) evidence
(B) remains
(C) reproductions
(D) sketches

지문의 단어 **remnants**와 의미상 가장 가까운 것은?

(A) 증거
(B) 나머지
(C) 번식들
(D) 스케치

Vocabulary 단락2 지문의 'remnants (잔존물, 나머지)'는 '나머지'의 의미로 사용되는 'remains'와 의미상 가장 유사하므로 정답은 (B)이다.

15

According to the passage, cotton has been discovered among ruins in all of the following modern day countries EXCEPT:

(A) Pakistan
(B) Peru
(C) Japan
(D) Mexico

지문에 따르면, 다음의 현대의 나라들 중 그 나라의 잔해 가운데에서 면이 발견되지 않은 나라는?

(A) 파키스탄
(B) 페루
(C) 일본
(D) 멕시코

Fact & Detail 일본은 지문에 언급되지 않았으므로 정답은 (C)이다.
오답의 근거
(A), (B) 단락2를 보면 'Ancient cloth fragments have also been located in Pakistan's Indus River Valley, the Nile delta of Egypt, and the Peruvian highlands. (고대 직물 조각들도 이집트의 나일강 어귀의 삼각주, 파키스탄의 인더스 강 계곡과 페루의 고산지대에서 발견되었다.)'라고 파키스탄과 페루에서 면이 발견되었음을 언급한다.
(D) 단락1을 보면 'The oldest discovery of woven cotton was made in the Tehuacán Valley of Mexico where archaeologists recently unearthed cloth and bits of cotton bolls, the raw plant material, which had been well-preserved in a cave. (가장 오래된 짜인 면은 고고학자들이 최근 동굴에 잘 보존되어 있는 직물과 가공되지 않은 식물 재료인 조그마한 목화 다래를 발굴했던 멕시코의 테후아칸 계곡에서 발견되었다.)'라고 멕시코에서 면이 발견되었음을 언급한다.

16

Why does the author mention that Brahmins' cords were made of cotton?

(A) To demonstrate that cotton was traded between Sri Lanka and India
(B) To provide an example of cotton being highly valued
(C) To show that cotton was used during the fifth century
(D) To argue that cotton was not only used in the Americas

저자가 브라만의 의복이 면으로 만들어졌음을 언급한 이유는?

(A) 면이 스리랑카와 인도 사이에서 거래되었음을 증명하기 위해
(B) 상당히 높이 평가된 면의 예를 제공하기 위해
(C) 면이 5세기 동안 사용되었음을 보여주기 위해
(D) 면이 단지 아메리카 대륙에서만 사용된 것은 아니었음을 주장하기 위해

Rhetorical Purpose 단락1을 보면 'The fabric was highly valued worldwide, and ancient Sanskrit texts from India even specify that Brahmins' sacred cords be made of braided cotton. (그 직물은 세계적으로 상당히 높은 평가를 받았고, 인도의 고대 산스크리트어 문서들은 심지어 브라만의 종교 의복도 짠 면으로 만들어졌다고 명시한다.)'라고 하였으므로 상당히 가치 있는 면의 예로써 브라만의 종교 의복이 언급되었음을 알 수 있다. 따라서 정답은 (B)이다.

17

What is significant about genetic studies of cotton plants?

(A) They show that cotton can be grown in many climates.
(B) They help historians to track human travels.
(C) They show that Christopher Columbus brought cotton from the Americas.
(D) They suggest that Arabs planted cotton in 9th century Spain.

목화에 대한 유전학적 연구들에 관해 무엇이 중요한가?

(A) 그것들은 면이 많은 기후에서 재배될 수 있음을 보여준다.
(B) 그것들은 역사가들이 인류 이동을 추적하도록 도와준다.
(C) 그것들은 크리스토퍼 콜럼버스가 아메리카 대륙으로부터 면을 가져왔음을 보여준다.
(D) 그것들은 아랍인들이 9세기 스페인에서 면을 심었음을 제시한다

Fact & Detail 단락2을 보면 'Genetic studies of different cotton plant strains contribute to our knowledge of human migration. Scholars believe that people indigenous to the Americas obtained varieties of cotton from Africans thousands of years before Christopher Columbus's transatlantic voyages. (다른 목화 종에 대한 유전학적 연구들은 인구 이동에 대한 지식에 기여한다. 학자들은 아메리카 대륙의 원주민들이 크리스토퍼 콜럼버스의 대서양 횡단 항해를 하기 수 천년 전에 아프리카인들로부터 다양한 목화를 얻었다고 믿는다.)'라고 언급하였으므로 정답은 (B)이다.

18

Which of the sentences below best expresses the essential information in the highlighted sentence in the passage? Incorrect choices change the meaning in important ways or leave out essential information.

(A) Scholars studying cotton plants believe that Columbus visited North and South America before Africans did.
(B) Scholars believe that Native Americans and Africans had pre-Columbian contact.
(C) Scholars believe that Columbus was motivated by stories of early journeys to the Americas.
(D) Scholars believe that Native Americans received cotton as a result of Columbus's travels.

아래 문장 중 지문 속의 음영 표시된 문장의 핵심 정보를 가장 잘 표현하고 있는 것은 무엇인가? 오답은 문장의 의미를 현저하게 바꾸거나 핵심정보를 빠뜨리고 있다.

(A) 목화를 연구하는 학자들은 콜럼버스가 아프리카 사람들이 행하기 전에 아메리카 대륙에 왔다고 믿는다.
(B) 학자들은 북미 원주민들과 아프리카인들이 콜럼버스 이전에 접촉했다고 믿는다.
(C) 학자들은 콜럼버스가 아메리카 대륙으로의 초기 여정에 대한 이야기에 동기 부여 되었다고 믿는다.
(D) 학자들은 북미원주민들이 콜럼버스의 여행의 결과 면을 얻었다고 생각한다.

> **Sentence Simplification** 단락2에서, 음영 표시된 문장 'Scholars believe that people indigenous to the Americas obtained varieties of cotton from Africans thousands of years before Christopher Columbus's transatlantic voyages. (학자들은 아메리카 대륙의 원주민들이 크리스토퍼 콜럼버스의 대서양 횡단 항해를 하기 수 천년 전에 아프리카인들로부터 다양한 목화를 얻었다고 믿는다.)'는 'Scholars believe that Native Americans and Africans had pre-Columbian contact. (학자들은 북미 원주민들과 아프리카인들이 콜럼버스 이전에 접촉했다고 믿는다.)'라고 간략하게 바꾸어 설명할 수 있다. 따라서 이와 같은 내용을 포함하고 있는 (B)가 정답이다.

19

According to paragraph 3, the cotton gin revolutionized the way:

(A) Cotton bolls were picked
(B) Seed was separated from fibers
(C) Cotton fiber was woven into cloth
(D) Oil was derived from cottonseed

Paragraph 3 is marked with an arrow [➡].

단락3에 따르면, 조면기는 어떠한 방식에 대변혁을 일으켰는가?

(A) 목화 다래가 골라졌다.
(B) 씨앗이 섬유로부터 분리되었다.
(C) 목화 섬유가 직물로 짜였다.
(D) 목화씨에서 기름을 얻었다.

> **Fact & Detail** 단락3을 보면 'Three years later, Eli Whitney patented the cotton gin. ■ This invention revolutionized the way cotton fibers were separated from the seed. (3년 후, 엘리 휘트니는 조면기 특허를 받았다. 이 발명은 무명 섬유가 씨로부터 분리되었던 방식에 대변혁을 일으켰다.)'라고 언급하였으므로 정답은 (B)이다.

20

The word **productivity** in the passage is closest in meaning to

(A) output
(B) saving
(C) reduction
(D) increase

지문의 단어 **productivity**와 의미상 가장 가까운 것은?

(A) 생산량
(B) 절약
(C) 감소
(D) 증가

Vocabulary 단락4 지문의 'productivity (생산성)'은 '생산량'의 의미로 사용되는 'output'과 의미상 가장 유사하므로 정답은 (A)이다.

21

According to the passage, the first cotton picking device was patented:

(A) in 1790
(B) in 1850
(C) in the 1930s
(D) by Samuel Slater

지문에 따르면, 최초의 목화 따는 기구는 특허를 받았다:

(A) 1790에
(B) 1850에
(C) 1930대에
(D) 사무엘 슬레이터에 의해

Fact & Detail 단락4를 보면 'A picking device was patented in 1850, ~. (목화를 따내는 장치는 1850년에 특허를 받았고, ~)'라고 언급하였으므로 정답은 (B)이다.

22

In paragraph 4, the author mentions the Rust Brothers in order to

(A) Reveal the pivotal invention that revolutionized cotton picking
(B) Conclude a list of inventions that aided cotton farmers
(C) Prove that one-row mechanical pickers were the best tools
(D) Show that it took a long time to perfect cotton farming

Paragraph 4 is marked with an arrow [➡]

단락4를 보면, 저자가 러스트 형제를 언급한 목적은?

(A) 목화를 따는 데 있어 대변혁을 일으켰던 중심이 되는 발명을 드러내기 위해
(B) 목화를 재배하는 농부들을 도왔던 발명품 목록을 마무리하기 위해
(C) 한 줄 기계로 작동되는 채면기가 가장 좋은 도구였음을 입증하기 위해
(D) 목화 농업을 완벽하게 하는데 오랜 시간이 걸렸음을 보여주기 위해

Rhetorical Purpose 단락4를 보면 'In the early 1930s, the Rust Brothers of Mississippi combined these inventions into a one-row mechanical cotton picker. (1930년 대 초 미시시피의 러스트 형제는 이러한 발명품들을 일렬로 작동되는 채면기에 결합시켰다.)'라고 언급하였다. 조면기의 발명과 뒤이은 기계로 작동되는 수확용 기계들의 발명을 언급하며 목화 재배를 도왔던 이러한 발명품들을 러스트 형제가 접목시켜 최종 기계를 만들었음을 언급하고 있으므로 정답은 (B)이다.

23

The word **germinate** in the passage is closest in meaning to

(A) rot
(B) bloom
(C) stem
(D) sprout

지문의 단어 **germinate**와 의미상 가장 가까운 것은?

(A) 부패하다
(B) 개화하다
(C) 저지하다
(D) 발아하다

> **Vocabulary** 단락5 지문의 'germinate (싹트다, 싹트게 하다)'는 '발아하다'의 의미로 사용되는 'germinate'와 의미상 가장 유사하므로 정답은 (D)이다.

24

The word **their** in the passage refers to

(A) cottonseeds
(B) mills
(C) screens and air equipment
(D) twigs and other debris

지문의 단어 **their**가 가리키는 것은?

(A) 목화씨들
(B) 제분소들
(C) 망과 공기장치
(D) 잔가지들과 다른 찌꺼기

> **Reference** 단락 5의 they는 문장 When cottonseeds are processed in modern mills, they first are taken to the shaker room, where a number of screens and air equipment remove their twigs and other debris.'에서 '**목화씨가** 현대식 공장에서 가공처리될 때, 셰이커 룸으로 보내지는데, 그곳에서 많은 망과 공기 장치가 **그것들의** 잔가지와 잔해물을 제거한다.'라고 말하고 있으므로 문맥상 their는 cottonseeds를 의미하므로 정답은 (A)목화씨들이다.

25

Look at the four squares [■] that indicate where the following sentence can be added to the passage.

This was quite an improvement in cotton harvest efficiency.

Where would the sentence best fit? Click on a square [■] to add the sentence to the passage.

네 개의 네모 [■] 는 다음 문장이 삽입될 수 있는 부분을 나타내고 있다.

이는 목화 수확 효율성에 있어서 상당한 개선이었다.

이 문장은 어느 자리에 들어가는 것이 적절한가? 지문에 문장이 삽입되도록 네모[■]를 클릭하시오.

> **Insertion** 삽입 구문은 목화 수확 효율의 상당한 개선에 대해 언급하고 있으므로 같은 맥락의 아이디어가 언급된 앞 문장을 찾아 삽입 구문을 끼워 넣으면 된다. 따라서 대명사 This는 1930년 대 초 미시시피의 러스트 형제의 일렬로 작동되는 채면기가 경험 있는 노동자가 손으로 목화를 골라낼 때 보다 현저히 많은 목화를 수확할 수 있었다는 내용을 받을 때 문맥상 가장 적절하므로 세 번째 네모 [■] 가 정답이다.

26

Directions: An introductory sentence for a brief summary of the passage is provided below. Complete the summary by selecting the THREE answer choices that express the most important ideas in the passage. Some sentences do not belong in the summary because they express ideas that are not presented in the passage or are minor ideas in the passage. **This question is worth 2 points.**

지문 요약을 위한 간략한 문장이 아래에 주어져 있다. 지문의 가장 중요한 내용을 나타내는 보기 3개를 골라 요약문을 완성하시오. 어떤 문장은 지문에 언급되지 않은 내용이나 사소한 정보를 담고 있으므로 요약에 포함되지 않는다. 이 문제는 2점이 부과된다.

Drag your answer choices to the spaces where they belong. To remove an answer choice, click on it. To review the passage, click on **View Text.**

선택한 보기는 마우스로 끌어 해당란에 넣으시오. 선택한 보기를 삭제하려면, 해당 보기를 한번 클릭하시오. 지문을 보려면 화면의 View Text를 클릭하시오.

The increased popularity of cotton as a crop in the United States occurred because of several advances in technology.

미국에서의 하나의 작물로써 목화의 증가된 인기는 몇몇의 기술 진보 때문에 발생했다.

- (B) Eli Whitney's cotton gin revolutionized the way lint was separated from seed.
- (C) In the 1930s, the cotton picker allowed farm workers to pick up to 8,000 pounds of seed in one day.
- (D) Samuel Slater brought the cotton mill to America.

Answer Choices	
(A) Sunshine, water, and fertile soil are the ingredients needed for a successful cotton crop: many Southern states possessed these traits. 햇빛, 물, 비옥한 토양은 성공적인 목화 작물을 위해 요구되는 구성 요소들이며 많은 남부의 주들은 이러한 특징들을 갖고 있었다.	**(B) Eli Whitney's cotton gin revolutionized the way lint was separated from seed.** 엘리 휘트니의 조면기는 보푸라기 실이 씨앗으로부터 분리되는 방식에 대변혁을 일으켰다.
(C) In the 1930s, the cotton picker allowed farm workers to pick up to 8,000 pounds of seed in one day. 1930년 대에 채면기는 농장 일꾼들로 하여금 하루에 8,000파운드의 씨앗을 고르는 것을 가능하게 했다.	**(D) Samuel Slater brought the cotton mill to America.** 사무엘 슬레이터는 미국에 목화 공장을 가져왔다.
(E) To process cottonseed, a number of screens and air equipment are required to remove twigs, leaves, and other trash. 목화씨를 가공처리하기 위해 많은 망과 공기 장치가 잔가지, 잎 그리고 다른 찌꺼기들을 제거하기 위해 요구된다.	(F) Cotton is popular because of its multitude of uses, including fabrics and clothing. 목화는 직물과 의복을 포함하는 그것의 많은 사용으로 인기가 있다.

Prose Summary 요약문의 도입 문장에서 '미국에서의 목화의 증가된 인기는 몇몇의 기술 진보 때문에 발생했다.'라고 언급하고 있으므로 보기를 고를 때에는 목화 수확을 위한 기술을 언급하는 보기를 선택해야 한다. 보기(B)는 엘리 휘트니의 조면기는 보푸라기 실이 씨앗으로부터 분리되는 방식에 대변혁을 일으켰음을 언급하는 단락3의 후반부 내용과 관련이 있고, 보기(C)는 1930년 대에 채면기는 농장 일꾼들로 하여금 하루에 현저히 많은 양의 씨앗을 고르는 것을 가능하게 했음을 언급하는 단락4의 내용과 일치하며, 보기(D)는 사무엘 슬레이터는 미국에 목화 공장을 들여왔음을 언급하는 단락3의 전반부 내용을 요약하고 있다. 따라서 정답은 (B), (C), (D)이다.

오답의 근거

보기(A)는 단락3에서 'The American colonists had the means to grow a great deal of cotton – namely, a favorable climate and extensive land – ~.'라고 언급되었지만 기술의 진보와는 무관한 지엽적인 내용이므로 오답.

보기(E)는 단락6에서 'When cottonseeds are processed in modern mills, they first are taken to the shaker room, where a number of screens and air equipment remove their twigs and other debris.'라고 언급되었지만 이는 단순히 목화가 가공처리 되는 과정에 대한 언급이므로 기술의 진보와는 무관한 지엽적인 내용이므로 오답.

보기(F)는 단락1에서 'Cotton fiber, the most popular natural textile in use today, ~ since ancient times. ~ The fabric was highly valued worldwide, and ancient Sanskrit texts from India even specify that Brahmins' sacred cords be made of braided cotton.'라고 언급되었지만 기술의 진보와는 무관한 지엽적인 내용이므로 오답.

1.
Unknown North American land acquired from France
(프랑스로부터 획득한 잘 알려지지 않은 북미 대륙)

In 1803, the United States acquired a vast tract of North American land from France through the Louisiana Purchase. The Americans knew little about western North America at that point, although Captain Robert Gray, an American ^{Q27} **navigator**, had contributed some knowledge in 1792. Gray had sailed up the mouth of the Columbia River in the Pacific Northwest and pioneered the fur trade along that coast. Traders and trappers then reported that the source of the Missouri River[1] was also in the mountains of the far west. ^{Q28-(B)} Still, citizens in the East had little knowledge of this land that would someday encompass parts of fourteen American states and two Canadian provinces.

2.
Jefferson's interest in the Louisiana Purchase
(루지애나 구입지에 대한 제퍼슨의 관심)

➡ ^{Q29} **President Thomas Jefferson was interested in knowing more about this land West of the Mississippi River, particularly learning about the territory's native peoples, flora and fauna, and geology. He was also interested in evaluating the threat posed by British and French-Canadian hunters and trappers in the area, so he commissioned an exploration of the newly acquired territory.** ^{Q30-(A)} Jefferson also hoped that the explorers would locate the elusive Northwest Passage, a rumored water route across the continent.

3.
Jefferson's expedition and its goal
(제퍼슨의 탐험대와 그것의 목적)

■ To head the expedition, Jefferson chose his secretary, Captain Meriwether Lewis. ■ Lewis invited his friend Lieutenant William Clark to join the 28-person crew, which was eventually known as the Corps of Discovery. ■ The party was to trace the Missouri River to its source, cross the Continental Divide, and then follow the Columbia River to

---

1　A major tributary of the Mississippi River

1 1803년 미국은 루지애나 매입을 통해 프랑스로부터 방대한 북미대륙을 얻었다. 비록 미국인 ^{Q27}항해자였던 로버트 그레이 선장이 1792년 얼마간의 지식에 기여했음에도 불구하고, 그 시점에서 미국인들은 북미의 서부지역에 관해 거의 알지 못했다. 그레이는 태평양 연안 북서부 지역에서 콜롬비아 강의 어귀로 항해했고 그 해안을 따라 모피 무역을 개척했다. 상인들과 덫을 놓는 사냥꾼들은 그 때 미주리 강의 원류가 산맥의 먼 서쪽에 있다고 보고했다. ^{Q28-(B)} 아직도 동부 시민들은 언젠가 14개의 미국 주와 두 개의 캐나다 지방의 부분들을 둘러싸게 될 이 땅에 관한 지식을 거의 갖고 있지 않았다.

2 ^{Q29} 토마스 재퍼슨 대통령은 미시시피 강 서부의 이 땅에 대해 특히 그 지역의 원주민들, 동식물상, 그리고 지질학적 역사를 알고자 했고 그 지역의 영국과 프랑스계 캐나다인 사냥꾼들과 덫을 놓는 사람들에 의해 야기된 위협을 가늠하고자 해서 그는 새롭게 획득된 영토의 탐험을 의뢰했다. ^{Q30-(A)} 재퍼슨은 또한 탐험가들이 소문으로 떠도는 대륙을 가로지르는 수로인 찾기 힘든 북서항로를 찾기를 희망했다.

3 그 탐험대를 이끌기 위해, 제퍼슨은 그의 비서, 메리웨더 루이스 대령을 선택했다. 루이스는 그의 친구 윌리엄 클라크 중위를 28명의 선원과 합류하도록 초대했고, 이는 결국 "발견 군단"으로 알려졌다. 그 단체는 미주리 강을 그것의 원류까지 추적하여 찾고 대륙분수령을 가로질러 컬럼비아 강을 따라 강 어귀까지 가는 것이었다. 제퍼슨은 탐험가들이 단지

Vocabulary

navigator 항해자

pioneer 개척하다

trapper 덫을 놓는 사냥꾼

encompass 에워싸다, 둘러싸다

flora and fauna 동식물상

geology 지질학적 기원, 역사

commission 의뢰하다, 주문하다

elusive 찾기 힘든, 달성하기 힘든

its mouth. ■ Jefferson believed that the explorers would ^{Q31} **traverse** only a relatively small mountain range and a short distance between the Missouri headwaters and a river to the Pacific Ocean, but the trip proved to be much more extensive.

4.
The beginning of the explorers' journey
(탐험가들의 여정의 시작)

The expedition started from St. Louis, where the Missouri River flows into the Mississippi, on May 14, 1804. The journey was grueling: the men rowed a large keelboat and two smaller boats up the river, often towing the boat from shore when the current became too strong or the river too difficult to navigate. The party traveled just twelve or fourteen miles per day, and between May and October, they contacted the Missouri, Omaha, Yankton Sioux, Teton Sioux, and Arikara tribes. Lewis and Clark generally met with the chiefs, offered gifts, and encouraged the Indian nations to make peace with their new "Great Father," President Jefferson. ^{Q36-(C)} Relations were generally cordial with the exception of a brief stand-off with the Teton Sioux.

5.
New members of the expedition
(탐험대의 새로운 구성원들)

➡ By October, the Corps of Discovery had reached present-day North Dakota but was still nowhere near the Missouri's headwaters. As winter began, Lewis and Clark decided to build a winter fort near the Mandan and Hidatsa Indians' villages. These tribes were reputedly friendly and generous. During this first winter, Lewis and Clark hired a French Canadian trader, Toussaint Charbonneau, upon learning that his wife, Sacagawea, was a Shoshone woman who could work as a translator. ^{Q33-(B)} Sacagawea would become an ^{Q32} **invaluable** interpreter for the expedition, and the presence of the mother with her young child likely averted violent confrontations with strangers encountered along the way.

6.
The unexpected help from Sacagawea's old village
(새커거위아의 옛 마을로부터의 뜻밖의 도움)

As the party first decamped from its winter lodgings and continued up the Missouri, they discovered the Great Falls of the Missouri and four more waterfalls further upstream. The expedition then had to carry its boats over eighteen miles, delaying progress by nearly a month. Fortunately, when the party encountered Sacagawea's old village near the Missouri headlands, they learned that her brother had become a tribal

상대적으로 작은 산맥과 미주리 상류수와 태평양에 이르는 강 사이의 비교적 짧은 거리를 ^{Q31}횡단할 것이라 생각했지만, 그 여정은 훨씬 더 광범위한 것이었음이 입증되었다.

4 탐험대는 1804년 5월 14일 미주리 강이 미시시피로 흐르는 세인트 루이스에서 출발했다. 종종 해류가 너무 강하거나 강이 항해하기 어려울 때 해안으로부터 보트를 예인하며 남자들은 강 상류로 거대한 평저선과 두 개의 더 작은 보트들을 노 저었기 때문에, 그 여정은 대단히 힘들었다. 그 탐험대는 매일 12–14마일만을 이동했으며, 5월과 10월 사이에 그들은 미주리 족, 오마하 족, 양크턴 수족, 테턴 수족과 아리카라 족과 접촉했다. 루이스와 클라크는 일반적으로 족장들과 만났고, 선물을 주었으며, 인디언 지역들이 그들의 새로운 "미국의 대통령(대권력자)"인, 제퍼슨 대통령과 화친을 맺도록 하였다. ^{Q36-(C)} 관계는 테텐 수족과의 잠깐의 교착 상태를 제외하고는 일반적으로 평화로웠다.

5 10월까지 발견 군단은 현재의 노스다코타에 도착했지만, 미주리의 상류수 근처에는 여전히 미치지 못했었다. 겨울이 시작됨에 따라, 루이스와 클라크는 맨던 족과 히다차 족 인디언 마을 근처에 겨울 요새를 짓기로 결정했다. 이러한 종족들은 다정하고 관대했다고 평판이 나있었다. 이 첫 겨울 동안 루이스와 클라크는 프랑스계 캐다다인 상인인 투생 샤르보노를, 그의 아내 새커거위아가 통역가로써 일하는 쇼슌족 여성이었다는 것을 알자마자 고용했다. ^{Q33-(B)} 새커거위아는 그 탐험대에게 ^{Q32}매우 귀중한 통역관이 될 것이었고 그의 어린 아이와 엄마의 존재는 가던 중에 마주치는 낯선 사람들과의 폭력적인 대치 상황을 피할 수 있게 해 주었다.

6 그 집단이 최초로 그들의 겨울 임시 숙소를 떠나 계속 미주리 강을 거슬러 올라갔을 때, 그들은 미주리의 대폭포와 더 멀리 상류에 4개 이상의 폭포들을 발견했다. 그 탐험대는 그 때 18마일에 걸쳐 탐험대의 보트들을 운반해야 했고, 거의 한 달까지 진전이 지연되었다. 다행스럽게도, 그 집단이 미주

7.
The crisis of
the expedition
(탐험대의 위기)

leader with the authority to grant the party horses for their mountain journey.

In September 1805, the expedition began to cross the snow-covered Bitterroot Mountains. The party nearly starved to death during the eleven-day journey, and they were almost helpless when they encountered the Nez Percé Indians on the other side. Fortunately, the Nez Percé welcomed and fed them, and later, they helped the group make canoes and agreed to take care of their horses until their return homeward.

8.
The success
of the expedi-
tion
(탐험의 성공)

Q37-(C) The group reached the mouth of the Columbia River and wintered in what is now Astoria, Oregon. They returned across the mountains in June of 1806 and decided to divide into smaller parties to explore some of the territory more thoroughly. Q36-(C) Lewis took the northernmost of the routes, and during this trip the explorers had their only violent conflict with natives. Blackfoot Indians attempted to steal the group's horses and guns, and Lewis's party killed two of Q34 **them**. Meanwhile, Clark's group headed for the Yellowstone River and followed it to the Missouri. The separate parties rejoined in August on the Missouri River, and they continued down the river, leaving Charbonneau, Sacagawea, and their two-year-old son in Mandan villages. They reached St. Louis on September 23, 1806 and received a hero's welcome. The men had been gone for so long that the nation feared the worst. The Lewis and Clark expedition was only the third recorded crossing of North America, at least north of Mexico. Miraculously, only one member of the Corps had died, and apparently of acute appendicitis. The expedition had made a great contribution to mapping the North American continent.

리 자연 고지대 근처의 새커거위아의 옛 마을을 마주쳤을 때 그들은 그녀의 오빠가 그들의 산악 여정을 위해 말을 줄 권한을 가진 부족의 지도자가 되었음을 알았다.

7 1805년 9월, 탐험대는 눈으로 덮힌 비터루트 산맥을 횡단하기 시작했다. 그 탐험대는 거의 11일의 여행 동안 거의 굶어 죽어가고 있었고, 다른 편의 네즈 페르스 인디언들을 마주쳤을 때 그들은 거의 무력적 상태였다. 다행스럽게도, 네즈 페르스 인디언들은 그들을 환영했고, 먹을 것을 주었으며 나중에 그들은 그 집단이 카누를 만들도록 도왔으며 그들이 집으로 돌아갈 때까지 그들의 말을 돌보아 주는 데 동의했다.

8 Q37-(C) 그 집단은 컬럼비아 강 어귀에 도달했고 현재의 오레곤 주의 아스토리아에서 겨울을 났다. 그들은 1806년 6월 산을 넘어 돌아왔고 더 철저하게 그 지역의 일부를 탐험하기 위해 더 작은 집단으로 나누기로 결정했다. Q36-(C) 루이스는 그 경로의 최북단을 취했고, 이 여정 동안 탐험가들은 단지 일부 블랙풋 인디언들이 그 집단의 말과 총을 훔치려 했을 때에만 원주민들과 폭력적 충돌이 있었고, 루이스의 집단은 Q34그들 중 두 명을 죽였다. 한편, 클라크의 집단은 옐로우스톤 강으로 향했고 그것을 따라 미주리로 갔다. 별개의 집단들은 미주리 강에서 8월에 다시 합류했고, 그들은 강 아래로 전진했으며 샤보르뉴와 새커거위아, 그리고 그들의 두 살 난 아들은 맨던 족 마을에 남겨두었다. 그들은 1806년 9월 23일 세인트 루이스에 도착했고 영웅과 같은 환영을 받았다. 그 사람들은 매우 오랫 동안 떠나 있어서 국가는 최악의 사태를 두려워했었다. 루이스와 클라크 탐험대는 북미, 최소한 멕시코 북부의 단지 세 번째로 기록된 횡단이었지만, 기적적으로 단지 군단의 한 명의 구성원만이 급성 충수염으로 사망했다. 탐험대는 북미 대륙의 지도 제작에 크게 이바지 했다.

Vocabulary

avert 방지하다, 피하다
confrontation 대치, 대립
acute appendicitis 급성 충수염

27

The word **navigator** in the passage is closest in meaning to

(A) explorer
(B) cartographer
(C) seaman
(D) translator

지문의 단어 **navigator**와 의미상 가장 가까운 것은?

(A) 탐험가
(B) 지도 제작자
(C) 항해자
(D) 번역가

28

Why does the author mention that the Louisiana Territory would become parts of fourteen U.S. states and two Canadian provinces?

(A) To foreshadow a U.S.-Canadian dispute
(B) To convey the significance of the territory
(C) To show the ignorance of the American settlers
(D) To suggest that Jefferson knew the expedition would be arduous

저자가 루이지애나 지역이 14개의 미국 주와 두 개의 캐나다 지방들의 일부분이 될 것이라고 언급한 이유는?

(A) 미국 캐나다 간 분쟁을 암시하기 위해
(B) 그 영토의 의미를 전달하기 위해
(C) 미국 정착민들의 무지를 보여주기 위해
(D) 재퍼슨이 그 탐험대가 몹시 힘들 것임을 알았음을 말하기 위해

29

Which of the sentences below best expresses the essential information in the highlighted sentence in the passage? Incorrect choices change the meaning in important ways or leave out essential information.

(A) President Jefferson's commission on an exploration of the newly acquired territory resulted from his intention to learn about the territories west of the Mississippi River and threats posed there.

(B) President Jefferson wanted to know about people, plants, animals, and threats located west of the Mississippi River.

(C) President Jefferson was interested in learning why the British and French had commissioned explorations in the area.

(D) President Jefferson commissioned an exploration in order to learn about threatening hunters and trappers in the newly acquired territory.

아래 문장 중 지문 속의 음영 표시된 문장의 핵심 정보를 가장 잘 표현하고 있는 것은 무엇인가? 오답은 문장의 의미를 현저하게 바꾸거나 핵심정보를 빠드리고 있다.

(A) 제퍼슨 대통령의 새롭게 획득된 영토에의 탐험 의뢰는 미시시피 강 서부 지역과 그 지역에서 야기된 위협에 대해 알기 위한 그의 의도 때문이었다.

(B) 재퍼슨 대통령은 미시시피 강 서부의 사람들, 식물들, 동물들 그리고 위협들을 알기를 원했다.

(C) 재퍼슨 대통령은 영국인과 프랑스인이 그 지역에서 탐험을 의뢰한 이유를 알고 싶어했다.

(D) 재퍼슨 대통령은 새롭게 획득된 영토의 위협적인 사냥꾼들과 덫을 놓는 사람들에 대해 알기 위해 탐험을 의뢰했다.

Sentence Simplification 단락2에서, 음영 표시된 문장 'President Thomas Jefferson was interested in knowing more about this land west of the Mississippi River, particularly learning about the territory's native peoples, flora and fauna, and geology, and evaluating the threat posed by British and French-Canadian hunters and trappers in the area, so he commissioned an exploration of the newly acquired territory. (토마스 재퍼슨 대통령은 미시시피 강 서부의 이 땅에 대해 특히 그 지역의 원주민들, 동식물상, 그리고 지질학적 역사를 알고자 했고 그 지역의 영국과 프랑스계 캐나다인 사냥꾼들과 덫을 놓는 사람들에 의해 야기된 위협을 가늠하고자 해서 그는 새롭게 획득된 영토의 탐험을 의뢰했다.)'는 'President Jefferson's commission on an exploration of the newly acquired territory was due to his intention to learn about territory west of the Mississippi River and the threats posed there. (제퍼슨 대통령의 새롭게 획득된 영토에의 탐험 의뢰는 미시시피 강 서부 지역과 그 지역에서 야기된 위협에 대해 알기 위한 그의 의도 때문이었다.)'라고 간략하게 바꾸어 설명할 수 있다. 따라서 이와 같은 내용을 포함하고 있는 (A)가 정답이다.

30

According to paragraph 2, what is the Northwest Passage?

(A) A water route that supposedly ran across North America

(B) The land route alongside the Columbia River

(C) The land route followed by Lewis and Clark

(D) The land between the Missouri and the Columbia Rivers

Paragraph 2 is marked with an arrow [➡]

단락2에 따르면, 북서 항로는 무엇인가?

(A) 추정상 북미 대륙을 가로지르는 물길

(B) 컬럼비아 강 옆에 나란히 있는 육로

(C) 루이스와 클라크가 따라갔던 육로

(D) 미주리 강과 컬럼비아 강 사이의 지역

Fact & Detail 단락2를 보면 'Jefferson also hoped that the explorers would locate the elusive Northwest Passage, a rumored water route across the continent. (재퍼슨은 또한 탐험가들이 대륙을 가로지르는 소문으로 떠돌던 물길인 찾기 힘든 북서항로를 찾기를 희망했다.)'라고 언급하였으므로 정답은 (A)이다.

31

The word **traverse** in the passage is closest in meaning to

(A) travel around
(B) pass through
(C) conquer
(D) map

지문의 단어 **traverse**와 의미상 가장 가까운 것은?

(A) 여기저기 여행하고 다니다
(B) 거쳐 지나가다
(C) 정복하다
(D) 지도를 만들다

Vocabulary 단락3지문의 'traverse (가로지르다, 횡단한다)'는 '~을 거쳐 지나가다, ~을 통과하다'의 의미로 사용되는 'pass through'와 의미상 가장 유사하므로 정답은 (B)이다.

32

The word **invaluable** in the passage is closest in meaning to

(A) worthless
(B) slightly helpful
(C) priceless
(D) questionable

지문의 단어 **invaluable**과 의미상 가장 가까운 것은?

(A) 가치 없는
(B) 약간 도움이 되는
(C) 대단히 귀중한
(D) 의심스러운

Vocabulary 단락2 지문의 'invaluable (매우 귀중한, 가치 있는)'은 '대단히 귀중한'의 의미로 사용되는 'priceless'와 의미상 가장 유사하므로 정답은 (C)이다.

33

According to paragraph 4, Sacagawea probably helped the Corps of Discovery avoid conflicts with Native Americans by

(A) Explaining that the party's purpose was exploration, not conflict
(B) Lessening the party's appearance of being a war party
(C) Providing horses for the group
(D) Demonstrating that the party included Native Americans

Paragraph 4 is marked with an arrow [➡].

단락4에 따르면, 새커거위아는 아마도 발견 군단이 원주민들과의 충돌을 피하도록 어떤 방식으로 도왔는가?

(A) 그 단체의 목적은 충돌이 아니라 탐험이었음을 설명함으로써
(B) 그 집단이 전쟁을 하는 집단이라는 인상을 줄임으로써
(C) 그 집단을 위해 말을 제공함으로써
(D) 그 단체가 원주민을 포함하고 있음을 증명함으로써

Fact & Detail 단락5를 보면 'Sacagawea would become an invaluable interpreter for the expedition, and the presence of the mother with her young child likely averted violent confrontations with strangers encountered along the way. (새커거위아는 그 탐험대에게 매우 귀중한 통역관이 될 것이었고 그의 어린 아이와 엄마의 존재는 가던 중에 마주치는 낯선 사람들과의 폭력적인 대립을 방지했다.'라고 언급하였으므로 새커거위아의 존재로 인해 그 단체의 모습이 전쟁과 무관하다는 인상을 줌으로써 다른 집단과의 대립을 줄였음을 의미하므로 정답은 (B)이다.

34

The word **them** in the passage refers to

(A) Routes
(B) Explorers
(C) Blackfoot Indians
(D) The group's horses

지문의 단어 **them**이 가리키는 것은?

(A) 경로들
(B) 탐험가들
(C) 블랙풋 인디언들
(D) 그 집단의 말들

> **Reference** 단락 8의 them은 문장 'Lewis took the northernmost of the routes, and during this trip the explorers had their only violent conflict with natives when some Blackfoot Indians attempted to steal the group's horses and guns, and Lewis's party killed two of **them**.'에서 '루이스는 그 경로의 최북단을 취했고, 이 여정 동안 탐험가들은 단지 일부 **블랙풋 인디언들**이 그 집단의 말과 총을 훔치려고 했을 때 원주민들과 폭력적 충돌만 있었고, 루이스의 집단은 **그들** 중 두 명을 죽였다.'라고 말하고 있으므로 문맥상 them은 Blackfoot Indians를 의미하므로 정답은 (C)블랙풋 인디언들이다.

35

All of the following are mentioned as rivers traveled by the expedition EXCEPT

(A) The Columbia River
(B) The Yellowstone River
(C) The Missouri River
(D) The Mississippi River

다음 중 탐험대가 여행했던 강으로써 언급되지 않은 것은?

(A) 컬럼비아 강
(B) 옐로우스톤 강
(C) 미주리 강
(D) 미시시피 강

> **Fact & Detail** 단락2를 보면 'President Thomas Jefferson was interested in knowing more about this land west of the Mississippi River, ~.'라고 언급하였지만 탐험대가 미시시피 강을 탐험한 것은 아니므로 정답은 (D)이다
> **오답의 근거**
> (A), (C) 단락3을 보면 'The party was to trace the Missouri River to its source, cross the Continental Divide, and then follow the Columbia River to its mouth.'라고 탐험대의 목적을 언급하면서 컬럼비아 강과 미주리 강을 언급하였으므로 오답.
> (B) 단락8을 보면 'Meanwhile, Clark's group headed for the Yellowstone River and followed it to the Missouri.'라고 옐로우스톤 강을 언급하였으므로 오답.

36

It can be inferred from the passage that the expedition's relations with Native Americans were

(A) Manipulative
(B) Tense but peaceful
(C) Mostly peaceful
(D) Based primarily on commerce

지문에 따르면, 원주민과 탐험대의 관계는 어떠했는가?

(A) 조종하는
(B) 긴장되었지만 평화로운
(C) 대체로 평화로운
(D) 주로 거래에 기반한

> **Inference** 단락4를 보면 'Relations were generally cordial with the exception of a brief stand-off with the Teton Sioux.', 단락8을 보면 'Lewis took the northernmost of the routes, and during this trip the explorers had their only violent conflict with natives when some Blackfoot Indians attempted to steal the group's horses and guns, and ~.'라고 언급하였으므로 정답은 (C)이다.

37

It can be inferred from the passage that the expedition provided what sort of information?

(A) Proof that the entire North American continent cannot be crossed
(B) A map of a known water route across the United States
(C) A description of the mouth of the Columbia River
(D) A map of the Missouri headlands in Canada

지문에 따르면, 탐험대는 어떤 종류의 정보를 제공하였는가?

(A) 전체 북미 대륙은 횡단할 수 없다는 증거
(B) 미국을 가로지르는 알려진 물길 지도
(C) 컬럼비아 강 어귀에 대한 묘사
(D) 캐나다 미주리 고지대 지도

Inference 단락8을 보면 'The group reached the mouth of the Columbia River and wintered in what is now Astoria, Oregon. They returned across the mountains in June 1806 and decided to divide into smaller parties to explore some of the territory more thoroughly.'라고 언급하였으므로 정답은 (C)이다.

38

Look at the four squares [■] that indicate where the following sentence can be added to the passage.

The party included the two leaders, fourteen soldiers, nine frontiersmen from Kentucky, two French boatmen, and Clark's servant, York.

Where would the sentence best fit? Click on a square [■] to add the sentence to the passage.

네 개의 네모 [■] 는 다음 문장이 삽입될 수 있는 부분을 나타내고 있다.

그 집단에는 두 명의 리더, 14명의 군인, 켄터키 출신의 9명의 개척자, 두 명의 프랑스 선원 그리고 클라크의 부하가 있었다.

이 문장은 어느 자리에 들어가는 것이 적절한가? 지문에 문장이 삽입되도록 네모[■]를 클릭하시오.

Insertion 삽입 구문은 루이스 클라크 원정대의 28명의 구성원에 대한 세부적인 설명을 하고 있다. 또한 삽입구문의 The party는 the Corps of Discovery 를 언급하는 것이므로 28명의 선원을 최초로 언급하는 단락3의 두 번째 문장 뒤에 삽입 구문을 끼워 넣는 것이 가장 적절하므로 세 번째 네모 [■] 가 정답이다.

39

Directions: An introductory sentence for a brief summary of the passage is provided below. Complete the summary by selecting the THREE answer choices that express the most important ideas in the passage. Some sentences do not belong in the summary because they express ideas that are not presented in the passage or are minor ideas in the passage. **This question is worth 2 points.**

지문 요약을 위한 간략한 문장이 아래에 주어져 있다. 지문의 가장 중요한 내용을 나타내는 보기 3개를 골라 요약문을 완성하시오. 어떤 문장은 지문에 언급되지 않은 내용이나 사소한 정보를 담고 있으므로 요약에 포함되지 않는다. 이 문제는 2점이 부과된다.

Drag your answer choices to the spaces where they belong. To remove an answer choice, click on it. To review the passage, click on **View Text**.
선택한 보기는 마우스로 끌어 해당란에 넣으시오. 선택한 보기를 삭제하려면, 해당 보기를 한번 클릭하시오. 지문을 보려면 화면의 View Text를 클릭하시오.

President Thomas Jefferson sent Lewis and Clark to explore the land he acquired in the Louisiana Purchase, about which very little was known.
토마스 제퍼슨 대통령은 그가 루이지애나 매입에서 획득한 거의 알려지지 않은 지역을 탐험하도록 루이스와 클라크를 보냈다.

- (A) The expedition had peaceful encounters with Native American groups along the Missouri before wintering in some Indian villages in present-day North Dakota; while there, Lewis and Clark hired a French Canadian trader and his Native American wife, Sacagawea.
- (C) The group expected to find the source of the Columbia immediately west of the mountains, but instead they found more mountains – the land proved much vaster than they'd expected.
- (E) Although the trip proved far more challenging than the leaders had expected, and took much longer, the group returned safely home, bringing back with them a wealth of information.

Answer Choices

(A) **The expedition had peaceful encounters with Native American groups along the Missouri before wintering in some Indian villages in present-day North Dakota; while there, Lewis and Clark hired a French Canadian trader and his Native American wife, Sacagawea.** 현재의 노스다코타 일부 인디안 마을에서 겨울을 나기 전 탐험대는 미주리를 따라 있는 원주민 집단들과 평화로운 조우를 했다. 거기에 있는 동안, 루이스와 클라크는 프랑스계 캐나다 상인과 그의 원주민 아내, 새커거위아를 고용했다.	(B) The only violent incident between the expedition and Native Americans occurred when some Blackfoot Indians tried to steal horses and guns from a small group under Lewis's command and Lewis's men killed two of them. 탐험대와 원주민들 사이의 유일한 폭력적 사건은 일부 블랙풋 인디언들이 루이스의 지휘하에 있는 작은 집단의 말과 총을 훔치려고 했을 때 발생했고 루이스의 사람들은 그들 중 둘을 죽였다.
(C) **The group expected to find the source of the Columbia immediately west of the mountains, but instead they found more mountains – the land proved much vaster than they'd expected.** 그 집단은 산의 직접적으로 서쪽에 위치한 컬럼비아의 원류를 찾기를 기대했지만, 대신에 그들은 더 많은 산을 찾았고 그 지역은 그들이 예상한 것보다 훨씬 더 광대함이 입증되었다.	(D) At one point, the Teton Sioux demanded one of the expedition's ships, but the chief halted his men before they attacked the explorers. 한 주장에 의하면, 테텐 수족은 탐험대의 선박들 중 하나를 요구했지만, 족장은 그들이 그 탐험가를 공격하기 전에 그의 부족들을 중단시켰다.

(E) **Although the trip proved far more challenging than the leaders had expected, and took much longer, the group returned safely home, bringing back with them a wealth of information.** 비록 그 여행은 지도자들이 예상한 것 보다 훨씬 더 도전적인 일이고 더 오래 걸림이 입증되었음에도 불구하고, 그 집단은 안전하게 집으로 돌아왔고 그들과 함께 풍부한 정보를 가지고 왔다.	(F) Sacagawea helped the expedition secure the horses it would need to cross the mountains from her own tribe and probably encouraged other groups to receive the expedition peacefully. 새커거위아는 탐험대가 그녀 자신의 종족으로부터 산을 건너기 위해 필요한 말을 얻어내도록 도왔고 아마도 다른 집단이 그 집단을 평화적으로 받아들이도록 했다.

Prose Summary 요약문의 도입 문장에서 '토마스 제퍼슨 대통령은 그가 루이지애나 매입에서 획득한 거의 알려지지 않은 지역을 탐험하도록 루이스와 클라크를 보냈다.'라고 전체 지문의 도입 부분을 언급하고 있으므로 나머지 부분의 요약을 보기에서 고르면 된다. 보기(A)는 현재의 노스다코타에서 겨울을 나기 전 탐험대는 미주리를 따라 있는 원주민 집단들과 평화로운 조우를 했고, 루이스와 클라크는 프랑스계 캐나다 상인과 그의 아내를 고용했음을 언급하는 단락5의 내용과 일치하며, 보기(C)는 그 집단은 컬럼비아 강의 원류를 찾기를 기대했지만, 대신에 그들은 더 많은 산을 발견했고 예상보다 그 지역의 방대했음을 입증하는 단락3의 내용과 일치하며, 보기(E)는 탐험대의 여정은 예상보다 훨씬 더 도전적인 일이고 더 오래 걸렸음에도, 그들은 풍부한 정보를 가지고 안전하게 집으로 돌아왔음을 언급하는 단락8의 내용을 요약하고 있다. 따라서 정답은 (A), (C), (E)이다.

오답의 근거
보기(B)는 단락8에서 'Lewis took the northernmost of the routes, and during this trip the explorers had their only violent conflict with natives when some Blackfoot Indians attempted to steal the group's horses and guns, and Lewis's party killed two of them.'라고 언급되었지만 보기(E)와 비교할 때 지엽적인 내용이므로 오답.

보기(D)는 단락4에서는 'Relations were generally cordial with the exception of a brief stand-off with the Teton Sioux.'라고 테텐 수족에 대해 언급하였지만, 보기의 내용은 언급되지 않았으므로 오답.

보기(F)는 단락5에서 'Sacagawea would become an invaluable interpreter for the expedition, and the presence of the mother with her young child likely averted violent confrontations with strangers encountered along the way.'와 단락6에서 'Fortunately, when the party encountered Sacagawea's old village near the Missouri headlands, they learned that her brother had become a tribal leader with the authority to grant the party horses for their mountain journey.'라고 언급되었지만 지엽적인 내용이므로 오답.

iBT TOEFL Road Map
Reading 2
Test 06

ACTUALTEST
정답 & 해설 06

Topic	Type	Word Count
Migration	Expository	842
School uniforms	Argumentative	827
Indentured Servitude	Historical	855

1.
Migration,
the seasonal
movement of
animals
(동물의 계절에
따른 이동)

➡ Migration, or the ^{Q01} **seasonal** movement of animals from one habitat to another, has long fascinated humankind. Primitive people created myths to explain the periodic disappearance of different animals, but nowadays we recognize that animals migrate in search of improved feeding or breeding conditions. While some animals such as bears might hibernate to adapt to the cold, other animals travel to escape unfavorable changes in food supply and weather. Some are motivated to travel incredible distances on their cyclical journeys. The longest migration of any known animal is that of the Arctic tern. This medium-sized bird travels 10,000 miles from the North Pole to the South Pole and back again each year. ^{Q02-(D)} Some other creatures that migrate impressive distances are butterflies, caribou, fish, geese, turtles, and whales.

2.
Bird Migration
(조류의 이동)

➡ Bird migration is among nature's most fascinating yet least ^{Q03} **comprehended** events. ^{Q05-(D)} While some birds are not exceptionally strong animals, many species are able to travel enormous distances, sometimes flying for days without pause. The blackpoll warbler[1] can fly almost 2,500 miles from its North American habitat to its South American winter home without stopping. Most long distance migrant birds fly at night and land daily around sunrise to rest and feed. Many bird species travel the same migratory routes every year, following physical features such as mountains, rivers, and coastlines. ^{Q04-(B)} For centuries, their regular appearances have drawn crowds to sites such as San Juan Capistrano, California and Cape Cod, Massachusetts.

---

1   A small bird about the size of a sparrow

1 동물들의 한 서식지에서 또 다른 서식지로의 ^{Q01}계절적인 이동, 즉 동물의 이동은 오랫동안 인류의 마음을 사로잡아 왔다. 원시 사회의 사람들은 다른 동물들의 주기적인 사라짐을 설명하기 위해 전설을 만들었지만, 오늘날 우리는 동물들이 개선된 먹이나 번식 조건들을 찾기 위해 이동을 한다고 인식한다. 곰과 같은 일부 동물들은 추위에 적응하기 위해 동면을 할 수 있는 반면 다른 동물들은 식량 공급과 날씨의 비우호적인 변화에서 탈출하기 위해 이동을 하고 일부는 그들의 주기적인 여정 중 믿을 수 없을 만큼 먼 거리를 이동하도록 동기부여가 된다. 알려진 동물의 가장 긴 여정은 북극 제비갈매기의 그것이다. 이 중간 크기의 조류는 북극에서 남극으로 그리고 다시 매년 돌아오는데 10,000 마일을 이동한다. ^{Q02-(D)} 인상적인 거리를 이동하는 일부 다른 생물들은 나비, 순록, 물고기, 거위, 거북이 그리고 고래이다.

2 조류의 이동은 자연의 가장 매력적인 것들 중 하나이지만 그럼에도 불구하고 거의 ^{Q03}이해되지 않는 사건들이다. ^{Q05-(D)} 일부 조류들은 특별히 강한 동물들이 아닌 반면, 많은 종들이 엄청난 거리를 이동할 수 있어서 때때로 쉬지 않고 몇 날 몇일을 날아 다닐 수 있다. 검은머리솔새는 북미 서식지로부터 남미의 피한지로 쉬지 않고 2,500 마일을 날아 올 수 있다. 대부분의 장거리 이동 철새들은 저녁에 날고 대략 해가 뜰 무렵에 휴식을 취하며 먹이를 먹기 위해 매일 착륙한다. 많은 조류 종들은 산, 강, 해안선과 같은 지형적 특징을 따라 매 년 같은 이동 경로로 이동한다. ^{Q04-(B)} 수 세기 동안 그들의 규칙적인 출현은 캘리포니아의 산 후안 카피스트라노, 매사추세츠의 케이프 코드와 같은 장소들로 사람들을 끌여들였다.

Vocabulary

seasonal 계절적인, 계절에 따라 다른
fascinate 마음을 사로잡다, 매료하다
primitive 원시 사회의, 원시적인
periodic 주기적인
hibernate 동면하다
Arctic tern 북국 제비갈매기
blackpoll warbler 검은머리솔새

3.
The reasons for migration of birds: food, water, and shelter
(조류 이동의 이유: 식량, 물, 안식처)

➡ Traveling to different habitats enables birds to find plenty of food throughout the year. In many parts of the world, birds would starve if they were limited to one region. For example, in the winter, when food sources are limited in northern areas, waterfowl such as geese fly south to areas that have mild weather and abundant food. They then return north when the temperature rises in the spring. **Q06-(B)** Other birds live in the tropics, a climactic zone with both dry and rainy seasons. During the dry seasons, when food and water become difficult to locate, these birds fly to wetter tropical areas. Some animals migrate to provide a certain type of home for their young. Humpback whales of the Pacific Ocean, for instance, give birth in subtropical Hawaiian waters, and then in late spring migrate north to spend the summer in the cold waters of salmon-rich Alaska.

4.
A variety of bird migration methods and causes that trigger migration
(다양한 조류 이동 방법들과 이동을 야기하는 원인들)

Through a variety of methods, birds find their way over vast distances each year. They can use a combination of star patterns, the setting sun, distinctive smells, topographical landmarks and the Earth's magnetic field. However, the events that trigger migration are less understood. Some northern species leave for southern climates before the weather turns cold and food becomes rare, so their migration is most likely regulated by hormones. A change in hormone production can be affected by the number of daylight hours. When the number of hours begins to shorten, changes in hormonal production lead the birds to make preparations for their migration. However, different types of birds may leave the same area at different times. In addition to the type of species and the number of daylight hours, factors such as food supply and weather can influence migration timing.

5.
Bird migration patterns
(조류의 이동 패턴들)

Most birds travel in a north-south direction referred to as *latitudinal migration*, but there are many other migration patterns, such as *altitudinal migration*, in which animals travel up and down a mountain habitat. Birds that breed in the northern United States and Canada usually fly south during the winter, sometimes to South America. While the northern birds return to North America when winter arrives in South

3 다른 서식지들로 이동하는 것은 조류로 하여금 그 해 내내 다량의 식량을 찾는 것을 가능하게 해준다. 세계의 많은 지역의 조류들은 만일 그들이 한 지역에 국한되었다면 굶어 죽었을 것이다. 예를 들어, 겨울에 식량 자원이 북부 지역에 한정되어 있을 때 거위와 같은 물새는 온화한 날씨와 풍부한 음식을 갖고 있는 남쪽 지역으로 날아 가고 그들은 봄에 기온이 올라갈 때 북쪽으로 돌아온다. **Q06-(B)** 다른 조류들은 건기와 우기 둘 다를 갖고 있는 기후 지역인 열대 지역에 산다. 건기 동안, 식량과 물을 찾기 어려워질 때 이러한 조류들은 더 습한 열대 지역으로 날아 간다. 일부 동물들은 그들의 새끼들을 위해 특정 종류의 안식처를 제공하기 위해 이동한다. 예를 들면, 태평양의 혹등 고래는 아열대 하와이 수역에서 새끼를 낳고, 늦은 봄 연어가 풍부한 알래스카의 차가운 수역에서 여름을 보내기 위해 북쪽으로 이동한다.

4 다양한 방법들을 통해서 조류들은 매 년 꽤 먼 거리에 걸쳐서 그들의 길을 찾아간다. 그들은 별 문양들, 석양, 독특한 냄새들, 지형상의 주요 지형지물과 지구의 자기장을 조합하여 사용할 수 있다. 하지만, 이동을 야기하는 사건들은 그 이유가 충분히 밝혀지지 않고 있다. 일부 북부 종들은 날씨가 추워지고 음식이 귀해지기 전에 남부 지역으로 떠나며 그들의 이동은 필시 호르몬에 의해 통제된다. 호르몬 생산의 변화는 주간일조시간의 정도에 의해 영향 받을 수 있다. 시간이 짧아질 때, 호르몬 생산의 변화들은 조류를 그들의 이동을 위한 준비를 하도록 이끈다. 하지만, 다른 종류의 조류들은 다른 시기에 같은 장소를 떠날 수 있다. 종의 종류와 주간일조시간의 수 이외에도, 식량 공급과 날씨와 같은 요소들이 이동 시간에 영향을 줄 수 있다.

5 대부분의 조류들은 위도를 달리하는 이동으로 불리는 남북 방향으로 이동하지만 동물들이 산악 서식지를 위아래로 이동하는 고도를 달리하는 이동과 같은 많은 다른 이동 패턴들이 있다. 북미와 캐나다에서 새끼를 낳는 조류들은 대개 겨울 동안 남쪽으로, 때때로 남미로 날아간다. 북부의 조류들은 겨울이 남미에 도래하면 북미로 돌아가는

Vocabulary

waterfowl 물새
Humpback whales 혹등고래
topographical 지형학의, 지형상의
landmark 주요 지형지물
magnetic field 자기장
daylight hours 주간일조시간
latitudinal 위도의
altitudinal 고도의

breed 새끼를 낳다, 번식하다

America, no South American birds migrate as far as North America. Those birds only travel as far as the tropics, where they stay for the winter before returning south in the summer.

➡ Birds face many obstacles during their annual migrations, and judging from studies of breeding grounds, an estimated 50% of ^{Q08} **them** do not survive to breed the next season.
■ A powerful storm such as a hurricane can push birds backward on their migration route or draw them into the eye of the storm. Birds must therefore quickly learn to adapt to their changing environment. Successful small birds are more likely to drop down if they run into a rainstorm; otherwise, they would expend too much energy flying into the wind. ■ ^{Q09-(B)} Shorebirds and larger birds can continue to fly into the wind until they reach land. ■

➡ Birds can ride out storms, winds, and threats from predators, but ^{Q11-(B)} they face a danger from humans that is far greater than any force of nature: the destruction of their habitats. ■ Over the last one hundred years, people all over the world have greatly changed the land that migrating birds need to build nests, hide from predators, and find food and water by cutting down forests and ^{Q10} **draining** wetlands for agriculture and building homes, shopping malls, and roads. Migrating birds need space to rest and feed during their long journeys. High-voltage power lines, wind turbines, windows, and poaching also pose threats to migrating birds. The preservation of migratory birds depends on the preservation of their natural migratory routes.

6.
Obstacles birds face during annual migrations
(해마다의 이동 중 조류들이 마주치는 많은 장애물들)

7.
Threats to birds posed by humans
(인간에 의해 조류에게 야기된 위협들)

반면, 남미 조류들은 북미까지 이동하지 않는다. 그러한 조류들은 단지 열대지방까지만 이동하며 그 곳에서 그들은 여름에 남쪽으로 돌아오기 전 겨울 동안 머무른다.

6 조류는 매년 이동하는 중 많은 장애물들과 마주친다. 번식지에 관한 연구로 미루어 보건대, ^{Q08}그들 중 대략 50%가 다음 시즌에 생존하여 번식하지 못한다. 허리케인과 같은 강력한 폭풍은 그들의 이동 경로에서 조류들을 뒤로 밀어내거나 폭풍의 눈으로 그들을 끌어당긴다. 그래서 조류들은 빠르게 변화하는 환경에 적응하는 것을 배워야 한다. 성공적인 작은 조류들은 만일 그들이 폭풍우를 우연히 마주치게 되면 떨어지게 된다. 그렇지 않으면, 그들은 바람 부는 방향으로 나는데 너무 많은 에너지를 소비할 것이다. ^{Q09-(B)} 물떼새류들과 몸집이 더 큰 조류들은 그들이 육지에 도달할 때까지 바람 부는 방향으로 지속적으로 날 수 있다.

7 조류들은 폭풍우, 바람, 그리고 포식자들로부터의 위협을 잘 넘길 수 있지만, ^{Q11-(B)} 자연의 힘 보다 훨씬 더 큰 인간으로부터의 그들의 서식지를 파괴하는 것과 같은 위험에 직면한다. 지난 100년에 걸쳐서 전 세계의 사람들은 철새들이 둥지를 짓고, 포식자로부터 숨는데 필요한 땅, 식량과 물을 찾기 위해 삼림을 벌채하고, 농업을 위해 습지에서 ^{Q10} 물을 빼내고, 집, 쇼핑몰, 도로를 지음으로써 상당히 바꾸어 놓았다. 철새들은 그들의 긴 여정 동안 휴식을 취하고 먹이를 먹을 공간이 필요하다. 고압 송전선, 풍력발전용 터빈, 창문, 그리고 밀렵 또한 철새들에게 위협을 야기한다. 철새의 보존은 그들의 자연적인 이동경로의 보존에 달려 있다.

Vocabulary

judging from ~으로 판단하건대
breeding ground 번식지
run into ~를 우연히 만나다
shorebird 도요새, 물떼새류
predator 포식자, 포식 동물
poaching 밀렵
drain 물을 빼내다, 배수하다

01

The word **seasonal** in the passage is closest in meaning to

(A) infrequent
(B) common
(C) regular
(D) random

지문의 단어 **seasonal**와 의미상 가장 가까운 것은?

(A) 드문
(B) 일반적인
(C) 정기적인
(D) 무작위의

> **Vocabulary** 단락1 지문의 'seasonal (계절적인, 계절에 따라 다른)'은 '정기적인, 규칙적인'의 의미로 사용되는 'regular'와 의미상 가장 유사하므로 정답은 (C)이다.

02

In paragraph 1, all of the following are mentioned EXCEPT

(A) Primitive people were intrigued by migration patterns.
(B) Some animals do not migrate to escape the cold.
(C) A species of bird is believed to hold the record for longest migration.
(D) Caribou, fish, and other animals only migrate moderate distances.

Paragraph 1 is marked with an arrow [➡].

단락1에서, 다음 중 언급되지 않은 것은?

(A) 원시 사회의 사람들은 이동 패턴에 마음을 사로잡혔다.
(B) 일부 동물들은 추위에서 벗어나기 위해 이동하지 않는다.
(C) 하나의 종의 조류는 가장 긴 이동을 위한 기록을 보유하는 것으로 여겨진다.
(D) 순록, 물고기, 그리고 다른 동물들은 단지 적당한 거리만을 이동한다.

> **Fact & Detail** 단락1을 보면 'Some other creatures that migrate impressive distances are butterflies, caribou, fish, geese, turtles, and whales. (인상적인 거리를 이동하는 일부 다른 생물들은 나비, 순록, 물고기, 거위, 거북이 그리고 고래이다.)'라고 언급하였으므로 적당한 거리만을 이동한다는 보기의 내용과는 거리가 있으므로 정답은 (D)이다.
> **오답의 근거**
> (A)는 'Migration, ~, has long fascinated humankind. Primitive people created myths to explain the periodic disappearance of different animals'라고 언급하였으므로 오답.
> (B)는 'While some animals, such as bears, might hibernate to adapt to the cold, ~'라고 언급하였으므로 오답.
> (C)는 'The longest migration of any known animal is that of the Arctic tern.'라고 언급하였으므로 오답.

03

The word **comprehended** in the passage is closest in meaning to

(A) understood
(B) confused
(C) complicated
(D) regarded

지문의 단어 **comprehended**와 의미상 가장 가까운 것은?

(A) 이해되는
(B) 혼란스러운
(C) 복잡한
(D) 간주된

> **Vocabulary** 단락2 지문의 'comprehended (이해되는)'는 '이해되는'의 의미로 사용되는 'understood'와 의미상 가장 유사하므로 정답은 (A)이다.

04

Why does the author mention destinations in Massachusetts and California?

(A) To link bird migration to the tourism trade
(B) To provide examples of centuries-old migration patterns
(C) To give examples of climates that the birds experience
(D) To show that birds can travel enormous distances

저자가 매사추세츠와 캘리포니아의 목적지를 언급한 이유는?

(A) 조류 이동과 관광 사업을 연결시키기 위해
(B) 몇 세기에 걸친 이동 패턴의 예를 제공하기 위해
(C) 조류들이 경험하는 기후의 예를 주기 위해
(D) 조류들이 엄청난 거리를 이동할 수 있음을 보여주기 위해

Rhetorical Purpose 단락2를 보면 'For centuries, their regular appearances have drawn crowds to sites such as San Juan Capistrano, California and Cape Cod, Massachusetts. (수 세기 동안 그들의 정규적인 출현은 캘리포니아의 산 후안 카피스트라노, 매사추세츠의 케이프 코드와 같은 장소들로 무리들을 이끌어 왔다.)' 라고 언급하였으므로 저자가 매사추세츠와 캘리포니아를 언급한 이유는 몇 세기에 걸친 조류의 이동 패턴을 언급하기 위함임을 알 수 있다. 따라서 정답은 (B)이다.

05

According to paragraph 2, which of the following is true of migrating birds' flight patterns?

(A) Most migrating birds land during the day.
(B) Most migrating birds rest during the evening.
(C) Most long distance migrating birds travel by day.
(D) Some migrating birds travel continuously and some stop.

Paragraph 2 is marked with an arrow [➡].

단락2에 따르면, 다음 중 철새들의 비행 패턴에 관한 진실은?

(A) 대부분의 철새들은 낮 동안 착륙한다.
(B) 대부분의 철새들은 저녁 동안 휴식을 취한다.
(C) 대부분의 장거리 철새들은 낮 동안 이동한다.
(D) 일부 철새들은 지속적으로 이동하고 일부는 멈춘다.

Fact & Detail 단락2를 보면 'While some birds are not exceptionally strong animals, many species are able to travel enormous distances, sometimes flying for days without pause. (일부 조류들은 특별히 강한 동물들이 아닌 반면, 많은 종들이 엄청난 거리를 이동할 수 있어서 때때로 쉬지 않고 몇 일을 날아 다닐 수 있다.)'라고 언급하였으므로 일부의 철새들은 쉬지 않고 이동할 수 있지만 일부는 충분히 강하지 않음을 언급하는 (D)가 정답이다.

06

According to paragraph 3, what is known about animal migration?

(A) No species can survive by restricting itself to one region.
(B) Tropical birds migrate within the tropical zone.
(C) Some birds nest in Hawaiian waters.
(D) Humpback whales spend their summers in subtropical Hawaiian waters.

Paragraph 3 is marked with an arrow [➡]

단락3에 따르면, 동물의 이동에 관해 알려져 있는 것은 무엇인가?

(A) 종들은 한 장소에서 스스로를 국한함으로써 생존할 수 없다.
(B) 열대 지방의 조류들은 열대 지방 내에서 이동한다.
(C) 일부 조류들은 하와이의 수역에 보금자리를 짓는다.
(D) 혹등 고래들은 아열대 하와이 수역에서 여름을 보낸다.

Fact & Detail 단락3을 보면 'Other birds live in the tropics, a climactic zone with both dry and rainy seasons. During the dry seasons, when food and water become difficult to locate, these birds fly to wetter tropical areas. (다른 조류들은 건기와 우기 둘 다를 갖고 있는 기후 지역인 열대 지역에 산다. 건기 동안, 식량과 물을 찾기 어려워질 때 이러한 조류들은 더 습한 열대 지역으로 날아간다.)'라고 언급하였으므로 정답은 (B)이다.

07

Which of the following is NOT mentioned as a contributing factor to migration?

(A) Food supply
(B) Hours of daylight
(C) Predators
(D) Hormone production

다음 중 이동에 기여하는 하나의 요소로써 언급되지 않은 것은?

(A) 식량 공급
(B) 주간일조시간
(C) 포식자들
(D) 호르몬 생산

Fact & Detail 단락4를 보면 (A)는 'other animals travel to escape unfavorable changes in food supply and weather, ~. (다른 동물들은 식량 공급과 날씨의 비우호적인 변화에서 탈출하기 위해 이동을 하고 ~)라고 언급되었고, (B)와 (C)는 'Some northern species leave for southern climates before the weather turns cold and food becomes rare, so their migration is most likely regulated by hormones. A change in hormone production can be affected by the number of daylight hours. (일부 북부 종들은 날씨가 추워지고 음식이 귀해지기 전에 남부 지역으로 떠나며 그들의 이동은 필시 호르몬에 의해 통제된다. 호르몬 생산의 변화는 주간일조시간의 수에 의해 영향 받을 수 있다.)'라고 언급되었지만 보기 (C)는 이동에 기여하는 요소로 언급되지 않았으므로 정답은 (C)이다.

08

The word **them** in the passage refers to

(A) **birds**
(B) obstacles
(C) migrations
(D) breeding grounds

지문의 단어 **them**이 가리키는 것은?

(A) **조류들**
(B) 장애물들
(C) 이동들
(D) 번식지들

Reference 단락 8의 them은 문장 'Birds face many obstacles during their annual migrations, and judging from studies of breeding grounds, an estimated 50% of them do not survive to breed the next season.'에서 '조류는 그들의 해마다의 이동 동안 많은 장애물들과 마주친다. 번식지에 관한 연구로 미루어 보건대, 그들 중 대략 50%가 다음 시즌에 생존하여 번식하지 못한다.'라고 말하고 있으므로 문맥상 them은 birds를 의미하므로 정답은 (A)조류들이다.

09

Which of the following can be inferred from paragraph 6?

(A) Smaller birds do not fly during severe weather.
(B) **Larger birds can survive severe weather for short periods of time.**
(C) All migrating birds respond to weather in similar ways.
(D) Some birds are advantaged by severe weather.

Paragraph 6 is marked with an arrow [➡].

다음 중 단락6로부터 추론할 수 있는 것은?

(A) 더 몸집이 작은 조류들은 혹독한 기상 상황 동안 날지 못한다.
(B) **몸집이 더 큰 조류들은 단시간 동안 혹독한 기상 상황에서 살아남을 수 있다.**
(C) 모든 철새들은 유사한 방식으로 날씨에 반응한다.
(D) 일부 조류들은 혹독한 기상 상황으로 이익을 얻는다.

Inference 단락6를 보면 'Shorebirds and larger birds can continue to fly into the wind until they reach land. (물떼새류들과 몸집이 더 큰 조류들은 그들이 육지에 도달할 때까지 바람 부는 방향으로 지속적으로 날 수 있다.)'라고 언급하였으므로 정답은 (B)이다.

10

The word **draining** in the passage is closest in meaning to

(A) wearing out
(B) **removing liquid from**
(C) decreasing
(D) flooding

지문의 단어 draining과 의미상 가장 가까운 것은?

(A) 못쓰게 된 것
(B) **무언가로부터 액체를 제거하는 것**
(C) 감소하는 것
(D) 범람시키는 것

Vocabulary 단락7 지문의 'draining (물을 빼내는 것)'는 '무언가로부터 액체를 제거하는 것'의 의미로 사용되는 'removing liquid from'과 의미상 가장 유사하므로 정답은 (B)이다.

11

Based on the information in paragraph 7, what is the most severe threat faced by migrating birds?

(A) Power lines, wind turbines, windows, and poaching
(B) The destruction of natural habitats
(C) Severe weather during migration
(D) Predation at migration sites

Paragraph 7 is marked with an arrow [➡].

단락7의 정보에 기반해서, 철새가 직면하는 가장 심각한 위협은 무엇인가?

(A) 송전선, 풍력발전용 터빈, 창문, 그리고 밀렵
(B) 자연 서식지의 파괴
(C) 이동 중의 혹독한 기상
(D) 이동 장소에서의 포식

Fact & Detail 단락7을 보면 'they face a danger from humans that is far greater than any force of nature: the destruction of their habitats. (그들은 자연의 힘 보다 훨씬 더 큰 인간으로부터의 그들의 서식지를 파괴하는 것과 같은 위험에 직면한다.)'라고 언급되었으므로 정답은 (B)이다.

12

Look at the four squares [■] that indicate where the following sentence can be added to the passage.

Migrating birds react to weather in different ways.

Where would the sentence best fit? Click on a square [■] to add the sentence to the passage.

네 개의 네모 [■] 는 다음 문장이 삽입될 수 있는 부분을 나타내고 있다.

철새들은 다른 방식으로 날씨에 반응한다.

이 문장은 어느 자리에 들어가는 것이 적절한가? 지문에 문장이 삽입되도록 네모[■]를 클릭하시오.

Insertion 삽입 구문은 철새들이 다른 방식으로 날씨에 반응함을 설명을 하고 있으므로 그들의 다른 방식으로의 날씨에의 반응을 세부적으로 서술하고 있는 문장들 가장 앞에 끼워 넣어 뒤따르는 단락의 주제 문장의 역할을 해야 한다. 따라서 삽입 구문은 단락6의 첫 번째 문장 뒤에 끼워 넣는 것이 가장 적절하므로 첫 번째 네모 [■]가 정답이다.

Directions: An introductory sentence for a brief summary of the passage is provided below. Complete the summary by selecting the THREE answer choices that express the most important ideas in the passage. Some sentences do not belong in the summary because they express ideas that are not presented in the passage or are minor ideas in the passage. **This question is worth 2 points.**

지문 요약을 위한 간략한 문장이 아래에 주어져 있다. 지문의 가장 중요한 내용을 나타내는 보기 3개를 골라 요약문을 완성하시오. 어떤 문장은 지문에 언급되지 않은 내용이나 사소한 정보를 담고 있으므로 요약에 포함되지 않는다. 이 문제는 2점이 부과된다.

Drag your answer choices to the spaces where they belong. To remove an answer choice, click on it. To review the passage, click on **View Text.**

선택한 보기는 마우스로 끌어 해당란에 넣으시오. 선택한 보기를 삭제하려면, 해당 보기를 한번 클릭하시오. 지문을 보려면 화면의 View Text를 클릭하시오.

The migration of birds is a fascinating process, and variations in migration still mystify scientists.

조류의 이동은 매력적인 과정이며 이동에 있어서의 변화들은 여전히 과학자들을 혼란스럽게 만든다.

- (A) Some birds are able to complete a migratory journey without stopping, but others require daily stops.
- (B) Hormones, daylight hours, and food supply all play a part in determining when migration will begin.
- (D) While North American birds often travel to South America, South American birds rarely fly so far north.

Answer Choices	
(A) Some birds are able to complete a migratory journey without stopping, but others require daily stops. 일부 조류들은 쉬지 않고 이동 여정을 마칠 수 있지만 다른 조류들은 매일의 휴식을 요구한다.	**(B) Hormones, daylight hours, and food supply all play a part in determining when migration will begin.** 호르몬, 주간일조시간, 그리고 식량 공급은 모두 언제 이동을 시작할 지를 결정하는 데 중요한 부분이다.
(C) Birds are adapting poorly to changes that humans have wrought in their environments. 조류들은 인류가 그들의 환경에 초래하는 변화에 거의 적응하지 못한다.	**(D) While North American birds often travel to South America, South American birds rarely fly so far north.** 북미 조류들은 종종 남미로 이동하는 반면, 남미 조류들은 거의 북쪽으로 그렇게 멀리 날아가지 않는다.
(E) The influence of humans on bird habitats has been powerful and destructive. 조류 서식지에의 인류의 영향은 강력하고 파괴적이었다.	(F) Birds are sometimes able to fly through severe weather. 조류들은 때때로 혹독한 기상 상황을 뚫고 날아갈 수 있다.

Prose Summary 요약문의 도입 문장은 '조류의 이동은 매력적인 과정이며 이동에 있어서의 변화들은 여전히 과학자들을 혼란스럽게 만든다.'라고 언급하였으므로 이동에 있어서의 변화들에 초점을 맞추어 보기를 고르면 된다. 보기(A)는 조류의 일반적인 이동을 언급하는 단락2의 내용과 일치하며, 보기(B)는 호르몬, 주간일조시간, 그리고 식량 공급과 같은 조류의 이동 이유들을 언급하는 단락4의 내용과 일치하며, 보기(D)는 조류들의 다양한 이동 패턴들을 언급하는 단락5의 내용을 요약하고 있다. 따라서 정답은 (A), (B), (D)이다.

오답의 근거

보기(C)에서 언급된 인류가 조류의 환경에 초래하는 변화에 그들이 거의 적응하지 못하였는지는 직접적으로 언급되지 않았으므로 오답.

보기(E)는 단락7에서는 '~ they face a danger from humans that is far greater than any force of nature: the destruction of their habitats.'라고 언급하였지만, 지엽적인 내용이므로 오답.

보기(F)는 단락6에서 'Shorebirds and larger birds can continue to fly into the wind until they reach land.'라고 언급되었지만 지엽적인 내용이므로 오답.

1.
Debate on
school uni-
forms
(교복에 대한 논
란들)

In the United States, private elementary schools and secondary schools have traditionally required their students to wear school uniforms[1]. Meanwhile, public schools have generally permitted students to choose their own outfits. However, since the mid-1990s, a sizable minority[2] have implemented school uniform requirements. Proposals to introduce uniforms invariably spark debate among students, parents, and education professionals. Those who oppose the introduction of school uniforms tend to emphasize students' freedom of expression and claim that this First Amendment right[3] is violated by the ^Q14 **imposition** of wearing uniforms. ^Q15 **Their** argument is compelling, but it pales in comparison with proponents' position that uniforms help reduce school violence, status differences, and other academic distractions while promoting positive student behaviors and helping families to save money.

2.
Mandatory
school uniform
policy and its
results
(의무적인 교복
착용 정책과 그
결과들)

➡ The push for uniform use in public schools first became evident in urban areas in the early 1980s. In one event that shocked the nation, a 14-year-old student was shot in a school hallway by someone who apparently wanted his expensive jacket. Several similar incidents occurred over name-brand athletic shoes. The uniforms movement gained steam in the mid-1990s when President Clinton endorsed school uniforms in a State of the Union Address[4], declaring: "If

1   A standardized outfit of dress
2   Nearly 25% of public elementary schools and 10% of public secondary schools
3   A right granted in the Bill of Rights, the First Amendment to the United States Constitution
4   An annual message to Congress in which the President reports on the nation's status and proposes a legislative program

1 미국의 사립초등학교와 중등학교들은 전통적으로 그들의 학생들에게 교복[1]을 입도록 요구해 왔다. 한편, 공립학교들은 일반적으로 학생들에게 그들 자신의 복장을 선택하도록 허용해 왔다. 하지만, 1990년대 중반 이래로 꽤 많은 학교들이 교복 착용을 시행해왔다. 교복을 도입하는 제안들은 언제나 학생들과 학부형들 그리고 교육 전문가들 사이에 논란을 야기한다. 교복의 도입에 반대하는 사람들은 학생들의 표현의 자유를 강조하는 경향이 있으며 미국 헌법 수정 제1항의 권리[3]가 교복 착용을 ^Q14부담지움으로써 침해된다고 주장한다. ^Q15 그들의 주장은 설득력이 있지만, 교복이 학교 폭력과 신분 차이 그리고 학문적으로 집중을 방해하는 다른 것들을 줄이도록 도와주며 긍정적인 학생 행동을 촉진하고 가족들이 돈을 절약하도록 도와준다는 지지자들의 입장과 비교할 때 그 주장은 흐릿해진다.

2 공립 학교에서의 교복 사용을 위한 노력은 최초로 1980년대 초반 도시 지역들에서 두드러졌다. 국가를 깜짝 놀라게 했던 한 사건에서 14살의 한 학생은 그의 값비싼 재킷을 원했던 누군가에 의해 학교 복도에서 총을 맞았다. 몇몇의 유사한 사건들이 유명 브랜드의 운동화에 대해 발생했다.

Vocabulary

school uniform 교복
outfit 옷, 복장
implement 시행하다
invariably 변함없이, 언제나
violate 침해하다, 위반하다
imposition 부담, 부과, 강요
compelling 설득력 있는
proponent 지지자

a State of the Union address 연두교서

it means teenagers will stop killing each other over designer jackets, then our public schools should be able to require students to wear school uniforms." The President followed his speech with a nationwide speaking tour in which he linked the use of school uniforms to improved student discipline. At the same time, the Department of Education distributed 16,000 copies of a guidebook to help school districts make uniforms [Q16] **mandatory**. [Q17-(C)] Many school districts that implemented student uniform policies have reported positive results. For instance, the Long Beach Unified School District found that over a five-year period, school crime dropped by about 86% even as student enrollment increased by 14%.

3.
Uniforms which emphasize egalitarianism
(평등주의를 강조하는 교복)

[Q23-(C)] Of course, very few students commit violent crimes in order to obtain designer clothing. However, their actions highlight the general significance of clothing among students and humankind in general. For millennia, people have conveyed and maintained status differences through their styles of dress. This is not always deliberate. [Q18] **Sometimes we intentionally dress in a certain way to show affiliation with a street gang, sports team, political group, or other organization, but through our dress, we also reveal socioeconomic status in ways that are not necessarily intentional.** Uniforms have been used throughout the ages to work against the tendency of clothes to emphasize differences. In schools, clubs, workplaces, and religious orders, uniforms have worked as social levelers. ■ Proponents of school uniforms argue that [Q24-(C)] an American school should be a bastion of egalitarianism rather than an environment which constantly reminds a child of his or her family's socioeconomic status. ■ When students all wear the same reasonably priced clothing, they can set aside concerns about appearing impoverished and instead focus on learning. ■

4.
Uniforms that reduce the distraction of

Uniforms not only reduce the distraction of socioeconomic concerns, but also the distraction of physical appearance in general. ■ That is, many students who are not required to wear uniforms spend a significant amount of time deciding

---

클린턴 대통령이 "만일 그것이 십대들이 디자이너 브랜드 재킷들에 대해 서로서로를 죽이는 것을 멈출 것임을 의미한다면, 그러면 우리의 공립 학교들은 학생들로 하여금 교복을 착용하도록 요구할 수 있어야 한다"라고 선언하면서 연두 교서에서 교복착용을 지지했을 때인 1990년 대 중반 교복 운동은 기세를 얻었다. 클린턴은 그의 연설 후 교복의 사용과 개선된 학생 훈육을 연결시켰던 전국적인 연설 여행을 했다. 동시에, 교육부는 학군이 교복착용을 [Q16] 의무화하도록 돕기 위한 16,000 권의 안내서를 배포했다. [Q17-(C)] 교복착용을 시행했던 많은 학군들은 긍정적인 결과들을 보고해왔다. 예를 들어, 롱비치 연합 학군은 5년의 기간에 걸쳐서 학교 범죄가 심지어 학생 등록이 14%까지 증가했을 때에도 대략 86%까지 떨어졌음을 발견했다.

3 물론, 디자이너 브랜드의 의복을 얻기 위해 폭력 범죄를 저지르는 학생은 몇 안된다. 하지만, 그들의 행동들은 학생들과 인류 사이에 의복의 일반적인 중요성을 강조한다. 수 천년 동안, 사람들은 신분 차이를 그들의 의복 스타일을 통해 전달하고 유지해왔다. 이는 항상 의도적인 것은 아니었다. [Q18] 때때로 우리는 의도적으로 길거리 패거리, 스포츠 팀, 정치 집단 또는 다른 조직에의 소속을 보여주기 위해 특정 방식으로 옷을 입지만, 우리의 의복을 통해서, 우리는 또한 꼭 의도적이지는 않게도 사회 경제적 지위를 드러낸다. 교복은 차이를 강조하는 의복의 풍조에 반하여 작용하도록 여러 세대에 걸쳐 사용되어 왔다. 학교, 동호회, 직장과 종교 단체들에서 제복들은 사회적 평등주의자로써 작용해 왔다. 교복 지지자들은 [Q24-(C)] 교복 착용 지지자들은 미국 학교가 지속적으로 한 아이가 가족의 사회 경제적 지위를 연상하게 하는 환경보다는 오히려 평등주의의 수호자가 되어야 한다고 주장한다. 학생들 모두가 같은 적정 가격의 의복을 입을 때, 그들은 빈곤한 것처럼 보이는 것에 대한 걱정을 미루어 두고 대신에 학습에 집중할 수 있다.

4 교복은 사회 경제적 우려로 인한 정신의 분산을 줄일 뿐만 아니라 일반적으로 신체적 외모로 인한 분산도 줄인다. 즉, 교복을 착용하지 않는 많은 학생들

Vocabulary

discipline 훈육
mandatory 의무적인
deliberate 고의의, 의도적인
affiliation 소속
religious order 수도회, 종교 집단
leveler 평등주의자, 평등론자
bastion 수호자
egalitarianism 평등주의

impoverished 빈곤한
set aside 한쪽으로 치워놓다
opponent 반대자

physical appearance
(신체적 외모로 인한 분산을 줄이는 교복)

5.
Specious views of opponents for uniforms
(교복 착용에 대한 반대자들의 허울만 좋은 견해들)

6.
The uniforms' cost-effectiveness and durability
(교복의 비용 효율성과 내구성)

what to wear to school. This time would probably be better spent on homework, hobbies, or with family members. School uniforms help students use their time more effectively by simplifying morning preparations.

➡ As mentioned at the outset, Q19-(A) opponents of school uniforms celebrate students' freedom to choose their own school clothes as long as standards of decency are met. ■ In fact, a few states in the U.S. have regulations requiring public schools to allow students to opt out of uniform policies. However, opponents of uniforms should recognize that when students choose their own clothing, they are essentially donning a sort of uniform anyway. That is, they are choosing to present a certain identity, proclaiming through clothing, "I'm a fun partygoer", or "I'm a great athlete." Proponents of school uniforms say that when students attend school, they all need to be thinking first and foremost, "I am a student." School uniforms help students keep this idea in mind, thereby promoting a good work ethic and better discipline in the classroom. Alternative modes of expression – such as speaking, writing, and extracurricular activities – are always available, so the contention that uniforms stifle individualism seems Q01 **specious**.

➡ Finally, advocates of school uniforms have practical economics on their side: parents appreciate the lower cost of school uniforms. School uniforms have a classic look; they have changed very little over the past few decades. They also tend to be well-made, unlike trendy items of clothing that students are only expected to wear for one season. Thus, a student with a school uniform can keep the same school clothes for as long as they fit – not just as long as they briefly stay in fashion. Furthermore, Q20-(C) the uniforms' durability means that the clothes can be used as "hand-me-downs[5]" without causing embarrassment.

---

5 Clothes passed from an older sibling to a younger sibling

은 학교에 무엇을 입고 갈지를 결정하는 데 상당한 시간을 소비한다. 이러한 시간은 아마도 과제나 취미 생활 또는 가족 구성원들과 함께 보내는 것이 더 나을 것이다. 교복은 학생들로 하여금 아침 준비를 간소화 함으로써 더 효과적으로 그들의 시간을 사용하도록 돕는다.

5 처음에 언급했던 것처럼, Q19-(A) 교복을 반대하는 사람들은 예절의 기준이 충족되는 한 그들 자신의 학생복을 선택할 학생들의 자유를 찬양한다. 사실, 미국의 몇몇 주들은 공립학교에 학생들로 하여금 교복 정책에 참여하지 않도록 요구하는 규정들을 갖고 있다. 하지만, 교복의 반대자들은 학생들이 그들 자신의 의복을 선택할 때, 기본적으로 일종의 제복을 어쨌든 입을 것임을 인식해야 한다. 말하자면, 그들은 "저는 즐거운 파티에 가기를 좋아하는 사람입니다." 또는 "저는 위대한 운동선수입니다"라고 의복을 통해서 분명히 보여주는 특정 신분을 나타내도록 선택할 것이다. 교복착용을 찬성하는 사람들은 학생들이 등교하고 그들이 최우선적으로 생각하는 것은 '나는 학생입니다'라는 것일 것이라고 말한다. 교복은 학생들이 이 생각을 명심하도록 도우며 그것에 의해서 교실에서의 제대로 된 직업 윤리와 더 나은 훈육을 촉진시킨다. 말, 글, 그리고 과외 활동과 같은 자기표현의 대체 수단들은 항상 이용가능하며 그래서 교복이 개인주의를 억누른다는 주장은 Q01 허울만 그럴 듯한 것 같다.

6 결국, 교복의 지지자들은 학부형들이 교복의 더 낮은 가격을 반기는 것 같은 현실적인 경제학을 유리한 점으로 가지고 있다. 교복은 고전적인 외관을 지니며 그것들은 지난 몇 십 년에 걸쳐서 거의 변하지 않았다. 그것들은 또한 학생들이 한 시즌 동안만 입을 것으로 예상되는 최신 유행의 의류와 달리 잘 만들어진 경향이 있다. 그러므로 그들이 간신히 유행을 유지하지 않는 한 교복을 가진 학생은 그것들이 맞는 한 같은 학생복을 유지할 수 있다. 게다가, Q20-(C) 교복의 내구성은 그 의복이 곤란한 상황을 야기하는 것 없이 물림옷[5]으로써 사용될 수 있다는 것을 의미한다.

Vocabulary

decency 예절
don (옷 등을) 입다
partygoer 파티에 가기를 즐기는 사람
extracurricular activity 과외 활동
contention 주장, 견해
stifle 억누르다, 억압하다
specious 허울만 그럴 듯한
durability 내구성, 내구력

embarrassment 곤란한 상황
hand-me-down 기성복, 물림옷

209

In sum, public school students, families, and communities benefit from school uniforms. Uniforms help to reduce a number of clothing-related concerns while helping to prepare students for America's next generation of leaders.

7 요약하자면, 공립학교 학생들, 가족들 그리고 지역 사회들은 교복으로부터 이익을 본다. 교복은 많은 의복 관련 우려들을 줄이도록 도우며 학생들을 미국의 차세대 지도자로 준비시키도록 돕는다.

Vocabulary

14

The word **imposition** in the passage is closest in meaning to

(A) innovation
(B) **burden**
(C) proposition
(D) implication

지문의 단어 **imposition**과 의미상 가장 가까운 것은?

(A) 혁신
(B) **부담**
(C) 제의
(D) 암시

Vocabulary 단락1 지문의 'imposition (부담, 폐)'는 '부담'의 의미로 사용되는 'burden'과 의미상 가장 유사하므로 정답은 (B)이다.

15

The word **their** in the passage refers to

(A) **Those who oppose the introduction of school uniforms**
(B) Students
(C) Uniforms
(D) Proponents

지문의 단어 **them**이 가리키는 것은?

(A) **교복 도입에 반대하는 사람들**
(B) 학생들
(C) 교복들
(D) 지지자들

Reference 단락 1의 their는 문장 'Those who oppose the introduction of school uniforms tend to emphasize students' freedom of expression and claim that this First Amendment right is violated by the imposition of wearing uniforms. Their argument is compelling, ~.'에서 '교복의 도입에 반대하는 사람들은 학생들의 표현의 자유를 강조하는 경향이 있으며 이 미국 헌법 수정 제1항의 권리가 교복 착용의 부담에 의해 위반된다고 주장한다. 그들의 주장은 설득력이 있지만, ~.'라고 말하고 있으므로 문맥상 their은 Those who oppose the introduction of school uniforms를 의미하므로 정답은 (A)교복 도입에 반대하는 사람들이다.

16

The word **mandatory** in the passage is closest in meaning to

(A) optional
(B) **required**
(C) tolerable
(D) distinct

지문의 단어 **mandatory**와 의미상 가장 가까운 것은?

(A) 선택적인
(B) **의무적인**
(C) 참을 수 있는
(D) 분명한

Vocabulary 단락2지문의 'mandatory (의무적인)'은 '의무적인'의 의미로 사용되는 'required'와 의미상 가장 유사하므로 정답은 (B)이다.

17

In paragraph 2, why does the author mention the Long Beach Unified School District?

(A) To suggest that government programs may fail
(B) To emphasize the importance of school size in relation to violence
(C) To support the argument in favor of school uniforms
(D) To refute the argument in favor of school uniforms

Paragraph 2 is marked with an arrow [➡].

단락 2를 보면, 저자가 롱비치 연합 학군을 언급한 이유는?

(A) 정부 프로그램이 실패할 수 있음을 제시하기 위해
(B) 폭력에 따른 학교 크기의 중요성을 강조하기 위해
(C) 교복을 찬성하는 주장을 지지하기 위해
(D) 교복을 찬성하는 주장을 반박하기 위해

Rhetorical Purpose 단락2를 보면 'Many school districts that implemented uniforms have reported positive results. For instance, the Long Beach Unified School District found that over a five-year period, school crime dropped by about 86% even as student enrollment increased by 14%. (교복을 시행했던 많은 학군들은 긍정적인 결과들을 보고해왔다. 예를 들어, 롱비치 연합 학군은 5년의 기간에 걸쳐서 학교 범죄가 심지어 학생 등록이 14%까지 증가했을 때에도 대략 86%까지 떨어졌음을 발견했다.)'라고 언급하였으므로 정답은 (C)이다.

18

Which of the sentences below best expresses the essential information in the highlighted sentence in the passage? Incorrect choices change the meaning in important ways or leave out essential information.

(A) People intentionally dress to reveal their socioeconomic status.
(B) Although people belong to a variety of groups, they have little conscious awareness of group membership.
(C) Clothing reveals our affiliations with certain groups.
(D) In both unintentional and deliberate ways, our clothing reveals information about our group memberships and socioeconomic status

아래 문장 중 지문 속의 음영 표시된 문장의 핵심 정보를 가장 잘 표현하고 있는 것은 무엇인가? 오답은 문장의 의미를 현저하게 바꾸거나 핵심정보를 빠뜨리고 있다.

(A) 사람들은 의도적으로 그들의 사회 경제적 지위를 드러내기 위해 옷을 입는다.
(B) 비록 사람들은 다양한 집단들에 속함에도 불구하고, 그들은 거의 집단 신분의 의식적인 인식을 갖지 못한다.
(C) 옷은 특정 집단에의 우리의 소속을 드러낸다.
(D) 의도적이든 의도적이지 않든, 우리의 의복은 우리 집단의 신분과 사회 경제적 지위에 대한 정보를 드러낸다.

Sentence Simplification 단락3에서, 음영 표시된 문장 'Sometimes we intentionally dress in a certain way to show affiliation with a street gang, sports team, political group, or other organization, but through our dress, we **also** reveal socioeconomic status in ways that are not necessarily intentional. (때때로 우리는 의도적으로 길거리 패거리, 스포츠 팀, 정치 집단 또는 다른 조직에의 소속을 보여주기 위해 특정 방식으로 옷을 입지만, 우리의 의복을 통해서, 우리는 또한 꼭 의도적이지는 않게도 사회 경제적 지위를 드러낸다.)'는 'In both unintentional and deliberate ways, our clothing reveals information about our group memberships and socioeconomic status. (의도적이든 의도적이지 않든, 우리의 의복은 우리 집단의 신분과 사회 경제적 지위에 대한 정보를 드러낸다.)'라고 간략하게 바꾸어 설명할 수 있다. 따라서 이와 같은 내용을 포함하고 있는 (D)가 정답이다.

19

Which of the following can be inferred from paragraph 5?

(A) Schools that do not require uniforms might nonetheless have some rules about clothing.
(B) Most states have had public votes about school uniform.
(C) Students cannot have more than one identity.
(D) Students have not always had the freedom to speak in class.

Paragraph 5 is marked with an arrow [➡].

다음 중 단락5로부터 추론할 수 있는 것은?

(A) 교복을 요구하지 않는 학교들은 그럼에도 불구하고 의복에 관한 약간의 규칙들을 갖고 있을 수 있다.
(B) 대부분의 주들은 교복에 관한 국민투표 해왔다.
(C) 학생들은 하나 이상의 신분을 가질 수 없다.
(D) 학생들은 항상 수업 중에 발언할 자유를 갖는 것은 아니었다.

Inference 단락5를 보면 'opponents of school uniforms celebrate students' freedom to choose their own school clothes as long as standards of decency are met. (교복의 반대자들은 예절의 기준이 충족되는 한 그들 자신의 학생복을 선택할 학생들의 자유를 찬양한다.)'라고 언급하였는데 여기서 'standards of decency'는 일부 규칙들이 학생들의 의복 착용에 있어 존재했음을 추론할 수 있으므로 정답은 (A)이다.

20

According to paragraph 6, which of the following is true?

(A) School uniforms only stay fashionable for a brief time.
(B) Trendy clothing tends to be well-made.
(C) School uniforms last for many years.
(D) Students tend to be embarrassed by their uniforms.

Paragraph 6 is marked with an arrow [➡]

단락6에 따르면, 다음 중 옳은 것은?

(A) 교복은 단지 잠시 동안만 유행한다.
(B) 최신 유행하는 옷은 잘 만들어지는 경향이 있다.
(C) 교복은 여러 해 동안 지속된다.
(D) 학생들은 그들의 교복으로 인해 당황하게 되는 경향이 있다.

Fact & Detail 단락6를 보면 '~ the uniforms' durability means that the clothes can be used as hand-me-downs without causing embarrassment. (교복의 내구성은 그 의복이 곤란한 상황을 야기하는 것 없이 물림옷으로써 사용될 수 있다는 것을 의미한다.)'라고 언급하였으므로 교복이 오랫동안 지속 가능함을 언급하는 (C)가 정답이다.

21

The word **specious** in the passage is closest in meaning to

(A) logical
(B) judicious
(C) impulsive
(D) inaccurate

지문의 단어 specious과 의미상 가장 가까운 것은?

(A) 논리적인
(B) 신중한
(C) 충동적인
(D) 부정확한

21. **Vocabulary** 단락5지문의 'specious (허울만 그럴듯한, 겉만 번드르르한)'은 '부정확한'의 의미로 사용되는 'inaccurate'와 의미상 가장 유사하므로 정답은 (D)이다.

22

All of the following are mentioned as reasons to support school uniforms EXCEPT:

(A) School uniforms help reduce violence.
(B) School uniforms act as social levelers.
(C) School uniforms reduce distractions.
(D) **School uniforms make students easily recognized.**

다음 중 교복을 지지할 이유들로써 언급되지 않는 것은?

(A) 교복은 폭력을 줄이도록 도와준다.
(B) 교복은 사회 평등주의자로서의 역할을 한다.
(C) 교복은 주의산만을 줄인다.
(D) 교복은 학생들을 쉽게 인식하도록 만든다.

Fact & Detail 보기(D)는 지문에 언급되지 않았으므로 정답은 (D)이다.
오답의 근거
(A)는 단락1을 보면 'uniforms help reduce school violence, status differences, and other academic distractions while promoting positive student behaviors and helping families to save money.'라고 언급하였으므로 오답.
(B)는 단락3을 보면 'In schools, clubs, workplaces, and religious orders, uniforms have worked as social levelers.'라고 언급하였으므로 오답.
(C)는 단락4를 보면 'Uniforms reduce not only the distraction of socioeconomic concerns, but also the distraction of physical appearance in general.'라고 언급하였으므로 오답.

23

According to the passage, which of the following is true of uniforms in schools?

(A) Until the 1990s, uniforms were unheard of in public schools.
(B) Uniforms have primarily been promoted for their cost-effectiveness.
(C) **A very small percentage of students commit violent crimes in order to get designer clothes.**
(D) Clothing has only reached social importance in recent years.

지문에 따르면, 다음 중 학교 교복에 관한 진실은?

(A) 1990대까지, 교복에는 공립학교에서 아무도 귀를 기울이지 않았다.
(B) 교복은 주로 비용 효율성 측면에서 촉진되어 왔다.
(C) 매우 적은 학생들이 디자이너 브랜드 의복을 얻기 위해 폭력적인 범죄를 저지른다.
(D) 의복은 단지 최근 몇 년 안에 사회적으로 중요해졌다.

Fact & Detail 단락3을 보면 'Of course, very few students commit violent crimes in order to obtain designer clothing. (물론, 매우 적은 학생들이 디자이너 브랜드의 의복을 얻기 위해 폭력 범죄를 저지른다.)'라고 언급하였으므로 정답은 (C)이다.
오답의 근거
(A)는 단락2를 보면 'The push for uniform use in public schools first became evident in urban areas in the early 1980s.'라고 언급하였으므로 아무도 귀를 기울이지 않았다는 보기의 진술을 틀린 내용으로 오답.
(B)는 단락3을 보면 'When students all wear the same reasonably priced clothing, they can set aside concerns about appearing impoverished and instead focus on learning.' 라고 언급하였지만, 지문 전반에 걸쳐 폭력을 줄이거나 훈육을 강화하는 것과 같은 다른 여러 가지 요인들로 인해 교복 착용이 촉진되었다고 언급되었으므로 단순히 교복의 비용 효율성만으로 교복 착용이 촉진되었다고 말하기는 어려우므로 오답.
(D)는 단락3을 보면 'For millennia, people have conveyed and maintained status differences through their styles of dress.'라고 언급하였으므로 본문의 내용과 일치하지 않는 내용으로 오답.

24

With which of the following statements would the author most likely agree?

(A) American schools ought to prepare students for socioeconomic realities.
(B) Schools should let students opt out of uniform requirements.
(C) Schools in the United States should promote equality.
(D) The cost of school uniforms plus street clothes doubles parents' clothing expenses.

다음 중 저자가 가장 동의할 것 같은 진술은?

(A) 미국 학교들은 학생들로 하여금 사회 경제적 현실을 준비시켜야 한다.
(B) 학교는 학생들이 교복 착용 요건들에서 벗어나도록 해야 한다.
(C) 미국의 학교는 평등을 촉진해야 한다.
(D) 교복과 외출복의 비용은 학부형들의 의복 비용을 두 배로 만든다.

Fact & Detail 단락3을 보면 '~ an American school should be a bastion of egalitarianism rather than an environment that constantly reminds a child of his or her family's socioeconomic status. (~ 미국 학교가 지속적으로 한 아이가 그나 그녀 가족의 사회 경제적 지위를 연상하게 하는 환경보다는 오히려 평등주의의 수호자가 되어야 한다고 주장한다.)'라고 언급하였으므로 정답은 (C)이다.

25

Look at the four squares [■] that indicate where the following sentence can be added to the passage.

They also prevent students from distracting others with outlandish or revealing clothing.

Where would the sentence best fit? Click on a square [■] to add the sentence to the passage.

네 개의 네모 [■] 는 다음 문장이 삽입될 수 있는 부분을 나타내고 있다.

그것들은 또한 학생들이 색다른 의복이나 노출 의복으로 다른 학생들의 주의를 산만하게 하는 것을 막아준다.

이 문장은 어느 자리에 들어가는 것이 적절한가? 지문에 문장이 삽입되도록 네모[■]를 클릭하시오.

Insertion 삽입 구문은 학생들이 교복을 착용했을 때의 장점을 언급하고 있으며 접속사 also를 통해 앞 문장이 같은 맥락의 교복 착용의 장점을 언급하고 있음을 짐작하게 한다. 따라서 교복 착용의 장점을 언급하는 단락 3의 마지막 문장 뒤에 삽입 구문을 끼워 넣으면 뒤이은 단락4의 첫 문장에서 언급하는 distraction도 내용이 연결되므로 가장 적절한 삽입 구문의 위치는 세 번째 네모 [■] 가 정답이다.

26

Directions: An introductory sentence for a brief summary of the passage is provided below. Complete the summary by selecting the THREE answer choices that express the most important ideas in the passage. Some sentences do not belong in the summary because they express ideas that are not presented in the passage or are minor ideas in the passage. **This question is worth 2 points.**

지문 요약을 위한 간략한 문장이 아래에 주어져 있다. 지문의 가장 중요한 내용을 나타내는 보기 3개를 골라 요약문을 완성하시오. 어떤 문장은 지문에 언급되지 않은 내용이나 사소한 정보를 담고 있으므로 요약에 포함되지 않는다. 이 문제는 2점이 부과된다.

Drag your answer choices to the spaces where they belong. To remove an answer choice, click on it. To review the passage, click on **View Text.**
선택한 보기는 마우스로 끌어 해당란에 넣으시오. 선택한 보기를 삭제하려면, 해당 보기를 한번 클릭하시오. 지문을 보려면 화면의 View Text를 클릭하시오.

In the debate over public school uniforms, those who support uniforms present the strongest arguments.
공립학교 교복에 대한 논쟁에서, 교복을 지지하는 사람들은 가장 강력한 주장들을 제시한다.

- (B) Uniforms help all students to feel more comfortable at school, removing the distraction of concern over clothing.
- (D) Wearing a uniform makes choosing an outfit easy, so it helps students better manage their time.
- (E) When school uniforms eliminate clothing differences, students are not motivated to violently steal others' school clothes.

Answer Choices

(A) Private schools have traditionally required student uniforms. 사립 학교들은 전통적으로 교복 착용을 요구해 왔다.	**(B) Uniforms help all students to feel more comfortable at school, removing the distraction of concern over clothing.** 교복은 모든 학생들이 학교에서 좀 더 편하게 느끼도록 도우며, 의복에 대한 우려로 인한 주의산만을 제거해 준다.
(C) Proposals to introduce uniforms have always been contentious. 교복을 도입하고자 하는 제안들은 항상 논쟁을 초래해 왔다.	**(D) Wearing a uniform makes choosing an outfit easy, so it helps students better manage their time.** 교복을 입는 것은 복장 선택을 쉽게 만들고 그래서 이는 학생들로 하여금 그들의 시간을 더 잘 관리하도록 돕는다.
(E) When school uniforms eliminate clothing differences, students are not motivated to violently steal others' school clothes. 교복이 의복의 차이를 없앨 때, 학생들은 다른 학생들의 학생복을 폭력적으로 훔치도록 자극받지 않는다.	(F) Several states have opposed the idea that students should be required to wear uniforms. 몇몇의 주들은 학생들이 교복을 입도록 요구되어야 한다는 생각에 반대해 왔다.

Prose Summary 요약문의 도입 문장은 '공립학교 교복에 대한 논쟁에서, 교복을 지지하는 사람들은 가장 강력한 주장들을 제시한다.'라고 언급하였으므로 그 주장들에 초점을 맞추어 보기를 고르면 된다. 보기(B)는 교복은 학생들이 학교에서 좀 더 안락함을 느끼게 하며, 의복에 대한 우려로 인한 주의산만을 제거해 줌을 언급하는 단락3의 내용과 일치하며, 보기(D)는 교복 착용은 복장 선택을 쉽게 하고, 학생이 시간을 더 잘 관리하도록 도움을 언급하는 단락4의 내용과 일치하며, 보기(E)는 교복 착용으로 의복의 차이를 없앨 때, 학생들의 폭력 범죄는 줄어들었음을 언급하는 단락2의 내용을 요약하고 있다. 따라서 정답은 (B), (D), (E)이다.

오답의 근거

보기(A)는 단락1에서 'In the United States, private elementary schools and secondary schools have traditionally required their students to wear school uniforms.'라고 언급되었지만, 지엽적인 내용이므로 오답.

보기(C) 는 단락1에서 'Proposals to introduce uniforms invariably spark debate among students, parents, and education professionals.' 라고 언급되었지만, 지엽적인 내용이므로 오답.

보기(F)는 단락5에서 'In fact, a few states in the U.S. have regulations requiring public schools to allow students to opt out of uniform policies.'라고 언급되었지만 교복 착용 찬성과 관련된 주장들이 아니므로 오답.

1.
Indentured
servitude and
indentured
servants
(연기 계약적 노
역과 연한 계약
노동자들)

➡ Indentured servitude was a work arrangement promoted by the Virginia Company as well as private entrepreneurs[1] in the 17th century whose goal was to populate Britain's American colonies. Tobacco and other profitable crops required many farm laborers, and skilled laborers such as tailors and schoolteachers were needed as well. However, the journey across the Atlantic was Q27 **fraught** with malnutrition and disease that resulted in deaths on every journey, so it was necessary to offer some incentive for settlement. An ideal target was the European working class. The depressed economy following the Thirty Years War in Europe had left many German peasants without work, and British peasants also found themselves without adequate land or employment. Q28-(B) Indentured servitude offered them passage to America with the promise of food, shelter, and ultimately enough payment to start a new life after four to seven years of work, in the case of free adults. In addition to ordinary adult peasants, children and criminals were also represented among the indentured servants. Some parishes sent orphans overseas, and criminals were permitted to avoid death sentences by assisting with colonization. During the 17th century, most of the white laborers in America had arrived as indentured servants.

2.
Hardship of a
voyage across
the Atlantic
(대서양 횡단 여
행의 어려움)

➡ Crossing the Atlantic under 17th century boating conditions was no easy task. Q31-(C) Each person on a ship - which transported hundreds of people along with cargo, tools, and provisions - received only a tiny space for sleeping. On one popular route, Q37-(B) ships from Rotterdam, Holland would take two to four weeks to reach England with their mostly German

1 Businesspeople such as merchants and commercial planters

1 계약 노역은 17세기 목적이었던 영국의 미국 식민지로 사람들을 이주시키는 것이었던 개인 기업가[1]들과 버지니아 회사에 의해 촉진된 일 처리 방식이었다. 담배와 다른 수익성 있는 작물들은 많은 농장 노동자들을 필요로 했고, 재단사와 학교 교사와 같은 숙련 노동자들도 마찬가지로 필요로 했다. 하지만, 대서양을 건너는 여정은 매 여행마다 죽음을 초래하는 영양실조와 질병으로 Q27**들끓었었다**. 그래서 정착을 위한 약간의 동기부여를 주는 것이 필요했다. 이상적인 대상은 유럽의 노동자 계급이었다. 30년 전쟁에 뒤이은 유럽의 불경기는 많은 독일의 소작농들의 일자리를 잃게 했고 영국의 소작농들 또한 그들 스스로 적당한 땅 또는 고용이 없음을 알게 되었다. Q28-(B) 연기 계약적 노역은 자유의 몸인 성인의 경우 그들에게 식량, 은신처, 그리고 궁극적으로 4~7년을 일한 후에 새로운 삶을 시작하기에 충분한 지불금과 함께 그들에게 미국행을 제안했다. 평범한 성인 소작농들 이외에도 아이들과 범죄자들 또한 연한 계약 노동자들에 해당했다. 일부 교구 주민들은 고아들을 해외로 보냈고 범죄자들은 식민지화를 도움으로써 사형 선고를 피하도록 허용되었다. 17세기 대부분의 미국 백인 노동자들은 연한 계약 노동자들이었다.

2 17세기 보트를 타는 상태에서 대서양을 건너는 일은 쉬운 일이 아니었다. Q31-(C) 화물, 도구, 식량과 함께 수 백 명의 사람들을 운반했던 배를 타고 있는 각각의 사람은 잠을 자기 위한 매우 작은 공간만을 받았다. 인기 있는 경로였던 Q37-(B) 홀랜드의 로테르담으로부터의 선박들은 주로 독일인인 승객들을 영국으로 데려가는데 2-4주가 걸렸다.

Vocabulary

indentured 연기 계약적, 고용 계약을 맺은
servitude 노예 상태, 노역, 징역
private entrepreneur 개인 기업가
profitable 수익성 있는
malnutrition 영양실조
fraught (좋지 않은 것들) 투성이의, 가득한
peasant 소작농, 소농
parish 교구 주민

death sentence 사형 선고
rations 식량
hardship 어려움, 곤란

passengers. There, ^{Q29} **they** would wait to take on the rest of their cargo, and often the passengers were ^{Q30} **obliged** to use their rations during this wait, resulting in great hardship during the longer voyage to come.

3.
The trip from England to America
(영국에서 미국으로의 여정)

➡ The trip from England to America was seven to twelve weeks long. The passengers experienced unsavory sanitary conditions, discomfort, disease, and lack of provisions. In addition to contending with hunger, thirst, frost, heat, and dampness, some passengers had to scrape thick layers of lice from their bodies. Many people died. ^{Q32-(D)} On such voyages, the ill-fated passengers had faced storms or various bouts of sickness with fever, dysentery, constipation, boils, seasickness, and mouth-rot. The latter was primarily the result of consuming spoiled food or drinking water that was often black and full of worms. Hundreds perished and were cast into the sea, leaving their surviving relatives to assume their debt for passage. Women who died in childbirth were thrown overboard with their newborn children. Children under seven years old rarely survived the voyage, and those who did survive were required to serve their future masters until they had reached 21 years of age.

4.
The fate of passengers after the ships arrived
(선박 도착 후 승객들의 운명)

➡ ■ After the ships finally arrived, only those who paid for their passage were permitted to leave the ship. ■ The others were to remain onboard until purchased by Englishmen, Dutchmen, or Germans. ^{Q33-(B)} Healthy European passengers were selected according to their suitability for a particular business, and they bargained for the length of their service. ■ It was common for families to be split up and auctioned off to different purchasers, and some parents actually sold their children from the ships because it allowed them to leave free of debt. ■

5.
The fate of passengers after indentured

Generally, employers paid the ship owner for the use of a worker. In modern terms, the ship owner was acting as a contractor who hired out "passenger-laborers". As a result, ^{Q36-(A)} ship owners had an ^{Q34} **incentive** to treat indentured laborers relatively well on the journey across the Atlantic. ^{Q35}

거기에서 ^{Q29}그것들은 화물의 나머지를 싣기 위해 기다릴 것이고 종종 승객들은 기다리는 동안 그들의 식량을 ^{Q30}어쩔 수 없이 사용하게 되었고 다가올 더 오랜 항해 동안 엄청난 어려움을 초래했다.

3 영국에서 미국으로의 여정은 7~12주가 걸렸다. 승객들은 불쾌한 위생상의 상황들, 불편, 질병, 식량부족을 경험했다. 굶주림, 갈증, 서리, 더위, 그리고 눅눅함과 싸우는 것 이외에도 일부 승객들은 그들의 신체로부터 두꺼운 층의 이를 긁어 내야만 했다. 많은 사람들이 죽었다. ^{Q32-(D)} 그러한 항해에서, 불운한 승객들은 폭풍우나 열병, 이질, 종기, 배멀미, 구내염으로 다양한 병치레에 직면했다. 후자는 주로 상한 음식을 먹거나 종종 검거나 벌레로 가득한 물을 마신 결과였다. 수백 명이 숙었고, 바다 속으로 내던져 졌으며, 그들의 살아남은 친척들은 항해 동안 그들의 빚을 떠맡게 되었다. 분만 중에 죽었던 여자들은 그들의 새로 태어난 아이들과 함께 배 밖으로 던져졌다. 7살 이하의 아이들은 거의 그 항해에서 생존하지 못했고, 생존한 아이들은 그들이 21살이 될 때까지 그들의 미래의 주인을 섬기도록 요구되었다.

4 결국 선박이 도착한 후, 그들의 항해를 위해 돈을 지불했던 사람들만이 배를 떠나도록 허락되었다. 다른 사람들은 영국인, 네덜란드인 또는 독일인에 의해 매매될 때까지 배에 남아있었다. ^{Q33-(B)} 건강한 유럽의 승객들은 특정한 일에의 그들의 적합성에 따라 선택되었고 그들의 근속 기간으로 흥정했다. 가족들이 헤어져 다른 구매자들에게 경매되는 것은 일반적이었으며 그것이 그들로 하여금 빚을 탕감하도록 하였기 때문에 일부 부모들은 실제로 배로부터 아이들을 팔았다.

5 일반적으로, 고용수들은 배의 소유수에게 노동사 사용에 대한 비용을 지불했다. 현대적 용어로, 선박 소유주들은 승객 노동자들을 대여하는 계약자로서의 역할을 하고 있었다. 결과적으로 ^{Q36-(A)} 선박 소유주들은 대서양을 건너는 여정 중에 연한 계약 노

Vocabulary

unsavory 불쾌한
sanitary 위생의
discomfort 불편
ill-fated 불운한
dysentery 이질
constipation 변비
boil 종기
seasickness 뱃멀미

mouth-rot 구내염
perish 죽다, 비명 횡사하다
assume (책임 따위를) 떠맡다
inhumane 무자비한
incentive 동기, 자극

servitude was abolished
(연기 계약적 노역이 폐지된 후 승객들의 운명)

After indentured servitude was outlawed in 1865, passengers had to prepay their fare, giving rise to the inhumane conditions on ships that brought Irish immigrants to North America in the second half of the 19th century. On these ships, up to half the travelers died. Rumor has it that so many bodies were thrown overboard that packs of sharks could be seen following the ships.

6.
Indentured servants comparing with apprentice
(도제와 비교되는 연한 계약 노동자들)

Although indentured servitude seems cruel by modern standards, an indentured servant's lot in the establishment was sometimes no harder than that of a contemporary apprentice. ■ An apprentice was also bound by contract and owed hard, unpaid labor while "serving his time." After working, for example, for a blacksmith for a number of years without pay, an apprentice would be prepared to earn a living on his own. Sometimes, indentured servants received similar training.

7.
The conversion of indentured servitude into slavery
(연기 계약적 노역의 노예 제도로의 전환)

Unfortunately, indentured servitude eventually devolved into slavery. The first African workers arrived in the colonies as indentured servants in 1619, and their contracts were comparable to those signed by white European indentured servants. However, a combination of landowner greed and servant rebellion led to a change in the status quo. As landowners desired more and more profit, they passed slave laws denying African workers their right to eventual freedom. These laws were first passed in Massachusetts in 1641 and in Virginia in 1662. In 1676, a violent rebellion led by the white indentured servant Nathaniel Bacon demanded the right to initiate an Indian war and burned the capital city of Jamestown. Landowners decided to avoid further problems with free white men by replacing such indentured servants with easily-recognized African slaves. Indentured servitude remained legal until 1865, but slavery became much more popular.

동자들을 상대적으로 잘 대우하도록 하는 Q34 동기가 생긴 것이었다. Q35계약 노역이 1865년 불법이 된 후 승객들은 그들의 요금을 선납해야 했고, 이는 19세기 후반 아일랜드 이주민들을 태운 선박의 무자비한 상황을 야기했다. 이러한 선박에서 여행자들은 절반까지 죽었다. 너무 많은 시체들이 배 밖으로 던져져서 상어떼들이 배를 뒤따라오는 것을 볼 수 있었다는 소문이 있다.

6 비록 계약 노역이 현대의 기준으로 잔인한 것 같음에도 불구하고, 고용되어 있는 계약 노동자들의 운명은 때때로 동시대의 도제의 그것보다 더 힘들었다. 도제는 또한 계약에 묶여서 노역을 하면서 힘든 무보수의 노동을 해야 했다. 예를 들어, 무보수로 여러 해 동안 대장장이로 일한 후, 도제는 스스로 생계를 꾸릴 준비가 될 것이다. 때때로, 계약 노동자들은 유사한 훈련을 받았다.

7 불행하게도, 계약 노역은 결국 노예 제도로 귀속되었다. 최초의 흑인 노동자들이 1619년 계약 노동자들로서 식민지에 도착했고, 그들의 계약은 유럽의 백인 계약 노동자들에 의해 서명된 그러한 것들에 필적할만 했다. 하지만, 토지 소유자의 탐욕과 노동자 반란의 조합은 현 상태에 변화를 이끌었다. 토지 소유자들이 점점 더 많은 수익을 갈망함에 따라, 그들은 흑인 노동자들의 최종적인 자유에의 권리를 거부하는 노예 법을 통과시켰다. 이러한 법은 1641년 매사추세츠에서 최초로 통과되었고, 1662년 버지니아에서 통과되었다. 1676년 백인 계약 노동자 너대니얼 베이컨에 의해 주도된 폭력적인 반란은 인디언 전쟁을 시작할 권리를 요구했고, 제임스타운의 수도를 태웠다. 토지 소유주들은 그러한 계약 노동자들을 식별이 용이한 흑인 노예들로 대체함으로써 자유의 몸인 백인 남성들과의 그 이상의 문제들을 피하기로 결정했다. 계약 노역은 1865년까지 합법적으로 남아있었지만, 노예 제도는 훨씬 더 대중화 되었다.

Vocabulary

apprentice 견습생, 도제
devolve 이양되다, 귀속되다
rebellion 반란, 모반
status quo 현재의 상황, 현상

27

The word **fraught** in the passage is closest in meaning to

(A) full of
(B) supplied with
(C) angered by
(D) encumbered by

지문의 단어 **fraught**와 의미상 가장 가까운 것은?

(A) ~로 가득찬
(B) ~을 공급 받는
(C) ~에 화낸
(D) ~에 지장 받는

> **Vocabulary** 단락1 지문의 'fraught (~로 가득찬, 투성이인)'는 '~로 가득찬'의 의미로 사용되는 'full of'와 의미상 가장 유사하므로 정답은 (A)이다.

28

In paragraph one, why does the author make reference to "four to seven years of work, in the case of free adults"?

(A) To contrast freedom with servitude
(B) To imply that children had different contracts than free adults
(C) To foreshadow the eventual rise of slavery
(D) To highlight power differences between employers and indentured workers

Paragraph 1 is marked with an arrow [➡].

단락1에서 저자는 "자유의 몸인 성인들의 경우에 4-7년을 일한 후"라고 언급한 이유는?

(A) 자유와 노역을 대조하기 위해
(B) 아이들이 자유의 몸인 성인들과 다른 계약을 가졌음을 암시하기 위해
(C) 노예제도의 최종적인 발흥 조짐을 나타내기 위해
(D) 고용주들과 연한 계약을 맺은 노동자들 사이의 권력 차이를 강조하기 위해

> **Rhetorical Purpose** 단락1을 보면 'Indentured servitude offered them passage to America with the promise of food, shelter, and ultimately enough payment to start a new life after four to seven years of work, in the case of free adults. In addition to ordinary adult peasants, children and criminals were also represented among the indentured servants. (연기 계약적 노역은 자유의 몸인 성인의 경우, 그들에게 식량, 은신처, 그리고 궁극적으로 4-7년을 일한 후에 새로운 삶을 시작하기에 충분한 지불금과 함께 그들에게 미국행을 제안했다. 평범한 성인 소작농들 이외에도 아이들과 범죄자들 또한 연한 계약 노동자에 해당했다.)'라고 언급하였으므로 정답은 (B)이다.

29

The word **they** in the passage refers to

(A) ships
(B) passengers
(C) rations
(D) hardship

지문의 단어 **they**가 가리키는 것은?

(A) 선박들
(B) 승객들
(C) 식량
(D) 곤란

Reference 단락 2의 they는 문장 'On one popular route, ships from Rotterdam, Holland would take two to four weeks to reach England with their mostly German passengers. There **they** would wait to take on the rest of their cargo, ~.'에서 '인기 있는 경로에서 홀랜드의 로테르담으로부터의 **선박들은** 주로 독일인인 승객들을 영국으로 데려가는데 2-4주가 걸렸다. 거기에서 **그것들은** 화물의 나머지를 싣기 위해 기다릴 것이고 ~.'라고 말하고 있으므로 문맥상 they는 ships를 의미하므로 정답은 (A)선박들이다.

30

The word **obliged** in the passage is closest in meaning to

(A) required
(B) requested
(C) expected
(D) convinced

지문의 단어 **obliged**와 의미상 가장 가까운 것은?

(A) 의무적인
(B) 요청된
(C) 예상되는
(D) 확신하는

Vocabulary 단락2지문의 'obliged (어쩔 수 없이 ~한, 의무적인)'는 '의무적인'의 의미로 사용되는 'required'과 의미상 가장 유사하므로 정답은 (A)이다.

31

Which of the following can be inferred from paragraph 2 about the voyage from Holland to America?

(A) Passengers were treated cruelly by ship's crew.
(B) Passengers were provided with sufficient food and water.
(C) Passengers were crowded into the ship.
(D) As many as half of the passengers died.

Paragraph 2 is marked with an arrow [➡].

다음 중 단락2로부터 추론할 수 있는 것은?

(A) 승객들은 선박의 승무원들에 의해 잔인하게 다루어졌다.
(B) 승객들은 충분한 식량과 물을 제공 받았다.
(C) 승객들이 선박에 꽉 들어차 있었다.
(D) 절반 정도의 승객들이 죽었다.

nference 단락2를 보면 'Each person on a ship – which transported hundreds of people along with cargo, tools, and provisions – received only a tiny space for sleeping. (화물, 도구, 식량과 함께 수 백 명의 사람들을 운반했던 배를 타고 있는 각각의 사람은 잠을 자기 위한 매우 작은 공간만을 받았다.)'라고 언급하였으므로 정답은 (C)이다.

32

According to the paragraph 3, passengers on ships to America suffered from all of the following EXCEPT

(A) Tooth decay
(B) Dysentery
(C) Fever
(D) Malnutrition

Paragraph 3 is marked with an arrow [➡].

단락3에 따르면, 미국으로 향하는 선박에 타고 있던 승객들이 고통 받았던 것으로 언급되지 않는 것은?

(A) 충치
(B) 이질
(C) 열병
(D) 영양실조

Fact & Detail 보기(D)는 단락3에 언급되지 않았으므로 정답은 (D)이다.
오답의 근거
(A), (B), (C)는 단락3을 보면 'On such voyages, the ill-fated passengers had faced storms or various bouts of sickness with **fever**, **dysentery**, constipation, boils, seasickness, and **mouth-rot**. (그러한 항해에서, 불운한 승객은 폭풍우나 열병, 이질, 종기, 뱃멀미, 구내염으로 다양한 병치레에 직면했다.)'라고 언급하였으므로 오답.

33

Which of the following can be inferred from paragraph 4?

(A) Wages for immigrants were determined prior to their arrival.
(B) Sickly passengers might not find a service arrangement.
(C) Upon arriving in America, passengers who remained on the ship were charged daily rent.
(D) People who purchased servants tended to keep servant families intact.

다음 중 단락4로부터 추론할 수 있는 것은?

(A) 이주민들을 위한 임금은 그들의 도착 이전에 결정되었다.
(B) 허약한 승객들은 근무 배치를 받지 못할 수도 있다.
(C) 미국에 도착하자마자, 배에 남아있는 승객들은 매일 임대료가 청구되었다.
(D) 하인을 산 사람들은 하인 가족들이 전혀 다치지 않게 유지하는 경향이 있었다.

Inference 단락4를 보면 'Healthy European passengers were selected according to their suitability for a particular business, and they bargained for the length of their service. (건강한 유럽의 승객들은 특정한 일에의 그들의 적합성에 따라 선택되었고 그들의 근속 기간으로 흥정했다.)'라고 언급하였으므로 반대로 허약한 승객들은 업무 배치가 되지 않았을 것임을 추론 할 수 있다. 따라서 정답은 (B)이다.

34

The word **incentive** in the passage is closest in meaning to

(A) obligation
(B) means
(C) conflict
(D) **motivation**

지문의 단어 **incentive**와 의미상 가장 가까운 것은?

(A) 의무
(B) 수단
(C) 충돌
(D) **동기**

> **Vocabulary** 단락5지문의 'incentive (동기, 자극)'은 '동기'의 의미로 사용되는 'motivation'과 의미상 가장 유사하므로 정답은 (D)
> 이다.

35

Which of the sentences below best expresses the essential information in the highlighted sentence in the passage? Incorrect choices change the meaning in important ways or leave out essential information.

(A) Because Irish immigrants could prepay their fare, unhealthy passengers were allowed aboard the ships.
(B) Unlike Irish immigrants, who could prepay their fare, indentured servants were subject to inhumane conditions.
(C) **Once indentured servitude was outlawed in the late 19th century, ship passengers prepaid their fare and then faced inhumane conditions.**
(D) In the second half of the 19th century, inhumane treatment increased aboard ships.

아래 문장 중 지문 속의 음영 표시된 문장의 핵심 정보를 가장 잘 표현하고 있는 것은 무엇인가? 오답은 문장의 의미를 현저하게 바꾸거나 핵심정보를 빠뜨리고 있다.

(A) 아일랜드 이주민들은 그들의 요금을 선납할 수 있었기 때문에 허약한 승객들이 배에 탑승하도록 허용되었다.
(B) 그들의 요금을 선납할 수 있는 아일랜드 이주민들과는 달리, 연한 계약 노동자들은 비인간적인 상황들에 영향 받기 쉬웠다.
(C) **연기 계약적 노역이 19세기 말 불법이 되자마자, 선박 승객들은 그들의 요금을 선납했고, 그 때 비인간적인 상황들에 직면했다.**
(D) 19세기 후반, 비인간적인 대우는 선박에의 탑승을 증가시켰다.

> **Sentence Simplification** 단락5에서, 음영 표시된 문장 'After indentured servitude was outlawed in 1865, passengers had to prepay their fare, giving rise to the inhumane conditions on ships that brought Irish immigrants in the second half of the 19th century. (연기 계약적 노역이 1865년 불법이 된 후, 승객들은 그들의 요금을 선납해야 했고, 이는 19세기 후반 아일랜드 이주민들을 샀던 선박의 무자비한 상황을 야기했다.)'는 'Once indentured servitude was outlawed in the late 19th century, ship passengers prepaid their fare and then faced inhumane conditions. (연기 계약적 노역이 19세기 말 불법이 되자마자, 선박 승객들은 그들의 요금을 선납했고 그 때 비인간적인 상황들에 직면했다.)'라고 간략하게 바꾸어 설명할 수 있다. 따라서 이와 같은 내용을 포함하고 있는 (C)가 정답이다.

36

It can be inferred from the passage that passengers who wished to become indentured servants were chosen based on their

(A) Health
(B) Financial status
(C) Skills
(D) Race

연한 계약 노동자들이 되기를 바라는 승객들은 그들의 무엇에 기반해서 선택되었는가?

(A) 건강
(B) 재정상태
(C) 기술
(D) 인종

> **Inference** 단락4의 'Healthy European passengers were selected according to their suitability for a particular business, ~. (건강한 유럽의 승객들은 특정한 일에의 그들의 적합성에 따라 선택되었고 ~.)'과 단락5의 'ship owners had an incentive to treat indentured laborers relatively well on the journey across the Atlantic. (선박 소유주들은 대서양을 건너는 여정 중에 연한 계약 노동자들을 상대적으로 잘 대우하도록 하는 동기가 생긴 것이었다.)'는 건강에 기반해서 승객들이 선택되었음을 추론할 수 있는 근거가 된다. 따라서 정답은 (A)이다.

37

According to the passage, all of the following are true EXCEPT:

(A) Those wanting to become indentured servants did not pay any fare.
(B) The voyage from Holland to America did not last longer than three months.
(C) When the ships arrived in America, only paying passengers were allowed to leave the ship.
(D) Storms encountered during the trip from Europe to America killed many people.

지문에 따르면, 다음 중 언급되지 않은 사실은?

(A) 연한 계약 노동자들이 되기를 원하는 사람들은 요금을 지불하지 않았다.
(B) 홀랜드에서 미국으로의 항해는 3개월 보다 더 오래 지속되지 않았다.
(C) 선박이 미국에 도착했을 때, 단지 돈을 지불한 승객들은 배를 떠나도록 허용되었다.
(D) 유럽에서 미국까지의 여정 동안 마주친 폭풍우는 많은 사람들을 죽였다.

> **Fact & Detail** 단락2를 보면 '~ ships from Rotterdam, Holland would take two to four weeks to reach England with their mostly German passengers. (~ 홀랜드의 로테르담으로부터의 선박들은 주로 독일인인 승객들을 영국으로 데려가는데 2-4주가 걸렸다.)' 라고 언급하였으므로 보기의 3개월의 기간과는 거리가 있으므로 정답은 (B)이다.
> **오답의 근거**
> (A)는 단락5를 보면 'After indentured servitude was outlawed in 1865, passengers had to prepay their fare, ~.'라고 언급하였으므로 연한 계약 노동자였던 사람들은 요금을 지불하지 않았음을 알 수 있으므로 오답.
> (C)는 단락4를 보면 'After the ships finally arrived, only those who paid for their passage were permitted to leave the ship.' 라고 언급하였으므로 오답.
> (D)는 단락3을 보면 'On such voyages, the ill-fated passengers had faced storms ~. ~ Hundreds perished ~.'라고 언급하였으므로 오답.

38

Look at the four squares [■] that indicate where the following sentence can be added to the passage.

Most adults contractually agreed to serve between 3 and 6 year terms.

Where would the sentence best fit? Click on a square [■] to add the sentence to the passage.

네 개의 네모 [■] 는 다음 문장이 삽입될 수 있는 부분을 나타내고 있다.

대부분의 성인들은 계약상 3~6년의 기간 동안 일하는 데 동의했다.

이 문장은 어느 자리에 들어가는 것이 적절한가? 지문에 문장이 삽입되도록 네모[■]를 클릭하시오.

Insertion 삽입 구문은 일하는 기간에 대한 구체적인 기간을 언급하고 있으므로 앞 문장에서 근속 기간(the length of their service)을 언급하는 문장 뒤에 삽입 구문을 끼워 넣는 것이 가장 적절하므로 세 번째 네모 [■] 가 정답이다.

39

Directions: An introductory sentence for a brief summary of the passage is provided below. Complete the summary by selecting the THREE answer choices that express the most important ideas in the passage. Some sentences do not belong in the summary because they express ideas that are not presented in the passage or are minor ideas in the passage. **This question is worth 2 points.**

지문 요약을 위한 간략한 문장이 아래에 주어져 있다. 지문의 가장 중요한 내용을 나타내는 보기 3개를 골라 요약문을 완성하시오. 어떤 문장은 지문에 언급되지 않은 내용이나 사소한 정보를 담고 있으므로 요약에 포함되지 않는다. 이 문제는 2점이 부과된다.

Drag your answer choices to the spaces where they belong. To remove an answer choice, click on it. To review the passage, click on **View Text**.
선택한 보기는 마우스로 끌어 해당란에 넣으시오. 선택한 보기를 삭제하려면, 해당 보기를 한번 클릭하시오. 지문을 보려면 화면의 View Text를 클릭하시오.

> *Indentured servitude* – a way of bringing workers to the New World by permitting employers to pay for their passage in exchange for several years of unpaid work – had advantages and disadvantages.
>
> 고용주들로 하여금 몇 년의 무보수 작업의 대가로 그들의 항해 비용을 지불하도록 허용함으로써 노동자들을 신세계로 데리고 오는 하나의 방법인 연기 계약적 노역은 장점과 단점이 있었다.
>
> - (A) Although passengers faced illness, storms, and lack of resources, ship captains had incentive to treat passengers well.
> - (C) Indentured servitude was inhumane in that it split families up, but it also provided people with food, lodging and training.
> - (E) Indentured servitude may seem cruel by modern standards, but it often allowed people to have opportunities otherwise beyond their reach.

Answer Choices	
(A) Although passengers faced illness, storms, and lack of resources, ship captains had incentive to treat passengers well. 비록 승객들은 질병, 폭풍우, 그리고 자원의 부족에 직면했음에도 불구하고, 선장들은 승객들을 잘 대우할 동기를 가졌다.	(B) Ships would wait in England for as long as a month while passengers waited to set sail. 선박들은 승객들이 출항하기를 기다리면서 한달 만큼 오랫동안 영국에서 기다릴 것이다.
(C) Indentured servitude was inhumane in that it split families up, but it also provided people with food, lodging and training. 연기 계약적 노역은 그것이 가족들을 헤어지게 했다는 점에서 비인간적이었지만, 또한 사람들에게 식량, 임시숙소 그리고 직업에 필요한 교육을 제공했다.	(D) Ship captains served as contractors who hired out laborers. 선장들은 노동자들을 대여하는 계약자로써의 역할을 했다.
(E) Indentured servitude may seem cruel by modern standards, but it often allowed people to have opportunities that were otherwise beyond their reach. 연기 계약적 노역은 현대의 기준으로 잔인했을 수 있지만, 이는 종종 그들의 영역을 넘어서 그 사람들이 기회를 갖도록 했다.	(F) Children under seven were required to be indentured servants until they turned 21. 7살 아래의 아이들은 그들이 21살 될 때까지 연한 계약 노동자들이 되도록 요구 되었다.

Prose Summary 요약문의 도입 문장은 연기 계약적 노역의 장점과 단점이 있음을 언급하였으므로 그것의 장단점들에 초점을 맞추어 보기를 고르면 된다. 보기(A)는 승객들은 질병, 폭풍우, 그리고 자원의 부족에 직면했지만, 선장들은 승객들을 잘 대우할 동기를 가졌음을 언급하는 단락3, 5의 내용과 일치하며, 보기(C)는 연기 계약적 노역은 그것이 가족들을 헤어지게 했다는 점에서 비인간적이었지만, 또한 사람들에게 식량, 임시숙소 그리고 직업에 필요한 교육을 제공했음을 언급하는 단락3, 4의 내용과 일치하며, 보기(E)는 연기 계약적 노역은 현대의 기준으로 잔인했을 수 있지만, 이는 그들의 영역을 넘어서 사람들이 기회를 갖도록 했음을 언급하는 단락6의 내용을 요약하고 있다. 따라서 정답은 (A), (C), (E)이다.

오답의 근거
보기(B)는 지문에 언급되지 않았으므로 오답.
보기(D) 는 단락5에서 'In modern terms, the ship owner was acting as a contractor who hired out passenger-laborers.' 라고 언급 되었지만, 지엽적인 내용이므로 오답.
보기(F)는 단락3에서 'Children under seven years old rarely survived the voyage, and those who did survive were required to serve their future masters until they had reached 21 years of age.'라고 언급되었지만, 지엽적인 내용이므로 오답.

*i*BT TOEFL® ROAD MAP
ACTUAL TEST
READING Book 2

iBT TOEFL® ROAD MAP
ACTUAL TEST

Written by **Jay Koo**

Translated by **Jiyoung Lee**

Proofread by **Mathieu Stewart**

READING Book 2 문제집

랭기지플러스

*i*BT TOEFL® ROAD MAP
ACTUAL TEST
READING   Book 2

iBT TOEFL® ROAD MAP
ACTUAL TEST
READING   Book 2

iBT TOEFL Road Map
Reading 2
Test 01

ActualTEST
Reading 01

TOEFL IBT Reading Directions

In this section, you will read 3 passages and answer comprehension questions about each passage. Most questions are worth one point, but the last question in each set is worth more than one point. The directions indicate the maximum number of points.

You have 60 minutes to read all of the passages and answer the questions.

When you want to go to the next question, click the Next button. You may skip questions and go back to them later as long as there is time remaining. If you want to return to previous questions, click on the Backbutton. You can click on Review at any time and the review screen will show you which questions you have answered and which you have not. From the review screen, you may go directly to any question in the reading section.

When you are ready to continue, click on End Directions.

01. The word **itself** in the passage refers to

(A) Mexican territory
(B) The United States
(C) California
(D) The Mexican-American War

02. The word **extremism** in the passage is closest in meaning to

(A) harshness
(B) radicalism
(C) ambition
(D) chaos

03. The word **skirmishes** in the passage is closest in meaning to

(A) news reports
(B) deaths
(C) claims
(D) battles

04. In paragraph 4, the author wonders whether Americans have "conveniently forgotten the victory" in order to

(A) Remind readers that the war took place long ago
(B) Introduce a psychological analysis of the war
(C) Subtly express disapproval of self-serving versions of U.S. history
(D) Explain disagreement over the Texas border dispute

05. The word **incensed** in the passage is closest in meaning to

(A) angered
(B) perfumed
(C) confident
(D) aggressive

Mexican American War

1 It is peculiar that in the United States, the Mexican American War (1846-1848) is rarely discussed. After all, without it, the United States would not include the states of California, Nevada, New Mexico, Arizona, Colorado, or Utah[1]. The acquisition of Mexican territory as a result of the war profoundly affected the United States' future wealth — particularly since gold had just been discovered in California when the treaty ending the Mexican-American War was signed — and its image of **itself** as an expansionist, transcontinental empire.

2 The war also made a deep impact upon Mexico's development. ■ The country lost a great deal of wealth, water resources and fertile agricultural land when it surrendered under the Treaty of Guadalupe Hidalgo. ■ Mexico was thrown into a period of self-doubt and political **extremism** as a result of the war. ■ This stage of Mexican history affected the United States only indirectly, but the resentment generated against the United States during the war continues to affect U.S.-Mexico relations to this day. ■

3 One reason why Americans have forgotten about this war is that much of it was fought on what was then Mexican soil, with just a few **skirmishes** taking place on land the U.S. had recently annexed. But two other explanations seem more compelling: first, most historians view the war as one of national aggression on the part of the United States, and second, the war was overshadowed by the American Civil War that followed on its heels.

4 ➡One wonders whether Americans have conveniently forgotten the victory because it was not one of the more honorable moments in American history. It was essentially an unjustified land grab, and Mexicans have long referred to the war as the American Invasion of Mexico. In 1845, the United

----
1   States comprising the Western United States

7

06. According to paragraph 4, the Mexican government refused to negotiate with Slidell because

(A) It was unwilling to settle American claims.

(B) It was unwilling to meet with a secret ambassador.

(C) It refused to negotiate with the rogue state of Texas.

(D) It considered negotiation with Slidell to be treasonous.

07. According to the information in paragraph 4, which of the following statements is true?

(A) Mexico had long planned for the American invasion.

(B) Slidell conspired to overthrow the Mexican president.

(C) Texas considered itself independent from Mexico before it joined the United States.

(D) The Mexicans wanted more than $30 million for their land.

08. It can be inferred from paragraph 5 that President Polk

(A) Was planning to lie to Congress

(B) Was looking for an excuse to go to war

(C) Did not know what was really going on in Mexico

(D) Had strong support in Congress

States annexed Texas – then a breakaway Mexican state calling itself the Republic of Texas – and claimed its boundary was the Rio Grande[2]. Mexico, meanwhile, had never accepted Texas's independence and claimed that the Texas boundary was the Nueces River, which flows 150 miles north of the Rio Grande. Mexico was **incensed** enough about the dispute over Texas statehood to sever relations with the United States. U.S. President James Polk then sent Congressman John Slidell on a secret mission to Mexico City with instructions to negotiate the disputed Texas border, settle Americans' claims against the Mexican government, and purchase New Mexico and California — land to which Mexico had legitimate claims — for up to $30,000,000. When the Mexican president José Joaquín de Herrera considered negotiating with Slidell, his Mexican opponents accused him of treason and had him deposed. The military leader General Mariano Paredes y Arrillaga seized power and refused to receive the American representative.

5 ➡ That was enough to prompt President Polk to begin to prepare for war. He sent troops under General Zachary Taylor to occupy the disputed area between the Nueces River and the Rio Grande. He planned to ask Congress to declare war on the grounds that Mexico was refusing to pay American claims and had refused to negotiate with Slidell. However, Polk then received word that Mexican troops had crossed the Rio Grande into the disputed territory and killed several of Taylor's troops in an incident that became known at the Thornton Affair. Now, Polk could declare in his war message to Congress that Mexico had "invaded our territory and shed American blood on American soil." After just a few hours of discussion, Congress chose to declare war, despite the general opposition of Northern representatives and Whigs[3].

---

2   A river that forms the modern-day boundary between Mexico and the United States

3   Members of a political party that was formed in opposition to the Democratic party

09. Which of the sentences below best expresses the essential information in the highlighted sentence in the passage? Incorrect choices change the meaning in important ways or leave out essential information.

(A) If the U.S. obtained Mexican territory, there would be more free states than slave states.

(B) The large tract of land was too difficult for the government to manage.

(C) The Missouri Compromise was not equipped to address the issue of slavery in former Mexican states.

(D) The government questioned whether they should acquire the vast tract of land.

10. Paragraph 6 suggests that the Mexican-American War partially caused the Civil War by

(A) Unsettling the tentative peace of the Missouri Compromise

(B) Creating more slave states

(C) Pitting North and South against each other on another issue

(D) Leading to the election of Abraham Lincoln

11. All of the following can be inferred from the passage EXCEPT:

(A) The Mexican War stimulated the U.S. economy.

(B) The Mexican War was fought mostly on U.S. soil.

(C) The Mexican War is not well remembered by Americans.

(D) The Mexican War was initiated by the United States.

President Polk commanded U.S. troops to occupy the states of Nuevo Mexico and Alta California, as U.S. expansionists were intent on obtaining a Pacific port. Troops were also instructed to launch attacks on Central Mexico. American troops eventually took Mexico City, at which point Mexico was forced to surrender.

6 ➡ The irony is that this "great victory" pushed the United States closer to civil war. Slavery was deeply controversial in the United States at the time, but its expansion had been relatively settled since 1820. The Missouri Compromise prohibited slavery in much of the Northern section of the former Louisiana Territory. **The Compromise had given the government authority to maintain a balance of slave states and free states, but the addition of the vast Mexican tract of land to U.S. territory reopened the question.** Many Northern abolitionists[4] viewed the war as an attempt by the slave-owners to expand slavery and assure their continued influence in the federal government.

7 Indeed, in 1848 the Southern Democrats proposed a new solution to the issue of whether territories would have slavery. Known as popular sovereignty, the proposal allowed voters within a territory to determine for themselves whether or not the practice would be allowed. In 1854, the Kansas-Nebraska Act made popular sovereignty national law. The Missouri Compromise was thus struck down. At this point, sectional tensions ran especially high. Opponents of the expansion of slavery responded by holding political meetings across the North. These led to the formation of the Republican Party. When the Republican Abraham Lincoln, won the presidential election of 1860, the Civil War was all but underway.

---

4   People who actively opposed slavery

12   Look at the four squares [▪] that indicate where the following sentence could be added to the passage.

The war became a scar on the national psyche that would last well into this century.

Where would the sentence best fit? Click on a square [▪] to add the sentence to the passage.

13   **Directions**: Select the appropriate phrases from the answer choices and match them to the term to which they relate. TWO of the answer choices will NOT be used. **This question is worth 2 points.**

> Drag your answer choices to the spaces where they belong. To remove an answer choice, click on it. To review the passage, click on **View Text.**

> **The Mexican-American War is poorly remembered in the United States, although it had an immense impact on the country.**
>
> • _____
>
> • _____
>
> • _____

Answer Choices	
(A) As Polk was deciding whether to declare war, Mexican troops attacked Taylor's men, forcing the President's hand.	(B) The Mexican-American War allowed the United States to acquire a lot of its western territory.
(C) Many opponents of slavery opposed the war from the beginning, seeing it as an attempt by slavery's defenders to gain more territory.	(D) The war is probably "forgotten" because it represented a low point in the morality of American foreign policy.
(E) Because the Missouri Compromise did not provide any means to determine whether slavery would be permitted in newly acquired territories, new compromises became necessary.	(F) The Mexican-American war also helped to cause the U.S. Civil War by adding so much American territory that previous agreements about the legality and illegality of slavery became inadequate.

Questions 14-18 of 26

HIDE TIME 00:20:00

REVIEW

HELP

BACK

NEXT

14. The word **tremendous** in the passage is closest in meaning to

   (A) expansive
   (B) extraordinary
   (C) vast and frightening
   (D) difficult to believe

15. In paragraph 1, why does the author mention that mammals retain roughly the same form and structure throughout their lives?

   (A) To explain the process of metamorphosis in mammals
   (B) To set a pattern for insect development
   (C) To contrast mammalian development with insect development
   (D) To explain how humans are similar to other animals

16. The word **they** in the passage refers to

   (A) insects
   (B) parents
   (C) transformations
   (D) adults

17. The word **vulnerable** in the passage is closest in meaning to

   (A) able to be damaged by
   (B) dangerous to
   (C) invincible to
   (D) significantly changed by

18. According to paragraph 2, what change takes place during molting?

   (A) The insect grows larger.
   (B) The insect develops wings.
   (C) The insect produces eggs.
   (D) The insect pumps blood into its wings.

Insect Development

1 ➡ One of the most remarkable things about many insects is the **tremendous** change they undergo between birth and adulthood. Known as *metamorphosis*, this change includes major transformations in shape and appearance that are unknown among more complex animals. Mammals, such as dogs, horses, and humans, change in size but retain roughly the same form and structure throughout their lives. The majority of insects, however, are born with a very different shape than that of their parents, and they must undergo a series of transformations before **they** bear a resemblance to adults. In some cases, each stage of physical growth is associated with different behaviors and habitats as well.

2 ➡ As young insects develop, they grow in a series of distinct stages. Almost all insects begin as eggs, although in some cases they hatch within the mother and are born alive. Next, the newborn insect must transition through two or three more stages, depending on its species, before reaching maturity. A crucial part of this transition involves changing its exoskeleton[1]. In order for an insect to grow larger, it must shed and re-grow its exoskeleton in a process known as molting. During molting, a whole new, larger exoskeleton is produced to replace the previous one. The insect produces a fluid to detach its older exoskeleton, and a new, softer, exoskeleton is formed under the old covering. The insect then presses itself against the older, detached exoskeleton, causing the exoskeleton to split open, and push its way out. This process can take several hours or even days to happen. After the old exoskeleton has been shed, the insect is especially **vulnerable** to predators or environmental changes while it waits for the new exoskeleton to unfold and harden. When this process has been completed, there can be no further change in the insect's body size until the next molt. Insects undergo molting three to seven times during each middle stage before they are

_____
1 The hard external skeleton or shell that covers an insect

11

Questions 19-22 of 26

HIDE TIME 00:20:00

REVIEW

HELP

BACK

NEXT

19. The word **voracious** in the passage is closest in meaning to

(A) alert

(B) famished

(C) indifferent

(D) insatiable

20. According to paragraph 3, what is the major difference between simple, and complete metamorphosis?

(A) Complete metamorphosis involves a greater number of moltings.

(B) Simple metamorphosis only occurs in certain climates.

(C) Complete metamorphosis involves a greater number of stages.

(D) Simple metamorphosis does not result in the development of wings.

21. The purpose of paragraph 4 is to

(A) Provide an overview of the stages of metamorphosis

(B) Distinguish between simple and complete metamorphosis

(C) Explain how butterflies and moths develop from cocoons

(D) Explain how a caterpillar becomes a butterfly

22. According to paragraph 5, which of the following is NOT true?

(A) All caterpillars lack wings.

(B) All caterpillars have a pattern of many colors.

(C) All caterpillars have prolegs.

(D) Some caterpillars are spiny.

considered fully-grown.

3 ➡ As insects develop, they follow various patterns of change. These patterns vary amongst different insect groups, but two general types of development predominate: simple, or incomplete metamorphosis, and complete metamorphosis. As the name suggests, simple metamorphosis involves a less dramatic change, and complete metamorphosis refers to radical change, such as that of a crawling caterpillar, which becomes a soaring butterfly. Insects that have a pattern of simple, or incomplete metamorphosis go through three basic life stages: egg, nymph or larva, and adult. The immature nymphs typically pass through three to five stages, molting between each stage. They often live alongside adult insects and engage in many of the same activities as adults, with the principal changes during metamorphosis being differences in body proportions, sexual maturity, and the development of wings.

4 ➡ Insects that undergo complete metamorphosis pass through four basic life stages: egg, larva, pupa, and adult. ■ Larval insects typically molt three to seven times between each stage, continuously growing and feeding when not devoting energy to molting. ■ The pupa stage follows, and now the once **voracious** insect ceases to eat; enough energy has been stored for its transformation to the adult form. ■ Often, even the legs, mouthparts and antennae take on new forms between the insects' immature and adult stages. ■

5 ➡ Butterflies are the best-known example of insects that develop through complete metamorphosis. For butterflies and moths, the first stage of development is the egg, when the embryo forms. The eggs are placed on plants so that when they hatch, leaves will provide food during the larval stage. Butterfly larvae, better known as caterpillars, can be hairy, smooth-skinned, or spiny and either monochromatic or colorfully patterned. Unlike the adults they will become, caterpillars have prolegs – which are stubby limbs

23. Which of the sentences below best expresses the essential information in the highlighted sentence in the passage? Incorrect choices change the meaning in important ways or leave out essential information.

    (A) When butterflies pupate, they form a cocoon, or burrow in plant stems or underground.
    (B) In butterfly pupation, a caterpillar first forms a cocoon, and later pupates in plant stems, or underground.
    (C) Before butterflies enter the pupal stage, they form cocoons in plant stems, or underground.
    (D) If a butterfly does not have enough silk to form a cocoon, it pupates in plant stems, or underground.

24. According to the passage, which of the following is a stage undergone only in complete metamorphosis?

    (A) Egg
    (B) Nymph
    (C) Pupa
    (D) Adult

protruding from the abdomen – and mouthparts with the ability to chew. Butterflies have no prolegs and use sucking mouthparts, and perhaps most noticeably, they have wings that developed inside the caterpillar cocoon.

6 Caterpillars molt several times and grow very quickly. After a month of development, butterfly caterpillars deposit silk pads onto plants and attach themselves to them. The caterpillars then molt again and enter the pupal stage of metamorphosis. **Some caterpillars form a cocoon made of silk before entering the pupal stage, while others pupate in plant stems, or underground.**

7 The moth or butterfly caterpillar is inactive during the pupal stage. Inside the pupal case, also called a cocoon, its adult structures form and take the place of larval structures. Depending on the species of insect and environmental factors such as temperature and humidity, the pupal stage can last as little as a few days or as long as several months.

8 Once the pupal stage is complete, the adult insect, also known as the imago, pushes against the pupal case, splitting the case open. The insect then emerges and crawls to a twig, branch, or other support. It pumps blood into its shriveled wings until they are large enough and strong enough to enable the insect to fly. Once the wings can support the insect, it flies off to find liquid food and begins its reproductive processes.

25   Look at the four squares [■] that indicate where the following sentence could be added to the passage.

Only the adult insects have wings.

Where would the sentence best fit? Click on a square [■] to add the sentence to the passage.

26   **Directions**: Complete the table by matching the phrases below.

Directions: Select the appropriate phrases from the answer choices and match them to the term to which they relate. TWO of the answer choices will NOT be used. **This question is worth 3 points.**

> Drag your answer choices to the spaces where they belong. To remove an answer choice, click on it. To review the passage, click on **View Text**.

Answer Choices	Larval Stage
(A) The insect molts several times	•
(B) Eggs are placed on plants	•
(C) Adult structures develop	•
(D) The stage can last from several days to several months	**Pupal Stage**
	•
(E) Blood is pumped into the wings	•
(F) The insect feeds when not molting	
(G) Mouthparts chew instead of suck	

Questions 27-30 of 39

HIDE TIME 00:20:00

REVIEW
HELP
BACK
NEXT

27. The word **renowned** in the passage is closest in meaning to

(A) radical
(B) respected
(C) prolific
(D) conservative

28. The word **it** in the passage refers to

(A) the national money supply
(B) the Fed
(C) the stock market boom
(D) crash

29. Which of the sentences below best expresses the essential information in the highlighted sentence in the passage? *Incorrect* choices change the meaning in important ways or leave out essential information.

(A) America's gold reserves started to rise in response to the Fed's inaction.
(B) If the Fed had chosen to not act, gold values would not have climbed and the recovery would have been delayed.
(C) If the Fed had chosen to not act, the increasing gold reserve would have helped recovery by increasing the country's money supply.
(D) The Fed could have prompted recovery by increasing the money supply and increasing the gold stock.

30. The word **hoard** in the passage is closest in meaning to

(A) invest
(B) import
(C) export
(D) save

Federal Bank

1 Founding statesmen of the United States, most notably Thomas Jefferson and James Madison, vigorously opposed the establishment of a strong central banking system. Nonetheless, First National Bank was established early on. It was shut down by President Madison in 1811. Second National Bank was chartered in 1816, but was demoted to a local bank by 1836 at President Jackson's behest. America now has a third national bank. According to the Federal Reserve Act of 1913, the Federal Reserve Bank was established "to add both flexibility and strength to the nation's financial system." The bank, colloquially known as "the Fed", was ostensibly created to prevent panicked bank runs and depressions after a scare in 1907. Ironically, many economists, including those as **renowned** as Milton Friedman and Anna Schwartz, believe that the Fed exacerbated the Great Depression. Although this view is not without merit, it would not be entirely accurate to say the Fed caused the Depression. The Depression was a complicated economic phenomenon and cannot be attributed to the actions of a single institution. ■

2 The first of the Fed's questionable actions was to inflate the national money supply by about sixty percent during the 1920s. ■ Critics point out that if the Fed had taken more care in expanding the paper money supply, **it** might have prevented the artificial stock market boom and the subsequent crash of 1929. ■ An abundance of cash allowed for careless spending, which was not sustainable. ■ The problem was compounded by the Fed's second dubious decision, which was to raise interest rates in 1929 at a time when the economy was naturally beginning to slow. Since interest rates are normally only raised to slow down a boom, the decision was questionable. The Fed's actions served to contract the money supply when, in retrospect, they should have been expanding it. **Ironically, the country's gold stock began increasing on its own at the start of the Depression, so inaction on the part of the Fed**

15

31. In paragraph 3, why does the author refer to Ben Bernanke's quote?

(A) To humanize the Fed

(B) To conclude the argument that the Fed is to blame for the depression

(C) To hint at the Fed's denial of involvement in the Depression

(D) To show the Fed's casual attitude toward accusations of wrongdoing

32. The word **scarcity** in the passage is closest in meaning to

(A) relatively small amount

(B) relatively large amount

(C) highly interrelated amount

(D) highly variable amount

33. Based on the information in paragraph 4, which of the following was true of the American economy in the 1920s?

(A) It gave signs of slowing down if left unattended.

(B) It demonstrated artificially low wages and prices.

(C) It exhibited sharp, unexplained increases in inflation.

(D) It was unalterably headed towards the Great Depression.

34. Based on the information in paragraph 4, what can most correctly be inferred about inflation?

(A) Inflation is not well understood.

(B) Inflation may raise wages and the prices of consumer goods.

(C) Inflation may have led to the Great Depression.

(D) The rate of inflation is of no concern to the Fed.

==would have increased the money supply and spurred recovery.==

3 ➡ In Friedman and Schwartz's analysis, when interest rates started to rise, people wanted to have more money on hand, but bank runs were not backed by the Fed. The consumer response was to **hoard** money. This created an ever-contracting economy with falling income and high unemployment. Ben Bernanke, the current Chairman of the Federal Reserve Bank, accepted this review in 2002, stating, "I would like to say to Milton and Anna: Regarding the Great Depression. You're right, we did it. We're very sorry. But thanks to you, we won't do it again."

4 ➡ But this apology notwithstanding, it is not clear that the Fed was responsible for the Great Depression. The causes were too many and varied to be narrowly attributed to one source. For one thing, prices and wages are not entirely controlled by the Fed. Rather, prices and wages undergo changes according to the **scarcity** of goods and labor, relative to the amount of money that is available to buy them. As the Fed increased the nation's money supply throughout the 1920s, prices and wages went up, reflecting the fact that more money existed with the same amount of goods and labor. Inflation occurs when this happens too quickly. In a natural cycle, as the money supply falls relative to the amount of goods and labor, eventually the price of goods and labor will fall as well. But in the short run, prices and wages can "stick" at a higher level. When this happens, people buy less, and employers hire less, causing cutbacks in production and employment. Production had already begun to decline and unemployment had begun to rise in early 1929, suggesting that a natural process was in motion.

5 Numerous schools of thought seek to explain the Great Depression, and their analyses offer a variety of factors beyond a natural economic cycle. Some people focus on the breakdown in international trade. For instance, U.S. agriculture had collapsed in 1919, and continued to strain the economy a decade later. In 1930, the government attempted to solve the problem

35. According to paragraph 4, what can be true of wages and prices when there is a sharp decrease in available money?

   (A) They will increase as the demand goes up relative to the supply.
   (B) They are often unaffected by the rise and fall of ready cash.
   (C) They can remain artificially high for some time.
   (D) They will immediately respond to the drop in finances.

36. All of the following are mentioned as events that contributed significantly to the Great Depression EXCEPT:

   (A) Dramatically increasing the amount of printed money in circulation
   (B) An artificially stuck market wage leading to unemployment
   (C) An increase in money relative to the supply of workers and products.
   (D) An unnecessary hike in interest rates.

37. With which of the following conclusions would the author most likely agree?

   (A) The actions of the Fed made the Depression worse than it would have been with Fed inaction.
   (B) The actions of the Fed actually had little impact upon the economy.
   (C) Inflation was the only significant cause of the Great Depression.
   (D) The Fed was mainly responsible for the Great Depression and did little to prevent it from occurring.

by imposing tariffs on imported agricultural goods. When other countries responded with similar tariffs, American exports suffered even more. Other people focus on the Gold Standard theory, which concerns the effect on the U.S. of European nations abandoning the gold standard after World War I. As the U.S. became entangled with these economies as a lender, it became a victim of deflation, a critical factor in the crash of 1929. The stock market crash exacerbated the economy's troublesome trends, destroying both investor and consumer confidence as the average value of leading stocks fell by almost 50% in two months. Industrial production soon fell, too, giving rise to the worst unemployment the country had ever seen – approximately 25% by 1933.

6 The depth of the financial collapse could have been averted by sounder monetary policy, but this is no reason to hearken back to Jefferson and Madison's argument against a strong bank. The Fed was but one of many actors, and as Bernanke noted, a bank can learn from the past and emerge a stronger stabilizing force.

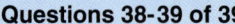

38   Look at the four squares [▪] that indicate where the following sentence could be added to the passage.

The best assessment is that the Fed's actions can be said to have worsened poor economic conditions already present.

Where would the sentence best fit in the passage? Click on a square [▪] to add the sentence to the passage.

39   **Directions**: An introductory sentence for a brief summary of the passage is provided below. Complete the summary by selecting the THREE answer choices that express the most important ideas in the passage. Some sentences do not belong in the summary because they express ideas that are not presented in **the passage or are minor ideas in the passage.**

Drag your answer choices to the spaces where they belong. To remove an answer choice, click on it. To review the passage, click on **View Text.**

The Federal Reserve Bank may have contributed to the Great Depression, but there are too many causes of the Depression to blame only the Fed.

- _____
- _____
- _____

Answer Choices	
(A) Deflation was a critical factor in the stock market crash, and the U.S. became a victim of deflation as a result of its economic entanglements with countries that had abandoned the gold standard.	(B) If prices and wages had not become stuck at a high level, the Fed's actions might have been successful.
(C) The Fed's decision to raise interest rates in 1929, appears unwise since the economy was already slowing down and the money supply was shrinking on its own.	(D) Since the founding of the United States, influential statesmen have opposed a strong central banking system.
(E) Customers' bank deposits were not insured by the federal government until after the Great Depression.	(F) U.S. agriculture collapsed in 1919 and strained the overall economy throughout the 1920s.

You have seen all of the questions in this part of the Reading section.

You have time left to review.

As long as there is time remaining, you can check your work.

Click on **RETURN** to go back to the previous question.

Click on **REVIEW** to see the review screen for this section.

Click on **CONTINUE** to go on.

Once you leave this part of the Reading section,

you **WILL NOT** be able to return to it.

ActualTEST
Reading 02

TOEFL IBT Reading Directions

In this section, you will read 3 passages and answer comprehension questions about each passage. Most questions are worth one point, but the last question in each set is worth more than one point. The directions indicate the maximum number of points.

You have 60 minutes to read all of the passages and answer the questions.

When you want to go to the next question, click the Next button. You may skip questions and go back to them later as long as there is time remaining. If you want to return to previous questions, click on the Backbutton. You can click on Review at any time and the review screen will show you which questions you have answered and which you have not. From the review screen, you may go directly to any question in the reading section.

When you are ready to continue, click on End Directions.

01. From paragraph 2, one can infer that

(A) Virginia Company of London focused on increasing its profits.

(B) The colony's lumber was substandard.

(C) Most settlers were prepared to endure hardships associated with life in Virginia.

(D) Sir Thomas Dale improved the settlers' quality of life.

02. The word **sustenance** in the passage is closest in meaning to

(A) survival

(B) freedom

(C) nourishment

(D) profit

03. The word **dissuaded** in the passage is closest in meaning to

(A) prohibited

(B) overlooked

(C) required

(D) discouraged

04. According to the passage, which of the following statements is true?

(A) Maryland was founded in opposition to Roman Catholic rule.

(B) Maryland was the first colony to be owned by a joint-stock company.

(C) Maryland and Virginia had primarily single-crop economies.

(D) Maryland and Virginia developed along radically different lines.

Agriculture in the American Colonies

1 When the Southern American colonies, such as Virginia, Maryland, the Carolinas[1], and Georgia, were first established, agriculture was their mainstay. Many colonists who arrived in the New World were sponsored by companies seeking profit, so in some cases, they were instructed to grow certain crops. In general, less regulated colonies were more successful and eventually, most regulations were lifted.

2 ➡ The original settlers of Jamestown, Virginia[2] were required by the Virginia Company of London to concentrate on producing lumber and certain crops to sell in England. The company instituted policies such as land allocation and a single-crop system with the intent of maximizing profits, but their venture was initially far from profitable. Many of the settlers had privileged backgrounds and were unaccustomed to performing physical labor. They also claimed that the company's rules were too harsh, preventing them from farming for their own **sustenance**. Furthermore, Jamestown had been established on brackish[3] swamp water in an unfamiliar climate. The settlers struggled against malnourishment, malaria, and the elements, and only 60 of 500 men and women survived the bleak Winter of 1609-1610. In 1611, a new colonial governor, Sir Thomas Dale, imposed a rigid set of laws intended to control nearly every aspect of the settlers' lives in order to maximize the company's profits. Dale's code increased profits somewhat but **dissuaded** new settlers.

3 After the first high-quality tobacco crop was produced in Virginia around 1613, the economic outlook brightened as settlers discovered that Virginia's tobacco could be cured and sold in England. Tobacco quickly became the colony's primary export, though it was provided only to Britain. Demand for the

---

1 North Carolina and South Carolina
2 The first permanent English colony in North America
3 Salty

05. Based on the information in paragraph 5, which of the following can be inferred about the role of agriculture in the colonies?

(A) Agriculture was always based on a single crop.

(B) Agriculture was less important than other forms of commerce.

(C) Agricultural holdings were directly tied to political power.

(D) Agriculture was less important to colonists than to their sponsors.

06. The word **it** in the passage refers to

(A) group

(B) silk

(C) commodity

(D) climate

07. The word **subsided** in the passage is closest in meaning to

(A) prohibited

(B) failed

(C) diminished

(D) increased

08. In paragraph 6, the author mentions a difficult coastline in order to

(A) Politely refer to political tensions

(B) Describe geographical issues contributing to the separation of the Carolinas

(C) Criticize the area's proprietors, the small and mid-sized farmers

(D) Highlight the colonists' inexperience with navigation

crop stimulated the rapid growth of the colony, for it required the acquisition of more and more farmland. However, a combination of wars with the Powhatan Indians, discontent with Sir Dale, and alleged misconduct by Virginia Company leadership led to the British King James seizing control of the colony in 1624. The crown conceded to the colonists' wish to continue growing primarily tobacco, and by 1630, the colony was able to survive without British subsidies, though it never became profitable.

4 Maryland, Virginia's northern neighbor, was the first English colony to be controlled by a single proprietor rather than by a joint-stock company. Sir George Calvert, also known as Lord Baltimore, owned all of the land granted in Maryland's royal charter and had absolute authority over it. Lord Baltimore was a convert to Catholicism, which was extremely rare for a nobleman in 17th century England, where Roman Catholics were considered traitors. For that very reason, one of Lord Baltimore's goals for the colony was to create a haven for British Catholics — but the other was to turn a profit.

5 ➡Maryland's economy developed along similar lines to that of Virginia in that both colonies only concentrated on a single crop. By the end of the 17th century, the social structure of the two colonies had developed to the point where the planters, who relied on slave labor, held the majority of the political power while a moderate amount of power was in the hands of large commercial farmers. Least influential were the small farmers. These were the primary occupations, and no business class existed, since plantation owners and farmers alike traded directly with London.

6 ➡The Carolinas were colonized by a group of proprietors starting in 1663. The proprietors hoped to grow silk, a valuable commodity, in the Carolinas' warm climate, but all efforts to produce **it** failed. It was not until 1718, after conflict with the Native Americans **subsided**, that population began to increase significantly. The pattern of settlement

09. According to paragraph 7, what did James Oglethorpe have in common with Lord Baltimore?

(A) They were both Catholic.
(B) They each had absolute control over a colony.
(C) They were both interested in rehabilitating criminals.
(D) They both established moral and financial goals for their colonies.

10. According to the passage, when British companies determined the crops the colonies should grow, which consideration was it primarily based on?

(A) Britain's needs
(B) The price of commodities
(C) The climate of the colony
(D) Production by other countries' colonies

11. It can be inferred from the passage that all of the following affected a given colony's agricultural success EXCEPT:

(A) The colony's geographical location
(B) The colony's size
(C) The strictness of the rules applied to colonial farmers
(D) The range of crops that colonial farmers were allowed to grow

followed two paths: North Carolina, which was cut off from European and Caribbean trade by its difficult coastline, developed into a colony of small to medium sized farms. South Carolina, which traded with both the Caribbean and Europe, produced rice, lumber and after 1742, indigo for export. The colonists there were not limited to one crop and quickly began to combine commerce with agriculture.

7 ➡A trust for establishing the colony of Georgia received its charter in 1732. Like Lord Baltimore, the proprietors of Georgia, led by James Oglethorpe, had both idealistic and monetary goals. Oglethorpe was a prominent philanthropist who wanted to transport imprisoned debtors to Georgia where they could be rehabilitated through work. He also wanted to earn a profit for the proprietors. Oglethorpe wanted the settlers to produce wines, silks, and spices so that England would no longer need to rely on foreign suppliers. Similar to North Carolina, Georgia was to be a population of individual subsistence farmers who lived in small villages and cultivated small outlying farm tracts. ■ With this in mind, Oglethorpe and his partners limited the size of any individual's land to 500 acres, prohibited slavery, and used tax and other laws to restrict the accumulation of large estates. ■ These regulations, however, created tension between the proprietors and the most successful settlers. ■ The economy did not live up to the expectations of the colony's promoters: as in the Carolinas, the silk industry was an immense failure. ■

12   Look at the four squares [■] that indicate where the following sentence can be added to the passage.

In 1752, the monarchy seized control of Georgia and repealed many of the colony's laws, including the one prohibiting slavery.

Where would the sentence best fit? Click on a square [■] to add the sentence to the passage.

13   **Directions**: Complete the table by matching the phrases below

Directions: Select the appropriate phrases from the answer choices and match them to the term to which they relate. TWO of the answer choices will NOT be used. **This question is worth 3 points.**

Drag your answer choices to the spaces where they belong. To remove an answer choice, click on it. To review the passage, click on **View Text.**

Answer Choices	Maryland
(A) Permitted slavery	•
(B) Proprietors hoped to produce silk	•
(C) Tobacco was the primary crop	•
(D) Was a safe haven for Catholics	**Georgia**
(E) Consisted of large private and commercial farms	•
(F) Traded with the Caribbean	•
(G) Limited how much land an individual could own	

14. The word **devise** in the passage is closest in meaning to

(A) protest
(B) petition
(C) interrupt
(D) develop

15. The phrase **the body** in the passage refers to

(A) Germany
(B) the United States
(C) the League of Nations
(D) U.S. Congress

16. The word **punitive** in the passage is closest in meaning to

(A) intended for punishment
(B) justly merited
(C) lenient
(D) intended for peacekeeping

17. In paragraph 4, why does the author mention that most of World War I was fought in France?

(A) To suggest that the French were as much as fault as the Germans
(B) To explain why the French felt strongly about limiting Germany's military power
(C) To remind readers of France's proximity to Germany
(D) To argue that the war had damaged French industry

18. The word **forbade** in the passage is closest in meaning to

(A) encouraged
(B) discouraged
(C) facilitated
(D) reinforced

Treaty of Versailles

1 After World War I, representatives of twenty-seven victorious countries met in Paris to **devise** a peace settlement intended to protect future generations from another such conflict. From their negotiations emerged several peace treaties, the most famous of which was signed at Versailles on June 28, 1919. Ironically, the competing interests written into that World War I treaty actually led to yet another war that horrified the world: World War II.

2 The Treaty of Versailles was based on the grossly oversimplified assumption that Germany and its allies had unilaterally[1] caused the war. This bias stemmed in part from the fact that United States President Woodrow Wilson refused to become a League of Nations member – despite having been instrumental in founding **the body** – in response to U.S. Congress's pressure upon him against compromising with the other allied countries. For instance, whereas Congress wanted Wilson to fine Germany only what it could afford, French Premier Georges Clemenceau wanted to fine Germany a set amount regardless of whether it bankrupted the country. Congress generally shunned the League of Nations' emphasis upon punishment rather than peace, and Wilson had personal reservations, too. For one, he was concerned that other nations would view the League of Nations as a threatening body since it was comprised only of Allies. Ultimately, the U.S. signed a separate treaty with Germany called the Treaty of Berlin.

3 The absence of the U.S. in the League of Nations treaty meant that the key Allies members were France and Britain. Negotiations began with representatives of twenty-seven countries, but delegates from many countries stepped aside, sometimes because their countries had negotiated their own treaties with Germany. With Britain and France left as dominant parties, the treaty took on more **punitive** measures

---

1 Independently

19. Which of the sentences below best expresses the essential information in the highlighted sentence in the passage? *Incorrect* choices change the meaning in important ways or leave out essential information.

   (A) British Conservatives caused the League's downfall.
   (B) The League preferred to negotiate treaties without the involvement of British Conservatives.
   (C) One of the downfalls of the League was that it allowed groups such as the British Conservatives to act independently.
   (D) The British Conservatives preferred to negotiate treaties without the League's participation.

20. In paragraph 6, the author suggests that another major problem with the League of Nations was that

   (A) British Conservatives were hostile to the League's overall mission.
   (B) There were not enough troops in the national armies to be effective.
   (C) Its member nations were uncomfortable using their own military forces.
   (D) It excluded non-European nations.

21. Paragraph 6 mentions that Hitler specifically violated which provision of the Treaty of Versailles?

   (A) Germany could not have an army of more than 100,000 men.
   (B) Germany had to pay for damages caused by the war.
   (C) Germany had to participate in the League of Nations.
   (D) Germany could not have military sites along the Rhine River.

against Germany and seemed to lose its intended emphasis upon promoting international peace. However, Germany was forced to accept responsibility for the war and comply with the terms of the treaty, or face invasion.

4 ➡France, on whose soil most of World War I was fought, had lost approximately 1,500,000 military personnel and 400,000 civilians to the fighting. France was therefore especially concerned about disabling Germany as a military power. Consequently, the Treaty of Versailles **forbade** Germany from having an army of more than 100,000 men, a navy of more than thirty-six fighting ships, any submarines or military or naval aircraft, or maintaining fortifications or other military installations within fifty kilometers of the east bank of the Rhine River. Clemenceau also wanted to ensure that Germany's economy would be too poor to support a strong military. He therefore wanted the treaty to cede the rich industrial land of Alsace-Lorraine that Germany had taken in 1871, and he wanted the Rhineland – a key industrial zone – to be stripped from the rest of the country.

5 Under the treaty's War Guilt clauses, Germany was also required to give up more of its territory, including borderlands and Pacific islands, and to pay exorbitant sums to compensate for damages that the victims had suffered during the war. In 1921, the total cost of these reparations was assessed at $31.5 billion. The country consequently fell into a depression. When Adolf Hitler sought political leadership, enough Germans were willing to lash out at the Treaty of Versailles that the dictator was soon threatening to roll his tanks across Europe.

6 ➡ ■ Ultimately, the United Kingdom and France did not subscribe to the concept of collective security strongly enough to rely on it to address the rise of German militarism. ■ Hitler gained power by overthrowing the government that had agreed to the treaty, and he withdrew Germany from the treaty in 1933. ■ The League, like the modern United Nations,

Questions 22-24 of 26

HIDE TIME 00:20:00

REVIEW

HELP

BACK

NEXT

22. In paragraph 7, the author suggests that the League of Nations was ultimately unsuccessful because

    (A) Its members did not act as a united group.
    (B) Britain and France intentionally sabotaged its aims.
    (C) Woodrow Wilson withdrew his support.
    (D) Its economic sanctions were not enforceable.

23. It can be inferred from the passage that which of the following was true of the restrictions placed on the defeated countries by the Treaty of Versailles?

    (A) They were too harsh to be realistically enforced.
    (B) They were stronger punishments than the defeated countries deserved.
    (C) They failed due to the strong ambitions of Germany.
    (D) They were effectively enforced in the years following the treaty.

24. The author would most likely agree with which of the following statements about the causes of World War II?

    (A) It was a result of the severe economic problems war reparations created in Germany.
    (B) It was a result of the League of Nations' refusal to prevent Germany's expansion.
    (C) It stemmed from unresolved conflicts at the end of World War I.
    (D) It resulted from the combination of harsh punishments and weak enforcement.

was limited to respond by its lack of a dedicated armed force of its own. It depended on member nations' armies to enforce its resolutions. ■ The League's two most important members, the United Kingdom and France, were reluctant to use military action on behalf of the League. **British Conservatives were especially independent of the League, preferring to negotiate treaties with other countries without the involvement of the organization.** Economic sanctions for failing to comply were easily circumvented. Hitler could not have succeeded had the League of Nations actually enforced the Treaty of Versailles' provisions, but the League was silent in the face of Hitler's re-militarization of the east bank of the Rhine, his occupation of the Sudetenland[2], and his annexation of Austria. When the League commissioner in Danzig was unable to deal with German claims on that city, war again seemed imminent.

7 ➡ The nations' desires to punish Germany through the Treaty of Versailles revealed their bias toward nationalist self-interest over international cooperation, and this bias ultimately proved to be self-defeating. Many of the League's proposed efforts were never implemented because of an inability to compromise. For example, Japan wanted the treaty to include a clause prohibiting discrimination on the basis of race or nationality, but this was abandoned in the face of opposition from Australia. As the League stagnated, Germany became so unstable that it rose up in the form of Adolf Hitler, a genocidal dictator who threatened all of Europe.

---

2   The western regions of Czechoslovakia inhabited mostly by ethnic Germans during the first half of the 20th century

VIEW TEXT

REVIEW

HELP

BACK

NEXT

Questions 25-26 of 26   HIDE TIME   00:20:00

25   Look at the four squares [▪] that indicate where the following sentence could be added to the passage.

In the event of any aggression by one state against another or any breach of the peace treaty, the Council of the League of Nations was to mobilize all members, large and small, for a collective effort to keep the peace.

Where would the sentence best fit? Click on a square [▪] to add the sentence to the passage.

26   **Directions**: An introductory sentence for a brief summary of the passage is provided below. Complete the summary by selecting the THREE answer choices that express the most important ideas in the passage. Some sentences do not belong in the summary because they express ideas that are not presented in the passage or are minor ideas in the passage. **This question is worth 2 points.**

> Drag your answer choices to the spaces where they belong. To remove an answer choice, click on it. To review the passage, click on **View Text.**

> **For many reasons, the League of Nations, though lofty in its goals, failed to prevent World War II.**
>
> • _____
>
> • _____
>
> • _____

Answer Choices	
(A) Germany left the League of Nations when it wanted to pursue policies the League would not allow.	(B) The Treaty of Versailles created the League of Nations to provide for collective action against future aggressors, but the League's main members did not fully believe in collective security.
(C) The League's collective security credibility fell significantly when the United States refused to join.	(D) Many of the League's proposed efforts were never implemented because its member nations were unwilling to compromise.
(E) The League was not willing to intervene militarily as Germany pursued expansionist aims and an illegal military buildup.	(F) The Treaty of Versailles punished Germany very harshly for its role in causing World War I, generating German resentment of the League.

27. The word **accomplish** in the passage is closest in meaning to

(A) achieve
(B) undermine
(C) affect
(D) account for

28. In paragraph 1, the author mentions self-pollination in order to

(A) Introduce self-pollination as the main topic
(B) Contrast self-pollination with pollination that uses a vector
(C) Explain how plants evolve over time
(D) Explain why plants mutate

29. According to paragraph 2, what is true of abiotic pollination?

(A) It is accomplished exclusively by insects.
(B) It is most commonly achieved with the aid of waterways.
(C) It is used by about 98% of all plant species.
(D) It is used by large populations and in areas that have few species.

30. The word **they** in the passage refers to

(A) flowers
(B) insects
(C) vectors
(D) other animals

31. The word **locomotion** in the passage is closest in meaning to

(A) motivation
(B) energy
(C) transportation
(D) intelligence

Pollination

1 ➡Pollination is a crucial step in seed plant reproduction. It is the process of moving the pollen grain from the anther of a male plant to the stigma of a female plant. In self-pollination, pollen is transferred from the male to the female part of the same flower, or to the stigma of another flower located on the same plant. Self-pollination can be advantageous, but it also impedes a plant's ability to adapt; barring mutations, there is no chance for its offspring to exhibit more viable combinations of genes. Thus most plant species rely upon some kind of vector[1] to **accomplish** pollination.

2 ➡Approximately 20% of plant species use abiotic pollination, which means that their pollination vectors are not insects and other animals but rather water and wind. Since they have no need to attract animals, species that use abiotic methods of pollen distribution do not need to produce nectar[2] or develop scented flowers. ■ However, water and wind pollination vectors, which are random and generally unidirectional, are only useful in situations where large populations of a very limited number of species, such as grasses and conifers, are present. The process of distributing pollen with the wind is called anemophily, and it is used by about 98% of plant species using abiotic pollination. Wind pollination can be quite powerful, often carrying pollen hundreds of miles from its source. Hydrophily is the process of pollination whereby water, usually rivers and streams, is the distributor. Species that pollinate by water distribute their pollen either to the surface of the water or below the surface. Surface pollination is less common and is generally considered to be a transition between pollination by water and pollination by wind.

3 ➡Most flowers have evolved to use insects and

---

1   Any agent -- such as an animal, wind, or water -- that can move pollen from the anther of a plant to the stigma of a plant

2   A sweet-smelling secretion that can attract pollinators

32. According to paragraph 3, what is true of sonication?

    (A) It is the most common form of pollination.
    (B) It is an example of entomophily.
    (C) It is the most efficient form of zoophily.
    (D) It is a strategy the flower uses to release pollen.

33. The word **foliage** in the passage is closest in meaning to

    (A) leaves
    (B) landscape
    (C) ornamentation
    (D) color

34. Which of the sentences below best expresses the essential information in the highlighted sentences in the passage? *Incorrect* choices change the meaning in important ways or leave out essential information.

    (A) Animals that are attracted by color or smell will return to the plant regardless of the reward the plant provides.
    (B) If a flower does not provide a pollinator with an adequate reward, the pollinator will be unlikely to return to the plant.
    (C) Because bees are the most common pollinating insect, plants must provide rewards that will appeal to them.
    (D) Animals will eventually become tired of visiting the same plants.

other animals as pollination vectors. **They** must have sensory organs to locate flowers, sufficient means of **locomotion** to move between flowers, despite possibly large distances between individuals, and enough memory to remember the rewards of visiting one particular species of flower. When insects distribute pollen, the process is called entomophily. Bees are the most common insect pollinators. They fly from one flower to another, picking up nectar (which they will later convert into honey) and in the process, collect pollen grains on their hind legs, which are covered in dense hairs. Bees can also use buzz pollination, or sonication, when visiting flowers that have tightly-held pollen. Buzz pollination involves a bee flapping its wings to vibrate a flower's anthers forcing pollen to fall. The grains of pollen are then transferred between flowers as the bee flies from one flower to another. Zoophily is the name of the process in which non-insect animals distribute pollen. Usually, this process refers to pollination by birds and bats, which distribute pollen in a way similar to insect pollination, though it can also refer to pollination by furred animals (such as bears, deer, and rabbits). The latter method occurs when grains of pollen attach to the animal's coat and are then transferred to other flowers the animal comes into contact with. Hummingbirds are common pollinators, as their long beaks allow them to reach nectar located deep inside long-necked flowers.

4 ➡ ■ In order to effectively use an animal pollination vector, a flower needs to attract the animal by giving visual cues or olfactory cues. ■ Some species use a color pattern known as a "bull's eye"[3] to mark their position in the environment. ■ Their flowers stand out against a background of green **foliage** in order to be visible to a potential pollinator. For example, the wildflower known as a black-eyed Susan features a dark center surrounded by bright yellow petals, a target that many species can easily distinguish among prairie grasses. Of course, it is important that the color

3   A pattern of concentric circles with a circular spot at the center

35. According to paragraph 5, flowers evolved fragrances because

(A) Most animals have a strong sense of smell.

(B) Fragrances ward off predators.

(C) Fragrances help to produce more pollen.

(D) Some pollinators have a stronger sense of smell than of sight.

36. All of the following are mentioned as problems with pollination EXCEPT:

(A) The different sensitivities of animals

(B) The difficulty with ensuring that pollen will attach to a vector

(C) The random direction of pollination by wind

(D) The need to reward pollination vectors

37. According to the passage, it is important for plants to reward pollinating animals

(A) To initially attract animals to the flowers

(B) To differentiate between species

(C) To ensure the animals return to that species of flower

(D) To compete with other species

pattern used is within the range of colors visible to the pollinating animal, as colors obvious to one animal may be invisible to another. For instance, bees cannot see red but are drawn to blue and yellow, and many flowers rely on the ultra-violet spectrum of light that is invisible to humans. Ultraviolet patterns guide bees to the center of the flower.

5 ➡Some pollinators are more olfactory than visual, and they are attracted to flowers' fragrances. As is the case with color vision, different animals have different sensitivities to fragrances. Butterflies and birds are not very olfactory; they are much more visual in behavior. Bees, on the other hand, are attracted to certain scents, particularly those that are sweet or spicy. **Once the pollinator has made the first landing, the flower needs to reward the animal so that the animal will continue to carry pollen from one flower to similar flowers in the area.** As the animal becomes familiar with the flower and with the benefits, such as fruit or nectar, of visiting that species, the animal will return to those kinds of flowers on its own, and in the process, spread their pollen. This both creates and helps to diversify later generations of the plant.

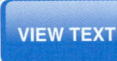 
38 Look at the four squares [■] that indicate where the following sentence could be added to the passage.

Occasionally, a species of flower will attract a pollinator with both sight and smell.

Where would the sentence best fit? Click on a square [■] to add the sentence to the passage.

39 **Directions**: Select the appropriate phrases from the answer choices and match them to the term to which they relate. TWO of the answer choices will NOT be used. **This question is worth 2 points.**

> Drag your answer choices to the spaces where they belong. To remove an answer choice, click on it. To review the passage, click on **View Text**.

Pollination is crucial to plant reproduction, and it is a process that takes many forms.

- _____
- _____
- _____

Answer Choices	
(A) About one-fifth of plants use abiotic pollination, which involves using the wind or water instead of an animal as the pollinator.	(B) Self-pollination is convenient but relatively rare since it impedes a plant's ability to genetically adapt to its environment.
(C) Zoophily, usually accomplished through birds and bats, is similar to insect pollination.	(D) Hummingbirds and bees aid vastly in plant pollination.
(E) Larger animals, such as bears, are often attracted to nectar in plants.	(F) In order to attract insects and other animals as pollinators, plants have evolved enticing features that appeal to sight and smell.

You have seen all of the questions in this part of the Reading section.

You have time left to review.

As long as there is time remaining, you can check your work.

Click on **RETURN** to go back to the previous question.

Click on **REVIEW** to see the review screen for this section.

Click on **CONTINUE** to go on.

Once you leave this part of the Reading section,

you **WILL NOT** be able to return to it.

iBT TOEFL Road Map
Reading 2
Test 03

ActualTEST
Reading 03

TOEFL IBT Reading Directions

In this section, you will read 3 passages and answer comprehension questions about each passage. Most questions are worth one point, but the last question in each set is worth more than one point. The directions indicate the maximum number of points.

You have 60 minutes to read all of the passages and answer the questions.

When you want to go to the next question, click the Next button. You may skip questions and go back to them later as long as there is time remaining. If you want to return to previous questions, click on the Backbutton. You can click on Review at any time and the review screen will show you which questions you have answered and which you have not. From the review screen, you may go directly to any question in the reading section.

When you are ready to continue, click on End Directions.

01. The word **misnomer** in the passage is closest in meaning to

(A) incorrect name
(B) anachronism
(C) major problem
(D) minor point

02. The word **their** in the passage refers to

(A) routes
(B) guides
(C) charges
(D) packages

03. `The word **evade** in the passage is closest in meaning to

(A) avoid
(B) accommodate
(C) lie to
(D) connect with

04. According to paragraph 2, why did many of the Underground Railroads routes lead into Canada?

(A) Because many slaves wanted to leave the United States altogether
(B) Because a law required slaves to be sent back to their masters from anywhere in the U.S.
(C) Because most Americans were not willing to help slaves
(D) Because there was a large group of Quakers in Canada

The Underground Railroad

1 The name for the Underground Railroad[1] is actually a **misnomer**: it was neither underground nor a railroad. The name came about when a slave disappeared across a river into a safe house, causing his pursuers to remark that he had vanished as if by an "underground road." The name caught on, and railway terms were used to describe the system's organization. Routes were called "lines"; safe stopping places were called "stations"; guides were "conductors," and **their** charges were known as "packages" or "freight."

2 ➡ The network of routes, which was especially designed to **evade** pursuers, crisscrossed fourteen Northern states. By 1851, the Fugitive Slave Law, a statute that called for escaped slaves to be returned to their owners, forced many conductors to lead slaves all the way to Canada. Thus, many routes fed into Canada, and fugitive slaves eventually developed supportive communities throughout the triangular region bounded by Toronto, Niagara Falls, and Windsor. Prior to arrival in the North, however, fugitive slaves traveled in small, independent groups that, in the interest of maintaining secrecy, knew little about the Railroad and its support network besides which connecting "stations" to stop at.

3 Those who most actively helped slaves escape by way of the Railroad were average members of the free black community. Prominent abolitionists such as William Lloyd Garrison and Frederick Douglass also assisted, and churches served as meeting points and safe houses. Escaping slaves were aided by thousands of "conductors" who used covered wagons or carts with false bottoms to carry slaves from one "station" to another. One **enterprising** escapee took the word "package" literally: Henry "Box" Brown had himself nailed into a wooden box and mailed from

1 A system of escape routes used by Southern slaves to escape to the North before slavery was outlawed in the United States

39

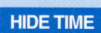
05. Which of the following can be inferred from the passage?

(A) Fugitive slaves had to know people in northern communities in order to plan a trip.

(B) Only prominent members of the community dared to assist with the Underground Railroad.

(C) The Fugitive Slave Law did not extend into Canada.

(D) Church officials often informed against Underground Railroad conductors.

06. The word **enterprising** in the passage is closest in meaning to

(A) desperate

(B) tired

(C) imaginative

(D) capitalistic

07. The author begins paragraph 4 with the word "Yet" to contrast

(A) The importance of a freed black woman in a system run by white abolitionists

(B) The role of a woman as guide when not many women could survive as "passengers"

(C) The importance of a single person known by name in a mostly anonymous institution

(D) Tubman's use of trains as opposed to most guides' use of wagons

08. According to paragraph 4, which of the following ideas is true?

(A) Harriet Tubman was once a slave.

(B) Tubman led 300 expeditions out of the South.

(C) Tubman charged $40,000 for the journey.

(D) Tubman conducted all of her escapes through Maryland.

Richmond to Philadelphia. He found freedom after spending 27 hours disguised as a shipment of dry goods on wagons, trains, steamboats, and ferries. Although other fugitives traveled on real railways, usually in less dramatic fashion, they primarily traveled on foot or by wagon. In fact, most escapees were male field workers under forty years old, because the journey was often considered too arduous for women, children, or the elderly to complete successfully.

4 ➡ Yet, it was a woman, Harriet Tubman, who became the greatest single conductor in the history of the Underground Railroad. After escaping from a Maryland plantation in 1849, Tubman dedicated her life to helping others reach free lands. She guided nineteen expeditions from the South, leading more than 300 desperate slaves — including her own aged parents — to freedom in Canada and the northern United States. Enraged Southern planters offered a $40,000 bounty for her capture, the highest amount offered for any conductor.

5 Tubman's success can be attributed to her daring and ruthlessness in following well - developed plans for her expeditions. One time at a train station, Tubman learned that slave-catchers were watching the northbound trains in hopes of capturing her and her charges. She quickly had her group board a southbound train, successfully gambling that her pursuers would never anticipate the group's retreat into the South. She later resumed her planned route from a safer location. The wily and fearless Tubman was serious enough about each mission to carry a pistol: if a slave had second thoughts about escaping, she would pull her gun and say: "You'll be free or die!" to prevent the dissenter from betraying the group. Fortunately, it seems that Tubman never had to resort to such measures. As Tubman reported, she "never lost a passenger."

6 ➡ The influence of the Underground Railroad extends even beyond the courage of those who helped operate it and the number of slaves who

09. Which of the sentences below best expresses the essential information in the highlighted sentence in the passage? Incorrect choices change the meaning in important ways or leave out essential information.

(A) The Underground Railroad aroused Northern sympathy for slaves while convincing Southerners of the North's commitment to defeating slavery.

(B) Even though only a small minority of Northerners participated in the Underground Railroad, the Southerners were convinced that peace could not be kept.

(C) Slavery opened the chasm between the North and South that was originally caused by the emergence of the Underground Railroad.

(D) Many people were sympathetic to the Underground Railroad, but few actually participated in it.

10. In paragraph 6, why does the author think there are obvious reasons for no official record?

(A) The slaves used code names to protect their families.

(B) The Civil War was too destructive for records to have been retained.

(C) The Underground Railroad was too secretive to have permitted recordkeeping.

(D) Records are generally not preserved for more than a century.

11. All of the following can be inferred from the passage EXCEPT:

(A) The Underground Railroad was not aptly named.

(B) No conductor led more slaves to freedom than Tubman did.

(C) Southern planters were not happy with Tubman's actions.

(D) Many Civil War generals considered Tubman a hero.

reached freedom — a group that is thought to include between 40,000 and 100,000 people. (The Underground Railroad was so secretive that records were considered to be a risk. Thus, there is no official record). First, it was relatively common for escapees who had established livelihoods as free men to purchase their mates, children and other family members out of slavery. ■ **Second, although only a small minority of Northerners participated in the Underground Railroad, its existence tended to arouse Northern sympathy for the conditions of slaves, and at the same time, it convinced many Southerners that the North would never peaceably allow the institution of slavery to exist.** ■ It therefore hastened the beginning of the Civil War. ■

7 As for Harriet Tubman, she continued her courageous exploits during the Civil War. ■ She worked as a nurse and a cook in the Union army and also became a scout and a spy. During the Civil War, she guided hundreds of people trapped in slavery up to the free states. In one campaign, she personally led 750 Southern slaves to freedom.

8 Following the war, Harriet Tubman remained active for a full fifty years. She was active in the struggle for women's suffrage, gave speeches about the rights of women and African-Americans, and helped to organize the African Methodist Episcopal (AME) Church. At the age of 93, Harriet Tubman was laid to rest with full military honors. Many schools now bear her name, and historic buildings such as the Harriet Tubman Home, and the Harriet Tubman Museum in Massachusetts, serve as monuments to her life.

12   Look at the four squares [■] that indicate where the following sentence could be added to the passage.

After slavery was outlawed at the end of the war, some of the routes of the Underground Railroad operated in reverse as escapees returned to the United States.

Where would the sentence best fit? Click on a square [■] to add the sentence to the passage.

13   **Directions**: An introductory sentence for a brief summary of the passage is provided below. Complete the summary by selecting the THREE answer choices that express the most important ideas in the passage. Some sentences do not belong in the summary because they express ideas that are not presented in the passage or are minor ideas in the passage. **This question is worth 2 points.**

> Drag your answer choices to the spaces where they belong. To remove an answer choice, click on it. To review the passage, click on **View Text**.

> **The Underground Railroad was not a railroad at all, but a set of routes and safe houses used by slaves fleeing the South.**
>
> • _____
>
> • _____
>
> • _____

Answer Choices	
(A) The Railroad ferried small groups of people by wagon, cart, foot or train through a set of safe houses or "stations" toward the Northern United States and Canada.	(B) Only a small number of Northerners participated in the Underground Railroad; most of its organizers were freed African-Americans.
(C) The Underground Railroad was an important institution, freeing as many as 100,000 slaves, some of whom later bought their families' freedom, and hastening the beginning of the Civil War.	(D) Prior to 1850, all routes led to Canada, where slaves could live without the fear of being returned to their masters.
(E) The term "Underground Railroad" came into being when men pursuing an escaped slave remarked that he had disappeared as if by an "underground road."	(F) Harriet Tubman, the most famous "conductor" of the Underground Railroad, personally guided hundreds of slaves to freedom, and stories of her bravery have helped keep knowledge of the Railroad alive.

14. The word **they** in the passage refers to

(A) arguments
(B) policies
(C) effects
(D) ideals

15. The word **consumption** in the passage is closest in meaning to

(A) eating
(B) spending
(C) saving
(D) wasting

16. In paragraph 3 and 4, why does the author mention a balanced budget?

(A) To highlight one of Reagan's main accomplishments
(B) To explain the logic behind deficit spending
(C) To suggest why the country suffered an economic recession in 1982
(D) To explain why Reagan cut spending

17. Which of the sentences below best expresses the essential information in the highlighted sentence in the passage? *Incorrect* choices change the meaning in important ways or leave out essential information.

(A) The nation's unemployment rate increased to nearly 11 percent because of the Great Depression.
(B) The severe recession was caused by the rate of unemployment in 1982.
(C) Unlike the Great Depression, the recession in 1982 pushed the nation's unemployment rates to nearly 11 percent.
(D) In 1982, the nation suffered a recession, increasing unemployment rates drastically.

Reaganomics

1 Ronald Reagan first became President in 1981 during a period of stagflation[1], an unprecedented economic condition in the United States. Reagan's economic response -- a set of policies collectively referred to as Reaganomics -- has been the source of much controversy. Supporters believe that Reagan's policies led to major economic growth, but critics believe Reagan merely benefited from a combination of luck and the benefits of the non-Reaganomic actions that his administration took. However, the truth is that both arguments are flawed: Reagan's actual policies led to some regrettable economic effects, and since his ideals were never fully implemented, **they** cannot be evaluated.

2 Reaganomics essentially has two key ideals -- low taxes and small government – and its proponents argue that free markets are the most efficient means of distributing wealth. Those who support Reaganomics see business as the "goose that lays the golden eggs," and they charge that the government is "strangling the goose" when it imposes regulations and taxes. Unlike his ardent supporters, Reagan only partially agreed with this philosophy. He did believe that the key to economic prosperity was the liberalization of the private economic sector, and he sought to stimulate the economy by lowering taxes on the wealthy. He implemented a twenty-five percent tax cut for individuals in order to promote greater consumption, saving, and investment. He lifted domestic petroleum price controls, lowered the oil windfall profits taxes[2] in August 1981, and ended the oil windfall profits tax in 1988. According to Reaganomics, tax cuts such as these would pay for themselves through taxes on increased spending and increased earnings in the newly-stimulated economy. ■ Reagan also significantly cut government spending, except military spending,

---

1   A combination of high inflation and high unemployment
2   Higher tax rates on oil profits that ensued from a sudden large gain within the industry

43

Questions 18-22 of 26

HIDE TIME 00:20:00

REVIEW

HELP

BACK

NEXT

18. The word **diminished** in the passage is closest in meaning to

    (A) decreased
    (B) destroyed
    (C) replaced
    (D) changed

19. It can be inferred from paragraph 4 that Americans began buying more foreign goods because

    (A) They had more spending money due to tax cuts.
    (B) Many American companies moved to foreign countries.
    (C) American companies could not meet their needs.
    (D) The strong dollar made it economically wise.

20. In paragraph 5, the author suggests that Reagan raised taxes

    (A) To respond to the criticism that his policies only helped the rich
    (B) To decrease the deficit
    (C) To pay for important social programs
    (D) To normalize the economy after a period of very low taxes

21. The word **rectify** in the passage is closest in meaning to

    (A) continue
    (B) eliminate
    (C) remedy
    (D) decrease

22. The word **prospered** in the passage is closest in meaning to

    (A) agreed
    (B) flourished
    (C) learned
    (D) regressed

because he perceived it to be a drain on the economy. ■ These spending cuts were controversial because they affected social services, including education, food stamps, low-income housing, Medicaid (health insurance for the poor), and Aid to Families with Dependent Children. ■

3 ➡ At the same time, however, the U.S. deficit during Reagan's presidency in 1983 reached $207.8 billion, accounting for the largest share of the economy since World War II. ■ Reagan increased military spending by $1.5 trillion over a five-year period to combat what he saw as a real threat from the Soviet Union. Deficit spending is one way in which the application of pure Reaganomics was abandoned. His deficit spending also violated traditional conservative economic theory. Without a balanced budget, such wisdom has it, private actors will expect taxes to increase in the future to offset the deficits, and they will save money to pay these taxes. This offsets any increases in **consumption** resulting from other financial incentives.

4 ➡ Indeed, the policies Reagan chose did not initially appear to work: the country suffered an economic recession in 1982. Reagan then tried to combat inflation by dramatically hiking interest rates to tighten the money supply, but a limited money supply generally lowers inflation while increasing unemployment. **The severe recession in 1982 pushed the nation's unemployment rate to nearly 11 percent, the highest it had been since the Great Depression.** Other indicators were equally troubling. The Gross National Product fell by 2.5 percent in 1982. As American productivity slowed due to the recessed economy, countries such as Germany and Japan claimed the American market, and the American consumption of foreign products increased. The country's trade deficit increased from $25 billion in 1980 to $111 billion in 1984. The number of farmers also declined as the worldwide economic slump of the early 1980s **diminished** the market for farm products. Bankruptcies and farm foreclosures reached record levels. Meanwhile, budget deficits continued to soar.

23. According to the passage, which one of Reagan's enacted policies was a violation of his own economic philosophy?

    (A) Cuts in spending
    (B) Tax cuts
    (C) Deregulation
    (D) Deficit spending

24. According to the passage, the major action of Reagonomics was

    (A) Limiting the money supply to control inflation
    (B) Cutting taxes to stimulate consumption
    (C) Deficit spending to spur military growth
    (D) Stopping government spending to free the economy

5 ➡ By the end of 1983, the economy staged a dramatic recovery – but this, too, cannot be attributed to Reaganomics. Reagan had again partially backed away from strict Reaganomics by increasing taxes by $98.3 million in 1982 to help limit budget deficits. By early 1983, the economy had begun to recover, and by the end of that year unemployment and inflation were significantly reduced. The economy bounced back and the U.S. entered a long period of economic growth: consumers began to spend more, inflation was at an all-time low, and the Gross National Product grew at a rate of 4.2 percent annually.

6 But critics charged that not everyone benefited. The national debt had nearly tripled, and lower- and middle-class families did not feel the economic growth. Rather, the wealthy seemed to benefit the most. Reagan tried to **rectify** this in his second term by implementing tax reforms that attempted to do away with preferential systems and loopholes so that Americans of all classes were taxed more fairly. Even so, not everyone **prospered** from those reforms. The poor and the farmers still did not benefit from the growing economy. The military funds deficit was another concern, since this meant the government was spending far more than **its** income every year. The stock market crash of 1987 served as confirmation of the doubts about the true state of the nation's economy.

7 In sum, the theoretical Reaganomic ideal of smaller government and spending restraint was never implemented due to a lack of political will. The legacy of Reagan's actual policies, however, indicates problems with his approach.

25   Look at the four squares [■] that indicate where the following sentence could be added to the passage.

Reagan saw defense as a more crucial government function than social welfare.

Where would the sentence best fit? Click on a square [■] to add the sentence to the passage.

26   **Directions**: An introductory sentence for a brief summary of the passage is provided below. Complete the summary by selecting the THREE answer choices that express the most important ideas in the passage. Some sentences do not belong in the summary because they express ideas that are not presented in the passage or are minor ideas in the passage. **This question is worth 2 points.**

> Drag your answer choices to the spaces where they belong. To remove an answer choice, click on it. To review the passage, click on **View Text**.

Ronald Reagan's unprecedented economic policies have been the source of much controversy.

- _____

- _____

- _____

Answer Choices	
(A) Since Reaganomics were not fully put into practice, it is impossible to know whether practicing Reaganomics would bring about a healthy economy.	(B) So-called Reaganomics were based on the idea that cutting taxes and government spending would stimulate the economy.
(C) In fact, it were the tax increases of 1982 that caused the end of the recession.	(D) Reagan faced unusual economic circumstances: the combination of high inflation and high unemployment.
(E) President Reagan spent vast sums on the military because he felt there was a real threat from the Soviet Union.	(F) Reagan's deficit spending contradicted the principles of Reaganomics and also violated conventional wisdom.

27. The word **devised** in the passage is closest meaning to

(A) imagined
(B) invented
(C) criticized
(D) improved

28. Which of the sentences below best expresses the essential information in the highlighted sentence in the passage? *Incorrect* choices change the meaning in important ways or leave out essential information.

(A) Steam escaping through vents caused the sphere to rotate.
(B) Steam traveled through a pipe to a sphere.
(C) A steam-filled pipe was allowed to escape through small vents.
(D) Small vents allowed steam from the kettle to escape.

29. The word **induced** in the passage is closest in meaning to

(A) introduced
(B) showed
(C) encouraged
(D) educated

30. The word **their** in the passage refers to

(A) Mongols
(B) rocketry experts
(C) mercenaries
(D) people

Rockets

1 Rockets -- missiles, spacecraft, or aircraft propelled by the reaction and ejection of fast-moving exhaust gas -- have a long and complex history. A Greek man named Archytas **devised** a crude rocket in 400 B.C. when he flew a wooden pigeon in front of his fellow townspeople in Tarentum. The bird was suspended by wires and propelled by steam. Three hundred years later, another Greek, Hero of Alexandria, invented another steam-propelled rocket dubbed the "aeolipile." In this case, a sphere was mounted on top of a kettle. **Steam traveled through a pipe from the kettle into the sphere, and it was allowed to escape through small vents in the sides, causing the sphere to rotate.**

2 ➡ Around the first century C.E., the Chinese used bamboo tubes filled with a crude form of gunpowder during religious celebrations. The tubes, which were precursors to modern fireworks, were thrown into a fire, where they exploded. Some of these tubes did not explode but skittered out of the fire, propelled by the escaping gas and sparks from the burning powder. This **induced** the Chinese to further study and experiment with these tubes for military uses. Ninth century Chinese Taoist alchemists[1] then experimented with gunpowder, which they discovered while searching for the Elixir of Life. Ironically, their discovery led to the development of bombs, cannons, and rocket-propelled fire arrows. The Chinese first applied rocket technology for military purposes in 1232, against the Mongol army in the battle of Kai-Keng. ■ After the Mongols conquered northern China, they employed Chinese rocketry experts as mercenaries in **their** military, and in this way, rocket expertise soon spread to people throughout the Mongolian empire.

---

1   People who sought to chemically change an everyday substance, usually of little value, into a substance of great value (i.e., the Elixir of Life)

31. In paragraph 2, why does the author describe the Taoists' discovery as ironic?

   (A) The Taoists were a religious group who weren't interested in making scientific discoveries.

   (B) The Taoist's discovery was accidental.

   (C) The Taoists were seeking the Elixir of Life, but their discovery enabled destruction.

   (D) Gunpowder was already being used in fireworks.

32. According to paragraph 2, how did the Mongols learn to make rockets?

   (A) They were part of the Chinese empire.

   (B) They forced the Chinese to reveal their designs.

   (C) They got the idea from the Ottoman Empire.

   (D) They used Chinese rocket experts in their army.

33. Jules Verne is mentioned in paragraph 6 as an example of

   (A) An advocate of space travel

   (B) A private citizen's interest in space travel

   (C) A non-scientist who helped develop rocket technology

   (D) A person who devised the idea of a multistage rocket

34. According to paragraph 6, who invented the multistage rocket?

   (A) Tsiolkovsky

   (B) Congreve and Hale

   (C) Goddard and Tsiolkovsky

   (D) Goddard and Congreve

3 ➡ ■ The Mongols Genghis Khan and Ogodei Khan used rockets when they conquered Russia, Eastern Europe, and Central Europe in the thirteenth century. ■ Rocket technology may have been introduced to the Ottomans in the siege of Constantinople in 1453, but it's possible that the Ottomans had already adopted the use of gunpowder during a prior Mongol invasion. ■ That same century, rocket power arrived in Korea in the form of the hwacha, a two-wheeled cart used to fire rockets attached to iron spikes.

4 From the 13th century to the 15th century, experimentation with rockets continued all over Europe. *The Complete Art of Artillery*, a rocketry guide written by a Polish-Lithuanian nobleman, was translated into a variety of languages and used as a basic war manual across Europe. By the 16th century, however, the military use of rockets had largely fallen to the wayside, mostly because rockets were difficult to deliver with precision. However, at the end of the 18th century, the Indian leader Tipu Sultan revived the use of rockets when battling against the British in the Battle of Mysore. That kindled British interest in rocket technology and inspired the Briton William Congreve to make significant advancements in the field of rocket navigation. The early Congreve rockets improved aim with the addition of a long stick to the end of the weapon.

5 Once Britain began to develop more functional rockets, the use of modern military rockets spread throughout Europe. Other pioneers moved Congreve's sticks from the side of the rocket to the center, which reduced drag and made it possible to fire a rocket accurately from a segment of pipe. The accuracy problem was further reduced in 1844 when William Hale modified the rocket design so that thrust was slightly vectored to cause the rocket to spin along its axis of travel, much like a bullet. The Hale rockets did not need sticks, and they traveled further in addition to being far more accurate.

6 ➡ In the last third of the nineteenth century and the

35. According to the passage, which of these best describes the introduction of rockets in Europe?

    (A) Rockets were introduced to Eastern Europe by the Mongols, and they quickly spread across the continent.

    (B) Invasions by the Mongols and the Ottomans prompted centuries of European work on rocket technology in the Middle Ages.

    (C) Rockets were introduced to Europe by the Mongols in medieval times, but they were not developed militarily in Europe until the late 1700s.

    (D) Eastern Europe began developing rockets shortly after contact with the Mongols, and Western Europe began developing them after contact with India.

36. The most important improvement in rocket aim, according to the passage, was developed by

    (A) Konstantin E. Tsiolkovsky
    (B) William Congreve
    (C) Robert Goddard
    (D) William Hale

37. According to the passage, all of the following are techniques for rocket flight EXCEPT:

    (A) Steam propulsion
    (B) Multi-staged rockets
    (C) Gunpowder explosions
    (D) Petroleum propulsion

first third of the twentieth, the idea of using rockets for space travel began to grow. Inspired by the imaginary inventions of science fiction writers like Jules Verne, the Russian scientist Konstantin E. Tsiolkovsky worked on theoretical problems of rocket propulsion and motion and developed the concept of multistage rockets. Multistage rockets are those in which a larger rocket carries a smaller rocket filled with fuel as far as it will go and then sheds the extra weight. The American scientist Robert Goddard conducted a wide array of rocket experiments between 1908 and 1945. He independently developed ideas similar to those of Tsiolkovsky about spaceflight and propulsion and successfully implemented them, building liquid- and solid-propellant rockets. Rocket technology was ultimately responsible for the Space Age, including our exploration of the moon.

7 Today, rockets are used by both the public and private sectors. They remain a popular tool of the military: some are used to deliver explosives to their targets, and others are designed to intercept incoming missiles. Rockets are also used by the government and private companies to launch the satellites that affect billions of people's daily lives. However, the idea of manned rockets is perhaps the most captivating of modern possibilities in rocketry. SpaceShipOne completed the first privately-funded human spaceflight in 2004. As rockets become produced in larger quantities, private rocket flight to space will likely become more accessible and affordable.

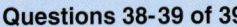   

38   Look at the four squares [■] that indicate where the following sentence could be added to the passage.

Though the rockets probably did not have much physical effect, they most certainly had a psychological effect upon the Mongols.

Where would the sentence best fit? Click on a square [■] to add the sentence to the passage.

39   **Directions**: An introductory sentence for a brief summary of the passage is provided below. Complete the summary by selecting the THREE answer choices that express the most important ideas in the passage. Some sentences do not belong in the summary because they express ideas that are not presented in the passage or are minor ideas in the passage. **This question is worth 2 points.**

> Drag your answer choices to the spaces where they belong. To remove an answer choice, click on it. To review the passage, click on **View Text.**

> **The development of rockets began as early as 400 B.C, when a Greek man flew a steam-propelled wooden pigeon.**
>
> - _____
>
> - _____
>
> - _____

Answer Choices	
(A) William Congreve improved rocket aim by adding a stick that helped keep rockets on course.	(B) Europeans experimented with rockets for several centuries, but only developed serious military uses for them after India used them against the British in the late 18th century.
(C) The Chinese originally used bamboo firecrackers for religious celebrations.	(D) The Chinese first used rockets in 1232 against the Mongol army, and the Mongols then spread rocket technology across Europe.
(E) Europeans, Russians, and Americans contributed major improvements in rocket aim and propulsion during the 19th and 20th centuries.	(F) Around the turn of the twentieth century, interest began to grow in using rockets for space travel.

RETURN   REVIEW   CONTINUE

You have seen all of the questions in this part of the Reading section.

You have time left to review.

As long as there is time remaining, you can check your work.

Click on **RETURN** to go back to the previous question.

Click on **REVIEW** to see the review screen for this section.

Click on **CONTINUE** to go on.

Once you leave this part of the Reading section,

you **WILL NOT** be able to return to it.

iBT TOEFL Road Map
Reading 2
Test 04

ActualTEST
Reading 04

TOEFL IBT Reading Directions

In this section, you will read 3 passages and answer comprehension questions about each passage. Most questions are worth one point, but the last question in each set is worth more than one point. The directions indicate the maximum number of points.

You have 60 minutes to read all of the passages and answer the questions.

When you want to go to the next question, click the Next button. You may skip questions and go back to them later as long as there is time remaining. If you want to return to previous questions, click on the Backbutton. You can click on Review at any time and the review screen will show you which questions you have answered and which you have not. From the review screen, you may go directly to any question in the reading section.

When you are ready to continue, click on End Directions.

01. The word **implicated** in the passage is closest in meaning to

(A) accused

(B) proven

(C) vulnerable

(D) dedicated

02. Based on the information in paragraph 1, what is the main difference between shark attacks and whale attacks?

(A) Shark attacks are more common than whale attacks.

(B) Whale attacks are always unprovoked.

(C) Whales never kill humans.

(D) Whales are not considered a threat to humans.

03. Which sentence below best expresses the essential information in the highlighted sentence in the passage? *Incorrect* choices change the meaning in important ways or leave out essential information.

(A) Shark-human interactions have increased due to industrialization.

(B) Humans encounter sharks more often because more people use the ocean for leisure.

(C) Development of American beaches has led to more human-shark encounters.

(D) Humans and sharks now encounter each other more often.

04. In paragraph 2, the author mentions the increase of shark-human interactions in order to

(A) Explain why sharks sometimes attack people.

(B) Explain why people have become interested in shark attacks in recent years.

(C) Give advice on how best to survive a shark attack.

(D) Compare shark attacks to attacks by other animals.

Sharks

1 ➡ Sharks are probably the natural predator most feared by humankind. Among the Earth's many large animals **implicated** in the attack and consumption of human beings, it is sharks that leave many with the greatest sense of helplessness. Other sea creatures associated with assailing humans, such as killer and sperm whales, are thought to attack relatively infrequently, and fierce land predators, such as tigers and bears, can be confronted with a rifle. Sharks, on the other hand, leave the swimmer defenseless. Their prowess has permeated popular culture, leaving us with the impression that shark attacks are common and a reasonable fear.

2 ➡ The fear of sharks, at least to this degree, is unique to our time. **Shark attacks did not become a subject of popular interest until the twentieth century, when the worldwide trend toward more intense utilization of marine waters for recreation heightened the likelihood of shark-human interactions.** During the first half of the 1900s, few authenticated unprovoked shark attacks were reported along the Pacific Coast, but more than 100 authenticated accounts followed by the end of the century. An increase in the total number of attacks on fishermen, along with a small number of unprovoked attacks, contributed to skyrocketing public fear. Additionally, *the Jaws* series of films and other fictionalized accounts of attacks, as well as sensationalized news accounts on programs such as *Shark Attack!*, have fueled contemporary anxieties.

3 Although sharks are indeed responsible for the deaths of a few humans every year, humans are the more **menacing** species: recreational and commercial fishermen kill nearly 100 million sharks annually. This is equivalent to almost 300,000 per day. Sharks are prized for their cartilage, fins, meat, and skin. Ironically, their fierce reputation has contributed to their downfall: increasingly, fishermen make a sport of successfully landing the widely-feared fighting fish.

05. The word **menacing** in the passage is closest in meaning to

(A) cunning
(B) disturbing
(C) predictable
(D) threatening

06. It can be inferred from paragraph 4 that fishermen are shark attack victims because

(A) Fishermen are more numerous than anyone else on the sea.
(B) Fishermen provoke sharks into attacking them.
(C) Fishermen fail to follow safety precautions.
(D) Fishermen are not familiar with different shark species.

07. The word **they** in the passage refers to

(A) oceanic white-tipped sharks
(B) victims
(C) airplane crashes and shipwrecks
(D) the open seas

08. According to paragraph 5, which of the following is true?

(A) The four most dangerous shark species have been known to frequent fresh water.
(B) Shark attacks are only a danger to people in coastal waters.
(C) The great white shark has killed more humans than all the other shark species combined.
(D) Sharks can be found in rivers and in the open sea.

4 ➡ Not surprisingly, fishermen catching sharks represent the largest number of shark attack victims. Only a small minority of sharks poses a threat to humans not engaged in provocation. Many films of sharks have been made in open water by uncaged cameramen, and animal rights activists have swum alongside sharks to demonstrate the possibility of peaceful coexistence. Some sharks, such as the whale shark -- the largest shark of all -- are even referred to as "gentle giants."

5 ➡ Only four of the approximately 360 known species of sharks have been confirmed to consume humans. These include the bull shark, great white shark, oceanic white-tipped shark, and tiger shark. The twenty-foot great white is an aggressive hunter and the world's largest predatory fish. Since it inhabits coastal waters, it's a threat to ocean swimmers and surfers in particular. Tiger sharks also inhabit shallow waters, so they too are a danger to recreational swimmers and surfers. The bull shark is of concern to those using the Mississippi River since it frequents fresh water and has traveled the Mississippi as far north as the Ohio River. Oceanic white-tipped sharks, also known to eat people, are a particular threat to victims of airplane crashes and shipwrecks in the open seas. They are thought to have killed more humans than all other sharks combined. Many other species of shark have attacked, bitten, or threatened humans without any sort of provocation, but unlike the aforementioned species, they tend to leave the victim alone after just one bite.

6 Many theories have been put forth to explain shark attacks in which the shark leaves the victim after a single bite. Some think the shark is initially unable to distinguish between a typical source of food, such as a seal, and a human, and that after the shark bites the human only once, it is unpleasantly surprised and swims away. People supporting this viewpoint say the mistake is most often made with surfers,

09. According to the passage, what is one theory as to why sharks attack humans?

(A) They see humans as a threat.

(B) They are protecting their young.

(C) They confuse humans with a typical source of food.

(D) They are starving.

10. Which of the following can be inferred from paragraph 7?

(A) Most sharks will not attack humans if unprovoked.

(B) Sharks will always attack a swimmer in their vicinity.

(C) Surfers should generally remain in the water if a shark is spotted.

(D) When in the presence of a shark, it is best to stay still.

11. According to the passage, all of the following are true of shark attacks EXCEPT

(A) They are less likely to occur than other beach injuries.

(B) They were not always a subject of popular concern.

(C) They are relatively easy to predict and control.

(D) They have increased due to an increase in the use of water for recreation.

whose boards might be mistaken for seals. Another hypothesis is that sharks sometimes attack their prey and then leave it to bleed to death, returning later to eat the dead body. This can serve to protect the shark if its prey is still alive and possibly combative, but humans usually have time to get back to shore and out of the water before the shark returns.

7 ➡ Shark attacks are indeed a potential danger that must be acknowledged by those who frequent both oceans and fresh water, but they should be kept in perspective. The majority of the time, sharks are thought to be harmless to swimmers, surfers, and divers. Simply moving away or getting out of the water is usually enough to avoid an attack. Bees, wasps, and snakes are responsible for far more fatalities each year. ■ In the United States the annual risk of death from lightning is thirty times greater than that from a shark attack, and statistics for death from dog bite are similar. ■ For most people, any interaction with sharks is likely to occur while swimming or surfing in near-shore waters. ■ From a statistical standpoint, the chance of dying in this area from other causes, such as drowning or cardiac arrest, is markedly higher. ■ Shark attack trauma is also less common than other beach-related injuries such as dehydration, jellyfish stings, and sunburn.

12   Look at the four squares [■] that indicate where the following sentence could be added to the passage.

More people are injured and killed on land while driving to and from the beach than lose their lives to sharks.

Where would the sentence best fit? Click on a square [■] to add the sentence to the passage.

13   **Directions**: An introductory sentence for a brief summary of the passage is provided below. Complete the summary by selecting the THREE answer choices that express the most important ideas in the passage. Some sentences do not belong in the summary because they express ideas that are not presented in the passage or are minor ideas in the passage. **This question is worth 2 points.**

> Drag your answer choices to the spaces where they belong. To remove an answer choice, click on it. To review the passage, click on **View Text.**

Though many fear shark attacks, in reality sharks represent a relatively small threat to humans.

- _____
- _____
- _____

Answer Choices	
(A) An increasing number of humans are killed by sharks each year.	(B) Development of beaches and oceans by humans has contributed to an increase in the frequency of shark attacks, though the number is still proportionally small.
(C) Films and books about shark attacks have raised public misperception of the dangers posed by sharks.	(D) There are many greater risks to humans in the water than sharks.
(E) Most species of shark will attack a human if the human is threatening the shark's offspring.	(F) Sharks often kill humans for food, though only if provoked in some way.

Questions 14-17 of 26

HIDE TIME 00:20:00

REVIEW

HELP

BACK

NEXT

14. According to paragraph 2, Coretta Scott did all of the following EXCEPT:

    (A) Study musical education at the New England Conservatory
    (B) Graduate as valedictorian of her high school
    (C) Study music at Antioch College
    (D) Sing in the Dexter Avenue Baptist Church choir

15. According to paragraph 3, Coretta Scott raised funds for:

    (A) The New England Conservatory
    (B) The Ghana Independence Movement
    (C) The Southern Christen Leadership Conference
    (D) Mexican poverty relief

16. Why does the author mention the Kings' travels overseas?

    (A) To show that Coretta Scott King was a cosmopolitan woman despite her rural upbringing
    (B) To show that the Kings' interest in peace and economic justice was international
    (C) To explain why the Kings were controversial internationally
    (D) To show the difficulties involved in raising a family while being a public figure

17. The word **gulf** in the passage is closest in meaning to

    (A) an area of an ocean partly enclosed by land
    (B) a deep chasm
    (C) a narrow canyon
    (D) a wide disparity

Coretta Scott King

1 Coretta Scott King is best known as the wife of American civil rights leader Martin Luther King, Jr. Throughout her marriage, however, she balanced her time between family and political activism. Following her husband's death, Coretta Scott King earned a reputation as one of the most influential civil rights crusaders of the twentieth century.

2 ➡ Coretta Scott was born on April 27, 1927 in rural Heiberger, Alabama. In 1945 she graduated as valedictorian of Marion, Alabama's Lincoln Normal School and received a scholarship to study education and music at Antioch College[1]. As an undergraduate, Coretta Scott joined Antioch's chapter of the NAACP and served on the college's civil liberties and race relations committees. Meanwhile, she excelled as a music student, and in 1951 she won a scholarship to the New England Conservatory of Music in Boston. In Boston she met Martin Luther King, Jr., who was studying for a doctorate in systematic theology at Boston University. The couple was married by his father, the Rev. Martin Luther King, Sr., on June 18, 1953. After Coretta completed her graduate degrees in violin and voice, the Kings settled in Montgomery, Alabama. There Coretta assumed the many duties of a traditional pastor's wife as Dr. King served the Dexter Avenue Baptist Church.

3 ➡ During Dr. King's career, Mrs. King devoted most of her time to raising their four children: Yolanda Denise (1955), Martin Luther, III (1957), Dexter Scott (1961), and Bernice Albertine (1963). From the earliest days, however, she balanced mothering and civil rights movement work, speaking before churches, civic organizations, colleges, fraternal organizations, and peace groups. ■ As a visible participant in the Southern Christian Leadership Conference[2], she

1 A liberal arts school in the Midwestern United States
2 A civil rights organization founded in 1957 with Dr. King as its first president

18. The word **emergence** in the passage is closest in meaning to

(A) appearance

(B) retreat

(C) rejection

(D) compassion

19. The word **subsequent** in the passage is closest in meaning to

(A) occurring in the distant past

(B) occurring earlier

(C) occurring later

(D) occurring in some other place

20. According to paragraph 5, Coretta Scott King was arrested

(A) In the 1960s with her husband

(B) When she joined a protest march against apartheid

(C) When she traveled to Mexico and spoke about poverty

(D) As a student attending Antioch College

21. The word **their** in the passage refers to

(A) Awards

(B) Members

(C) Authors and illustrators

(D) Motivational and educational work

22. According to paragraph 7, the Coretta Scott King Award honors

(A) African writers and illustrators

(B) Democratically elected heads of state

(C) Black American writers

(D) Women civil rights leaders

gave speeches, sang at concerts, and represented her husband when he was unable to attend civil rights events. ■ She was also responsible for a series of Freedom Concerts. These combined prose and poetry narration with inspirational music and acted as fundraisers for the Southern Christian Leadership Conference activities. ■

4 In the late 1950s and early 1960s, Mrs. King traveled overseas with her husband. ■ In 1957, she and Dr. King journeyed to Ghana, celebrating that country's recent independence from British colonial rule. In 1958, they took a belated honeymoon to Mexico, where they were saddened to see the immense **gulf** between extreme wealth and poverty that existed there. In 1959, Dr. and Mrs. King spent nearly a month in India visiting disciples and sites associated with Mahatma Gandhi[3], and in 1964, the couple traveled to Oslo, Norway, where Dr. King received the Nobel Peace Prize.

5 ➡ After her husband's assassination, Coretta Scott King became a dynamic activist and peace crusader. Her speech on Solidarity Day in 1968 is often identified as a prime example of her **emergence** from the shadow of her husband's memory. Much of her **subsequent** activity revolved around campaigning for African-Americans' rights and women's rights. She also published *My Life with Martin Luther King, Jr.* and devoted her time to planning a commemorative Martin Luther King, Jr. Memorial in Atlanta. Coretta Scott King later became an outspoken opponent of apartheid, and in 1985 she was arrested for participating in a protest march against the South African government's policies.

6 One of the most influential African-American leaders of our time, Mrs. King received honorary doctorates from over 60 colleges and universities. She authored three books and maintained a nationally-syndicated

---

3 The pre-eminent political and spiritual leader of India during the Indian independence movement

23. Which of the sentences below best expresses the essential information in the highlighted sentence in the passage? Incorrect choices change the meaning in important ways or leave out essential information.

    (A) King was present during a number of historic events.

    (B) King was an active civil rights advocate throughout her life.

    (C) King continued her husband's work.

    (D) King supported Black American advancement.

24. With which of the following statements would the author most likely agree?

    (A) Coretta Scott King was a professional musician.

    (B) Coretta Scott King was as great an orator, as was her husband.

    (C) Coretta King's activism declined after her husband's assassination.

    (D) Coretta Scott King was a human rights crusader in several different arenas.

column. She helped to found and serve dozens of community organizations including the Black Leadership Forum, the National Black Coalition for Voter Participation, and the Black Leadership Roundtable.

7 ➡ Until her death in 2006, Mrs. King remained an eloquent and respected spokesperson on behalf of women's rights and health education. She spoke out against youth violence, the disproportionately low numbers of minorities holding public offices, and the death penalty. She received many awards honoring her achievements and commitment, and perhaps the greatest recognition is the award named in her honor: presented annually by members of the American Library Association: the Coretta Scott King Award honors African American authors and illustrators by recognizing **their** exceptional motivational and educational works.

8 Coretta Scott King carried the message of nonviolence and the dream of the beloved community to almost every corner of our nation and around the world; she led goodwill missions to many countries in Africa, Latin America, Europe and Asia. ▪ She spoke at many of history's most significant peace and justice rallies. She was the first woman to deliver the class day address at Harvard and to preach at a statutory service at London's St. Paul's Cathedral.

9 ➡ In addition to meeting with a number of heads of state, King engaged in dialogues with great spiritual leaders, including Pope John Paul, the Dalai Lama, Dorothy Day, and Bishop Desmond Tutu. **She acted as a witness to the historic handshake between Prime Minister Yitzhak Rabin and Chairman Yassir Arafat at the signing of the Middle East Peace Accords and joined Nelson Mandela in Johannesburg when he became South Africa's first democratically elected president.** A woman of wisdom, compassion, and vision, Coretta Scott King helped to make ours a better world and, in the process, made a name for herself in history.

25   Look at the four squares [■] that indicate where the following sentence can be added to the passage.

This was the beginning of a broadening and deepening commitment to a range of issues.

Where would the sentence best fit? Click on a square [■] to add the sentence to the passage.

26   **Directions**: Complete the table by matching the phrases below

Directions: Select the appropriate phrases from the answer choices and match them to the term to which they relate. TWO of the answer choices will NOT be used. This question is worth 2 points.

> Drag your answer choices to the spaces where they belong. To remove an answer choice, click on it. To review the passage, click on **View Text.**

Answer Choices	Coretta Scott King's activities BEFORE her husband's death
(A) Raised money for the Southern Christian Leadership Conference	·
(B) Wrote three books	·
(C) Celebrated the independence of Egypt	·
(D) Traveled to India to learn more about Gandhi	Coretta Scott King's activities AFTER her husband's death
(E) Met with world leaders	·
(F) Taught music education to children	·
(G) Spoke at Harvard	

27. Which of the sentences below best expresses the essential information in the highlighted sentence in the passage? *Incorrect* choices change the meaning in important ways or leave out essential information.

(A) Railroad managers gave free passes to opinion leaders in order to quiet opposition to railroad practices.

(B) Elected officials and newspaper editors were given free yearly passes by railroad companies.

(C) No one stood against unfair railroad practices because they did not dare go against such a powerful organization.

(D) The public was against the corrupt practices of the railroads; they did not approve of the way opinion leaders were bribed.

28. The word **curtail** in the passage is closest in meaning to

(A) limit

(B) investigate

(C) evaluate

(D) detail

29. It can be inferred from paragraph 1 that regulatory capture occurs when

(A) A regulatory agency acts in favor of the industry it oversees

(B) The government takes full control of an industry to bring it into line

(C) The government creates a regulatory agency but has no enforcement authority

(D) An industry establishes a commission to regulate itself

The Interstate Commerce Commission

1 ➡ The Interstate Commerce Act of 1887 was the result of longstanding campaigns against abusive practices by the railroads. Western farmers led the movement, but people across the country, and especially in small towns, believed that their pricing systems were unjust. A central issue was the difference in prices for customers in similarly situated communities. **Public opinion was also mobilized against the common railroad practice of giving free yearly passes to opinion leaders, such as elected officials and newspaper editors, with the aim of quieting opposition to railroad practices.** At one point, a muckraker[1] claimed that the railroad in his hometown had gone so far as to refuse to ship newsprint to a newspaper editor who had attacked the railroad in print. The Interstate Commerce Act created a government agency intended to **curtail** such abuses of power. Unfortunately, the Interstate Commerce Commission (ICC) became a prime example of regulatory capture: the Commission eventually tended to act in the interest of railroads instead of consumers, and as transportation evolved away from the rail, the ICC continued to mainly serve the interests of common carriers.

2 ➡ The ICC had promising beginnings as the result of a strong and diverse coalition. Western farmers were joined by influential Eastern businessmen, who had also come to consider themselves the victims of economic discrimination by the railroads. Both political parties began to push for reform. In 1887, President Grover Cleveland signed the Interstate Commerce Act into law. It prohibited railroad companies from pooling profits and discriminating against smaller markets. It also required the railroads to publicize their rates, **cease** giving rebates, and establish shipping rates that were "reasonable and just." ▪ Finally, the Act established the Interstate Commerce Commission to

---

1 A journalist who searches for and exposes corruption or scandal

Questions 30-33 of 39

HIDE TIME 00:20:00

REVIEW
HELP
BACK
NEXT

30. The word **cease** in the passage is closest in meaning to

    (A) admit

    (B) stop

    (C) diminish

    (D) permit

31. All of the following are listed in paragraph 2 as provisions of the Interstate Commerce Act EXCEPT:

    (A) Prohibiting distinctions between different types of commerce

    (B) Establishing the ICC

    (C) Ending discrimination against smaller markets

    (D) Preventing the pooling of profits

32. It can be inferred from paragraph 2 that

    (A) Western farmers were more influential than Eastern businessmen.

    (B) Eastern businessmen were more influential than farmers.

    (C) Both Western farmers and Eastern businessmen were politically important groups.

    (D) Western farmers and Eastern businessmen had influence with the same politicians.

33. The word **vaguely** in the passage is closest in meaning to

    (A) uniquely

    (B) oddly

    (C) imprecisely

    (D) legitimately

oversee enforcement of the law.

3 ■ The Interstate Commerce Commission was the first regulatory agency established in the United States. ■ It was a hybrid agency with elements of the federal government's judicial, legislative, and executive powers, and some referred to it as the government's "fourth branch." ■ Because the ICC was the first organization of this kind – there were no other government agencies – its power was **vaguely** defined. In the early years, this translated into the ICC being rather weak; it lost fifteen of its sixteen cases against the railroad companies. The Elkins Act was passed in 1903 to give the ICC additional authority. Over time, as the ICC gained additional privileges, it used its powers to the railroads' benefit. It set minimum rates at artificially high levels and developed a restrictive permitting process that effectively excluded new competitors.

4 ➡ It should be acknowledged that the rulings of the Commission were also subject to review by the federal courts. When the Commission eventually grew harsher towards the railroads, federal courts undercut the commission's authority and judged in the companies' favor. At one point, ICC officials declared in an annual report that **they** prevented it from carrying out its function, and that people should no longer look to the commission for protection. Still, and all along, critics have said that the monopolistic nature of the railroad industry in 1887 necessitated something like the Interstate Commerce Commission, though its authority went too far. The agency took on additional responsibilities as commerce and forms of transportation expanded. The ICC was even given dominion over pipe systems in the Hepburn Act of 1906.

5 ➡ The ICC's mandate of regulating a monopoly was largely obsolete by the 1920s, when trucks had begun to compete with trains. However, just then the ICC became even more powerful: the Motor Carrier Act put trucks under ICC jurisdiction in 1935. By the

34. In paragraph 4, why does the author say it should be acknowledged that federal courts reviewed ICC rulings?

(A) To introduce the essay's main argument that federal courts are to blame for railroad abuses

(B) To note that the ICC did not have final authority

(C) To argue that the courts benefited from a relationship with the railroads

(D) To explain the consequences for undercutting the federal courts' authority

35. The word **they** in the passage refers to

(A) the Commission

(B) the railroads

(C) federal courts

(D) people

36. With which of the following conclusions would the author most likely agree?

(A) The ICC was founded with good intentions, but it failed to protect consumer rights.

(B) The ICC's mandate was intentionally loosely defined at its inception.

(C) The ICC was unable to regulate commerce.

(D) The ICC had been founded at the request of the railroads themselves.

37. The passage's discussion of the court rulings regarding ICC actions indicates that

(A) The courts were controlled by railroad interests.

(B) The ICC was unconstitutional.

(C) The court believed that the ICC infringed upon its judiciary powers.

(D) The ICC did not initially act on all of its mandates.

early 1950s, the ICC's jurisdiction extended beyond railroads to all surface transportation vehicles and channels, including bridges, coastal and inter-coastal shipping routes, ferries, internal waterways, bus transportation, and trucking. By the 1960s, the agency employed more than 2,400 people and was accused of being a massively bloated bureaucracy. Furthermore, critics charged that just as in the past, the ICC was permitting carriers to charge unreasonably high rates. The ICC again seemed improperly close to its charges: at one point, the American Trucking Association maintained an office inside the ICC's headquarters.

6 Laws eventually started to work in the opposite direction, taking powers away from the commission. First, the Railroad Revitalization and Regulatory Reform Act of 1976 limited the Commission's power to regulate rates. In 1977, air cargo deregulation further eroded the ICC's sphere of influence. The penultimate act of deregulation came in 1994 when the ICC ceded control over the trucking industry to the Department of Transportation. In an act that suggests a cozy relationship between the regulator and the regulated, an alliance of the businesses under ICC supervision -- railroads and trucking companies -- fought to rescue the agency. Despite their efforts, most of the Commission's work was absorbed by the Department of Transportation. In 1995, President Bill Clinton formally dissolved the ICC by signing the ICC Termination Act. Most of the agency's 200 workers moved to the Department of Transportation. The commission's remaining work – handling railroad disputes and approving bus and rail mergers – is now mostly handled by a board of three government employees.

38   Look at the four squares [∎] that indicate where the following sentence could be added to the passage.

However, the law itself left some matters unresolved -- for example, authorizing the ICC to exempt railroads from the rules on long and short hauls where the public good made such an exemption desirable.

Where would the sentence best fit? Click on a square [∎] to add the sentence to the passage.

39   **Directions**: An introductory sentence for a brief summary of the passage is provided below. Complete the summary by selecting the THREE answer choices that express the most important ideas in the passage. Some sentences do not belong in the summary because they express ideas that are not presented in the passage or are minor ideas in the passage. **This question is worth 2 points.**

Drag your answer choices to the spaces where they belong. To remove an answer choice, click on it. To review the passage, click on **View Text.**

The Interstate Commerce Act of 1887 – a response to public outcry over the abusive practices of the railroads – had a difficult time fulfilling its duty.

- _____
- _____
- _____

Answer Choices	
(A) The railroads' abuses included overcharging some customers, providing free travel to newspaper editors, and refusing to ship for groups that opposed them.	(B) The ICC was the first government regulatory body, and its power was vaguely defined; consequently, the ICC engaged in a struggle with the courts over what its powers were.
(C) The Federal Court limited the ICC's powers by preventing the agency from exerting its mandates.	(D) The ICC was criticized for conspiring with the railroad industry and other big business and law deprived the commission of it powers, which eventually made it dissolved.
(E) The Act outlawed some of the most contentious practicing, including charging more for a shorter haul than for a longer one and refusing to publicize rates; it also established the Interstate Commerce Commission.	(F) When Eastern businessmen joined Western farmers in protesting railroad pricing systems, politicians had to act.

You have seen all of the questions in this part of the Reading section.

You have time left to review.

As long as there is time remaining, you can check your work.

Click on **RETURN** to go back to the previous question.

Click on **REVIEW** to see the review screen for this section.

Click on **CONTINUE** to go on.

Once you leave this part of the Reading section,

you **WILL NOT** be able to return to it.

iBT TOEFL Road Map
Reading 2
Test 05

ActualTEST
Reading 05

TOEFL IBT Reading Directions

In this section, you will read 3 passages and answer comprehension questions about each passage. Most questions are worth one point, but the last question in each set is worth more than one point. The directions indicate the maximum number of points.

You have 60 minutes to read all of the passages and answer the questions.

When you want to go to the next question, click the Next button. You may skip questions and go back to them later as long as there is time remaining. If you want to return to previous questions, click on the Backbutton. You can click on Review at any time and the review screen will show you which questions you have answered and which you have not. From the review screen, you may go directly to any question in the reading section.

When you are ready to continue, click on End Directions.

01. The word **propelled** in the passage is closest in meaning to

(A) imposed
(B) forced
(C) brought
(D) pushed

02. According to paragraph 2, which of the following is true?

(A) Texas attacked New Mexico before President Taylor threatened to use force.
(B) Texas attacked New Mexico after President Taylor threatened to use force.
(C) The U.S. launched a war in 1848 to gain Mexican territory.
(D) President Taylor threatened Texas with military force.

03. According to paragraph 3, what is the Wilmot Proviso?

(A) A provision of the Missouri Compromise
(B) A bill considered by the U.S. Congress
(C) A compromise proposed by President Taylor
(D) A bill that became part of the Compromise of 1850

04. According to the information in paragraph 3, which of the following was true of the Missouri Compromise?

(A) It ensured that for each new free state, one slave state would exist.
(B) It attempted to preserve the balance between slave and free states.
(C) It was adamantly opposed by Southern citizens.
(D) It did not apply to any Northern territories.

Causes of the U.S. Civil War

1 To say that slavery was the cause of the American Civil War is an oversimplification. Slavery had existed in the British colonies and the United States for two centuries, and the conflict between slaveholders and abolitionists developed as the United States' territory expanded. As the nation expanded across North America, disagreements regarding the legality of slavery in the new territories concerned not only the morality of slavery itself, but also the role of the federal government in negotiating between the economic interests of the North and South. With time, the states became more unwilling to reach compromises.

2 ➡ Tension especially began to mount after the Mexican-American War, which left the U.S. with considerably more land in 1848: territorial gains included the Mexican states that became Texas, New Mexico, Utah, Nevada and California. The war also **propelled** Zachary Taylor, a war hero, into the White House. He believed that the most fractious issue surrounding the new territory had little to do with slavery: it was the threat of armed conflict. Both Texas and New Mexico were laying claim to a swath of land that is New Mexico today, and Texas was prepared to use force to protect its claim. President Taylor, a no-nonsense military man, adamantly claimed he would use the U.S. military to prevent Texas from taking possession of New Mexico.

3 ➡ Slavery was, of course, also an issue. Congress was considering enacting the Wilmot Proviso, which would outlaw slavery in all new territories. Southerners were fervently opposed because they believed the proviso violated their constitutional right to hold property, and many politicians believed the soon-to-be-created states should decide for themselves whether to be free or slave states. Many also hoped that the 1820 Missouri Compromise[1], which preserved

---

1 A law that preserved the balance between slave and free states

71

05. Which of the sentences below best expresses the essential information in the highlighted sentence in the passage? *Incorrect* choices change the meaning in important ways or leave out essential information.

(A) According to national courts, the Missouri Compromise only dictated rules about slavery in the Louisiana Purchase territories.

(B) Slavery was outlawed in the Louisiana territories because of the Missouri Compromise.

(C) The balance between slave and free states was lost because of issues regarding the Louisiana Purchase.

(D) National courts decided that slavery could legally exist everywhere except in territories acquired in the Louisiana Purchase.

06. The word **infringing** in the passage is closest in meaning to

(A) questioning

(B) mocking

(C) supporting

(D) violating

07. The word **it** in the passage refers to

(A) the Compromise

(B) the Wilmot Proviso

(C) the western territory

(D) the new fugitive slave law

08. The word **imposing** in the passage is closest in meaning to

(A) creating

(B) requiring

(C) revoking

(D) debating

the balance between slave and free states, would continue to hold for the new Western territories. **However, national courts decided that the Missouri Compromise applied only to the territory acquired in the Louisiana Purchase, and slavery could potentially legally exist elsewhere.**

4 Taylor was initially unable to bring about an acceptable compromise on this issue. To end the dispute over slavery in new areas, he urged settlers in New Mexico and California to draft constitutions and apply for statehood, bypassing the territorial stage. ■ When California submitted an antislavery constitution in 1849, Southerners were furious and members of Congress were dismayed because they felt the President was **infringing** on their right to make policy. ■ In addition, Taylor's solution ignored several critical side issues, such as the northern desire to shut down the slave market operating in the District of Columbia[2] and the southern demand for a stricter fugitive slave law. ■

5 ➡ The northern Whig Senator Henry Clay presented a compromise proposal in January 1850, with President Taylor promoting a policy of excluding slavery from the new southwestern territory. ■ Clay's proposal was significantly reworked, but most Southern Democrats, led by Jefferson Davis, still opposed it because it would admit California as a free state. They also believed the proposed abolition of the slave auction in the District of Columbia was unconstitutional. Most northern Whigs, led by William Henry Seward, opposed the Compromise because it would not apply the Wilmot Proviso to the Western territory and because they considered the new fugitive slave law **it** included to be draconian. The compromise initially failed in the Senate. However, President Taylor's sudden death then led to a new outcome for the compromise. His replacement, President Millard Fillmore, helped push five separate bills through the Senate. Fillmore signed the bills in September 1850.

---

2 Washington, D.C., the capital of the United States

The Compromise of 1850 coalesced around a plan that: divided Texas at its present-day boundaries, which did not include part of New Mexico but added other territory; created territorial governments with popular sovereignty – the option to be slave or free – rather than **imposing** the Wilmot Proviso in New Mexico and Utah; admitted California as a free state; abolished the slave market in the District of Columbia; and enacted a harsh new Fugitive Slave Law.

6 ➡ Although the Compromise of 1850 helped avoid secession or civil war at the time, within four years the divisive Kansas-Nebraska Act challenged the union. The Act, which created the territories of Kansas and Nebraska, was focused on providing opportunities to a transcontinental railroad line. It became controversial because of a clause stating that settlers would have popular sovereignty, or the right to vote on whether to allow slavery. This would essentially nullify the Missouri Compromise of 1820 and the recent Compromise of 1850. The Act's author, a Northerner, had thought the legislation would ease tensions by leaving options open, but other Northerners viewed the Kansas-Nebraska Act as capitulation to the South. Southerners, on the other hand, saw themselves as disadvantage. Debates on the House floor became increasingly hostile, and crisis was narrowly averted when a Southern Democrat brandishing a weapon was prevented from attacking a Northerner during his filibuster. The Act finally passed along sharp North/South lines with a telling vote of 113 to 110, and when settlers from slave states and free states moved to the Kansas territory, they had enough violent encounters to earn the region the name Bleeding Kansas. The country was sharply divided and soon erupted in civil war.

09. In paragraph 6, the author attempts to

(A) Illustrate that the compromise would have passed sooner were it not for President Taylor
(B) Explain why neither the North nor the South was entirely pleased with the compromise
(C) Suggest that shifts in party politics were the main cause of the Civil War
(D) Emphasize that the Compromise of 1850 was the last of its kind

10. It can be inferred from the passage that the author is most critical of

(A) Zachary Taylor
(B) Henry Clay
(C) Jefferson Davis
(D) William Henry Seward

11. The author would most likely describe the causes of the Civil War with which of these sentences?

(A) Slavery and the rise of the Republican Party were the two primary causes.
(B) Territorial disputes over slavery and land claims were equally responsible.
(C) Slavery became an unmanageable debate with the addition of new territories.
(D) The addition of California as a free state undid the compromises that had prevented war.

12   Look at the four squares [■] that indicate where the following sentence could be added to the passage.

Each side supported separate parts of the legislation and each felt the other was gaining more.

Where would the sentence best fit? Click on a square [■] to add the sentence to the passage.

13   **Directions**: An introductory sentence for a brief summary of the passage is provided below. Complete the summary by selecting the THREE answer choices that express the most important ideas in the passage. Some sentences do not belong in the summary because they express ideas that are not presented in the passage or are minor ideas in the passage. **This question is worth 2 points.**

> Drag your answer choices to the spaces where they belong. To remove an answer choice, click on it. To review the passage, click on **View Text**.

> **It was not only slavery that led to the Civil War, but also disagreements over how the Federal Government should handle slavery in new states.**
>
> • _____
>
> • _____
>
> • _____

Answer Choices	
(A) The Missouri Compromise did not address the issue of slavery in the new territory, and the President could not bring about a compromise.	(B) President Taylor urged Utah and California to apply immediately for admission to the Union as free states.
(C) Senator Clay introduced the Compromise of 1850, which became law, but changes in the balance that brought about the compromise meant that war became inevitable.	(D) While some thought the Wilmot Proviso should apply to the new territories, others believed they should determine on their own whether to allow slavery.
(E) After the Mexican American War, tensions mounted over border disputes as well as slavery.	(F) Only after President Taylor died suddenly did the Compromise of 1850 become law.

14. The word **remnants** in the passage is closest in meaning to

(A) evidence

(B) remains

(C) reproductions

(D) sketches

15. According to the passage, cotton has been discovered among ruins in all of the following modern day countries EXCEPT:

(A) Pakistan

(B) Peru

(C) Japan

(D) Mexico

16. Why does the author mention that Brahmins' cords were made of cotton?

(A) To demonstrate that cotton was traded between Sri Lanka and India

(B) To provide an example of cotton being highly valued

(C) To show that cotton was used during the fifth century

(D) To argue that cotton was not only used in the Americas

17. What is significant about genetic studies of cotton plants?

(A) They show that cotton can be grown in many climates.

(B) They help historians to track human travels.

(C) They show that Christopher Columbus brought cotton from the Americas.

(D) They suggest that Arabs planted cotton in 9th century Spain.

Cotton

1 ➡ Cotton fiber, the most popular natural textile in use today, has been spun, woven, and dyed since ancient times. Scientists and historians have found **remnants** of cotton cloth and written references to cotton that date back at least eight thousand years. The oldest discovery of woven cotton was made in the Tehuacán Valley of Mexico where archaeologists recently unearthed cloth and bits of cotton bolls, the raw plant material, which had been well-preserved in a cave. Thousands of miles away, Sri Lankan women are known to have spun and woven cotton as early as the 6th century B.C., and Sri Lankan cotton factories were established by the fifth century. The fabric was highly valued worldwide, and ancient Sanskrit texts from India even specify that Brahmins' sacred cords be made of braided cotton.

2 Genetic studies of different cotton plant strains contribute to our knowledge of human migration. **Scholars believe that people indigenous to the Americas obtained varieties of cotton from Africans thousands of years before Christopher Columbus's transatlantic voyages.** The reverse may be true as well: cloth woven from cotton species native to the Americas apparently reached the Guinea Coast of Africa long before Columbus's travels. Ancient cloth fragments have also been located in Pakistan's Indus River Valley, the Nile delta of Egypt, and the Peruvian highlands. Europeans first became aware of cotton around 100 A.D. when Arab traders introduced calico and fine muslins, and Europe's own cultivation of the plant began in 9th century Spain. Across the Atlantic, American colonists began growing cotton in the early 1600s along the James River in Virginia.

3 ➡ The American colonists had the means to grow a great deal of cotton -- namely, a favorable climate and extensive land – but they were restricted by their limited knowledge of cotton processing. Samuel Slater, an English mill worker, helped advance production when he built the first American cotton mill

Questions 18-21 of 26

HIDE TIME 00:20:00

REVIEW

HELP

BACK

NEXT

18. Which of the sentences below best expresses the essential information in the highlighted sentence in the passage? *Incorrect* choices change the meaning in important ways or leave out essential information.

    (A) Scholars studying cotton plants believe that Columbus visited North and South America before Africans did.
    (B) Scholars believe that Native Americans and Africans had pre-Columbian contact.
    (C) Scholars believe that Columbus was motivated by stories of early journeys to the Americas.
    (D) Scholars believe that Native Americans received cotton as a result of Columbus's travels.

19. According to paragraph 3, the cotton gin revolutionized the way:

    (A) Cotton bolls were picked
    (B) Seed was separated from fibers
    (C) Cotton fiber was woven into cloth
    (D) Oil was derived from cottonseed

20. The word **productivity** in the passage is closest in meaning to

    (A) output
    (B) saving
    (C) reduction
    (D) increase

21. According to the passage, the first cotton picking device was patented:

    (A) in 1790
    (B) in 1850
    (C) in the 1930s
    (D) by Samuel Slater

in 1790. Three years later, Eli Whitney patented the cotton gin. This invention revolutionized the way cotton fibers were separated from the seed. The separation process had previously been done by hand in the United States, although other civilizations had already invented mechanized separators. Ironically, the device intended to reduce human labor actually contributed to the expansion of slavery: cotton became so profitable that southern planters imported tens of thousands of additional slaves from Africa.

4 ➡ **Productivity** soared with the invention of the cotton gin, and cotton processing was hastened even more by the invention of mechanical harvesters during the next century. A picking device was patented in 1850, and a plant stripper was patented in 1871. In the early 1930s, the Rust Brothers of Mississippi combined these inventions into a one-row mechanical cotton picker. ▪ It used revolving spindles or barbed points to separate cotton from the plant. ▪ Whereas an experienced laborer could pick approximately 450 pounds of seed cotton by hand per day, a farm worker using the mechanical cotton picker and stripper could harvest approximately 8,000 pounds of seed cotton daily. ▪ Before the cotton gin was invented, large-scale cotton production was limited to South Carolina and Georgia. ▪ Today there are fourteen major cotton growing states collectively known as the Cotton Belt spanning the southern half of the U.S. from Virginia to California. Cotton plants especially thrive in these states' rainy summers and dry sunny winters.

5 ➡ The growth cycles of the various cotton species vary in length, but the sequence of fruit production remains the same. Under ideal conditions, the planted cottonseed will **germinate** and emerge in about five to ten days. The first two leaves visible on the young cotton plant are seedling leaves. The plant continues to grow, adding leaves and height, and in approximately five to seven weeks, small flower buds called squares appear. Each bud swells until it opens into a flower. Shortly thereafter, the flower

Questions 22-24 of 26

HIDE TIME   00:20:00

REVIEW

HELP

BACK

NEXT

22. In paragraph 4, the author mentions the Rust Brothers in order to

    (A) Reveal the pivotal invention that revolutionized cotton picking

    (B) Conclude a list of inventions that aided cotton farmers

    (C) Prove that one-row mechanical pickers were the best tools

    (D) Show that it took a long time to perfect cotton farming

23. The word **germinate** in the passage is closest in meaning to

    (A) rot

    (B) bloom

    (C) stem

    (D) sprout

24. The word **their** in the passage refers to

    (A) cottonseeds

    (B) mills

    (C) screens and air equipment

    (D) twigs and other debris

self-pollinates and changes into a boll[1]. Since the cotton boll contains seeds, it is considered a fruit. As the fibers continue to grow and thicken within the segmented boll, it enlarges until it becomes approximately the size of a small fig. About 140 days after planting, it begins to naturally split open and dry out. It is at this point that the cotton is ready to be picked.

6 When cottonseeds are processed in modern mills, they first are taken to the shaker room, where a number of screens and air equipment remove **their** twigs and other debris. The cleaned seed is then sent to gin stands where the lint is removed. Next, the cotton is organized for easy spinning, and finally, it is spun into yarn.

7 Commercial farmers today tend to grow the same few strains of cotton that have been developed for easy processing and a standardized whiteness. However, many colorful species of cotton grow uncultivated around the world. They are difficult to refine and generally not economically feasible to grow. At the same time, the indigenous peoples of Peru have safeguarded special varieties of naturally pigmented cotton. Dozens of plots of red, brown, and yellow cottons are scattered across the country.

---

1   A segmented seed pod from which cotton fibers grow

25   Look at the four squares [■] that indicate where the following sentence could be added to the passage.

This was quite an improvement in cotton harvest efficiency.

Where would the sentence best fit? Click on a square [■] to add the sentence to the passage.

26   **Directions**: An introductory sentence for a brief summary of the passage is provided below. Complete the summary by selecting the THREE answer choices that express the most important ideas in the passage. Some sentences do not belong in the summary because they express ideas that are not presented in the passage or are minor ideas in the passage. **This question is worth 2 points.**

Drag your answer choices to the spaces where they belong. To remove an answer choice, click on it. To review the passage, click on **View Text.**

The increased popularity of cotton as a crop in the United States occurred because of several advances in technology.

• _____

• _____

• _____

Answer Choices	
(A) Sunshine, water, and fertile soil are the ingredients needed for a successful cotton crop: many Southern states possessed these traits.	(B) Eli Whitney's cotton gin revolutionized the way lint was separated from seed.
(C) In the 1930s, the cotton picker allowed farm workers to pick up to 8,000 pounds of seed in one day.	(D) Samuel Slater brought the cotton mill to America.
(E) To process cottonseed, a number of screens and air equipment are required to remove twigs, leaves, and other trash.	(F) Cotton is popular because of its multitude of uses, including fabrics and clothing.

Questions 27-29 of 39

HIDE TIME 00:20:00

 REVIEW

 HELP

 BACK

NEXT

27. The word **navigator** in the passage is closest in meaning to

(A) explorer
(B) cartographer
(C) seaman
(D) translator

28. Why does the author mention that the Louisiana Territory would become parts of fourteen U.S. states and two Canadian provinces?

(A) To foreshadow a U.S.-Canadian dispute
(B) To convey the significance of the territory
(C) To show the ignorance of the American settlers
(D) To suggest that Jefferson knew the expedition would be arduous

29. Which of the sentences below best expresses the essential information in the highlighted sentence in the passage? *Incorrect* choices change the meaning in important ways or leave out essential information.

(A) President Jefferson's commission on an exploration of the newly acquired territory resulted from his intention to learn about the territories west of the Mississippi River and the threats posed there.
(B) President Jefferson wanted to know about people, plants, animals, and threats located west of the Mississippi River.
(C) President Jefferson was interested in learning why the British and French had commissioned explorations in the area.
(D) President Jefferson commissioned an exploration in order to learn about threatening hunters and trappers in the newly acquired territory.

The Lewis and Clark Expedition

1 In 1803, the United States acquired a vast tract of North American land from France through the Louisiana Purchase. The Americans knew little about western North America at that point, although Captain Robert Gray, an American **navigator**, had contributed some knowledge in 1792. Gray had sailed up the mouth of the Columbia River in the Pacific Northwest and pioneered the fur trade along that coast. Traders and trappers then reported that the source of the Missouri River[1] was also in the mountains of the far west. Still, citizens in the East had little knowledge of this land that would someday encompass parts of fourteen American states and two Canadian provinces.

2 ➡ **President Thomas Jefferson was interested in knowing more about this land west of the Mississippi River, particularly learning about the territory's native peoples, flora and fauna, and geology. He was also interested in evaluating the threat posed by British and French-Canadian hunters and trappers in the area, so he commissioned an exploration of the newly acquired territory.** Jefferson also hoped that the explorers would locate the elusive Northwest Passage, a rumored water route across the continent.

3 ▪ To head the expedition, Jefferson chose his secretary, Captain Meriwether Lewis. ▪ Lewis invited his friend Lieutenant William Clark to join the 28-person crew, which was eventually known as the Corps of Discovery. ▪ The party was to trace the Missouri River to its source, cross the Continental Divide, and then follow the Columbia River to its mouth. ▪ Jefferson believed that the explorers would **traverse** only a relatively small mountain range and a short distance between the Missouri headwaters and a river to the Pacific Ocean, but the trip proved to be much more extensive.

---

1   A major tributary of the Mississippi River

Questions 30- 34 of 39

HIDE TIME 00:20:00

REVIEW

HELP

BACK

NEXT

30. According to paragraph 2, what is the Northwest Passage?

(A) A water route that supposedly ran across North America

(B) The land route alongside the Columbia River

(C) The land route followed by Lewis and Clark

(D) The land between the Missouri and the Columbia Rivers

31. The word **traverse** in the passage is closest in meaning to

(A) travel around

(B) pass through

(C) conquer

(D) map

32. The word **invaluable** in the passage is closest in meaning to

(A) worthless

(B) slightly helpful

(C) priceless

(D) questionable

33. According to paragraph 4, Sacagawea probably helped the Corps of Discovery avoid conflicts with Native Americans by

(A) Explaining that the party's purpose was exploration, not conflict

(B) Lessening the party's appearance of being a war party

(C) Providing horses for the group

(D) Demonstrating that the party included Native Americans

34. The word **them** in the passage refers to

(A) Routes

(B) Explorers

(C) Blackfoot Indians

(D) The group's horses

4 The expedition started from St. Louis, where the Missouri River flows into the Mississippi, on May 14, 1804. The journey was grueling: the men rowed a large keelboat and two smaller boats up the river, often towing the boat from shore when the current became too strong or the river became too difficult to navigate. The party traveled just twelve or fourteen miles per day, but between May and October, they contacted the Missouri, Omaha, Yankton Sioux, Teton Sioux, and Arikara tribes. Lewis and Clark generally met with the chiefs, offered gifts, and encouraged the Indian nations to make peace with their new "Great Father," President Jefferson. Relations were generally cordial with the exception of a brief stand-off with the Teton Sioux.

5 ➡ By October, the Corps of Discovery had reached present-day North Dakota but was still nowhere near the Missouri's headwaters. As winter began, Lewis and Clark decided to build a winter fort near the Mandan and Hidatsa Indians' villages; these tribes were reputedly friendly and generous. During this first winter, Lewis and Clark hired a French Canadian trader, Toussaint Charbonneau, upon learning that his wife, Sacagawea, was a Shoshone woman who could work as a translator. Sacagawea would become an **invaluable** interpreter for the expedition, and the presence of the mother with her young child likely averted violent confrontations with strangers encountered along the way.

As the party first decamped from its winter lodgings and continued up the Missouri, they discovered the Great Falls of the Missouri and four more waterfalls further upstream. The expedition then had to carry its boats over eighteen miles, delaying progress by nearly a month. Fortunately, when the party encountered Sacagawea's old village near the Missouri headlands, they learned that her brother had become a tribal leader with the authority to grant the party horses for their mountain journey.

6 In September 1805, the expedition began to cross the snow-covered Bitterroot Mountains. The party

35. All of the following are mentioned as rivers traveled by the expedition EXCEPT

(A) The Columbia River

(B) The Yellowstone River

(C) The Missouri River

(D) The Mississippi River

36. It can be inferred from the passage that the expedition's relations with Native Americans were

(A) Manipulative

(B) Tense but peaceful

(C) Mostly peaceful

(D) Based primarily on commerce

37. It can be inferred from the passage that the expedition provided what sort of information?

(A) Proof that the entire North American continent cannot be crossed

(B) A map of a known water route across the United States

(C) A description of the mouth of the Columbia River

(D) A map of the Missouri headlands in Canada

nearly starved to death during the eleven-day journey, and they were almost helpless when they encountered the Nez Percé Indians on the other side. Fortunately, the Nez Percé welcomed and fed them, and later, they helped the group make canoes and agreed to take care of their horses until their return homeward.

7 The group reached the mouth of the Columbia River and wintered in what is now Astoria, Oregon. They returned across the mountains in June of 1806, and decided to divide into smaller parties to explore some of the territory more thoroughly. Lewis took the northernmost of the routes, and during this trip the explorers had their only violent conflict with natives when some Blackfoot Indians attempted to steal the group's horses and guns, and Lewis' party killed two of **them**. Meanwhile, Clark's group headed for the Yellowstone River and followed it to the Missouri. The separate parties rejoined in August on the Missouri River, and they continued down the river, leaving Charbonneau, Sacagawea, and their two-year-old son in Mandan villages. They reached St. Louis on September 23, 1806 and received a hero's welcome. The men had been gone for so long that the nation feared the worst. The Lewis and Clark expedition was only the third recorded crossing of North America, at least north of Mexico, but miraculously, only one member of the Corps had died, and apparently of acute appendicitis. The expedition had made a great contribution to mapping the North American continent.

38   Look at the four squares [▪] that indicate where the following sentence could be added to the passage.

The party included the two leaders, fourteen soldiers, nine frontiersmen from Kentucky, two French boatmen, and Clark's servant, York.

Where would the sentence best fit? Click on a square [▪] to add the sentence to the passage.

39   **Directions**: An introductory sentence for a brief summary of the passage is provided below. Complete the summary by selecting the THREE answer choices that express the most important ideas in the passage. Some sentences do not belong in the summary because they express ideas that are not presented in the passage or are minor ideas in the passage. This **This question is worth 2 points.**

> Drag your answer choices to the spaces where they belong. To remove an answer choice, click on it. To review the passage, click on **View Text.**

President Thomas Jefferson sent Lewis and Clark to explore the land he acquired in the Louisiana Purchase, about which very little was known.

- _____

- _____

- _____

Answer Choices

(A) The expedition had peaceful encounters with Native American groups along the Missouri before wintering in some Indian villages in present-day North Dakota; while there, Lewis and Clark hired a French Canadian trader and his Native American wife, Sacagawea.	(B) The only violent incident between the expedition and Native Americans occurred when some Blackfoot Indians tried to steal horses and guns from a small group under Lewis's command and Lewis's men killed two of them.
(C) The group expected to find the source of the Columbia immediately west of the mountains, but instead they found more mountains – the land proved much vaster than they'd expected.	(D) At one point, the Teton Sioux demanded one of the expedition's ships, but the chief halted his men before they attacked the explorers.
(E) Although the trip proved far more challenging than the leaders had expected, and took much longer, the group returned safely home, bringing back with them a wealth of information.	(F) Sacagawea helped the expedition secure the horses it would need to cross the mountains from her own tribe and probably encouraged other groups to receive the expedition peacefully.

You have seen all of the questions in this part of the Reading section.

You have time left to review.

As long as there is time remaining, you can check your work.

Click on **RETURN** to go back to the previous question.

Click on **REVIEW** to see the review screen for this section.

Click on **CONTINUE** to go on.

Once you leave this part of the Reading section,

you **WILL NOT** be able to return to it.

ActualTEST
Reading 06

TOEFL IBT Reading Directions

In this section, you will read 3 passages and answer comprehension questions about each passage. Most questions are worth one point, but the last question in each set is worth more than one point. The directions indicate the maximum number of points.

You have 60 minutes to read all of the passages and answer the questions.

When you want to go to the next question, click the Next button. You may skip questions and go back to them later as long as there is time remaining. If you want to return to previous questions, click on the Backbutton. You can click on Review at any time and the review screen will show you which questions you have answered and which you have not. From the review screen, you may go directly to any question in the reading section.

When you are ready to continue, click on End Directions.

01. The word **seasonal** in the passage is closest in meaning to

(A) infrequent

(B) common

(C) regular

(D) random

02. In paragraph 1, all of the following are mentioned EXCEPT

(A) Primitive people were intrigued by migration patterns.

(B) Some animals do not migrate to escape the cold.

(C) A species of bird is believed to hold the record for longest migration.

(D) Caribou, fish, and other animals only migrate moderate distances.

03. The word **comprehended** in the passage is closest in meaning to

(A) understood

(B) confused

(C) complicated

(D) regarded

04. Why does the author mention destinations in Massachusetts and California?

(A) To link bird migration to the tourism trade

(B) To provide examples of centuries-old migration patterns

(C) To give examples of climates that the birds experience

(D) To show that birds can travel enormous distances

Migration

1 ➡ Migration, or the **seasonal** movement of animals from one habitat to another, has long fascinated humankind. Primitive people created myths to explain the periodic disappearance of different animals, but nowadays we recognize that animals migrate in search of improved feeding or breeding conditions. While some animals such as bears might hibernate to adapt to the cold, other animals travel to escape unfavorable changes in food supply and weather. Some are motivated to travel incredible distances on their cyclical journeys. The longest migration of any known animal is that of the Arctic tern. This medium-sized bird travels 10,000 miles from the North Pole to the South Pole and back again each year. Some other creatures that migrate impressive distances are butterflies, caribou, fish, geese, turtles, and whales.

2 ➡ Bird migration is among nature's most fascinating yet least **comprehended** events. While birds are not exceptionally strong animals, many species are able to travel enormous distances, sometimes flying for days without pause. The blackpoll warbler[1] can fly almost 2,500 miles from its North American habitat to its South American winter home without stopping. Most long distance migrant birds fly at night and land daily around sunrise to rest and feed. Many bird species travel the same migratory routes every year, following physical features such as mountains, rivers, and coastlines. For centuries, their regular appearances have drawn crowds to sites such as San Juan Capistrano, California and Cape Cod, Massachusetts.

3 ➡ Traveling to different habitats enables birds to find plenty of food throughout the year. In many parts of the world, birds would starve if they were limited to one region. For example, in the winter, when food sources are limited in northern areas, waterfowl such as geese fly south to areas that have mild weather and abundant food. They then return north when the

---

1   A small bird about the size of a sparrow

05. According to paragraph 2, which of the following is true of migrating birds' flight patterns?

(A) Most migrating birds land during the day.

(B) Most migrating birds rest during the evening.

(C) Most long distance migrating birds travel by day.

(D) Some migrating birds travel continuously and some stop.

06. According to paragraph 3, what is known about animal migration?

(A) No species can survive by restricting itself to one region.

(B) Tropical birds migrate within the tropical zone.

(C) Some birds nest in Hawaiian waters.

(D) Humpback whales spend their summers in subtropical Hawaiian waters.

07. Which of the following is NOT mentioned as a contributing factor to migration?

(A) Food supply

(B) Hours of daylight

(C) Predators

(D) Hormone production

08. The word **them** in the passage refers to

(A) birds

(B) obstacles

(C) migrations

(D) breeding grounds

09. Which of the following can be inferred from paragraph 6?

(A) Smaller birds do not fly during severe weather.

(B) Larger birds can survive severe weather for short periods of time.

(C) All migrating birds respond to weather in similar ways.

(D) Some birds are advantaged by severe weather.

temperature rises in the spring. Other birds live in the tropics, a climactic zone with both dry and rainy seasons. During the dry seasons, when food and water become difficult to locate, these birds fly to wetter tropical areas. Some animals migrate to provide a certain type of home for their young. Humpback whales of the Pacific Ocean, for instance, give birth in subtropical Hawaiian waters, and then in late spring migrate north to spend the summer in the cold waters of salmon-rich Alaska.

4 Through a variety of methods, birds find their way over vast distances each year. They can use a combination of star patterns, the setting sun, distinctive smells, topographical landmarks and the Earth's magnetic field. However, the events that trigger migration are less understood. Some northern species leave for southern climates before the weather turns cold and food becomes rare, so their migration is most likely regulated by hormones. A change in hormone production can be affected by the number of daylight hours. When the number of hours begins to shorten, changes in hormonal production lead the birds to make preparations for their migration. However, different types of birds may leave the same area at different times. In addition to the type of species and the number of daylight hours, factors such as food supply and weather can influence migration timing.

5 Most birds travel in a north-south direction referred to as *latitudinal migration*, but there are many other migration patterns, such as *altitudinal migration*, in which animals travel up and down a mountain habitat. Birds that breed in the northern United States and Canada usually fly south during the winter, sometimes to South America. While the northern birds return to North America when winter arrives in South America, no South American birds migrate as far as North America. Those birds only travel as far as the tropics, where they stay for the winter before returning south in the summer.

6 ➡ Birds face many obstacles during their annual

Questions 09-11 of 13

HIDE TIME 00:20:00

REVIEW

HELP

BACK

NEXT

10. The word **draining** in the passage is closest in meaning to

(A) wearing out

(B) removing liquid from

(C) decreasing

(D) flooding

11. Based on the information in paragraph 7, what is the most severe threat faced by migrating birds?

(A) Power lines, wind turbines, windows, and poaching

(B) The destruction of natural habitats

(C) Severe weather during migration

(D) Predation at migration sites

migrations, and judging from studies of breeding grounds, an estimated 50% of **them** do not survive to breed the next season. ▪ A powerful storm such as a hurricane can push birds backward on their migration route or draw them into the eye of the storm. Birds must therefore quickly learn to adapt to their changing environment. Successful small birds are more likely to drop down if they run into a rainstorm; otherwise, they would expend too much energy flying into the wind. ▪ Shorebirds and larger birds can continue to fly into the wind until they reach land. ▪

7 ➡ Birds can ride out storms, winds, and threats from predators, but they face a danger from humans that is far greater than any force of nature: the destruction of their habitats. ▪ Over the last one hundred years, people all over the world have greatly changed the land that migrating birds need to build nests, hide from predators, and find food and water by cutting down forests and **draining** wetlands for agriculture and building homes, shopping malls, and roads. Migrating birds need space to rest and feed during their long journeys. High-voltage power lines, wind turbines, windows, and poaching also pose threats to migrating birds. The preservation of migratory birds depends on the preservation of their natural migratory routes.

12   Look at the four squares [▪] that indicate where the following sentence could be added to the passage.

Migrating birds react to weather in different ways.

Where would the sentence best fit? Click on a square [▪] to add the sentence to the passage.

13   **Directions**: An introductory sentence for a brief summary of the passage is provided below. Complete the summary by selecting the THREE answer choices that express the most important ideas in the passage. Some sentences do not belong in the summary because they express ideas that are not presented in the passage or are minor ideas in the passage. **This question is worth 2 points.**

Drag your answer choices to the spaces where they belong. To remove an answer choice, click on it. To review the passage, click on **View Text.**

The migration of birds is a fascinating process, and variations in migration still mystify scientists.

- _____
- _____
- _____

Answer Choices	
(A) Some birds are able to complete a migratory journey without stopping, but others require daily stops.	(B) Hormones, daylight hours, and food supply all play a part in determining when migration will begin.
(C) Birds are adapting poorly to changes that humans have wrought in their environments.	(D) While North American birds often travel to South America, South American birds rarely fly so far north.
(E) The influence of humans on bird habitats has been powerful and destructive.	(F) Birds are sometimes able to fly through severe weather.

Questions 14-17 of 26

HIDE TIME 00:20:00

REVIEW

HELP

BACK

NEXT

14. The word **imposition** in the passage is closest in meaning to

(A) innovation

(B) burden

(C) proposition

(D) implication

15. The word **their** in the passage refers to

(A) Those who oppose the introduction of school uniforms

(B) Students

(C) Uniforms

(D) Proponents

16. The word **mandatory** in the passage is closest in meaning to

(A) optional

(B) required

(C) tolerable

(D) distinct

17. In paragraph 2, why does the author mention the Long Beach Unified School District?

(A) To suggest that government programs may fail

(B) To emphasize the importance of school size in relation to violence

(C) To support the argument in favor of school uniforms

(D) To refute the argument in favor of school uniforms

School uniforms

1 In the United States, private elementary schools and secondary schools have traditionally required their students to wear school uniforms[1]. Meanwhile, public schools have generally permitted students to choose their own outfits. However, since the mid-1990s, a sizable minority[2] have implemented school uniform requirements. Proposals to introduce uniforms invariably spark debate among students, parents, and education professionals. ■ Those who oppose the introduction of school uniforms tend to emphasize students' freedom of expression and claim that this First Amendment right[3] is violated by the **imposition** of wearing uniforms. **Their** argument is compelling, but it pales in comparison with proponents' position that uniforms help reduce school violence, status differences, and other academic distractions while promoting positive student behaviors and helping families to save money.

2 ➡ The push for uniform use in public schools first became evident in urban areas in the early 1980s. In one event that shocked the nation, a 14-year-old student was shot in a school hallway by someone who apparently wanted his expensive jacket. Several similar incidents occurred over name-brand athletic shoes. The uniforms movement gained steam in the mid-1990s when President Clinton endorsed school uniforms in a State of the Union Address[4], declaring: "If it means teenagers will stop killing each other over designer jackets, then our public schools should be able to require students to wear school uniforms." The President followed his speech with a nationwide speaking tour in which he linked the use of school uniforms to improved student discipline. At the same

---

1 A standardized outfit of dress

2 Nearly 25% of public elementary schools and 10% of public secondary schools

3 A right granted in the Bill of Rights, the First Amendment to the United States Constitution

4 An annual message to Congress in which the President reports on the nation's status and proposes a legislative program

18. Which of the sentences below best expresses the essential information in the highlighted sentence in the passage? Incorrect choices change the meaning in important ways or leave out essential information.

    (A) People intentionally dress to reveal their socioeconomic status.

    (B) Although people belong to a variety of groups, they have little conscious awareness of group membership.

    (C) Clothing reveals our affiliations with certain groups.

    (D) In both unintentional and deliberate ways, our clothing reveals information about our group memberships and socioeconomic status.

19. Which of the following can be inferred from paragraph 5?

    (A) Schools that do not require uniforms might nonetheless have some rules about clothing.

    (B) Most states have had public votes about school uniform.

    (C) Students cannot have more than one identity.

    (D) Students have not always had the freedom to speak in class.

20. According to paragraph 6, which of the following is true?

    (A) School uniforms only stay fashionable for a brief time.

    (B) Trendy clothing tends to be well-made.

    (C) School uniforms last for many years.

    (D) Students tend to be embarrassed by their uniforms.

time, the Department of Education distributed 16,000 copies of a guidebook to help school districts make uniforms **mandatory**. Many school districts that implemented student uniform policies have reported positive results. For instance, the Long Beach Unified School District found that over a five-year period, school crime dropped by about 86% even as student enrollment increased by 14%.

3 Of course, very few students commit violent crimes in order to obtain designer clothing. However, their actions highlight the general significance of clothing among students and humankind in general. For millennia, people have conveyed and maintained status differences through their styles of dress. This is not always deliberate. **Sometimes we intentionally dress in a certain way to show affiliation with a street gang, sports team, political group, or other organization but through our dress, we also reveal socioeconomic status in ways that are not necessarily intentional.** Uniforms have been used throughout the ages to work against the tendency of clothes to emphasize differences. In schools, clubs, workplaces, and religious orders, uniforms have worked as social levelers. ■ Proponents of school uniforms argue that an American school should be a bastion of egalitarianism rather than an environment which constantly reminds a child of his or her family's socioeconomic status. ■ When students all wear the same reasonably priced clothing, they can set aside concerns about appearing impoverished and instead focus on learning. ■

4 Uniforms reduce not only the distraction of socioeconomic concerns, but also the distraction of physical appearance in general. ■ That is, many students who are not required to wear uniforms spend a significant amount of time deciding what to wear to school. This time would probably be better spent on homework, hobbies, or with family members. School uniforms help students use their time more effectively by simplifying morning preparations.

Questions 21-24 of 26

HIDE TIME 00:20:00

REVIEW

HELP

BACK

NEXT

21. The word **specious** in the passage is closest in meaning to

(A) logical
(B) judicious
(C) impulsive
(D) inaccurate

22. All of the following are mentioned as reasons to support school uniforms EXCEPT:

(A) School uniforms help reduce violence.
(B) School uniforms act as social levelers.
(C) School uniforms reduce distractions.
(D) School uniforms make students easily recognized.

23. According to the passage, which of the following is true of uniforms in schools?

(A) Until the 1990s, uniforms were unheard of in public schools.
(B) Uniforms have primarily been promoted for their cost-effectiveness.
(C) A very small percentage of students commit violent crimes in order to get designer clothes.
(D) Clothing has only reached social importance in recent years.

24. With which of the following statements would the author most likely agree?

(A) American schools ought to prepare students for socioeconomic realities.
(B) Schools should let students opt out of uniform requirements.
(C) Schools in the United States should promote equality.
(D) The cost of school uniforms plus street clothes doubles parents' clothing expenses.

5 ➡ As mentioned at the outset, opponents of school uniforms celebrate students' freedom to choose their own school clothes as long as standards of decency are met. In fact, a few states in the U.S. have regulations requiring public schools to allow students to opt out of uniform policies. However, opponents of uniforms should recognize that when students choose their own clothing, they are essentially donning a sort of uniform anyway. That is, they are choosing to present a certain identity, proclaiming through clothing, "I'm a fun partygoer", or "I'm a great athlete." Proponents of school uniforms say that when students attend school, they all need to be thinking first and foremost, "I am a student." School uniforms help students keep this idea in mind, thereby promoting a good work ethic and better discipline in the classroom. Alternative modes of expression – such as speaking, writing, and extracurricular activities – are always available, so the contention that uniforms stifle individualism seems **specious**.

6 ➡ Finally, advocates of school uniforms have practical economics on their side: parents appreciate the lower cost of school uniforms. School uniforms have a classic look; they have changed very little over the past few decades. They also tend to be well-made, unlike trendy items of clothing that students are only expected to wear for one season. Thus, a student with a school uniform can keep the same school clothes for as long as they fit – not just as long as they briefly stay in fashion. Furthermore, the uniforms' durability means that the clothes can be used as "hand-me-downs"[5] without causing embarrassment.

In sum, public school students, families, and communities benefit from school uniforms. Uniforms help to reduce a number of clothing-related concerns while helping to prepare students for America's next generation of leaders.

5 Clothes passed from an older sibling to a younger sibling

25   Look at the four squares [■] that indicate where the following sentence could be added to the passage.

They also prevent students from distracting others with outlandish or revealing clothing.

Where would the sentence best fit? Click on a square [■] to add the sentence to the passage.

26   **Directions:** An introductory sentence for a brief summary of the passage is provided below. Complete the summary by selecting the THREE answer choices that express the most important ideas in the passage. Some sentences do not belong in the summary because they express ideas that are not presented in the passage or are minor ideas in the passage. **This question is worth 2 points.**

Drag your answer choices to the spaces where they belong. To remove an answer choice, click on it. To review the passage, click on **View Text.**

In the debate over public school uniforms, those who support uniforms present the strongest arguments.

* _____

* _____

* _____

Answer Choices	
(A) Private schools have traditionally required student uniforms.	(B) Uniforms help all students to feel more comfortable at school, removing the distraction of concern over clothing.
(C) Proposals to introduce uniforms have always been contentious.	(D) Wearing a uniform makes choosing an outfit easy, so it helps students better manage their time.
(E) When school uniforms eliminate clothing differences, students are not motivated to violently steal others' school clothes.	(F) Several states have opposed the idea that students should be required to wear uniforms.

27. The word **fraught** in the passage is closest in meaning to

(A) full of
(B) supplied with
(C) angered by
(D) encumbered by

28. In paragraph one, why does the author make reference to "four to seven years of work, in the case of free adults"?

(A) To contrast freedom with servitude
(B) To imply that children had different contracts than free adults
(C) To foreshadow the eventual rise of slavery
(D) To highlight power differences between employers and indentured workers

29. The word **they** in the passage refers to

(A) ships
(B) passengers
(C) rations
(D) hardship

30. The word **obliged** in the passage is closest in meaning to

(A) required
(B) requested
(C) expected
(D) convinced

31. Which of the following can be inferred from paragraph 2 about the voyage from Holland to America?

(A) Passengers were treated cruelly by ship's crew.
(B) Passengers were provided with sufficient food and water.
(C) Passengers were crowded into the ship.
(D) As many as half of the passengers died.

Indentured Servitude

1 ➡ Indentured servitude was a work arrangement promoted by the Virginia Company as well as private entrepreneurs[1] in the 17th century whose goal was to populate Britain's American colonies. Tobacco and other profitable crops required many farm laborers, and skilled laborers such as tailors and schoolteachers were needed as well. However, the journey across the Atlantic was **fraught** with malnutrition and disease that resulted in deaths on every journey, so it was necessary to offer some incentive for settlement. An ideal target was the European working class. The depressed economy following the Thirty Years War in Europe had left many German peasants without work, and British peasants also found themselves without adequate land or employment. Indentured servitude offered them passage to America with the promise of food, shelter, and ultimately enough payment to start a new life after four to seven years of work, in the case of free adults. In addition to ordinary adult peasants, children and criminals were also represented among the indentured servants. Some parishes sent orphans overseas, and criminals were permitted to avoid death sentences by assisting with colonization. During the 17th century, most of the white laborers in America had arrived as indentured servants.

2 ➡ Crossing the Atlantic under 17th century boating conditions was no easy task. Each person on a ship -- which transported hundreds of people along with cargo, tools, and provisions -- received only a tiny space for sleeping. On one popular route, ships from Rotterdam, Holland would take two to four weeks to reach England with their mostly German passengers. There, **they** would wait to take on the rest of their cargo, and often the passengers were **obliged** to use their rations during this wait, resulting in great hardship during the longer voyage to come.

3 ➡ The trip from England to America was seven

---

1   Businesspeople such as merchants and commercial planters

32. According to the paragraph 3, passengers on ships to America suffered from all of the following EXCEPT

(A) Tooth decay

(B) Dysentery

(C) Fever

(D) Malnutrition

33. Which of the following can be inferred from paragraph 4?

(A) Wages for immigrants were determined prior to their arrival.

(B) Sickly passengers might not find a service arrangement.

(C) Upon arriving in America, passengers who remained on the ship were charged daily rent.

(D) People who purchased servants tended to keep servant families intact.

34. The word **incentive** in the passage is closest in meaning to

(A) obligation

(B) means

(C) conflict

(D) motivation

to twelve weeks long. The passengers experienced unsavory sanitary conditions, discomfort, disease, and lack of provisions. In addition to contending with hunger, thirst, frost, heat, and dampness, some passengers had to scrape thick layers of lice from their bodies. Many people died. On such voyages, the ill-fated passengers had faced storms or various bouts of sickness with fever, dysentery, constipation, boils, seasickness, and mouth-rot. The latter was primarily the result of consuming spoiled food or drinking water that was often black and full of worms. Hundreds perished and were cast into the sea, leaving their surviving relatives to assume their debt for passage. Women who died in childbirth were thrown overboard with their newborn children. Children under seven years old rarely survived the voyage, and those who did survive were required to serve their future masters until they had reached 21 years of age.

4 ➡ ■ After the ships finally arrived, only those who paid for their passage were permitted to leave the ship. ■ The others were to remain onboard until purchased by Englishmen, Dutchmen, or Germans. Healthy European passengers were selected according to their suitability for a particular business, and they bargained for the length of their service. ■ It was common for families to be split up and auctioned off to different purchasers, and some parents actually sold their children from the ships because it allowed them to leave free of debt. ■

5 Generally, employers paid the ship owner for the use of a worker. In modern terms, the ship owner was acting as a contractor who hired out "passenger-laborers". As a result, ship owners had an **incentive** to treat indentured laborers relatively well on the journey across the Atlantic. **After indentured servitude was outlawed in 1865, passengers had to prepay their fare, giving rise to the inhumane conditions on ships that brought Irish immigrants to NorthAmerica in the second half of the 19th century.** On these ships, up to half the travelers died. Rumor has it that so many bodies were thrown

35. Which of the sentences below best expresses the essential information in the highlighted sentence in the passage? *Incorrect* choices change the meaning in important ways or leave out essential information.

(A) Because Irish immigrants could prepay their fare, unhealthy passengers were allowed aboard the ships.

(B) Unlike Irish immigrants, who could prepay their fare, indentured servants were subject to inhumane conditions.

(C) Once indentured servitude was outlawed in the late 19th century, ship passengers prepaid their fare and then faced inhumane conditions.

(D) In the second half of the 19th century, inhumane treatment increased aboard ships.

36. It can be inferred from the passage that passengers who wished to become indentured servants were chosen based on their

(A) Health

(B) Financial status

(C) Skills

(D) Race

37. According to the passage, all of the following are true EXCEPT:

(A) Those wanting to become indentured servants did not pay any fare.

(B) The voyage from Holland to America did not last longer than three months.

(C) When the ships arrived in America, only paying passengers were allowed to leave the ship.

(D) Storms encountered during the trip from Europe to America killed many people.

overboard that packs of sharks could be seen following the ships.

6 Although indentured servitude seems cruel by modern standards, an indentured servant's lot in the establishment was sometimes no harder than that of a contemporary apprentice. An apprentice was also bound by contract and owed hard, unpaid labor while "serving his time." After working, for example, for a blacksmith for a number of years without pay, an apprentice would be prepared to earn a living on his own. Sometimes, indentured servants received similar training.

7 Unfortunately, indentured servitude eventually devolved into slavery. The first African workers arrived in the colonies as indentured servants in 1619, and their contracts were comparable to those signed by white European indentured servants. However, a combination of landowner greed and servant rebellion led to a change in the status quo. As landowners desired more and more profit, they passed slave laws denying African workers their right to eventual freedom. These laws were first passed in Massachusetts in 1641 and in Virginia in 1662. In 1676, a violent rebellion led by the white indentured servant Nathaniel Bacon demanded the right to initiate an Indian war and burned the capital city of Jamestown. Landowners decided to avoid further problems with free white men by replacing such indentured servants with easily-recognized African slaves. Indentured servitude remained legal until 1865, but slavery became much more popular.

38 Look at the four squares [▪] that indicate where the following sentence could be added to the passage.

Most adults contractually agreed to serve between 3 and 6 year terms.

Where would the sentence best fit? Click on a square [▪] to add the sentence to the passage.

39 **Directions**: An introductory sentence for a brief summary of the passage is provided below. Complete the summary by selecting the THREE answer choices that express the most important ideas in the passage. Some sentences do not belong in the summary because they express ideas that are not presented in the passage or are minor ideas in the passage. **This question is worth 2 points.**

Drag your answer choices to the spaces where they belong. To remove an answer choice, click on it. To review the passage, click on **View Text.**

Indentured servitude – a way of bringing workers to the New World by permitting employers to pay for their passage in exchange for several years of unpaid work – had advantages and disadvantages.

- _____
- _____
- _____

Answer Choices	
(A) Although passengers faced illness, storms, and lack of resources, ship captains had incentive to treat passengers well.	(B) Ships would wait in England for as long as a month while passengers waited to set sail.
(C) Indentured servitude was inhumane in that it split families up, but it also provided people with food, lodging and training.	(D) Ship captains served as contractors who hired out laborers.
(E) Indentured servitude may seem cruel by modern standards, but it often allowed people to have opportunities that were otherwise beyond their reach.	(F) Children under seven were required to be indentured servants until they turned 21.

RETURN   REVIEW   CONTINUE

You have seen all of the questions in this part of the Reading section.

You have time left to review.

As long as there is time remaining, you can check your work.

Click on **RETURN** to go back to the previous question.

Click on **REVIEW** to see the review screen for this section.

Click on **CONTINUE** to go on.

Once you leave this part of the Reading section,

you **WILL NOT** be able to return to it.

iBT TOEFL Road Map
Reading 2

ANSWERS

Actual TEST 01

01	B	21	A
02	B	22	B
03	D	23	A
04	C	24	C
05	A	25	네번째
06	D	26	A, F, G/CD
07	C	27	B
08	B	28	B
09	C	29	C
10	A	30	D
11	B	31	B
12	두 번째	32	A
13	B, D, F	33	A
14	B	34	B
15	C	35	C
16	A	36	C
17	A	37	A
18	A	38	첫번째
19	D	39	A, C, F
20	C		

01	A	21	D
02	C	22	A
03	D	23	B
04	C	24	D
05	C	25	두번째
06	B	26	B, D, E
07	C	27	A
08	B	28	B
09	D	29	D
10	A	30	C
11	B	31	C
12	네번째	32	B
13	A, D, E/B,G	33	A
14	D	34	B
15	C	35	D
16	A	36	B
17	B	37	C
18	B	38	세번째
19	D	39	A, B, F
20	C		

Actual TEST 03

01	A
02	B
03	A
04	B
05	C
06	C
07	B
08	A
09	A
10	C
11	D
12	세번째
13	A, C, F
14	D
15	B
16	C
17	D
18	A
19	C
20	B

21	C
22	B
23	D
24	B
25	두번째
26	A, B, F
27	B
28	A
29	C
30	A
31	C
32	D
33	B
34	C
35	C
36	D
37	D
38	첫번째
39	B, D, E

01	A	21	C
02	A	22	C
03	B	23	A
04	B	24	D
05	D	25	두번째
06	B	26	A, D/B, E, G
07	A	27	D
08	D	28	A
09	C	29	A
10	A	30	B
11	C	31	A
12	네번째	32	C
13	B, C, D	33	C
14	D	34	B
15	C	35	C
16	B	36	A
17	D	37	D
18	A	38	첫번째
19	C	39	B, C, D
20	B		

Actual TEST **05**

01	D		21	B
02	D		22	B
03	B		23	D
04	B		24	A
05	A		25	세번째
06	D		26	B, C, D
07	A		27	C
08	B		28	B
09	B		29	A
10	A		30	A
11	C		31	B
12	세번째		32	C
13	A, C, D		33	B
14	B		34	C
15	C		35	D
16	B		36	C
17	B		37	C
18	B		38	세번째
19	B		39	A, C, E
20	A			

01	C	21	D
02	D	22	D
03	A	23	C
04	B	24	C
05	D	25	세번째
06	B	26	B, D, E
07	C	27	A
08	A	28	B
09	B	29	A
10	B	30	A
11	B	31	C
12	첫번째	32	D
13	A, B, D	33	B
14	B	34	D
15	A	35	C
16	B	36	A
17	C	37	B
18	D	38	세번째
19	A	39	A, C, E
20	C		

*i*BT TOEFL® ROAD MAP
ACTUAL TEST
READING Book 2

*i*BT TOEFL® **ROAD MAP**
ACTUAL TEST | **R**EADING Book 2

TOEFL ROAD MAP은
이렇게 다르다!

01 실전에 가까운 난이도의 실전 6회분 수록
실전과 동일한 시험 환경을 제공하기 위해서 실제 시험과 동일한
형식으로 6회분의 모의고사를 구성하였습니다.

02 미국 현지 연구진들의 최신 시험 경향 반영
다년간 토플 문제 개발에 주력해 온 미국 현지 연구진들이 최신 시험
경향을 지문과 문제에 최대한 반영하였습니다.

03 정확한 문제 유형 설명과 필수 어휘 구성
각 지문에 대한 정확한 문제 유형과 해설을 통해 실제 시험에서
도움이 되는 학습을 하실 수 있으며 각 지문에서 필수 어휘를 선별
하여 구성하였습니다.